会计专业“理实一体”规划教材

经济法基础

王露佼　唐伶俐　主编

上海财经大学出版社
SHANGHAI UNIVERSITY OF FINANCE & ECONOMICS PRESS

图书在版编目(CIP)数据

经济法基础 / 王露佼,唐伶俐主编. —上海:上海财经大学出版社, 2019.9

ISBN 978-7-5642-3368-6/F · 3368

Ⅰ. ①经… Ⅱ. ①王… ②唐… Ⅲ. ①经济法 - 中国 - 资格考试 - 自学参考资料 Ⅳ. ①D922.29

中国版本图书馆 CIP 数据核字(2019)第 192330 号

□ 责任编辑　廖沛昕
□ 封面设计　华　泽

经济法基础

王露佼　唐伶俐　主编

上海财经大学出版社出版发行
(上海市中山北一路 369 号　邮编 200083)
网　　址: http://www.sufep.com
电子邮箱: webmaster@ sufep.com
全国新华书店经销
启东市人民印刷有限公司印刷装订
2019 年 9 月第 1 版　2021 年 8 月第 2 次印刷

787mm × 1092mm　1/16　22.5 印张　562 千字
印数: 3 001—4 500　定价: 52.00 元

会计专业“理实一体”规划教材

编 审 委 员 会

（排名不分先后）

主　编　王露佼　唐伶俐

编　委　杨　群　吴晓燕　陈莹莹

邓玉兰　冯　香　何克理

蒋　慧　李慧君　潘晓晴

潘远才　石　磊　唐伶俐

田　成　王露佼　杨衍莹

前言

Foreword

本书系华泽科教策划出版的会计专业"理实一体"系列教材之一，以最新的会计职称考试大纲和会计相关法律法规为依据。相较于财政部会计资格评价中心编写的教材，本书以满足学校教学和学生考证的双重要求为目标，遵循内容全面系统、陈述简明扼要的编写原则，经编者字斟句酌，终得成书。

内容上，全书共分八章，包括总论，会计法律制度，支付结算法律制度，增值税、消费税法律制度，企业所得税、个人所得税法律制度，其他税收法律制度，税收征收管理法律制度，劳动合同与社会保险法律制度。其中税法为本书的主体，包括增值税、消费税、企业所得税、个人所得税等18个税和1个教育费附加。

结构上，本书依循本系列教材的统一体例。每章前列有"学习目标"，让学生瞄准终点、明确重点，并在"学习导引"中以高屋建瓴的态势概览全章。随着正文的展开深入探索，间或飞来"点睛"之笔，帮助学生厘清概念、辨析相关内容，间或穿插"拓展阅读"，铺开知识背景，展示改革前沿内容，让学生对所学知识更有兴趣。最后收于全章框架图"归纳总结"，帮助学生构建整章的知识体系。每章末列示"本章主要参考法规索引"，供有兴趣的学生追本溯源、剥茧抽丝。

"经济法基础"作为一门应用性很强的课程，必须紧跟国家法制建设的改革前沿。当前，我国经济发展进入新常态，会计工作在党和国家的决策部署下，正处于全面深化改革、转型升级的进程中。本书紧跟改革动态，根据财税〔2019〕39号文件关于深化增值税改革的通知做最新调整，以期给教师和学生呈现最新的会计规范。

此外，积极响应信息化教学的时代呼声，本书配有教学PPT，以使教材重点能够一目了然，并期望能帮助教师从繁复、耗时的收集资料等工作中解放出来，从而将心力转于探索教法、改进教学，期望能帮助学生削减专业知识的枯燥性，增加学习的趣味性，进而提升学习效率。

本书适合作为职业院校会计专业的通用教材，也可作为会计职称考试的参考教材。另本系列教材均配有"习题集"，支持学校的教学考评、学生的考证练习。

本书由黔东南民族职业技术学院王露佼和唐伶俐主编。全书共八章，第一章、第二章、第五章和第八章由王露佼编写；第三章、第四章、第六章和第七章由唐伶俐编写。本书编写大纲由王露佼、唐伶俐拟定，杨群和吴晓燕参加了讨论和修改。

本书在编写过程中得到各有关院校领导和老师的大力支持，许多兄弟院校老师提出了宝贵意见和建议，在此一并致谢。

由于编者水平有限，书中错谬难免，恳请读者批评指正！

编　者

2019 年 9 月

本书二维码使用说明

听课方式：用手机（安卓/IOS）扫描华泽微课 APP 二维码，下载听课 APP。安装完成后，进入 APP，点击右下角“学习中心”，在界面中选择“扫一扫”，就可以扫描书中的二维码听课了。

（请先用电脑进入华泽网校 www.ablesky.com/huaze 进行注册，然后再用手机 APP 登录，扫码学习。**请勿使用手机 APP 注册！**）

（华泽微课APP）

目录

Contents

CHAPTER 1

第 1 章

总　论

学习目标 Learning Objectives

◎ **通过本章你可以：**

- 了解经济纠纷的概念与解决途径
- 熟悉法律责任
- 熟悉法律部门与法律体系
- 掌握行政复议、行政诉讼
- 掌握仲裁、民事诉讼
- 掌握法和法律、法律关系、法律事实、法的形式和分类

学习导引 Learning Guidance

夏商两代中国传统法律产生，此时为习惯法时代，夏商刑罚制度野蛮严酷、随意擅断，明显具有“临事制刑”的特点；西周推崇礼法制度，它是中国传统法律文化的奠基时期；春秋战国时期成文法公布与法典化，为缘法而治时代；秦代“治道运行，皆有法式”，缘法而治时代终结；两汉法律发展，法律儒家化；三国两晋南北朝时期儒家思想法律化；隋唐法制与中华法系相结合，礼法结合完成；宋、辽、金、元时期的法制是礼法合一的发展与变化；明代法律制度的发展是从德主刑辅到明刑弼教；清代法律制度发展变革，“参以国制”与“详译明律”；清末法律制度变革标志着中华法系的近代化；中华民国时期的法律制度是共和国体与专制制度。

中华人民共和国成立后，坚持全面依法治国，是中国特色社会主义的本质要求和重要保障。习近平在中国共产党第十九次全国代表大会上的报告指出：必须把党的领导贯彻落实到依法治国全过程和各方面，坚定不移走中国特色社会主义法治道路，完善以宪法为核心的中国特色社会主义法律体系，建设中国特色社会主义法治体系，建设社会主义法治国家，发展中国特色社会主义法制理论，坚持依法治国、依法执政、依法行政共同推进，坚持法治国家、法治政府、法治社会一体建设，坚持依法治国和以德治国相结合、依法治国和依规治党有机统一，深化司法体制改革，提高全民族法治素养和道德素质。

第一节　法律基础与法律责任

一、法和法律

（一）法和法律的概念

1．法的概念

法是由国家制定或认可，以权利义务为主要内容，由国家强制力保证实施的社会行为规范及其相应的规范性文件等的总称。

2．法律的概念

狭义的法律专指拥有立法权的国家机关（国家立法机关）依照法定权限和程序制定颁布的规范性文件；广义的法律则指法的整体，即国家制定或认可，并由国家强制力保证实施的各种行为规范的总和。

在法学上，法和法律有时有严加区分的必要。法指前面所讲的特殊的规范体系，而法律则指法的渊源之一或泛指法的表现形式。本书对此并不加以严格的区分。

（二）法的本质与特征

1．法的本质

法是统治阶级的国家意志的体现。

（1）统治阶级。

法只能是"统治阶级"意志的体现，它是由统治阶级的物质生活条件决定的，是社会客观需要的反映，体现的是统治阶级的"整体意志"和"根本利益"，不是统治阶级成员个人意志的简单相加。

（2）国家意志。

法体现的不是一般的统治阶级意志，而是统治阶级的"国家意志"。

案例分析

【案例】

小张在学了法律课程后感到疑惑：法是统治阶级意志的体现，那是不是说统治阶级想制定什么样的法律就制定什么样的法律，被统治阶级在法律的制定上是无能为力的？

【分析】

法是统治阶级意志的体现，并不是说统治阶级的所有意志都能上升为法，统治阶级中任何人都可以随心所欲地制定法，这个意志的内容归根结底是由统治阶级的物质生活条件所决定的。例如，奴隶制法确认奴隶主对奴隶的人身占有，封建制法确认对农奴的半占有，资本主义法确认人身自由、契约自由等，都不是任何人的主观好恶所决定的，而是统治阶级赖以存在的物质生活条件的客观要求。统治阶级意志由统治阶级的根本利益和整体利益所决定，其形成和调节必然受到被统治阶级的制约。法律反映统治阶级的意志，并不意味着法律就完全不顾及被统治阶级的愿望和要求，法律也会在一定程度上照顾被统治阶级的利益，这往往是被统治阶级进行反抗斗争的结果。统治阶级出于缓和阶级矛盾的考虑，在不得已的情况下作出一定的让步。但这种让步只能是非根本利益上的让步，目的是保全统治阶级更大的、更为根本的利益。所以，小张的认识是不正确的。

2. 法的特征

（1）国家意志性。

统治阶级意志并不能直接形成法，它必须通过一定的组织和程序，即通过统治阶级的国家制定或认可，才能形成法。法是通过国家制定和发布的，但并不是国家发布的任何文件都是法。一方面，法是国家发布的规范性文件；另一方面，法是按照法定的职权和方式制定和发布的，有确定的表现形式。

（2）国家强制性。

法是由国家强制力保障其实施的规范。法的强制性是由国家提供和保证的，是以国家的强制机构为后盾、与国家制裁相联系的，表现为对违法者采取国家强制措施。法是最具有强制力的规范。

（3）规范性。

法是调节人们行为的一种社会规范，具有能为人们提供一个行为模式、标准的属性（概括性）。法的主要内容是由规定权利、义务的条文构成的，法律通过规定人们的权利和义务来分配利益，从而影响人们的动机和行为，进而影响社会关系，实现统治阶级的意志和要求，维持社会秩序（利益导向性）。

（4）明确公开性和普遍约束性。

法是明确而普遍适用的规范，具有明确公开性和普遍约束性。法具有明确的内容，能使人们预知自己或他人一定行为的法律后果（可预测性）。法具有普遍适用性，凡是在国家权力管辖和法律调整的范围、期限内，对所有社会成员及其活动都普遍适用。

点睛

- 法的本质与特征
  - 法的本质
    - 统治阶级意志
      - 物质、客观决定
      - 整体意志、根本利益
      - 一定程度顾及被统治阶级利益
    - 国家意志（性）
  - 法的特征
    - 国家强制性
    - 规范性（概括性、利益导向性）
    - 明确公开性和普遍约束性
    - （可预测性和普遍适用性）

【例题 1-1-1 · 单选题】 下列关于法的本质与特征的表述中，不正确的是（　　）。

A. 法是由国家制定或认可的规范

B. 法是全社会成员共同意志的体现

C. 法由统治阶级的物质生活条件所决定

D. 法凭借国家强制力的保证获得普遍遵行的效力

【答案】B

【解析】法只能是“统治阶级”意志的体现，而且体现的是统治阶级的“整体意志”和“根本利益”，不是统治阶级成员个人意志的简单相加。

二、法律关系

扫码看资源

（一）法律关系的概念

法律关系是法律规范在调整人们行为的过程中所形成的一种特殊的社会关系，即法律上的权利与义务关系。

（二）法律关系的三要素

法律关系是由法律关系的主体、内容以及客体三个要素构成的，缺少其中任何一个要素，都不能构成法律关系。

1. 法律关系的主体

（1）法律关系主体的概念。

法律关系主体是指参加法律关系，依法享有权利和承担义务的当事人。

法律关系主体的数目因法律关系的具体情况而定，但任何一个法律关系至少要有两个主体，这样，才能在它们之间形成以权利和义务为内容的法律关系。

（2）法律关系主体的种类。

① 自然人（公民）。

所谓“自然人”，是指具有生命的个体的人，即生物学上的人，是基于出生而取得民事主体资格的人。

公民既包括中国公民，也包括居住在中国境内或在境内活动的外国公民和无国籍人。

② 组织（法人组织和非法人组织）。

法人组织是指具有法人人格，享有民事权利和承担民事义务的国家机关、社会团体、企业和事业单位等。

非法人组织作为一种组织形式，在世界各国广泛存在。其基本含义是指介于自然人和法人之间的，未经法人登记的社会组织。

法人组织与非法人组织的具体分类如表 1-1-1 所示。

表 1-1-1　法人组织与非法人组织的具体分类

组织分类		具体表现
法人组织	营利法人	有限责任公司、股份有限公司和其他企业法人等
	非营利法人	事业单位、社会团体、基金会、社会服务机构等
	特别法人	机关法人、农村集体经济组织法人、城镇农村的合作经济组织法人、基层群众性自治组织法人
非法人组织		个人独资企业、合伙企业、不具有法人资格的专业服务机构等

③ 国家。

在特殊情况下，国家可以作为一个整体成为法律关系主体。例如，在国内，国家是国家财产所有权唯一和统一的主体；在国际法上，国家则是国际法关系的基本主体。

(3) 法律关系的主体资格。

法律关系的主体资格包括权利能力和行为能力两个方面。

① 权利能力。

权利能力是指一定个人或组织能够参加某种法律关系，依法享有一定的权利和承担一定的义务的法律资格，它是任何个人或组织参加法律关系的前提。

根据享有权利能力的主体范围不同，可做如表 1-1-2 所示的分类。

表 1-1-2　　权利能力按主体范围分类

分　类	具体规定
一般权利能力（又称基本权利能力）	所有公民（不论年龄大小）均具有，如自然人从出生时起到死亡时止具有民事权利能力
特殊权利能力	公民在特定条件下具有的法律资格，如国家机关及其工作人员行使职权的资格

法人权利能力的范围则由法人成立的宗旨和业务范围决定，自法人成立时产生，至法人终止时消灭。

② 行为能力。

行为能力是指法律关系主体能够通过自己的行为实际取得权利和履行义务的能力。

我国将自然人民事行为能力划分为三类，同时又与刑事责任能力相区分，具体如表 1-1-3 所示。

表 1-1-3　　民事行为能力与刑事责任能力

能力划分		具体要求
民事行为能力	完全民事行为能力人（达到法定年龄、智力健全、能够对自己行为负完全责任的自然人）	① 18 周岁以上（≥18 周岁）的自然人是成年人，具有完全民事行为能力，可以独立进行民事活动，是完全民事行为能力人 ② 16 周岁以上（≥16 周岁）的未成年人，以自己的劳动收入为主要生活来源的，视为完全民事行为能力人
	限制民事行为能力人（行为能力受到一定的限制、只有部分行为能力的自然人）	8 周岁以上（≥8 周岁）的未成年人，不能完全辨认自己行为的成年人为限制民事行为能力人
	无民事行为能力人（完全不能以自己的行为行使权利、履行义务的公民）	不满 8 周岁（<8 周岁）的未成年人，8 周岁以上的未成年人不能辨认自己行为的，不能辨认自己行为的成年人为无民事行为能力人
刑事责任能力	① 已满 16 周岁的人犯罪，应当负刑事责任 ② 已满 14 周岁不满 16 周岁的人，犯故意杀人、故意伤害致人重伤或者死亡、强奸、抢劫、贩卖毒品、放火、爆炸、投毒罪的，应当负刑事责任 ③ 已满 14 周岁不满 18 周岁的人犯罪，应当从轻或者减轻处罚 ④ 已满 75 周岁的人“故意”犯罪的，可以从轻或者减轻处罚；“过失”犯罪的，应当从轻或者减轻处罚 ⑤ 精神病人在不能辨认或者不能控制自己行为的时候造成危害结果，经法定程序鉴定确认的，不负刑事责任，但是应当责令他的家属或者监护人严加看管和医疗；在必要的时候，由政府强制医疗 ⑥ 间歇性的精神病人在精神正常的时候犯罪，应当负刑事责任 ⑦ 尚未完全丧失辨认或者控制自己行为能力的精神病人犯罪的，应当负刑事责任，但是可以从轻或者减轻处罚	

拓展阅读

民事责任与刑事责任

刑事责任是违反刑事法律规范应当承担的法律责任，有主刑和附加刑两大类。主刑有管制、拘役、有期徒刑、无期徒刑、死刑，附加刑有罚金、剥夺政治权利、没收财产等。我国的刑法对此做了全面详尽的规定。民事责任是平等主体之间违反民事法律规范应当承担的法律责任。承担民事责任的方式主要有：停止侵害；排除妨碍；消除危险；返还财产；恢复原状；修理、重做、更换；赔偿损失；支付违约金；消除影响、恢复名誉；赔礼道歉等。民法通则对此做了规定。民事责任与刑事责任的具体区别如下所示：

民事责任与刑事责任的区别

民事责任	刑事责任
民事责任重在补偿性，前提是有损害发生	刑事责任重在惩罚性，不论伤害与否，均承担惩罚性责任
民事责任主要是一种财产责任	刑事责任主要是剥夺人身自由，甚至生命

【例题 1-1-2・单选题】 下列公民中，视为完全民事行为能力人的是(　　)。

A. 赵某，9 岁，系某小学学生

B. 王某，15 岁，系某高级中学学生

C. 张某，13 岁，系某初级中学学生

D. 李某，17 岁，系某宾馆服务员，以自己的劳动收入为主要生活来源

【答案】D

【解析】年满 16 周岁以上的未成年人，以自己的劳动收入为主要生活来源的，视为完全民事行为能力人。

2. 法律关系的内容

法律关系的内容是指法律关系主体所享有的权利和承担的义务。

(1) 法律权利是指法律关系主体依法享有的权利，表现为权利享有者依照法律规定有权自主决定做出或者不做出某种行为、要求他人做出或者不做出某种行为和一旦被侵犯，有权请求国家予以法律保护。依法享有权利的主体称为权利主体或权利人。

(2) 法律义务是指法律关系主体依照法律规定所担负的必须做出某种行为或者不得做出某种行为的负担或约束。依法承担义务的主体称为义务主体或义务人。义务主体必须做出某种行为是指以积极的作为方式去履行义务，称为积极义务，如服兵役等。义务主体不得做出某种行为是指以消极的不作为方式去履行义务，称为消极义务，如不得毁坏公共财物等。

(3) 法律权利和义务作为构成法律关系内容的两个方面，是密切联系不可分离的，共同处于法律关系这一统一体中。任何一方的权利都必须有另一方义务的存在，而任何一方的义务又都是为实现他方的权利而设定的。没有无义务的权利，也没有无权利的义务。

3. 法律关系的客体

(1) 法律关系客体的概念。

法律关系客体是指法律关系主体的权利和义务所指向的对象。客体是确立权利与义务

关系性质和具体内容的依据，也是确定权利行使与否和义务是否履行的客观标准。权利和义务只有通过客体才能得到体现和落实。如果没有客体，权利与义务就失去了依附的目标和载体，无所指向，也就不可能发生权利与义务。

（2）法律关系客体的种类。

法律关系客体的内容和范围是由法律规定的。能够作为法律关系客体的东西应当具备的特征是：能为人类所控制并对人类有价值。一般认为，法律关系的客体主要包括物，非物质财富，行为，人身、人格四大类。

① 物：包括自然物（土地、矿藏、水流、森林等）、人造物（建筑、机器、各种产品等）、货币及有价证券。物也可以是没有固定形态的，如天然气、电力等。

② 非物质财富（精神产品或精神财富）：包括知识产品（著作、发现、发明、设计等）、荣誉产品（荣誉称号、嘉奖表彰等）。

③ 行为：作为法律关系客体的行为不是指人们的一切行为，而是指法律关系的主体为达到一定目的所进行的作为（积极行为）或不作为（消极行为），是人的有意识的活动。如生产经营行为、经济管理行为等。

④ 人身、人格：一方面，人身和人格是生命权、身体权、健康权、姓名权、肖像权、名誉权、荣誉权、隐私权、婚姻自主权等人身权指向的客体；另一方面，人身和人格又是禁止非法拘禁他人、禁止对犯罪嫌疑人刑讯逼供、禁止侮辱或者诽谤他人等法律义务所指向的客体。以人身、人格作为法律关系客体的范围，法律有严格的限制。

点睛

人的整体只能是法律关系的主体，不能作为法律关系的客体。而人的部分（如人的头发、血液、骨髓），如果从身体中分离出去，成为与身体相分离的外部之物时，在某些情况下可视为法律上的“物”。

案例分析

【案例】

公民王某与某医疗中心签订协议，承诺死后将自己的眼角膜无偿捐赠给该医疗中心，用于帮助失明患者重见光明。分析王某与该医疗中心形成的法律关系。

【分析】

王某与该医疗中心形成遗赠关系，该法律关系的主体是王某与该医疗中心，内容是王某死后将自己的眼角膜无偿捐赠给该医疗中心。客体是王某人身的一部分——眼角膜。

三、法律事实

扫码看资源

任何法律关系的发生、变更和消灭，都要有法律事实的存在。

法律事实是指由法律规范所确定的，能够产生法律后果，即能够直接引起法律关系发生、变更或者消灭的情况。法律事实是法律关系发生、变更和消灭的直接原因。

按照是否以当事人的意志为转移作标准，可以将法律事实划分为法律事件和法律行为。

（一）法律事件

法律事件是指不以当事人的主观意志为转移的，能够引起法律关系发生、变更和消灭的法定情况或者现象。

事件可以是自然现象，如地震、洪水等自然灾害或者生老病死、意外事故等；也可以是某些社会现象，如社会革命、战争、重大政策的改变等，由自然现象引起的事实又称自然事件、绝对事件，由社会现象引起的事实又称社会事件、相对事件。

【例题1-1-3·多选题】 下列各项中，属于法律事实的有（　　）。

A. 纵火　　B. 爆发战争　　C. 地震　　D. 签发汇票

【答案】ABCD

【解析】地震和爆发战争都是当事人无法控制、无法预见的事件，而纵火和签发汇票则是人有意识的行为，可以产生相应的法律后果，属于法律行为（违法行为和合法行为）。

（二）法律行为

法律行为是指以法律关系主体意志为转移，能够引起法律后果，即引起法律关系发生、变更和消灭的人们有意识的活动。它是引起法律关系发生、变更和消灭的最普遍的法律事实。

根据不同的标准，可以对法律行为进行分类，如表1-1-4所示。

表1-1-4　法律行为分类

分类标准	分类	具体含义
按行为是否符合法律规范的要求分类	合法行为	行为人所实施的符合法律规范要求，能导致合法的法律后果的行为
	违法行为	行为人所实施的违反法律规范的要求、应承担不利的法律后果的行为
按行为的表现形式不同分类	积极行为	又称作为，是指以积极、主动作用于客体的形式表现的，具有法律意义的行为
	消极行为	又称不作为，是指以消极的、抑制的形式表现、具有法律意义的行为
行为是否通过意思表示	意思表示行为	又称表示行为，是指行为人基于意思表示而作出的具有法律意义的行为
	非意思表示行为	非经行为者意思表示而是基于某种事实状态即具有法律效果的行为，如拾得遗失物、发现埋藏物等
主体意思表示的形式	单方行为	由法律主体一方的意思表示即可成立的法律行为，如遗嘱、行政命令等
	多方行为	由两个或两个以上的多方法律主体意思表示一致而成立的法律行为，如合同行为等
行为是否需要特定形式或者实质要件	要式行为	必须具备某种特定形式或程序才能成立的法律行为
	非要式行为	无须特定形式或程序即能成立的法律行为
主体实际参与行为的状态	自主行为	法律主体在没有其他主体参与的情况下以自己的名义独立从事的法律行为
	代理行为	法律主体根据法律授权或其他主体的委托而以被代理人的名义所从事的法律行为

【例题1-1-4·单选题】下列各项中,属于单方行为的是(　　)。

A. 立遗嘱　　B. 缔结婚约　　C. 签订合同　　D. 销售商品

【答案】A

【解析】(1) 选项A:属于“单方行为”;(2) 选项B、C、D:属于“多方行为”。

点睛

- 法律关系
  - 三要素
    - 主体:自然人、组织、国家
    - 客体:物,人身、人格,非物质财富,行为
    - 内容:权利和义务
  - 法律事实
    - 法律事件
    - 法律行为

四、法的形式和分类

(一) 法的形式

这里所讲的“法的形式”,是指法的具体表现形态,即法是由何种国家机关,依照什么方式或程序创制出来的,并表现为何种形式、具有何种效力等级的规范性法律文件。

1. 我国法的主要形式与其制定机关及效力等级(见表1-1-5)

表1-1-5　　法的形式与其制定机关及效力等级

<table>
<tr><th colspan="2">形式</th><th>制定机关</th><th colspan="2">效力等级</th></tr>
<tr><td colspan="2">宪法</td><td>全国人民代表大会</td><td colspan="2">具有最高法律效力</td></tr>
<tr><td colspan="2">法律</td><td>全国人民代表大会及其常务委员会</td><td colspan="2">仅次于宪法</td></tr>
<tr><td colspan="2">行政法规</td><td>国务院</td><td colspan="2">仅次于宪法和法律</td></tr>
<tr><td colspan="2">地方性法规</td><td>有地方立法权的地方人民代表大会及其常务委员会</td><td colspan="2">地位低于宪法、法律、行政法规,不得与它们相抵触;效力高于本级和下级地方政府规章</td></tr>
<tr><td rowspan="2">规章</td><td>部门规章</td><td>国务院各部、委员会,中国人民银行,审计署和具有行政管理职能的直属机构</td><td>地位低于宪法、法律、行政法规,不得与它们相抵触</td><td rowspan="2">部门规章之间、部门规章与地方政府规章之间具有同等效力,在各自的权限范围内施行</td></tr>
<tr><td>地方政府规章</td><td>有地方立法权的地方人民政府</td><td>(1) 不得与宪法、法律和行政法规相抵触
(2) 不得与上级和同级地方性法规相抵触</td></tr>
</table>

【例题1-1-5·单选题】属于国家的根本大法、具有最高法律效力的是(　　)。

A.《中华人民共和国全国人民代表大会组织法》　　B.《中华人民共和国立法法》

C.《中华人民共和国宪法》　　D.《中华人民共和国刑法》

【答案】C

【解析】《中华人民共和国宪法》是国家的根本大法,具有最高的法律效力。

案例分析

【案例】

小王认为，在我国，最高人民法院所做的判决书是法的形式之一。分析小王的观点是否正确。

【分析】

在我国，只有国家机关依照法定权限和程序制定的具有普遍约束力的规范性法律文件才是法的形式。我国的法律形式主要表现为以宪法为核心的各种制定法，包括宪法、法律、行政法规、地方性法规、特别行政区的法、行政规章以及我国缔结或加入并生效的国际条约等。我国不实行判例制度，最高人民法院所做的判决书只是一种非规范性法律文件，不能作为法的形式。所以，小王的观点是错误的。

2. 法的冲突解决机制

(1) 上位法优于下位法。

居于效力等级上位的，称为上位法；居于效力等级下位的，称为下位法。上位法的效力优于下位法，即下位法与上位法冲突时，以上位法为据不再适用下位法。

(2) 特别法优于一般法。

同一机关制定的法的形式，特别规定与一般规定不一致的，适用特别规定。

(3) 新法优于旧法。

同一机关制定的法的形式，新的规定与旧的规定不一致的，适用新的规定。

(4) 新的一般规定与旧的特别规定不一致。

① 法律之间对同一事项的新的一般规定与旧的特别规定不一致，不能确定如何适用时，由全国人民代表大会常务委员会(而非全国人民代表大会)裁决。

② 行政法规之间对同一事项的新的一般规定与旧的特别规定不一致，不能确定如何适用时，由国务院裁决。

③ 同一机关制定的地方性法规(或者规章)，新的一般规定与旧的特别规定不一致时，由制定机关裁决。

(5) 同一位阶的法规定不一致。

① 地方性法规与部门规章之间对同一事项的规定不一致，不能确定如何适用时，由国务院提出意见。国务院认为应当适用地方性法规的，应当决定在该地方适用地方性法规的规定；认为应当适用部门规章的，应当提请全国人民代表大会常务委员会裁决。

② 部门规章之间、部门规章与地方政府规章之间对同一事项的规定不一致时，由国务院裁决。

(6) 变通优先规定。

① 自治条例和单行条例的变通规定优先：自治条例和单行条例依法对法律、行政法规、地方性法规作变通规定的，在本自治地方适用自治条例和单行条例的规定。

② 经济特区法规的变通规定优先：经济特区法规根据授权对法律、行政法规、地方性法规作变通规定的，在本经济特区适用经济特区法规定的规定。

(二) 法的分类

根据不同的标准，可以对法做不同的分类，具体如表1-1-6所示。

表 1-1-6　　法的分类

分类标准	所分类别	解　　释
法的创制方式和发布形式	成文法	有权制定法律的国家机关，依照法定程序所制定的具有条文形式的规范性文件
	不成文法	国家机关认可的，不具有条文形式的习惯，习惯法是不成文法中常见的一种
法的内容、效力和制定程序	根本法	根本法就是宪法，是规定国家制度和社会制度的基本原则，具有最高的法律效力，是普通法立法的依据，其制定和修改通常需要经过比普通法更为严格的程序
	普通法	普通法泛指宪法以外的所有法律，根据宪法确认的原则就某个方面或某些方面的问题作出具体规定，效力低于宪法
法的内容	实体法	从实际内容上规定主体的权利和义务的法律，如民法、刑法、劳动法、行政法等
	程序法	为了保障实体权利和义务的实现而制定的关于程序方面的法律，如刑事诉讼法、民事诉讼法、行政诉讼法等
法的空间效力、时间效力或对人的效力	一般法	在一国领域内对一般公民、法人、组织和一般事项都普遍适用，在被废除前始终有效的法律，如宪法、民法、刑法、民事诉讼法、刑事诉讼法等
	特别法	只在一国的特定地域内或只对特定主体或在特定时期内或对特定事项有效的法律。一般法与特别法的划分是相对的，如公司法相对于民法总则是特别法，而相对于各具体企业法就是一般法
法的主体、调整对象和渊源	国际法	国际法的主体主要是国家，调整的对象主要是国家间的相互关系，渊源主要是国际条约和各国公认的国际惯例，实施则以国家单独或集体的强制措施为保证
	国内法	国内法的主体主要是该国的公民和社会组织，调整对象是一国内部的社会关系，渊源主要是制定国立法机关颁布的规范性文件，实施则以该国的强制力加以保证
法律运用的目的	公法	以保护公共利益为目的的法律，如宪法、行政法、刑法、诉讼法
	私法	以保护私人利益为目的的法律，如民法、商法

【例题 1-1-6 · 单选题】 下列对法所做的分类中，属于以法的空间效力、时间效力或者对人的效力为依据进行分类的是(　　)。

A. 成文法和不成文法　　B. 根本法和普通法

C. 一般法和特别法　　D. 实体法和程序法

【答案】C

【解析】根据不同的标准可以对法做不同的分类，如根据法的创制方式和发布形式，根据法的内容，根据法的效力、内容和制定程序等因素进行分类。

五、法律部门与法律体系

(一) 法律部门与法律体系的概念

法律部门又称部门法，是指根据一定标准和原则所划定的同类法律规范的总称。法律部门划分的标准首先是法律调整的对象,即法律调整的社会关系,如调整行政主体与行政相对人之间行政管理关系的法律规范的总和构成行政法部门;其次是法律调整的方法。

一个国家现行的法律规范分类组合为若干法律部门,由这些法律部门组成的具有内在联系的、互相协调的统一整体即为法律体系。

（二）我国现行的法律部门与法律体系

我国的法律体系具体包括宪法及宪法相关法、民商法、行政法、经济法、社会法、刑法、诉讼与非诉讼程序法7个法律部门。

（1）宪法及宪法相关法法律部门:宪法是国家的根本大法。

（2）民商法法律部门:调整的是自然人、法人和其他组织之间以平等地位发生的各种社会关系(称为横向关系)。

民法:财产关系、人身关系。

商法:是民法中的一个特殊部分。

（3）行政法法律部门:调整行政机关与行政相对人之间的关系(称为纵向关系)。

（4）经济法法律部门:调整国家从社会整体利益出发对市场经济活动实行干预、管理、调控所产生的社会经济法律关系的法律规范的总和。

（5）社会法法律部门:调整政府与社会之间、社会不同部分之间的法律关系。

（6）刑法法律部门:调整的社会关系最广泛,强制性最严厉。

（7）诉讼与非诉讼程序法法律部门。

我国的诉讼制度分为刑事诉讼、民事诉讼、行政诉讼三种,发生经济纠纷,除诉讼外,还可以通过仲裁这种非诉讼的方式解决。

六、法律责任

（一）法律责任概述

法律责任这一概念可以从正、反两个方面理解。积极意义上的法律责任是指所有组织和个人都有遵守法律的义务,即将法律责任与法律义务的含义等同,也称广义的法律责任。现行立法所用的法律责任是一种消极意义上的法律责任,是指法律关系主体由于违反法定的义务而应承受的不利的法律后果,也称狭义的法律责任。

（二）法律责任的种类

根据我国法律的有关规定,可将法律责任分为民事责任、行政责任和刑事责任三种。

1. 民事责任

民事责任是指民事主体违反了约定或法定的义务所应承担的不利民事法律后果。根据《民法通则》的规定,承担民事责任的主要形式有十一种:① 停止侵害;② 排除妨碍;③ 消除危险;④ 返还财产;⑤ 恢复原状;⑥ 修理、重做、更换;⑦ 继续履行;⑧ 赔偿损失;⑨ 支付违约金;⑩ 消除影响、恢复名誉;⑪ 赔礼道歉。

2. 行政责任

行政责任是指违反法律法规规定的单位和个人所应承受的由国家行政机关或国家授权单位对其依行政程序所给予的制裁。行政责任包括行政处罚和行政处分。

（1）行政处罚。

行政处罚是指行政主体对行政相对人违反行政法律规范尚未构成犯罪的行为所给予的法律制裁。根据行政处罚法的规定，行政处罚的具体种类有：① 警告；② 罚款；③ 没收违法所得、没收非法财物；④ 责令停产停业；⑤ 暂扣或者吊销许可证、暂扣或者吊销执照；⑥ 行政拘留；⑦ 法律、行政法规规定的其他行政处罚。

（2）行政处分。

行政处分是指对违反法律规定的国家机关工作人员或被授权、委托的执法人员所实施的内部制裁措施。

根据公务员法，对因违法违纪应当承担纪律责任的公务员给予的行政处分种类有：警告、记过、记大过、降级、撤职、开除6类。

3. 刑事责任

刑事责任是指犯罪人因实施犯罪行为所应承受的由（法院）依照刑事法律给予的制裁后果，是法律责任中最严厉的责任形式。

刑事责任主要通过刑罚实现，刑罚分为主刑和附加刑两类。

（1）主刑，是对犯罪分子适用的主要刑罚方法，包括以下几种：

① 管制，是对犯罪分子不实行关押，但是限制其一定的自由，交由公安机关管束和监督的刑罚。期限为3个月以上2年以下。

② 拘役，是剥夺犯罪分子短期的人身自由的刑罚，由公安机关就近执行，期限为1个月以上6个月以下。

③ 有期徒刑，是剥夺犯罪分子一定期限的人身自由，实行劳动改造的刑罚，期限为6个月以上15年以下。

④ 无期徒刑，是剥夺犯罪分子终身自由，实行劳动改造的刑罚。

⑤ 死刑，是剥夺犯罪分子生命的刑罚。

（2）附加刑，是补充、辅助主刑适用的刑罚方法。附加刑可以附加于主刑之后作为主刑的补充，与主刑一起适用，也可以独立适用，包括以下几种：

① 罚金，是强制犯罪分子或者犯罪单位向国家缴纳一定数额金钱的刑罚。

② 剥夺政治权利，是剥夺犯罪分子参加国家管理和政治活动权利的刑罚。

③ 没收财产，是没收犯罪分子个人所有财产的一部分或者全部，强制无偿地收归国有的刑罚。

④ 驱逐出境，是强迫犯罪的外国人离开中国国（边）境的刑罚。

一人犯数罪的，除判处死刑和无期徒刑的以外，应当在总和刑期以下、数刑中最高刑期以上，酌情决定执行的刑罚。但是管制最高不能超过3年；拘役最高不能超过1年；有期徒刑总和刑期不满35年的，最高不能超过20年；总和刑期在35年以上的，最高不能超过25年。数罪中有判处附加刑的，附加刑仍须执行。其中，附加刑种类相同的，合并执行；种类不同的，分别执行。

【例题1-1-7·多选题】下列法律责任形式中，属于刑事责任的有（　　）。

A. 罚金　　B. 罚款　　C. 没收财产　　D. 没收违法所得

【答案】AC

【解析】罚款和没收违法所得为行政责任形式，B和D为行政责任形式。

第二节　经济仲裁

扫码看资源

一、经济纠纷的概念与解决途径

（一）经济纠纷的概念

经济纠纷是指市场经济主体之间因经济权利和经济义务的矛盾而引起的权益争议，包括平等主体之间涉及经济内容的纠纷和公民、法人或者其他组织作为行政管理相对人与行政机关之间因行政管理所发生的涉及经济内容的纠纷。

（二）经济纠纷的解决途径

在我国，解决经济纠纷的途径和方式主要有仲裁、民事诉讼、行政复议、行政诉讼。

1. 仲裁与民事诉讼——横向关系纠纷

（1）平等主体之间出现经济纠纷时，采取“或裁或审”的原则。

（2）有效的仲裁协议可“排除”人民法院的管辖权。

只有在“没有”仲裁协议或者仲裁协议“无效”，或者当事人“放弃”仲裁协议的情况下，人民法院才可以行使管辖权。

2. 行政复议和行政诉讼——纵向关系纠纷

（1）或议或诉——选择复议。

一般情况下，当事人可以直接提起行政诉讼；也可以先申请行政复议，对行政复议决定不服时再提起行政诉讼。

（2）先议后诉——必经复议。

特殊情况下，必须先申请行政复议，只有对行政复议决定不服时才能提起行政诉讼。

【例题 1-2-1 · 多选题】 下列各项中，适用于解决平等民事主体当事人之间发生的经济纠纷的有（　　）。

A. 仲裁　　B. 民事诉讼　　C. 行政复议　　D. 行政诉讼

【答案】AB

【解析】行政复议和行政诉讼适用于解决行政机关与行政管理相对人因具体行政行为发生的争议，是对纵向关系经济纠纷的解决方式。

二、仲裁

（一）仲裁的概念和特征

1. 仲裁的概念

仲裁是指由经济纠纷的各方当事人共同选定仲裁机构，对纠纷依法定程序作出具有约束力的裁决的活动。

2. 仲裁的特征

从仲裁的概念可以看出，仲裁具有三个要素或者特征：

（1）以双方当事人自愿协商为基础。

（2）由双方当事人自愿选择的中立第三者进行裁判。

(3)裁决对双方当事人都具有约束力。

(二)仲裁的适用范围(见表1-2-1)

表1-2-1 仲裁的适用范围

是否仲裁	具有要求
属于《仲裁法》调整的	① 平等主体的公民、法人和其他组织之间发生的合同纠纷
	② 平等主体的公民、法人和其他组织之间发生的财产权益纠纷
不能提请仲裁	① 与人身有关的婚姻、收养、监护、抚养、继承纠纷(并非合同纠纷或其他财产权益纠纷)
	② 行政争议(属于纵向关系纠纷)
不适用于《仲裁法》,由别的法律予以调整	① 劳动争议的仲裁(适用于劳动争议仲裁程序)
	② 农业承包合同纠纷的仲裁(适用于专门的农村土地承包经营纠纷调解仲裁程序)

【例题1-2-2·多选题】 根据《仲裁法》的规定,下列纠纷中不能提请仲裁的有(　　)。

A. 租赁合同纠纷　B. 继承纠纷　C. 监护权归属纠纷　D. 离婚纠纷

【答案】BCD

【解析】不能提请仲裁的情形:① 与人身有关的婚姻、收养、监护、抚养、继承纠纷;② 行政争议。

(三)仲裁的基本原则

1. 自愿原则

当事人采用仲裁方式解决纠纷,应当双方自愿,达成仲裁协议。没有仲裁协议,一方申请仲裁的,仲裁委员会不予受理。

2. 依据事实和法律,公平合理地解决纠纷的原则

仲裁要坚持以事实为根据,以法律为准绳的原则,在法律没有规定或者规定不完备的情况下,仲裁庭可以按照公平合理的一般原则来解决纠纷。

3. 独立仲裁原则

仲裁机关不依附于任何机关而独立存在,仲裁依法独立进行,不受任何行政机关、社会团体和个人的干涉。

4. 一裁终局原则

仲裁实行一裁终局的制度,即仲裁庭作出的仲裁裁决为终局裁决。裁决作出后,当事人就同一纠纷再申请仲裁或者向人民法院起诉的,仲裁委员会或人民法院不予受理。

案例分析

【案例】

甲、乙两公司因合同纠纷向某市仲裁委员会申请仲裁,仲裁庭作出裁决后,甲公司不服,拟再次申请仲裁,或向法院起诉。分析甲公司是否可以再次申请仲裁或向法院起诉。

【分析】

仲裁实行一裁终局制度。仲裁庭的裁决为终局裁决。甲、乙公司应执行仲裁庭的裁决。当事人就同一纠纷再申请仲裁或向法院起诉的,仲裁委员会和法院都不会受理。

（四）仲裁机构

仲裁机构主要是指仲裁委员会。仲裁委员会是有权对当事人提交的经济纠纷进行审理和裁决的机构。

（1）仲裁委员会不按行政区划层层设立。

（2）仲裁委员会独立于行政机关，与行政机关没有隶属关系。

（3）仲裁委员会之间相互独立，没有隶属关系。

【例题1-2-3·多选题】根据《仲裁法》的规定，下列选项中符合法律规定的有（　　）。

A. 仲裁实行级别管辖加地域管辖　　B. 仲裁实行一裁终局制度

C. 仲裁采用自愿原则　　D. 仲裁机构独立仲裁

【答案】BCD

【解析】本题考核仲裁的有关内容。仲裁不实行级别管辖和地域管辖，仲裁委员会应当由当事人协议选定。选项A不正确。

三、仲裁协议

（一）仲裁协议

仲裁协议是指双方当事人自愿把他们之间可能发生或者已经发生的经济纠纷提交仲裁机构裁决的书面约定。仲裁协议应当以书面形式订立，口头达成仲裁的意思表示无效。

（二）仲裁协议的内容

仲裁协议包括合同中订立的仲裁条款和以其他书面方式在纠纷发生前或者纠纷发生后达成的请求仲裁的协议。仲裁协议应当具有下列内容：

（1）请求仲裁的意思表示。

（2）仲裁事项。

（3）选定的仲裁委员会。

仲裁协议对仲裁事项或者仲裁委员会没有约定或者约定不明确的，当事人可以补充协议；达不成补充协议的，仲裁协议无效。

（三）仲裁协议的效力

仲裁协议一经依法成立，即具有法律约束力。仲裁协议独立存在，合同的变更、解除、终止或者无效，不影响仲裁协议的效力。

仲裁庭有权确认合同的效力。当事人对仲裁协议的效力有异议的，可以请求仲裁委员会作出决定或者请求人民法院作出裁定。一方请求仲裁委员会作出决定，另一方请求人民法院作出裁定的，由人民法院裁定。

当事人对仲裁协议的效力有异议，应当在仲裁庭首次开庭前提出。

点睛

当事人达成仲裁协议，一方向人民法院起诉时未声明有仲裁协议的，人民法院受理后：

（1）另一方在人民法院“首次开庭前”提交仲裁协议的，人民法院应当驳回起诉，但仲裁协议无效的除外。

（2）另一方在首次开庭前未对人民法院受理该案提出异议的，视为放弃仲裁协议，人民法院应当继续审理。

【例题1-2-4·单选题】 甲、乙因买卖货物发生合同纠纷，甲向法院提起诉讼。开庭审理时，乙提出双方签有仲裁协议，应通过仲裁方式解决。对该案件的下列处理方式中，符合法律规定的是（　　）。

A. 仲裁协议有效，法院驳回甲的起诉　B. 仲裁协议无效，法院继续审理

C. 由甲、乙协商确定纠纷的解决方式　D. 视为甲、乙已放弃仲裁协议，法院继续审理

【答案】D

【解析】(1) 如果乙在人民法院"首次开庭前"提交仲裁协议的，人民法院应驳回甲的起诉；(2) 如果乙在人民法院"开庭审理时"才提交仲裁协议的，视为放弃仲裁协议，人民法院应当继续审理。

四、仲裁裁决

仲裁不实行级别管辖和地域管辖，仲裁委员会应当由当事人协议选定。

仲裁庭可以由3名仲裁员或者1名仲裁员组成。由3名仲裁员组成的，设首席仲裁员。当事人约定由3名仲裁员组成仲裁庭的，应当各自选定或者各自委托仲裁委员会主任指定1名仲裁员，第三名仲裁员由当事人共同选定或者共同委托仲裁委员会主任指定。第三名仲裁员是首席仲裁员。当事人约定由1名仲裁员成立仲裁庭的，应当由当事人共同选定或者共同委托仲裁委员会主任指定。

仲裁员有下列情形之一的，必须回避，当事人也有权提出仲裁员回避申请：

(1) 是本案当事人或者当事人、代理人的近亲属。

(2) 与本案有利害关系。

(3) 与本案当事人、代理人有其他关系，可能影响公正仲裁的。

(4) 私自会见当事人、代理人，或者接受当事人、代理人的请客送礼的。

仲裁应当开庭进行；当事人协议不开庭的，仲裁庭可以根据仲裁申请书、答辩书以及其他材料作出裁决。开庭审理，是指在仲裁庭的主持下，在双方当事人和其他仲裁参与人的参加下，按照法定程序，对案件进行审理并作出裁决的方式。

仲裁不公开进行，当事人协议公开的，可以公开进行，但涉及国家秘密的除外。不公开进行，是指仲裁庭在审理案件时不对社会公开，不允许群众旁听，也不允许新闻记者采访和报道。

【例题1-2-5·单选题】 甲、乙公司因技术转让合同的履行产生纠纷，甲公司向某法院提起诉讼，法院受理了该案件。已知该案件涉及商业秘密。下列关于该案件是否公开审理的表述中，正确的是（　　）。

A. 该案件应当公开审理　B. 该案件不应当公开审理

C. 由法院决定是否公开审理　D. 当事人申请不公开审理的，可以不公开审理

【答案】D

【解析】仲裁不公开进行，当事人协议公开的，可以公开进行，但涉及国家秘密的除外。

当事人申请仲裁后，可以自行和解。达成和解协议的，可以请求仲裁庭根据和解协议作出裁决书，也可以撤回仲裁申请。当事人达成和解协议，撤回仲裁申请后反悔的，可以根据仲裁协议申请仲裁。

仲裁庭在作出裁决前，可以先行调解。当事人自愿调解的，仲裁庭应当调解。调解不成的，应当及时作出裁决。调解达成协议的，仲裁庭应当制作调解书或者根据协议的结果制作裁决书。调解书与裁决书具有同等法律效力。

仲裁裁决应当按照多数仲裁员的意见作出；仲裁庭不能形成多数意见时，裁决应当按照首席仲裁员的意见作出。裁决书自作出（而非签收或送达）之日起发生法律效力。

【例题1-2-6·单选题】 甲、乙因合同纠纷达成仲裁协议，甲选定A仲裁员，乙选定B仲裁员，另由仲裁委员会主任指定1名首席仲裁员，3人组成仲裁庭。仲裁庭在作出裁决时产生了两种不同意见。根据《仲裁法》的规定，仲裁庭应当采取的做法是（　　）。

A. 按多数仲裁员的意见作出裁决　　B. 按首席仲裁员的意见作出裁决

C. 提请仲裁委员会作出裁决　　D. 提请仲裁委员会主任作出裁决

【答案】A

【解析】仲裁裁决应按多数仲裁员的意见作出。在仲裁庭不能形成多数意见时，裁决应当按首席仲裁员的意见作出。

调解书经双方当事人签收后，即发生法律效力。在调解书签收前当事人反悔的，仲裁庭应当及时作出裁决。

当事人应当履行裁决。一方当事人不履行仲裁裁决的，另一方当事人可以依法向人民法院申请强制执行。

第三节　民事诉讼

诉讼是指国家审判机关即人民法院，依照法律规定，在当事人和其他诉讼参与人的参加下，依法解决讼争的活动。平等主体当事人之间发生经济纠纷提起诉讼，适用《中华人民共和国民事诉讼法》（以下简称《民事诉讼法》）解决纷争。

一、民事诉讼的适用范围

公民之间、法人之间、其他组织之间以及他们相互之间因财产关系和人身关系发生纠纷，可以提起民事诉讼。

扫码看资源

适用《民事诉讼法》的案件具体有5类：

（1）因民法、婚姻法、收养法、继承法等调整的平等主体之间的财产关系和人身关系发生的民事案件，如合同纠纷、房产纠纷、侵害名誉权纠纷等案件。

（2）因经济法、劳动法调整的社会关系发生的争议，法律规定适用民事诉讼程序审理的案件，如劳动合同纠纷案件等。

（3）适用特别程序审理的选民资格案件和宣告公民失踪、死亡等非讼案件。

（4）按照督促程序解决的债务案件。

（5）按照公示催告程序解决的宣告票据和有关事项无效的案件。

二、审判制度

（一）合议制度

合议制度是由3名以上审判人员组成审判组织，代表法院行使审判权，对案件进行审理并作出裁判的制度。

（二）回避制度

参与某案件民事诉讼活动的审判人员、书记员、翻译人员、鉴定人、勘验人是案件的当事人或者当事人、诉讼代理人的近亲属，或者与案件有利害关系，或者与案件当事人、诉讼代理人有其他关系，可能影响对案件公正审理的，应当自行回避，当事人有权用口头或者书面方式申请他们回避。

（三）公开审判制度

这是法院的审判活动依法向社会公开的制度。

（1）应当公开审理：除涉及国家秘密、个人隐私或者法律另有规定的外，法院审理民事或行政案件，应当公开进行。

（2）经当事人申请可以不公开审理：离婚案件、涉及商业秘密的案件，当事人申请不公开审理的，可以不公开审理。

点睛

仲裁不公开进行；当事人协议公开的，可以公开进行；但涉及国家秘密的除外。

（3）公开审判包括审判过程公开和审判结果公开两项内容，但不论案件是否公开审理，一律公开宣告判决。

【例题1-3-1·多选题】 根据民事诉讼法律制度的规定，下列关于公开审判制度的表述中正确的有（　　）。

A. 涉及商业秘密的民事案件，当事人申请不公开审理的，可以不公开审理

B. 不论民事案件是否公开审理，一律公开宣告判决

C. 涉及国家秘密的民事案件应当不公开审理

D. 涉及个人隐私的民事案件应当不公开审理

【答案】ABCD

【解析】（1）选项A、C、D：人民法院审理民事案件，除涉及国家秘密、个人隐私或者法律另有规定的以外，应当公开进行。离婚案件、涉及商业秘密的案件，当事人申请不公开审理的，可以不公开审理。（2）选项B：公开审判包括审判过程公开和审判结果公开两项内容，不论案件是否公开审理，一律公开宣告判决。

（四）两审终审制度

这是一起诉讼案件经过两级法院审判后即终结的制度。按照两审终审制，一起案件经第一审法院审判后，当事人如果不服，有权在法定期限内向上一级法院提起上诉，由该上一级法院进行第二审。二审法院的判决、裁定是终审的判决、裁定。

根据《民事诉讼法》的规定，两审终审制度的例外有：

（1）适用特别程序、督促程序、公示催告程序和简易程序中的小额诉讼程序审理的案件，实行一审终审。

（2）最高人民法院所做的一审判决、裁定为终审判决、裁定。

对终审判决、裁定，当事人不得上诉。如果发现终审裁判确有错误，可以通过审判监督程序予以纠正。

三、诉讼管辖

诉讼管辖是指各级法院之间以及不同地区的同级法院之间，受理第一审民事案件、经济纠纷案件的职权范围和具体分工。

管辖可以按照不同标准做多种分类,其中最重要、最常用的是级别管辖和地域管辖。

（一）级别管辖

级别管辖是根据案件性质、案情繁简、影响范围来确定上、下级法院受理第一审案件的分工和权限。

（二）地域管辖

各级法院的辖区和各级行政区划是一致的。按照地域标准也即按照法院的辖区和民事案件的隶属关系,确定同级法院之间受理第一审民事案件的分工和权限,称地域管辖。

地域管辖又分为一般地域管辖、特殊地域管辖和专属管辖等。

1. 一般地域管辖

一般地域管辖是按照当事人所在地与法院辖区的隶属关系来确定案件管辖法院,也叫普通管辖。

(1)“原告就被告”原则,即由被告住所地法院管辖;被告住所地与经常居住地不一致的,由经常居住地人民法院管辖。

(2)“原告就被告”原则的例外,即由原告住所地人民法院管辖:

① 对下落不明或者宣告失踪的人提起的有关身份关系的诉讼。

② 对不在中华人民共和国领域内居住的人提起的有关身份关系的民事诉讼。

③ 对被采取强制性教育措施或者被监禁的人提起的民事诉讼。

2. 特殊地域管辖

特殊地域管辖是以诉讼标的所在地、法律事实所在地为标准确定管辖法院,也称特别管辖。《民事诉讼法》规定了10种属于特殊地域管辖的诉讼,如表1-3-1所示。

表1-3-1　　10种特殊地域管辖

纠纷类型	法院管辖地
因合同纠纷提起的诉讼	① 被告住所地人民法院 ② 合同履行地人民法院
因保险合同纠纷提起的诉讼	① 被告住所地人民法院 ② 保险标的物所在地人民法院
因票据纠纷提起的诉讼	① 票据支付地的人民法院 ② 被告住所地的人民法院
因公司设立、确认股东资格、分配利润、解散等纠纷提起的诉讼	公司住所地人民法院
因铁路、公路、水上、航空运输和联合运输合同纠纷提起的诉讼	① 运输始发地人民法院 ② 运输目的地人民法院 ③ 被告住所地人民法院
因铁路、公路、水上和航空事故请求损害赔偿提起的诉讼	① 事故发生地人民法院 ② 车辆、船舶最先到达地、航空器最先降落地人民法院 ③ 被告住所地人民法院

续表

纠纷类型	法院管辖地
因侵权行为提起的诉讼	① 侵权行为实施地的人民法院 ② 侵权结果发生地的人民法院 ③ 被告住所地的人民法院
因船舶碰撞或者其他海事损害事故请求损害赔偿提起的诉讼	① 由碰撞发生地人民法院 ② 碰撞船舶最先到达地人民法院 ③ 加害船舶被扣留地人民法院 ④ 被告住所地人民法院
因海难救助费用提起的诉讼	① 救助地人民法院 ② 被救助船舶最先到达地人民法院
因共同海损提起的诉讼	① 船舶最先到达地人民法院 ② 共同海损理算地人民法院 ③ 航程终止地人民法院

【例题 1-3-2 · 多选题】 甲企业得知竞争对手乙企业在 M 地的营销策略将会进行重大调整，于是到乙企业设在 N 地的分部窃取乙企业内部机密文件，随之采取相应对策，给乙企业在 M 地的营销造成重大损失。乙企业经过调查掌握了甲企业的侵权证据，拟向法院提起诉讼，其可以选择提起诉讼的法院有（　　）。

A. 甲住所地法院　　B. 乙住所地法院

C. M 地法院　　D. N 地法院

【答案】 ACD

【解析】 乙可以选择向甲住所地（被告住所地）、M 地（侵权结果发生地）、N 地（侵权行为实施地）人民法院起诉。

3. 专属管辖

专属管辖是指法律强制规定某类案件必须由特定的法院管辖，其他法院无权管辖，当事人也不得协议变更的管辖。专属管辖的案件主要有三类如表 1-3-2 所示。

表 1-3-2　专属管辖

纠纷类型	法院管辖地
不动产纠纷	不动产所在地
港口作业中发生纠纷	港口所在地
继承遗产纠纷	被继承人死亡时住所地
	主要遗产所在地

4. 协议管辖

协议管辖是指双方当事人在合同纠纷或者其他财产权益纠纷发生之前或发生之后，以协议的方式选择解决他们之间纠纷的管辖人民法院。

合同或者其他财产权益纠纷的当事人可以书面协议选择被告住所地、合同履行地、合同签订地、原告所住地、标的物所在地等与争议有实际联系的地点的人民法院管辖，但不得违反《民事诉讼法》对级别管辖和专属管辖的规定。

5. 选择管辖和共同管辖

两个以上人民法院都有管辖权的诉讼,原告可以向其中一个法院起诉;原告向两个以上有管辖权的法院起诉的,由最先立案的法院管辖。

四、诉讼时效

(一) 诉讼时效的概念

诉讼时效是指权利人在法定期间内不行使权利而失去诉讼保护的制度。诉讼时效期间是指权利人请求法院或仲裁机关保护其民事权利的法定期间。

诉讼时效期间届满后,义务人同意履行的,不得以诉讼时效期间届满为由抗辩;义务人已自愿履行的,不得请求返还。人民法院不得主动适用诉讼时效的规定。

【例题 1-3-3 · 判断题】 诉讼时效期间届满,权利人的实体权利消灭。 (　　)

【答案】 ×

【解析】 诉讼时效期间届满,权利人丧失的是胜诉权,权利人的实体权利并不消灭。

诉讼时效的期间、计算方法以及中止、中断的事由由法律规定,当事人约定无效。人民法院不得主动适用诉讼时效的规定。

(二) 诉讼时效期间的类别

诉讼时效的具体规定如表 1-3-3 所示。

表 1-3-3　　诉讼时效

类别	起算点	时间	适用情形
普通诉讼时效	从权利人知道或者应当知道权利被侵害时起计算	3 年	一般民事纠纷
特殊诉讼时效		1 年	身体受到伤害要求赔偿的 出售质量不合格商品未声明的 延付或者拒付租金的 寄存财物被丢失或者损毁的
最长诉讼时效	从权利"被侵害"时起计算	20 年	① 从权利被侵害之日起超过 20 年的,法院不予保护;有特殊情况的,法院可以延长诉讼时效期间 ② 对在 20 年内始终不知道自己权利受侵害的当事人,法律不再予以诉讼保护

案例分析

【案例】

谢某是上海一家房产公司的建筑行业工程师,其团队负责杭州市某房产大项目。在该项目开展过程中,因涉及附近居民的日常生活而发生了一系列纠纷。1997 年 9 月 13 日夜,谢某回家路上被人用木棍从背后击伤,住院数周。因谢某住院时日较久,项目最终易手。谢某为此非常气愤,但苦于路段没有监控,故当年并没有找出嫌疑人。谢某始终不放弃找出真凶,功夫不负有心人,经过长时间的访查,谢某于 2016 年 10 月 10 日掌握确凿证据证明将其打伤的是当年项目周边居民钱某。谢某诉讼时效期间的截止时间点是何时?为什么?谢某最晚起诉时间是何时?

【分析】

（1）本案属于身体受到伤害要求赔偿的纠纷，诉讼时效为知道或应当知道权利受到侵害时起1年。1997年9月13日谢某仅得知伤害事实，不知道加害人，尚不构成"知道或应当知道"，诉讼时效暂未起算；至2016年10月10日谢某得知加害人为钱某时诉讼时效起算，按特别诉讼时效的有关规定，确定诉讼时效期间的截止时间点为2017年10月10日。

（2）根据最长诉讼时效期间的规定，权利被侵害之日（1997年9月13日）起超过20年的，人民法院不予保护，因此，谢某最晚应于2017年9月13日起诉。

（三）诉讼时效期间中止、中断和不适用的情形

诉讼时效期间中止、中断的情形如表1-3-4所示。

表1-3-4　中止与中断的具体情形

<table>
<tr><th colspan="2">发生事由</th><th>发生期间</th><th>时效计算</th></tr>
<tr><td rowspan="5">中止</td><td>不可抗力</td><td rowspan="5">在诉讼时效期间的最后6个月内发生</td><td rowspan="5">"暂停"+"中止原因消除之日起满6个月届满"</td></tr>
<tr><td>无民事行为能力人或者限制民事行为能力人没有法定代理人，或者法定代理人死亡、丧失民事行为能力、丧失代理权</td></tr>
<tr><td>继承开始后未确定继承人或者遗产管理人</td></tr>
<tr><td>权利人被义务人或者其他人控制</td></tr>
<tr><td>其他导致权利人不能行使请求权的障碍</td></tr>
<tr><td rowspan="4">中断</td><td>权利人向义务人提出履行请求的</td><td rowspan="4">在诉讼时效期间内</td><td rowspan="4">"归零"+"重新"计算</td></tr>
<tr><td>义务人同意履行义务的</td></tr>
<tr><td>权利人提起诉讼或者申请仲裁的</td></tr>
<tr><td>与提起诉讼或者申请仲裁具有同等效力的其他情形</td></tr>
</table>

【例题1-3-4·多选题】根据民事法律制度的规定，下列各项中，可导致诉讼时效中断的情形有（　　）。

A. 义务人同意履行义务

B. 权利人向义务人提出履行请求

C. 权利人提起诉讼

D. 因不可抗力致使权利人不能行使请求权

【答案】ABC

【解析】根据规定，诉讼时效因提起诉讼、当事人一方提出要求或者同意履行义务而中断。从中断时起，诉讼时效期间重新计算。选项D是可能导致"诉讼时效中止"的事由。

下列请求权不适用诉讼时效的规定：

（1）请求停止侵害、排除妨碍、消除危险。

(2) 不动产物权和登记的动产物权的权利人请求返还财产。

(3) 请求支付抚养费、赡养费或者扶养费。

(4) 依法不适用诉讼时效的其他请求权。

【例题1-3-5·多选题】 根据民事诉讼法律制度的规定，下列请求权中，不适用诉讼时效规定的有（ ）。

A. 请求停止侵害、排除妨碍、消除危险

B. 请求支付抚养费、赡养费或者扶养费

C. 不动产物权的权利人请求返还财产

D. 登记的动产物权的权利人请求返还财产

【答案】ABCD

【解析】下列请求权不适用诉讼时效的规定：(1) 请求停止侵害、排除妨碍、消除危险；(2) 不动产物权和登记的动产物权的权利人请求返还财产；(3) 请求支付抚养费、赡养费或者扶养费；(4) 依法不适用诉讼时效的其他请求权。

五、判决和执行

(一) 调解

法院审理民事案件，根据当事人自愿的原则，在事实清楚的基础上，分清是非，进行调解。

法院审理"离婚案件"，应当进行调解，但不应久调不决。适用"特别程序""督促程序""公示催告程序"的案件，"婚姻等身份关系确认"的案件以及其他根据案件性质不能调解的案件，不得调解，具体如表1-3-5所示。

表1-3-5　　调解原则

类型＼程序	特别程序	督促程序	公示催告	简易程序
是否独任审理	√ （选民资格案件及重大、疑难案件除外）	√	√	√
是否一审终审	√	√	√	简易程序中小额诉讼程序审理的案件
是否调解	×	×	×	√ （婚姻等身份关系确认案件以及其他根据案件性质不能进行调解的案件除外）

(二) 判决

当事人不服地方人民法院第一审判决的，有权在判决书送达之日起15日内向上一级法院提起上诉。

最高人民法院的判决、第二审人民法院的判决以及依法不准上诉或者超过上诉期没有上诉的判决，是发生法律效力的判决。

案例分析

【案例】

甲公司与乙公司因合同纠纷诉至法院。法院经审理判决甲公司败诉，甲公司不服，提起上诉。二审法院判决驳回上诉，维持原判。分析二审法院判决的法律效力有哪些？

【分析】

我国民事诉讼实行两审终审制度。二审法院判决后即产生法律效力：甲、乙公司间的合同纠纷消灭；甲公司不履行义务时，乙公司可以申请法院强制执行；非经法定审判监督程序，该判决不得撤销。

（三）执行

发生法律效力的民事判决、裁定，当事人必须履行。一方拒绝履行的，对方当事人可以向人民法院申请执行，也可以由审判员移送执行员执行。

调解书和其他应当由人民法院执行的法律文书，当事人必须履行。一方拒绝履行的，对方当事人可以向人民法院申请执行。

对于发生法律效力的民事判决、裁定，以及刑事判决、裁定中的财产部分，由第一审人民法院或者与第一审人民法院同级的被执行的财产所在地人民法院执行；法律规定由人民法院执行的其他法律文书，则由被执行人住所地或者被执行的财产所在地法院执行。

点睛

经济仲裁与民事诉讼

项目		经济仲裁	民事诉讼
提起的前提条件		存在有效仲裁协议	没有仲裁协议 仲裁协议无效 放弃仲裁协议
适用范围	人身关系纠纷	×	√
	劳动争议纠纷	×	√
	行政争议纠纷	×	×
	农村土地承包经营纠纷	×	√
审级制度		一裁终局	原则上两审终审
文书生效时间		①仲裁裁决书：作出之日 ②仲裁调解书：经双方当事人签收后	①一审：判决书送达之日起15日内不上诉的 ②二审：判决书送达之日
管辖		由当事人选定仲裁委员会，不适用级别或地域管辖	严格的级别和地域管辖制度
是否公开审理		原则上不公开审理	原则上公开审理
强制执行机关		人民法院	

第四节　行政复议与行政诉讼

一、行政复议

行政复议是指国家行政机关在依照法律、法规的规定履行对社会的行政管理职责的过程中，作为行政管理主体的行政机关一方与作为行政管理相对人的公民、法人或者其他组织一方，对于法律规定范围内的具体行政行为发生争议，由行政管理相对人向作出具体行政行为的行政机关的上一级行政机关或者法律规定的其他行政机关提出申请，由该行政机关对引起争议的具体行政行为进行审查并作出相应决定的一种重要的法律制度。

（一）行政复议的范围

1. 可以申请行政复议的事项

《中华人民共和国行政复议法》（以下简称《行政复议法》）规定，有下列情形之一的，公民、法人或者其他组织可以申请行政复议。

（1）对行政机关作出的警告、罚款、没收违法所得、没收非法财物、责令停产停业、暂扣或者吊销许可证、暂扣或者吊销执照、行政拘留等行政处罚决定不服的。

（2）对行政机关作出的限制人身自由或者查封、扣押、冻结财产等行政强制措施决定不服的。

（3）对行政机关作出的有关许可证、执照、资质证、资格证等证书变更、中止、撤销的决定不服的。

（4）对行政机关作出的关于确认土地、矿藏、水流、森林等自然资源的所有权或者使用权的决定不服的。

（5）认为行政机关侵犯其合法的经营自主权的。

（6）认为行政机关变更或者废止农业承包合同，侵犯其合法权益的。

（7）认为行政机关违法集资、征收财物或者违法要求履行其他义务的。

（8）认为符合法定条件，申请行政机关颁发许可证、执照、资质证、资格证等证书，或者申请行政机关审批、登记有关事项，行政机关没有依法办理的。

（9）申请行政机关履行保护人身权利、财产权利、受教育权利的法定职责，行政机关没有依法履行的。

（10）申请行政机关依法发放抚恤金或者最低生活保障费，行政机关没有依法发放的。

（11）认为行政机关的其他具体行政行为侵犯其合法权益的。

2. 行政复议的排除事项

下列事项不能申请行政复议：

（1）不服行政机关作出的行政处分或者其他人事处理决定，可依照有关法律、行政法规的规定提出申诉。

（2）不服行政机关对民事纠纷作出的调解或者其他处理，可依法申请仲裁或者向法院提起诉讼。

【例题1-4-1·单选题】下列各项中，属于行政复议范围的是（　　）。

A. 赵某对工商局暂扣其营业执照的决定不服而引起的纠纷

B. 王某对税务局将其调职到其他单位的决定不服而引起的纠纷

C. 张某对交通局解除劳动合同的决定不服而引起的纠纷

D. 李某对环保局给予其撤职处分决定不服而引起的纠纷

【答案】A

【解析】(1) 选项 B、D:属于内部行政行为,不能申请行政复议,也不能提起行政诉讼;(2) 选项 C:劳动合同纠纷属于民事纠纷,不适用行政复议和行政诉讼。

(二) 行政复议申请和复议机关

1. 行政复议申请

(1) 公民、法人或者其他组织认为具体行政行为侵犯其合法权益的,可以自知道该具体行政行为之日起60日内提出行政复议申请;但是,法律规定的申请期限超过60日的除外。因不可抗力或者其他正当理由耽误法定申请期限的,申请期限自障碍消除之日起继续计算。行政复议申请可以是书面的,也可以是口头的。

【例题 1-4-2·判断题】 申请行政复议,应当采用书面形式。 (　　)

【答案】×

【解析】申请人申请行政复议,可以书面申请,也可以口头申请。

(2) 公民、法人或者其他组织向人民法院提起行政诉讼,人民法院已经依法受理的,不得申请行政复议。

(3) 行政复议机关受理行政复议申请,不得向申请人收取任何费用。

(4) 行政复议的举证责任由"被申请人"承担。

(5) 行政复议参加人包括申请人、被申请人和第三人。

(6) 行政复议期间,具体行政行为不停止执行;但有下列情形之一的,可以停止执行:

① 被申请人认为需要停止执行的。

② 行政复议机关认为需要停止执行的。

③ 申请人申请停止执行,行政复议机关认为其要求合理,决定停止执行的。

④ 法律规定停止执行的。

2. 行政复议机关

履行行政复议职责的行政机关是行政复议机关。具体行政复议事项如表 1-4-1 所示。

表 1-4-1　　行政复议机关

行政机关	复议机关
对县级以上地方各级人民政府工作部门不服	① 本级人民政府 ② 上一级主管部门
对海关、金融、国税、外汇管理和国家安全机关不服	上一级主管部门
对地方各级人民政府不服	上一级人民政府
对省、自治区人民政府依法设立的派出机关所属的县级地方人民政府不服	该派出机关
对国务院部门或者省级人民政府不服	国务院部门或省级人民政府

【例题1-4-3·单选题】 对国家税务总局的具体行政行为不服的，向(　　)申请行政复议。

A. 国务院　　B. 国家税务总局

C. 人民法院　　D. 向上一级税务机关

【答案】B

【解析】国家税务局属于垂直领导，国家税务总局上级没有领导了，所以只能找它本身。对国家税务总局的具体行政行为不服的，向国家税务总局申请行政复议。

（三）行政复议决定

1. 行政复议的方法

行政复议原则上采取“书面审查”的方法，但是申请人提出要求或者行政复议机关负责法制工作的机构认为必要时，可以向有关组织和人员调查情况，听取申请人、被申请人和第三人的意见。

2. 行政复议决定的期间

行政复议机关应当自受理申请之日起60日内作出行政复议决定，但是法律规定的行政复议期限少于60日的除外。

情况复杂，不能在规定期限内作出行政复议决定的，经行政复议机关的负责人批准，可以适当延长，并告知申请人和被申请人，但延长期限最多不得超过30日。

3. 行政复议决定的类型

（1）具体行政行为认定事实清楚、证据确凿、适用依据正确、程序合法、内容适当的，决定维持。

（2）被申请人不履行法定职责的，决定其在一定期限内履行。

（3）具体行政行为有下列情形之一的，行政复议机关应决定予以撤销、变更或者确认其违法：① 主要事实不清、证据不足的；② 适用依据错误的；③ 违反法定程序的；④ 超越或者滥用职权的；⑤ 具体行政行为明显不当的。

4. 行政复议决定书的生效

行政复议决定书“一经送达”，即发生法律效力。

案例分析

【案例】

甲、乙公司因买卖合同发生纠纷，经北京市西城区工商行政管理局调解，双方对合同的履行达成和解。后甲公司越想越觉得调解结果对自己不利，于是向北京市工商行政管理局申请行政复议。分析北京市工商行政管理局应如何处理甲公司的申请。

【分析】

根据《行政复议法》的规定，不服行政机关对民事纠纷作出的调解处理，不属于行政复议范围，当事人可依法申请仲裁或者向法院提起诉讼。甲、乙公司因买卖合同发生纠纷，虽经北京市西城区工商行政管理局调解，但其实质还是甲、乙双方之间的民事纠纷，因而对甲公司行政复议的申请，北京市工商行政管理局不予受理。

二、行政诉讼

行政诉讼,是指公民、法人或者其他组织认为行政机关或法律、法规授权的组织的行政行为侵犯其合法权益,依法向人民法院请求司法保护,人民法院通过对被诉行政行为的合法性进行审查,在双方当事人和其他诉讼参与人的参与下,对该行政争议进行审理和裁判的司法活动。

在我国,行政诉讼与刑事诉讼、民事诉讼并称为三大诉讼,是国家诉讼制度的基本形式之一。行政诉讼也是行政法制监督的一种特殊形式。

(一)行政诉讼的适用范围

公民、法人或者其他组织认为行政机关和行政机关工作人员的行政行为侵犯其合法权益,有权向人民法院提起行政诉讼。此处所称的行政行为,包括法律、法规、规章授权的组织作出的行政行为。

(1)法院受理公民、法人和其他组织提起的下列行政诉讼:

① 对行政拘留、暂扣或吊销许可证和执照、责令停产停业、没收违法所得、没收非法财物、罚款、警告等行政处罚不服的。

② 对限制人身自由或者对财产的查封、扣押、冻结等行政强制措施和行政强制执行不服的。

③ 申请行政许可,行政机关拒绝或者在法定期限内不予答复,或者对行政机关作出的有关行政许可的其他决定不服的。

④ 对行政机关作出的关于确认土地、矿藏、水流、森林、海域等自然资源的所有权或者使用权的决定不服的。

⑤ 对征收、征用决定及其补偿决定不服的。

⑥ 申请行政机关履行保护人身权、财产权等合法权益的法定职责,行政机关拒绝履行或者不予答复的。

⑦ 认为行政机关侵犯其经营自主权或者农村土地承包经营权、农村土地经营权的。

⑧ 认为行政机关滥用行政权力排除或者限制竞争的。

⑨ 认为行政机关违法集资、摊派费用或者违法要求履行其他义务的。

⑩ 认为行政机关没有依法支付抚恤金、最低生活保障待遇或者社会保险待遇的。

⑪ 认为行政机关不依法履行、未按照约定履行或者违法变更、解除政府特许经营协议、土地房屋征收补偿协议等协议的。

⑫ 认为行政机关侵犯其他人身权、财产权等合法权益的。

(2)法院不受理公民、法人或者其他组织对下列事项提起的诉讼:

① 国防、外交等国家行为。

② 行政法规、规章或者行政机关制定、发布的具有普遍约束力的决定、命令。

③ 行政机关对行政机关工作人员的奖惩、任免等决定。

④ 法律规定由行政机关最终裁决的具体行政行为。

【例题1-4-4·多选题】 根据《行政诉讼法》的规定,公民、法人或者其他组织对下列事项提出的诉讼中,属于人民法院行政诉讼受理范围的有(　　)。

A. 认为国务院部门制定的规章不合法　　B. 对没收违法所得的行政处罚决定不服

C. 申请行政许可,行政机关拒绝　　D. 认为行政机关滥用行政权力限制竞争的

【答案】BCD

【解析】制定行政法规、规章是立法行为,不由法院监督,因此不能对行政法规、规章提起行政诉讼。法院可以应请求对行政行为所依据的国务院部门和地方人民政府及其部门制定的规范性文件(不含规章)进行审查,经审查认为不合法的,可以通过司法建议形式,建议制定机关修改或者废止。选项 D 为《行政诉讼法》2014 年修正后新增加的内容。

(二)行政诉讼管辖

行政诉讼管辖主要分为级别管辖和地域管辖。

1. 级别管辖

级别管辖如表 1-4-2 所示。

表 1-4-2　级别管辖

一审管辖权	具体案件
第一审行政案件由基层人民法院管辖	普通的行政案件
第一审行政案件由中级人民法院管辖	① 对国务院部门或者"县级以上地方人民政府"所做的行政行为提起诉讼的案件
	② 海关处理的案件
	③ 本辖区内重大、复杂的案件
	④ 其他法律规定由中级人民法院管辖的案件

2. 地域管辖

地域管辖如表 1-4-3 所示。

表 1-4-3　地域管辖

案件	管辖法院
未经复议的行政案件	最初作出行政行为的行政机关所在地人民法院
经复议的行政案件	① 最初作出行政行为的行政机关所在地人民法院 ② 复议机关所在地人民法院
对限制人身自由的行政强制措施不服提起的诉讼	① 被告所在地人民法院 ② 原告所在地人民法院
因不动产提起的行政诉讼	不动产所在地人民法院

案例分析

【案例】

县公安局在执法大检查中,对某网吧罚款 2 000 元。网吧对此处罚决定不服,依法向市公安局申请行政复议,市公安局受理申请后,发现该网吧在营业中确实存在违法行为,但县公安局的处罚力度不够,遂改处罚款 3 000 元,该网吧对市公安局的行政复议决定不服,决定提起行政诉讼。该网吧可以向县公安局所在地人民法院提起行政诉讼吗?

【分析】

该网吧除了可以向县公安局所在地人民法院提起行政诉讼外,还可以向市公安局所在地人民法院提起行政诉讼。行政案件由最初作出具体行政行为的行政机关所在地人民法院管辖,经过复议的案件,复议机关改变原具体行政行为的,也可以由复议机关所在地人民法院管辖。网吧既可以向县公安局所在地人民法院提起行政诉讼,也可以向市公安局所在地人民法院提起行政诉讼。

（三）起诉与受理

公民、法人或者其他组织申请行政复议，行政复议机关已经依法受理的，或者法律、法规规定应当先向行政复议机关申请行政复议、对行政复议决定不服再向人民法院提起行政诉讼的，在法定行政复议期限内不得向人民法院提起行政诉讼。

1. 先议后诉

公民、法人或者其他组织可以自收到行政复议机关不予受理决定书之日起或者行政复议期满(60日)之日起15日内，依法向人民法院提起行政诉讼。

2. 直接诉讼

(1) 公民、法人或者其他组织直接向人民法院提起诉讼的，应当自知道或者应当知道作出行政行为之日起6个月内提出，法律另有规定的除外。

(2) 公民、法人或者其他组织申请行政机关履行保护其人身权、财产权等合法权益的法定职责，行政机关在接到申请之日起2个月内不履行的，公民、法人或者其他组织可以向人民法院提起诉讼。

3. 最长诉讼时效

因不动产提起诉讼的案件自行政行为作出之日起超过20年，其他案件自行政行为作出之日起超过5年提起诉讼的，人民法院不予受理。

（四）审理和判决

1. 公开审理

人民法院公开审理行政案件，但涉及国家秘密、个人隐私和法律另有规定的除外。涉及商业秘密的案件，当事人申请不公开审理的，可以不公开审理。

2. 回避制度

当事人认为审判人员、书记员、翻译人员、鉴定人、勘验人与本案有利害关系或者有其他关系可能影响公正审判的，有权申请上述人员回避。上述人员认为自己与本案有利害关系或者有其他关系，应当申请回避。

3. 不适用调解

人民法院审理行政案件，不适用调解，但下列案件可以调解：

(1) 行政赔偿、补偿案件。

(2) 行政机关行使法律、法规规定的自由裁量权的案件。

4. 审理依据

人民法院审理行政案件，以法律和行政法规、地方性法规为依据。

5. 审理期限

(1) 人民法院应当自立案之日起6个月内作出第一审行政判决。

(2) 有特殊情况需要延长的，由高级人民法院批准；高级人民法院审理第一审案件需要延长的，由最高人民法院批准。

6. 上诉期限

(1) 当事人不服人民法院第一审行政判决的，有权自判决书送达之日起15日内向上一级人民法院提起上诉。

(2) 当事人不服人民法院第一审裁定的,有权自裁定书送达之日起 10 日内向上一级人民法院提起上诉。

(3) 逾期不提起上诉的,人民法院的第一审判决或者裁定发生法律效力。

【例题 1-4-5 · 多选题】 下列关于行政诉讼的说法中,正确的有(　　)。

A. 人民法院审理行政案件应当公开进行,但涉及国家秘密、个人隐私和法律另有规定的除外

B. 人民法院审理行政案件,适用回避制度

C. 人民法院审理行政案件,可以对双方当事人进行调解

D. 人民法院审理行政赔偿案件,可以对双方当事人进行调解

【答案】ABD

【解析】审理行政案件,不适用调解;但是,行政赔偿、补偿以及行政机关行使法律、法规规定的自由裁量权的案件可以调解。

归纳总结

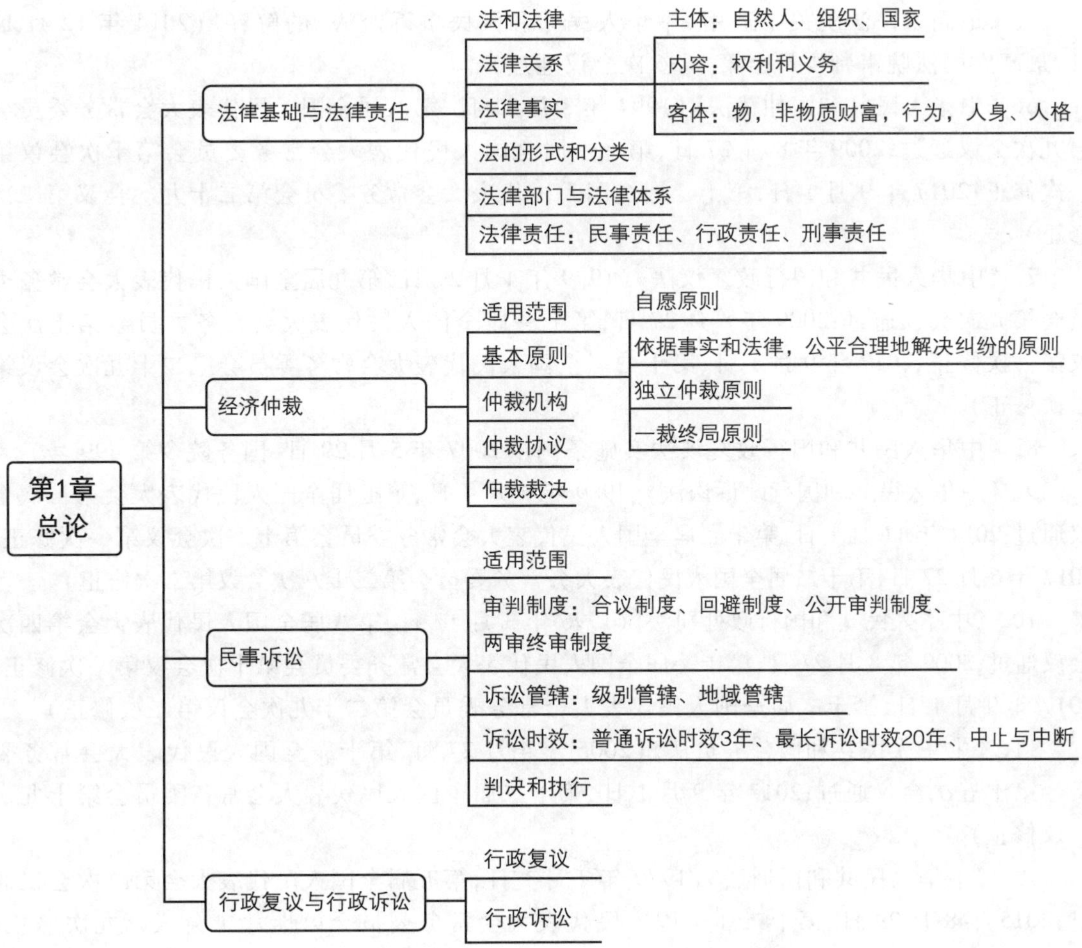

本章主要参考法规索引

1.《中华人民共和国宪法》(1982 年 12 月 4 日,第五届全国人民代表大会第五次会议通过;1988 年 4 月 12 日,第七届全国人民代表大会第一次会议第一次修正;1993 年 3 月 29 日,第八届全国人民代表大会第一次会议第二次修正;1999 年 3 月 15 日,第九届全国人民代表大会二次会议第三次修正;2004 年 3 月 14 日,第十届全国人民代表大会第二次会议第四次修正)

2.《中华人民共和国立法法》(2000 年 3 月 15 日,第九届全国人民代表大会第三次会议通过;2015 年 3 月 15 日,第十二届全国人民代表大会第三次会议修正)

3.《中华人民共和国民法总则》(2017 年 3 月 15 日,第十二届全国人民代表大会第五次会议通过)

4.《中华人民共和国民事诉讼法》(1991 年 4 月 9 日,第七届全国人民代表大会第四次会议通过;2007 年 10 月 28 日,第十届全国人民代表大会常务委员会第三十次会议第一次修正;2012 年 8 月 31 日,第十一届全国人民代表大会常务委员会第二十八次会议第二次修正;2017 年 6 月 27 日,第十二届全国人民代表大会常务委员会第二十八次会议第三次修正)

5.《最高人民法院关于适用〈中华人民共和国民事诉讼法〉的解释》(2014 年 12 月 18 日,最高人民法院审判委员会第 1636 次会议通过)

6.《中华人民共和国仲裁法》(1994 年 8 月 31 日,第八届全国人民代表大会常务委员会第九次会议通过;2009 年 8 月 27 日,第十一届全国人民代表大会常务委员会第十次会议第一次修正;2017 年 9 月 1 日,第十二届全国人民代表大会常务委员会第二十九次会议第二次修正)

7.《中华人民共和国行政复议法》(1999 年 4 月 29 日,第九届全国人民代表大会常务委员会第九次会议通过;2009 年 8 月 27 日,第十一届全国人民代表大会常务委员会第十次会议第一次修正;2017 年 9 月 1 日,第十二届全国人民代表大会常务委员会第二十九次会议第二次修正)

8.《中华人民共和国行政复议法实施条例》(2007 年 5 月 29 日,国务院令第 499 号)

9.《中华人民共和国行政诉讼法》(1989 年 4 月 4 日,第七届全国人民代表大会第二次会议通过;2014 年 11 月 1 日,第十二届全国人民代表大会常务委员会第十一次会议第一次修正;2017 年 6 月 27 日,第十二届全国人民代表大会常务委员会第二十八次会议第二次修正)

10.《中华人民共和国行政处罚法》(1996 年 3 月 17 日,第八届全国人民代表大会第四次会议通过;2009 年 8 月 27 日,第十一届全国人民代表大会常务委员会第十次会议第一次修正;2017 年 9 月 1 日,第十二届全国人民代表大会常务委员会第二十九次会议第二次修正)

11.《中华人民共和国公务员法》(2005 年 4 月 27 日,第十届全国人民代表大会常务委员会第十五次会议通过;2017 年 9 月 1 日,第十二届全国人民代表大会常务委员会第十九次会议修正)

12.《中华人民共和国刑法》(1979 年 7 月 1 日,第五届全国人民代表大会第二次会议通过;2015 年 8 月 29 日,第十二届全国人民代表大会常务委员会第十六次会议第九次修正;2017 年 11 月 4 日,第十二届全国人民代表大会常务委员会第三十次会议第十次修正)

CHAPTER 2

第2章

会计法律制度

学习目标 Learning Objectives

◎ **通过本章你可以：**

- 了解代理记账
- 了解会计法律制度的概念、适用范围和会计工作管理体制
- 熟悉违反会计法律制度的法律责任
- 熟悉会计职业道德的概念和主要内容
- 掌握会计机构、会计岗位的设置
- 掌握会计核算、会计档案管理、会计监督

学习导引 Learning Guidance

《中华人民共和国会计法》

《中华人民共和国会计法》（以下简称《会计法》）是我国会计工作的基本法，也是我国进行会计工作的基本依据。它在我国会计法规体系中居于最高层次地位。

2017年11月4日，第十二届全国人民代表大会常务委员会第三十次会议修订的《会计法》共7章52条，包括总则、会计核算、公司与企业会计核算的特别规定、会计监督、会计机构和会计人员、法律责任及附则。

第一章　总则。对会计工作作出总体的法律规定。对会计立法的宗旨、会计法的适用范围和约束对象，以及单位负责人与会计机构中各成员的工作责任关系等，都作了明确规定。

第二章　会计核算。以法律的形式对会计核算的基本事项、会计期限、计量单位、账簿、财务会计报告等会计核算内容进行了具体规定。强调了会计核算工作的科学性、系统性，并从不同角度反复强调了会计核算过程及其结果的正确性、真实性与合法性。

第三章　公司、企业会计核算的特别规定。对公司、企业会计核算作出了特别规定，并明确公司、企业进行会计核算时，除遵循《会计法》关于会计核算的一般规定外，还应遵循这些特别规定。

第四章　会计监督。以法律的形式对会计机构、会计人员、单位负责人、财政部门在会计监督中的职责作出了明确规定。规定各单位应当建立、健全内部会计监督制度，并对财政部门对各单位实施监督的内容作了具体规定。

第五章　会计机构和会计人员。明确规定了各单位应当根据会计业务的需要设置会计机构，并对会计机构内部应当建立稽核制度、会计人员和会计机构负责人的任职资格作出了明确规定。

第六章　法律责任。不仅对违反法律规定的法律责任和依法处理办法作出了明确、具体的规定，而且明确了执法主体——县级以上人民政府财政部门。

第七章　附则。对《会计法》的用语含义作了解释。

本章是在《会计法》的基础上进行编写的。

第一节 会计法律制度概述

一、会计法律制度的概念

会计法律制度,是指国家权力机关和行政机关制定的关于会计工作的法律、法规、规章和规范性文件的总称,简称会计法规。会计法律制度是调整会计关系的法律规范。

会计关系是指会计机构和会计人员在办理会计实务过程中,以及国家在管理会计工作中发生的经济关系。

为规范会计行为、保障会计工作的有序进行,国家陆续颁布了以下一系列会计法律、法规和规章制度:

法律:《会计法》。

行政法规:《总会计师条例》《企业财务会计报告条例》。

部门规章:《代理记账管理办法》《会计档案管理办法》《企业内部控制基本规范》《会计基础工作规范》《企业会计准则》及其解释。

二、会计法律制度的适用范围

国家机关、社会团体、公司、企业、事业单位和其他组织(以下统称单位)办理会计事务必须依照《会计法》进行。

《会计法》规定,国家实行统一的会计制度。国家统一的会计制度由国务院财政部门根据《会计法》制定并公布。国家统一的会计制度是指国务院财政部门根据《会计法》制定的关于会计核算、会计监督、会计机构和会计人员以及会计工作管理的制度。

三、会计工作管理体制

(一)会计工作的行政管理

会计工作的主管部门是指代表国家对会计工作行使管理职能的政府部门。《会计法》规定:"国务院财政部门主管全国的会计工作。县级以上地方各级人民政府财政部门管理本行政区域内的会计工作。"

(二)单位内部的会计工作管理

单位负责人对本单位的会计工作和会计资料的真实性、完整性负责。

单位负责人是指单位法定代表人或者法律、行政法规规定代表单位行使职权的主要负责人。单位负责人应当保证会计机构、会计人员依法履行职责,不得授意、指使、强令会计机构、会计人员违法办理会计事项。

【例题 2-1-1 · 单选题】 我国会计工作行政管理的主管部门是( )。

A. 财政部　　　　B. 国家统计局

C. 审计署　　　　D. 国家税务总局

【答案】A

【解析】国务院财政部门主管全国的会计工作,县级以上地方各级人民政府财政部门管理本行政区域内的会计工作。

第二节 会计核算与会计监督

一、会计核算

会计核算,是以货币为主要计量单位,运用专门的会计方法,对生产经营活动或预算执行过程及其结果进行连续、系统、全面的记录、计算、分析,定期编制并提供财务会计报告和其他一系列内部管理所需的会计资料,为经营决策和宏观经济管理提供依据的一项会计活动。会计核算是会计工作的基本职能之一,是会计工作的主要环节。

(一)会计核算的基本要求

1. 依法建账

(1)各单位都应当按照《会计法》的规定设置会计账簿,进行会计核算。设置会计账簿的种类和具体要求应当符合《会计法》、会计法规和国家统一会计制度的规定。

(2)各单位发生的各项经济业务事项应当统一进行会计核算,不得违反规定私设会计账簿进行登记、核算。

2. 根据实际发生的经济业务进行会计核算

为体现会计核算的真实性和客观性要求,各单位必须根据实际发生的经济业务事项进行会计核算、填制会计凭证、登记会计账簿、编制财务会计报告。

【例题 2-2-1 · 单选题】会计核算必须以(　　)为依据。

A. 实际发生的会计业务事项

B. 实际发生的经济业务事项

C. 计划发生的会计业务事项

D. 计划发生的经济业务事项

【答案】B

【解析】各单位必须根据"实际发生的经济业务事项"进行会计核算,填制会计凭证,登记会计账簿、编制财务会计报告,而不是计划的,经济业务事项反映在会计业务核算上。

3. 保证会计资料的真实和完整

会计资料主要是指会计凭证、会计账簿、财务会计报告等会计核算专业资料。会计资料的真实性和完整性是会计资料最基本的质量要求,是会计工作的生命,各单位必须保证所提供的会计资料真实和完整。

会计资料的真实性,主要是指会计资料所反映的内容和结果应当与单位实际发生的经济业务的内容及其结果相一致。会计资料的完整性,主要是指构成会计资料的各项要素必须齐全,以使会计资料如实、全面地记录和反映经济业务发生情况,便于会计资料使用者全面、准确地了解经济活动情况。

造成会计资料不真实、不完整的原因主要包括伪造、编造会计资料和提供虚假资料。

点睛

伪造、变造与提供虚假资料

方式	含义
伪造会计资料	以虚假的经济业务事项为前提编造不真实的会计凭证、会计账簿和其他会计资料，属于“无中生有”
变造会计资料	用涂改、挖补等手段来改变会计凭证、会计账簿等真实内容，歪曲事实真相和行为，属于“篡改事实”
提供虚假资料	通过编造虚假的会计凭证、会计账簿及其他会计资料，或者篡改财务会计报告的真实数据，使财务会计报告不真实、不完整地反映财务状况和经营成果，借以误导、欺骗会计资料使用者，属于“以假乱真”

4. 正确采用会计处理方法

各单位采用的会计处理方法，前后各期应当一致，不得随意变更；确有必要变更的，应当按照国家统一会计制度的规定变更，并将变更的原因、情况及影响在财务会计报告中说明。

5. 正确使用会计记录文字

(1) 会计记录的文字应当使用中文。

(2) 在民族自治地方，会计记录可以“同时使用”当地通用的一种民族文字。

(3) 在中国境内的外商投资企业、外国企业和其他外国组织的会计记录可以“同时使用”一种外国文字。

6. 使用电子计算机进行会计核算必须符合法律规定

(1) 用电子计算机进行会计核算的单位，其使用的会计软件必须符合国家统一的会计制度的规定。

(2) 使用电子计算机生成的会计凭证、会计账簿、财务会计报告和其他会计资料，必须符合国家统一的会计制度的规定。

(3) 使用电子计算机进行会计核算的，其会计账簿的登记、更正，应当符合国家统一的会计制度的规定。

拓展阅读

中国“第五大发明”

东汉数学家徐岳所著《数术记遗》明确记载：“珠算，控带四时，经纬三才。”

“一上一，二上二，三下五除二，四去六进一……”这首珠算口诀曾经为很多人所熟悉。历经1 800多年漫长岁月，珠算以简便的计算工具和独特的数理内涵，被誉为“世界上最古老的计算机”“中国第五大发明”。

2010年，一把海南黄花梨算盘拍卖成交价达到16.8万元；2011年8月，北京中嘉拍卖会上，一把清代碧玉算盘拍出160万元，创造了国内算盘收藏市场最高价纪录。

2013 年 12 月 4 日，联合国教科文组织保护非物质文化遗产政府间委员会第八次会议在阿塞拜疆巴库通过决议，将珠算正式列入人类非物质文化遗产名录。随着珠算申遗成功，一些年代久远的算盘成为文物收藏的新宠。

（二）会计核算的具体规则

1. 会计年度

我国以每年的公历 1 月 1 日起至 12 月 31 日止为一个会计年度，每个会计年度还可以按照公历日期具体划分为半年度、季度、月度。

2. 记账本位币

（1）会计核算以人民币为记账本位币。

（2）业务收支以人民币以外的货币为主的单位，可以选定其中一种货币作为记账本位币，但是编报的财务会计报告应当折算为人民币。

【例题 2-2-2 · 判断题】 某公司是一家由美国投资者出资设立的外资企业，业务收支以美元为主。该公司会计记录的文字只能使用中文，记账本位币可以选定美元。（　　）

【答案】×

【解析】（1）在中国境内的外商投资企业的会计记录可以同时使用一种外国文字；（2）业务收支以人民币以外的货币为主的单位，可以选择其中一种货币作为记账本位币，但是编制的财务会计报告应当折算为人民币。

3. 会计核算事项

（1）款项和有价证券的收付。

（2）财物的收发、增减和使用。

（3）债权债务的发生和结算。

（4）资本、基金的增减。

（5）收入、支出、费用、成本的计算。

（6）财务成果的计算和处理。

（7）需要办理会计手续、进行会计核算的其他事项。

（三）会计凭证与会计账簿

1. 会计凭证

会计凭证，是指具有一定格式，用于记录经济业务事项发生和完成情况，明确经济责任，并作为记账凭证的书面证明，是会计核算的重要会计资料。会计凭证按其来源和用途，分为原始凭证（如发票）和记账凭证两种。

（1）原始凭证填制的基本要求。

原始凭证，又称单据，是指在经济业务发生时，由业务经办人员直接取得或者填制，用于表明某项经济业务已经发生或完成情况并明确有关经济责任的一种原始凭据，如图 2-2-1 所示的发票。

原始凭证是会计核算的原始依据，来源于实际发生的经济业务事项。原始凭证种类很

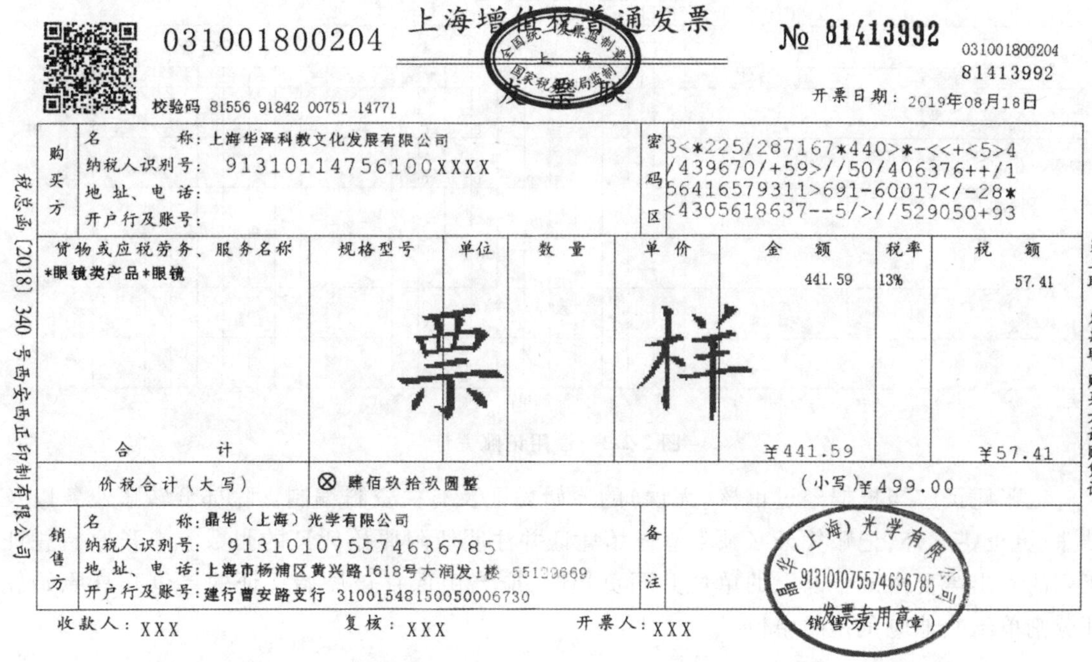

031001800204 上海增值税普通发票 № 81413992

031001800204
81413992

发票联

校验码 81556 91842 00751 14771

开票日期：2019年08月18日

购买方	名　　称：上海华泽科教文化发展有限公司 纳税人识别号：91310114756100XXXX 地 址、电 话： 开户行及账号：	密码区	3<*225/287167*440>*-<<+<5>4 /439670/+59>//50/406376++/1 56416579311>691-60017</-28* <4305618637--5/>//529050+93

货物或应税劳务、服务名称	规格型号	单位	数量	单价	金额	税率	税额
*眼镜类产品*眼镜					441.59	13%	57.41
合　　计					¥441.59		¥57.41

票样

价税合计（大写） ⊗肆佰玖拾玖圆整 （小写）¥499.00

销售方	名　　称：晶华（上海）光学有限公司 纳税人识别号：91310107557463 6785 地 址、电 话：上海市杨浦区黄兴路1618号大润发1楼 55129669 开户行及账号：建行曹安路支行 310015481500500006730	备注	

收款人：XXX　　复核：XXX　　开票人：XXX　　销售方：（章）

税总函[2018]340号西安西正印制有限公司

第二联：发票联 购买方记账凭证

图 2-2-1　增值税电子专用发票

多，既有来自单位外部的，也有单位自制的；既有国家统一印制的具有固定格式的发票，也有由发生经济业务事项的双方认可并自行填制的凭据等。

会计机构、会计人员必须按照国家统一的会计制度的规定对原始凭证进行审核：① 对不真实、不合法的原始凭证有权不予接受，并向单位负责人报告；② 对记载不准确、不完整的原始凭证予以退回，并要求按照国家统一的会计制度的规定更正、补充。

原始凭证的更改：① 原始凭证记载的各项内容均不得涂改；② 原始凭证金额有错误的，应当由出具单位重开，不得在原始凭证上更正；③ 原始凭证上除金额以外的其他事项有错误的，应当由出具单位重开或者更正，更正处应当加盖出具单位印章。

【例题 2-2-3 · 单选题】 根据会计法律制度的规定，原始凭证的金额有错误时，应当采取的正确做法是（　　）。

A. 由出具单位重开

B. 由出具单位更正并加盖出具单位印章

C. 由接受单位更正并加盖接受单位印章

D. 由经办人员更正并加盖经办人员印章

【答案】A

【解析】(1)"金额"错误，只能"重开"；(2) 其他记载事项错误，重开或者由出具单位更正且加盖出具单位印章。

(2) 记账凭证填制的基本要求。

记账凭证又称传票，是指对经济业务事项按其性质加以归类，确定会计分录，并据以登记会计账簿的凭证。它具有分类归纳原始凭证和满足登记会计账簿需要的作用。通用记账凭证如图 2-2-2 所示。

记 账 凭 证

2019年 07月 19日　　　　字第 号

摘要	科目		√	借方金额										√	贷方金额									
	总账科目	明细科目		千	百	十	万	千	百	十	元	角	分		千	百	十	万	千	百	十	元	角	分
购买机器人	固定资产/电子设备					6	0	0	0	0	0	0	0											
购买机器人	应交税费/应交增值税/进项税额						1	0	2	0	0	0	0											
购买机器人	银行存款/兴业银行																6	1	0	2	0	0	0	0

附件　张

会计主管：　　记账：　　出纳：　　审核：　　制单：

图 2-2-2　通用记账凭证

记账凭证应当根据经过审核(无误)的原始凭证及有关资料编制。除部分转账业务以及结账、更正错误外,记账凭证必须附有原始凭证并注明所附原始凭证的张数。一张原始凭证所列的支出需要由两个以上的单位共同负担时,应当由保存该原始凭证的单位开具原始凭证分割单给其他应负担的单位。

点睛

原始凭证与记账凭证

(1) 原始凭证来源于实际发生的经济业务事项,而记账凭证根据原始凭证及有关资料编制。

(2) 原始凭证有可能来源于单位外部,而记账凭证由单位自制。

【例题 2-2-4 · 判断题】 原始凭证是对经济业务事项按其性质加以归类、确定会计分录,并据以登记会计账簿的会计凭证。　(　　)

【答案】 ×

【解析】 题干表述的是记账凭证的概念。

2. 会计账簿

(1) 会计账簿的种类。

会计账簿,是指全面记录和反映一个单位经济业务事项,把大量分散的数据或者资料进行归集整理,逐步加工成有用会计信息的簿籍,它是编制财务会计报告的重要依据。会计账簿的种类及用途和形式如表 2-2-1 所示。

表 2-2-1　会计账簿的种类、用途和形式

种类	用途	形式
总账(也称总分类账)	根据会计科目开设的账簿,用于分类登记单位的全部经济业务事项,提供资产、负债、所有者权益、费用、成本、收入等"总括核算"的资料	总账一般有订本账和活页账两种
明细账(也称明细分类账)	根据总账科目所属的明细科目设置,用于分类登记某一类经济业务事项,提供有关明细核算资料	明细账通常使用活页账

续表

种类	用途	形式
日记账	是一种特殊的"序时"明细账,是按照经济业务事项发生的时间先后顺序,逐日逐笔地进行登记的账簿	包括现金日记账和银行存款日记账,通常使用订本账
其他辅助账簿(也称备查账簿)	为"备忘备查"而设置	主要包括各种租借设备、物资的辅助登记或有关应收、应付款项的备查簿,担保、抵押备查簿等

(2)登记会计账簿的基本要求。

对于会计账簿的登记,各单位应当按照《会计法》和国家统一会计制度的规定,遵循以下要求:① 必须依据经过审核的会计凭证登记会计账簿。② 登记会计账簿必须按照记账规则进行,包括会计账簿应当按照连续编号的页码顺序登记;会计账簿记录发生错误或者隔页、缺号、跳行的,应当按照国家统一的会计制度规定的方法更正,并由会计人员和会计机构负责人(会计主管人员)在更正处盖章。③ 任何单位都不得在法定会计账簿之外私设会计账簿。

【例题2-2-5·多选题】 在会计实务中,备查账簿主要包括(　　)。

A. 租借设备、物资的辅助登记　　B. 担保、抵押备查簿

C. 应收、应付票据备查簿　　D. 小金库账簿

【答案】ABC

【解析】(1)其他辅助账簿主要包括各种租借设备、物资的辅助登记,有关应收、应付款项的备查簿或担保、抵押备查簿等;(2)任何单位都不得在法定会计账簿之外私设会计账簿。

(四)财务会计报告

企业会计报告,也称财务会计报告,是指单位对外提供的、反映单位某一特定日期财务状况和某一会计期间经营成果、现金流量等会计信息的文件。

1. 企业财务会计报告的构成

(1)企业财务会计报告包括会计报表、会计报表附注和财务情况说明书。

(2)会计报表应当包括资产负债表、利润表、现金流量表及相关附表。

(3)企业财务会计报告按编制时间分为年度、半年度、季度和月度财务会计报告。季度、月度财务会计报告通常仅指会计报表,会计报表至少应当包括资产负债表和利润表。国家统一的会计制度规定季度、月度财务会计报告需要编制会计报表附注的,从其规定。

2. 企业财务会计报告的对外提供

企业对外提供的财务会计报告应当由企业负责人和主管会计工作的负责人、会计机构负责人(会计主管人员)签名并盖章;设置总会计师的企业,还应由总会计师签名并盖章。

点睛

自行记账与代理记账

代理记账机构为委托人编制的财务会计报告,经代理记账机构负责人和委托人负责人签名并盖章后,按照有关法律、法规和国家统一的会计制度的规定对外提供。

单位类型		财务会计报告签章人
自行记账	不设总会计师	① 单位负责人 ② 主管会计工作的负责人 ③ 会计机构负责人(会计主管人员)
	设总会计师	① 单位负责人 ② 总会计师(即主管会计工作的负责人) ③ 会计机构负责人(会计主管人员)
代理记账		① 代理记账机构负责人 ② 委托人负责人

3. 国有企业、国有控股或占主导地位的企业财务会计报告的公布

国有企业、国有控股的或者占主导地位的企业,应当至少每年一次向本企业的职工代表大会公布财务会计报告,并重点说明下列事项:

(1) 反映与职工利益密切相关的信息,包括管理费用的构成情况,企业管理人员工资、福利和职工工资、福利费的发放、使用和结余情况,公益金的提取及使用情况,利润分配的情况以及其他与职工利益相关的信息。

(2) 内部审计发现的问题及纠正情况。

(3) 注册会计师审计的情况。

(4) 国家审计机关发现的问题及纠正情况。

(5) 重大的投资、融资和资产处置决策及其原因的说明等。

(6) 需要说明的其他重要事项。

4. 统一口径

企业应依照《企业财务会计报告条例》的规定向有关各方提供财务会计报告,其编制基础、编制依据、编制原则和方法应当一致,不得提供编制基础、编制依据、编制原则和方法不同的财务会计报告。

5. 审计报告

财务会计报告须经注册会计师审计的,企业应当将注册会计师及其会计师事务所出具的审计报告随同财务会计报告一并对外提供。

(五) 账务核对及财产清查

1. 账务核对

账务核对是保证会计账簿记录质量的重要程序,各单位应当定期将会计账簿记录与实物、款项及有关资料相互核对,保证会计账簿记录与实物及款项的实有数额相符(账实核对)、会计账簿记录与会计凭证的有关内容相符(账证核对)、会计账簿之间相对应的记录相符(账账核对)、会计账簿记录与会计报表的有关内容相符(账表核对)。

2. 财产清查

财产清查是会计核算工作的一项重要程序,特别是在编制年度财务会计报告之前,必须进行财产清查,并对账实不符等问题根据国家统一的会计制度的规定进行会计处理,以保证

财务会计报告反映的会计信息真实、完整。

财产清查制度是通过定期或不定期、全面或部分地对各项财产物资进行实地盘点和对库存现金、银行存款、债权债务进行清查核实的一种制度。

案例分析

【案例】

甲公司是一家国有大型企业。2018年12月，公司召开董事会。董事长兼总经理胡某提出，财务会计报告专业性很强，其精力有限，以前在财务会计报告上签字盖章，也只是履行程序而已。从今以后，公司对外报送的财务会计报告一律改由公司总会计师范某一人签字盖章后报出。分析甲公司董事长兼总经理胡某的观点有无不妥之处。

【分析】

胡某的观点不符合《会计法》的规定。《会计法》规定，公司对外报出的财务会计报告应当由企业负责人和主管会计工作的负责人、会计机构负责人（会计主管人员）签名并盖章；设置总会计师的，还须由总会计师签名并盖章。董事长胡某作为单位法定代表人，应当依法对本单位的会计工作和会计资料的真实性、完整性负责，也应当依法在本单位对外出具的财务会计报告上签名并盖章。

二、会计档案管理

（一）会计档案的概念

会计档案是指单位在进行会计核算等过程中接收或形成的，记录和反映单位经济业务事项的，具有保存价值的文字、图表等各种形式的会计资料，包括通过计算机等电子设备形成、传输和存储的电子会计档案。

点睛

各单位的预算、计划、制度等文件材料属于文书档案，不属于会计档案。

（二）会计档案的归档

1. 会计档案的归档范围

（1）会计凭证，包括原始凭证、记账凭证。

（2）会计账簿，包括总账、明细账、日记账、固定资产卡片及其他辅助性账簿。

（3）财务会计报告，包括月度、季度、半年度、年度财务会计报告。

（4）其他会计资料，包括银行存款余额调节表、银行对账单、纳税申报表、会计档案移交清册、会计档案保管清册、会计档案销毁清册、会计档案鉴定意见书及其他具有保存价值的会计资料。

2. 会计档案的归档要求

（1）电子会计档案的基本质量要求。

① 形成的电子会计资料来源真实有效，由计算机等电子设备形成和传输。

② 使用的会计核算系统能够准确、完整、有效接收和读取电子会计资料，能够输出符合国家标准归档格式的会计凭证、会计账簿、财务会计报表等会计资料，设定了经办、审核、审批等必要的审签程序。

③ 使用的电子档案管理系统能够有效接收、管理、利用电子会计档案，符合电子档案的长期保管要求，并建立了电子会计档案与相关联的其他纸质会计档案的检索关系。

④ 采取有效措施，防止电子会计档案被篡改。

⑤ 建立电子会计档案备份制度，能够有效防范自然灾害、意外事故和人为破坏的影响。

⑥ 形成的电子会计资料不属于具有永久保存价值或者其他重要保存价值的会计档案。

（2）仅以电子形式保存，形成电子会计档案。

① 单位内部形成的、属于归档范围的电子会计资料，符合电子会计档案基本质量要求的，可仅以电子形式保存，形成电子会计档案。

② 单位从外部接收的电子会计资料，符合电子会计档案基本质量要求、附有符合《中华人民共和国电子签名法》规定的电子签名的，可仅以电子形式归档保存，形成电子会计档案。

3．归档责任人

单位的会计机构或会计人员所属机构按照归档范围和归档要求，负责定期将应当归档的会计资料整理立卷，编制会计档案保管清册。

4．归档时间

（1）当年形成的会计档案，在会计年度终了后，可由单位会计管理机构临时保管 1 年，再移交单位档案管理机构保管。

（2）因工作需要确需推迟移交的，应当经单位档案管理机构同意，但单位会计管理机构临时保管会计档案最长不超过 3 年。

（3）出纳人员不得兼管会计档案。

【例题 2-2-6 · 判断题】 当年形成的会计档案在会计年度终了后，编制成册之后，必须移交本单位的档案部门保管。（　　）

【答案】 ×

【解析】 当年形成的会计档案，在会计年度终了后，可由单位会计管理机构临时保管 1 年，再移交单位档案管理机构保管；因工作需要确需推迟移交的，应当经单位档案管理机构同意。单位会计管理机构临时保管会计档案最长不超过 3 年。

（三）会计档案的移交和利用

1．电子会计档案的移交

单位会计管理机构在办理会计档案移交时，应当编制会计档案移交清册，并按照国家档案管理的有关规定办理移交手续。

纸质会计档案移交时应当保持原卷的封装。电子会计档案移交时应当将电子会计档案及其元数据一并移交，且文件格式应当符合国家档案管理的有关规定。特殊格式的电子会计档案应当与其读取平台一并移交。

单位档案管理机构接收电子会计档案时，应当对电子会计档案的准确性、完整性、可用性、安全性进行检测，符合要求的才能接收。

2. 电子会计档案的利用

单位应当严格按照相关制度利用会计档案,在进行会计档案查阅、复制、借出时履行登记手续,严禁篡改和损坏。

会计档案一般不得对外借出,确因工作需要借出,应当严格按照规定办理相关手续。会计档案借用单位应当妥善保管和利用借入的会计档案,确保借入会计档案的安全完整,并在规定时间内归还。

(四) 会计档案的保管期限

会计档案的保管期限分为永久、定期两类。永久是指会计档案需永久保存,定期是指会计档案保存应达到法定的时间,定期保管期限一般分为10年和30年。会计档案的保管期限,从会计年度终了后的第一天起算。

【例题2-2-7·判断题】会计档案的保管期限从会计资料建档的第一天起算。( )

【答案】×

【解析】会计档案保管期限从会计年度终了后的第一天起算。

会计档案的内容和保管期限的具体规定(以企业和其他组织为例)如表2-2-2所示。

表2-2-2 企业和其他组织会计档案的保管期限

类型	档案名称	保管期限
会计凭证	原始凭证	30年
	记账凭证	30年
会计账簿	总账	30年
	明细账	30年
	日记账	30年
	其他辅助性账簿	30年
	固定资产卡片	固定资产报废清理后保管5年
财务会计报告	年度财务会计报告	永久
	月度、季度、半年度财务会计报告	10年
其他会计资料	银行存款余额调节表	10年
	银行对账单	10年
	纳税申报表	10年
	会计档案移交清册	30年
	会计档案保管清册	永久
	会计档案销毁清册	永久
	会计档案鉴定意见书	永久

(五) 会计档案的鉴定和销毁

1. 会计档案的鉴定

(1) 单位应当定期对已到保管期限的会计档案进行鉴定,并形成会计档案鉴定意见书。

经鉴定，仍需继续保存的会计档案，应当重新划定保管期限；对保管期满、确无保存价值的会计档案，可以销毁。

（2）会计档案鉴定工作应当由单位档案管理机构牵头，组织单位会计、审计、纪检监察等机构或者人员共同进行。

2. 会计档案的销毁程度及要求

（1）单位档案管理机构编制会计档案销毁清册，列明拟销毁会计档案的名称、卷号、册数、起止年度、档案编号、应保管期限、已保管期限和销毁时间等内容。

（2）单位负责人、档案管理机构负责人、会计管理机构负责人、档案管理机构经办人、会计管理机构经办人在会计档案销毁清册上签署意见。

（3）监销：

① 单位档案管理机构负责组织会计档案销毁工作，并与会计管理机构共同派员监销。

② 监销人在会计档案销毁前，应当按照会计档案销毁清册所列内容进行清点核对；在会计档案销毁后，应当在会计档案销毁清册上签名或盖章。

③ 电子会计档案的销毁还应当符合国家有关电子档案的规定，并由单位档案管理机构、会计管理机构和信息系统管理机构共同派员监销。

点睛

会计档案销毁清册各事项总结

事项	具体规定		
编制	单位档案管理机构		
签署意见	① 单位负责人 ② 档案管理机构负责人、会计管理机构负责人 ③ 档案管理机构经办人、会计管理机构经办人		
核对、签章	监销人	纸质会计档案	单位档案管理机构、会计管理机构共同派员监销
		电子会计档案	单位档案管理机构、会计管理机构和信息系统管理机构共同派员监销

3. 不得销毁的会计档案

（1）保管期满但未结清的债权债务原始凭证和涉及其他未了事项的会计凭证不得销毁，纸质会计档案应当单独抽出立卷，电子会计档案单独转存，保管到未了事项完结时为止。

（2）单独抽出立卷或者转存的会计档案，应当在会计档案鉴定意见书、会计档案销毁清册和会计档案保管清册中列明。

（六）特殊情况下的会计档案处置

1. 单位分立

（1）单位分立后原单位存续的，其会计档案应当由分立后的存续方统一保管，其他方可以查阅、复制与其业务相关的会计档案。

（2）单位分立后原单位解散的，其会计档案应当经各方协商后由其中一方代管或按照国家档案管理的有关规定处置,各方可以查阅、复制与其业务相关的会计档案。

(3)单位分立中未结清的会计事项所涉及的会计凭证,应当单独抽出由业务相关方保存,并按照规定办理交接手续。

(4)单位因业务移交其他单位办理所涉及的会计档案,应当由原单位保管,承接业务单位可以查阅、复制与其业务相关的会计档案。对其中未结清的会计事项所涉及的会计凭证,应当单独抽出由承接业务单位保存,并按照规定办理交接手续。

2. 单位合并

(1)单位合并后原各单位解散或者一方存续其他方解散的,原各单位的会计档案应当由合并后的单位统一保管。

(2)单位合并后原各单位仍存续的,其会计档案仍应当由原各单位保管。

3. 建设单位项目建设的会计档案的交接

建设单位在项目建设期间形成的会计档案,需要移交给建设项目接受单位的,应当在办理竣工财务决算后及时移交,并按照规定办理交接手续。

4. 单位之间交接会计档案

(1)单位之间交接会计档案时,交接双方应当办理会计档案交接手续。

(2)交接要求:

① 移交会计档案的单位,应当编制会计档案移交清册,列明应当移交的会计档案名称、卷号、册数、起止年度、档案编号、应保管期限和已保管期限等内容。

② 交接会计档案时,交接双方应当按照会计档案移交清册所列内容逐项交接,并由交接双方的单位有关负责人负责监督。

③ 交接完毕后,交接双方经办人和监督人应当在会计档案移交清册上签名或盖章。

④ 电子会计档案应当与其元数据一并移交,特殊格式的电子会计档案应当与其读取平台一并移交。档案接受单位应当对保存电子会计档案的载体及其技术环境进行检验,确保所接收电子会计档案的准确、完整、可用和安全。

三、会计监督

会计监督是会计的基本职能之一,是对经济活动的本身进行检查监督,借以控制经济活动,使经济活动能够根据一定方向、目标、计划,遵循一定的原则正常进行。会计监督可分为内部监督、政府监督和社会监督。

(一)单位内部会计监督

1. 单位内部会计监督的主体和对象

单位内部会计监督是指各单位的会计机构、会计人员依据法律法规制度规定,通过会计手段对本单位经济活动的合法性、合理性和有效性进行监督。内部会计监督的主体是各单位的会计机构、会计人员,内部会计监督的对象是单位的经济活动。

【例题 2-2-8 · 单选题】 根据会计法律制度的规定,单位内部会计监督的主体是(　　)。

A. 财政、税务、审计机关　　B. 注册会计师及会计师事务所

C. 本单位的会计机构和会计人员　　D. 本单位的内部审计机构及其人员

【答案】C

【解析】单位内部会计监督的主体是本单位的会计机构和会计人员。

2. 单位内部会计监督的要求

（1）会计机构、会计人员对违反《会计法》和国家统一的会计制度规定的会计事项，有权拒绝办理或者按照职权予以纠正。

（2）会计机构、会计人员发现会计账簿记录与实物、款项及有关资料不相符的，按照国家统一的会计制度的规定有权自行处理的，应当及时处理；无权自行处理的，应当立即向单位负责人报告，请求查明原因，作出处理。

（3）单位负责人应当保证会计机构、会计人员依法履行职责，不得授意、指使、强令会计机构、会计人员违法办理会计事项。

3. 单位内部控制制度

内部控制是指单位未实现控制目标，通过制定制度、实施措施和执行程序，对经济活动的风险进行防范和管控。

单位内部控制遵循的原则如表 2-2-3 所示。

表 2-2-3　　单位内部控制遵循的原则

一般单位内部控制遵循的原则	小企业内部控制遵循的原则
① 全面性原则	① 风险导向原则
② 重要性原则	② 实质重于形式原则
③ 制衡性原则	③ 适应性原则
④ 适应性原则	④ 成本效益原则
⑤ 成本效益原则	

点睛

五大原则的含义

全面性原则，是指内部控制应当贯穿单位经济活动的决策、执行和监督全过程。

重要性原则，是指在全面控制的基础上，应当关注单位重要经济活动和经济活动的重大风险。

制衡性原则，是指内部控制应当在治理结构、机构设置及权责分配、业务流程等方面形成相互制约、相互监督。

适应性原则，是指内部控制应当符合国家有关规定和单位的实际情况，并随着情况的变化及时加以调整。

成本效益原则，是指企业内部控制应当权衡实施成本与预期效益，以适当的成本实现有效控制。

4. 内部控制措施

内部控制制度分为企业内部控制措施和行政事业单位内部控制措施，具体措施如表 2-2-4 所示。

表 2-2-4　内部控制措施

企业内部控制措施	行政事业单位内部控制措施
① 不相容职务分离控制	① 不相容岗位相互分离
② 授权审批控制	② 授权审批控制
③ 会计系统控制	③ 会计控制
④ 财产保护控制	④ 财产保护控制
⑤ 预算控制	⑤ 预算控制
⑥ 运营分析控制	⑥ 归口管理
⑦ 绩效考评控制	⑦ 单据控制
	⑧ 信息内部公开

点睛

不相容职务：
- 授权批准与业务经办
- 业务经办与会计记录
- 会计记录与财产保管
- 业务经办与稽核检查
- 授权批准与监督检查

【例题 2-2-9 · 多选题】 下列各项中，属于企业内部控制方法的有（　　）。

A. 绩效考评控制　　B. 归口管理

C. 预算控制　　D. 信息内部公开

【答案】AC

【解析】(1) 选项 A、C 属于企业内部控制方法，主要包括不相容职务分离控制、授权审批控制、会计系统控制、财产保护控制、预算控制、运营分析控制、绩效考评控制。(2) 选项 B、D属于行政事业单位内部控制方法，主要包括不相容岗位相互分离、内部授权审批控制、归口管理、预算控制、财产保护控制、会计控制、单据控制、信息内部公开。

（二）会计工作的政府监督

1. 会计工作政府监督的概念

会计工作的政府监督，主要是指财政部门代表国家对各单位和单位中相关人员的会计行为实施的监督检查，以及对发现的违法会计行为实施行政处罚。

点睛

除财政部门外，审计、税务、人民银行、证券监管、保险监管等部门依照有关法律、行政法规规定的职责和权限，可以对有关单位的会计资料实施监督检查。

【例题 2-2-10 · 单选题】 审计、税务、证券监管、人民银行、保险监管等部门，依法按照规定的职责和权限，可以对有关单位的（　　）实施监督检查。

A. 会计资料　　B. 会计行为　　C. 经济活动　　D. 会计人员

【答案】A

【解析】除财政部门外，审计、税务、人民银行、证券监管、保险监管等部门依照有关法律、行政法规规定的职责和权限，可以对有关单位的会计资料实施监督检查。

2. 财政部门会计监督的主要内容

（1）是否依法设置会计账簿。

（2）会计凭证、会计账簿、财务会计报告和其他会计资料是否真实、完整。

（3）会计核算是否符合《会计法》和国家统一的会计制度的规定。

（4）从事会计工作的人员是否具备专业能力、遵守职业道德。

点睛

根据《会计法》的规定，财政部门在对各单位会计凭证、会计账簿、财务会计报告和其他会计资料的真实性、完整性实施监督检查的过程中，发现重大违法嫌疑时，“国务院财政部门及其派出机构”可以向与被监督单位有经济业务往来的单位和被监督单位开立账户的金融机构查询有关情况，有关单位和金融机构应予以支持。

依法对有关单位的会计资料实施监督检查的部门及其工作人员对在监督检查中知悉的国家秘密和商业秘密负有保密义务。

【例题 2-2-11 · 多选题】 下列选项中，属于财政部门会计监督主要内容的有（　　）。

A. 各单位是否设立会计机构

B. 会计凭证、会计账簿、财务会计报告和其他会计资料是否真实、完整

C. 会计核算是否符合《会计法》和国家统一的会计制度的规定

D. 从事会计工作的人员是否具备专业能力、遵守职业道德

【答案】BCD

【解析】（1）选项 A：各单位应当根据会计业务的需要设置会计机构。（2）选项 B、C、D，财政部门会计监督的主要内容：① 财政部门对各单位是否依法设置会计账簿；② 会计凭证、会计账簿、财务会计报告和其他会计资料是否真实、完整（选项 B）；③ 会计核算是否符合《会计法》和国家统一的会计制度的规定（选项 C）；④ 对从事会计工作的人员是否具备专业能力、遵守职业道德等情况实施会计监督（选项 D）。

（三）会计工作的社会监督

1. 会计工作社会监督的概念

（1）会计工作的社会监督，主要是指由注册会计师及其所在的会计师事务所等中介机构接受委托，依法对单位的经济活动进行审计，出具审计报告，发表审计意见的一种监督制度。

（2）任何单位和个人对违反《会计法》和国家统一会计制度规定的行为，有权检举。这也属于会计工作社会监督的范畴。

点睛

监督主体

- 会计监督
  - 内部监督
    - 会计机构、会计人员
    - 本单位经济活动
  - 政府监督
    - 财政部门(账户查询权)
    - 审计、税务、人民银行、证券/保险监督
  - 社会监督
    - 注册会计师及会计师事务所、任何单位和个人
    - 审计报告意见类型

2. 审计报告的种类和审计意见的类型(见表2-2-5、表2-2-6)

表2-2-5　**审计报告的种类**

一级分类	二级分类	
标准审计报告	不含有说明段、强调事项段、其他事项段或其他任何修饰性用语的无保留意见的审计报告	
	包含其他报告责任段,但不含有强调事项段或其他事项段的无保留意见的审计报告	
非标准审计报告	带强调事项段或其他事项段的无保留意见的审计报告	
	非无保留意见的审计报告	保留意见的审计报告
		否定意见的审计报告
		无法表示意见的审计报告

表2-2-6　**审计意见的类型(非无保留意见)**

审计证据	得出结论		审计意见
获取充分、适当的审计证据	错报单独或汇总起来对财务报表影响重大,但不具有广泛性	得出财务报表整体存在重大错报的结论	注册会计师应当发表保留意见
	未发现的错报(如存在)对财务报表可能产生的影响重大且具有广泛性	不能得出财务报表整体不存在重大错报的结论	注册会计师应当发表否定意见
无法获取充分、适当的审计证据	未发现的错报(如存在)对财务报表可能产生的影响重大,但不具有广泛性	不能得出财务报表整体不存在重大错报的结论	注册会计师应当发表保留意见
	未发现的错报(如存在)对财务报表可能产生的影响重大且具有广泛性		注册会计师应当发表无法表示意见

第三节　会计机构与会计人员

一、会计机构

会计机构,是指各单位办理会计事务的职能部门。各单位应依据会计业务的需要设置会计机构,或者在有关机构中设置会计人员并指定会计主管人员;不具备设置条件的,应当委托经批准设立从事会计代理记账业务的中介机构代理记账。

【例题 2-3-1 · 单选题】 下列关于会计机构设置的表述中,不正确的是(　　)。

A. 各单位根据业务的需要设置会计机构

B. 可以不设置会计机构,在有关机构中设置会计人员并指定会计主管人员

C. 不具备设置条件的,应当委托经批准从事会计代理记账业务的中介机构代理记账

D. 企业必须设置会计机构

【答案】D

【解析】根据有关规定,各单位应当根据会计业务的需要设置会计机构,或者在有关机构中设置会计人员并指定会计主管人员;不具备设置条件的,应当委托经批准从事会计代理记账业务的中介机构代理记账。

二、代理记账

代理记账是指代理记账机构接受委托办理会计业务。代理记账机构是指依法取得代理记账资格,从事代理记账业务的机构。

(一) 代理记账机构的审批

除会计师事务所以外的机构从事代理记账业务,应当经县级以上人民政府财政部门批准,领取如图 2-3-1 所示的“代理记账许可证书”。

代理记账许可证书

许可证书编号:
统一社会信用代码:

经审查,　　　　　　　具备代理记账业务的条件,
可以接受委托办理代理记账业务。特发此证,以资证明。

发证机关:

年　月　日

中华人民共和国财政部制

图 2-3-1　代理记账许可证书

（二）代理记账机构的业务范围

代理记账机构可以接受委托办理下列业务：

（1）根据委托人提供的原始凭证和其他相关资料，按照国家统一的会计制度的规定进行会计核算，包括审核原始凭证、填制记账凭证、登记会计账簿、编制财务会计报告等。

（2）对外提供财务会计报告。

（3）向税务机关提供税务资料。

（4）委托人委托的其他会计业务。

（三）代理记账委托合同的必备内容

委托合同除应具备法律规定的基本条款外，还应当明确下列内容：

（1）双方对会计资料真实性、完整性各自应当承担的责任。

（2）会计资料传递程序和签收手续。

（3）编制和提供财务会计报告的要求。

（4）会计档案的保管要求及相应的责任。

（5）终止委托合同应当办理的会计交接事宜。

（四）委托人的义务

（1）对本单位发生的经济业务事项，应当填制或者取得符合国家统一的会计制度规定的原始凭证。

（2）应当配备专人负责日常货币收支和保管。

（3）及时向代理记账机构提供真实、完整的原始凭证和其他相关资料。

（4）对于代理记账机构退回的，要求按照国家统一的会计制度规定进行更正、补充的原始凭证，应当及时予以更正、补充。

（五）代理记账机构及其从业人员的义务

（1）遵守有关法律、法规和国家统一的会计制度的规定，按照委托合同办理代理记账业务。

（2）对在执行业务中知悉的商业秘密予以保密。

（3）对委托人要求其作出不当的会计处理，提供不实的会计资料，以及其他不符合法律、法规和国家统一的会计制度的行为的，予以拒绝。

（4）对委托人提出的有关会计处理的相关问题予以解释。

代理记账机构为委托人编制的财务会计报告，经代理记账机构负责人和委托人负责人“签名并盖章”后，按照有关法律、法规和国家统一的会计制度的规定对外提供。

【例题 2-3-2 · 单选题】下列各项中，不属于会计工作岗位的是（　　）。

A. 出纳岗位

B. 会计机构中的会计档案保管岗位

C. 财产物资核算岗位

D. 仓库保管员岗位

【答案】D

【解析】（1）选项D：财产物资核算属于会计工作岗位，而财产物资保管本身不属于会计工作岗位。（2）选项B：会计机构中对正式移交之前的会计档案进行保管的工作岗位属于会计工作岗位，但档案管理部门中对正式移交之后的会计档案进行保管的会计档案管理岗位不再属于会计工作岗位。

三、会计岗位的设置

（一）主要会计工作岗位

主要会计工作岗位包括会计机构负责人（会计主管人员）、成本费用核算、出纳、总账报表、财产物资核算、稽核、工资核算、会计电算化、财务成果核算、会计机构内的会计档案管理、往来结算、资金核算。

（二）会计工作岗位设置的要求

1. 按需设岗

会计工作岗位可以“一人一岗”“一人多岗”或者“一岗多人”，但无“多人多岗”。

2. 符合内部牵制的要求

出纳人员不得兼任稽核、会计档案保管和收入、支出、费用、债权债务账目的登记工作。

出纳并非所有账簿都不能登记，除特种日记账必须由出纳登记外，还可以登记固定资产卡片等财产物资明细账。

【例题 2-3-3 · 多选题】 下列各项中，属于出纳人员不得兼管的工作的有（　　）。

A. 稽核　　B. 会计档案保管

C. 登记银行存款日记账　　D. 登记收入总账

【答案】ABD

【解析】出纳人员不得兼任稽核、会计档案保管和收入、支出、费用、债权债务账目的登记工作。

3. 建立轮岗制度

会计人员的工作岗位应当有计划地进行轮换。

4. 会计人员的任职资格

（1）会计人员应当具备从事会计工作所需要的专业能力，遵守职业道德。

（2）会计机构负责人或会计主管人员，是在一个单位内具体负责会计工作的中层领导人员。担任单位会计机构负责人（会计主管人员）的，应当具备会计师以上专业技术职务资格或者从事会计工作 3 年以上经历。

（3）因有提供虚假财务会计报告，做假账，隐匿或者故意销毁会计凭证、会计账簿、财务会计报告，贪污，挪用公款，职务侵占等与会计职务有关的违法行为被依法追究刑事责任的人员，不得再从事会计工作。

（三）会计人员回避制度

（1）国家机关、国有企业、事业单位任用会计人员应当实行回避制度。

（2）单位领导人的直系亲属不得担任本单位的会计机构负责人、会计主管人员。

（3）会计机构负责人、会计主管人员的直系亲属不得在本单位会计机构中担任出纳工作。

点睛

直系亲属为夫妻关系、直系血亲关系、三代以内旁系血亲以及配偶亲关系。

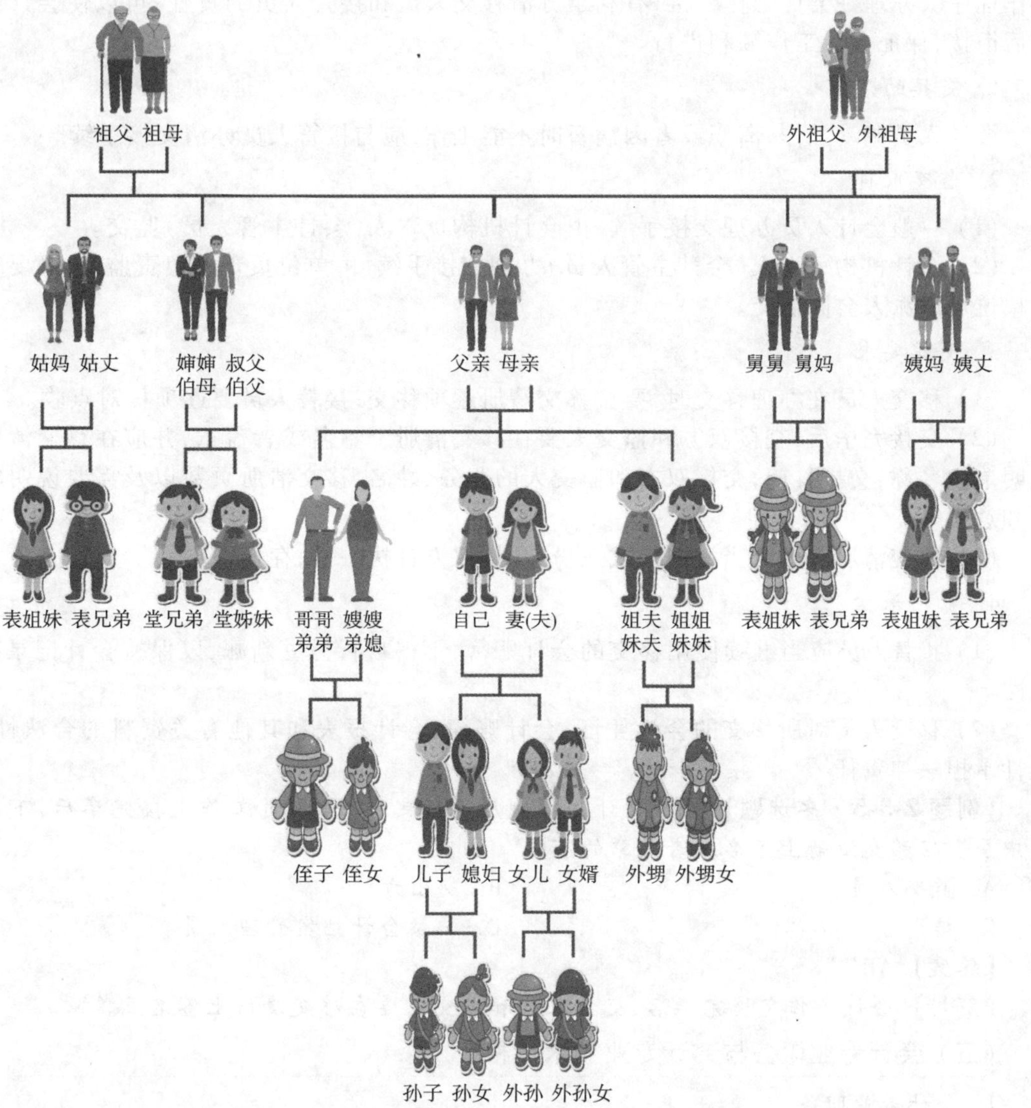

【例题 2-3-4 · 单选题】 根据回避制度的规定，下列事业单位中，没有违背会计法律规定的回避制度的是（　　）。

A. 甲单位法人代表的妻子担任本单位财务部门经理

B. 乙单位会计科长的女儿担任本部门出纳员

C. 丙单位董事长的侄女担任财务部门经理

D. 丁单位财务处处长的大学同学担任本部门出纳员

【答案】D

【解析】单位领导人的直系亲属不得担任本单位的会计机构负责人、会计主管人员。会计机构负责人、会计主管人员的直系亲属不得在本单位会计机构中担任出纳工作。存在夫妻关系、直系血亲关系、三代以内旁系血亲以及配偶亲关系时需要回避。

（四）会计工作交接

会计工作交接，是指会计人员工作调动或因故离职时与接管人员办理交接手续的一种工作程序。办理好会计工作交接，有利于分清移交人员和接管人员的责任，可以使会计工作前后衔接，保证会计工作顺利进行。

1. 交接的范围

会计人员调动工作、离职或者因病暂时不能工作，应与接管人员办清交接手续。

2. 监交人员

（1）一般会计人员办理交接手续，由会计机构负责人（会计主管人员）监交。

（2）会计机构负责人（会计主管人员）办理交接手续，由单位负责人负责监交，必要时主管单位可以派人会同监交。

3. 交接要求

（1）移交人员在办理移交时，要按移交清册逐项移交；接替人员要逐项核对点收。

（2）交接完毕后，交接双方和监交人要在移交清册上签名或者盖章，并应在移交清册上注明单位名称，交接日期，交接双方和监交人的职务、姓名，移交清册页数以及需要说明的问题和意见等。

（3）移交清册一般应当填制一式三份，交接双方各执一份，存档一份。

4. 责任承担

（1）接替人员应当继续使用移交的会计账簿，不得自行另立新账，以保持会计记录的连续性。

（2）移交人员对所移交的会计凭证、会计账簿、会计报表和其他有关资料的合法性、真实性承担法律责任。

【例题 2-3-5 · 多选题】根据会计法律制度的规定，会计人员工作交接完毕后，下列人员中应当在移交清册上签名或者盖章的有（　　）。

A. 监交人员　　　　B. 交出方

C. 接受方　　　　　D. 单位会计档案管理人员

【答案】ABC

【解析】会计工作交接完毕后，交接双方和监交人要在移交清册上签名或盖章。

（五）会计专业职务与会计专业技术资格

1. 会计专业职务

会计专业职务分为高级会计师、会计师、助理会计师和会计员。其中，高级会计师为高级职务、会计师为中级职务、助理会计师和会计员为初级职务。

点睛

职务级别		会计专业职务
初级职务		会计员
		助理会计师
中级职务		会计师
高级职务	正高级	高级会计师
	副高级	

2. 会计专业技术资格

(1) 考试制度。

初级、中级会计资格实行全国统一考试制度,高级会计师资格实行考试与评审相结合制度。

(2) 会计专业职务的聘任:

① 对于已取得中级会计资格并符合国家有关规定的,可聘任会计师职务。

② 对于已取得初级会计资格的人员,如具备大专毕业且担任会计员职务满2年,或中专毕业担任会计员职务满4年,或者不具备规定学历但担任会计员职务满5年,并符合国家有关规定的,可聘任助理会计师职务。

③ 不符合以上条件的人员,可聘任会计员职务。

3. 会计专业技术人员继续教育

国家机关、企事业单位以及社会团体等组织具有会计专业技术资格的人员,或不具有会计专业技术资格但从事会计工作的人员享有参加继续教育的权利和接受继续教育的义务。用人单位应当保障本单位会计专业技术人员参加继续教育的权利。

继续教育内容包括公需科目和专业科目。具有会计专业技术资格的人员应当自取得该资格的次年开始参加继续教育,并在规定时间内取得规定学分。不具有该资格但从事会计工作的人员应当自从事会计工作的次年开始参加继续教育,并在规定时间内取得规定学分。

专业技术人员参加继续教育时间,每年累计不少于90学分,其中专业科目一般不少于总学分的2/3。对会计专业技术人员参加继续教育情况实行登记管理。

(六) 总会计师

总会计师是主管本单位会计工作的行政领导,是单位行政领导成员,协助单位主要行政领导人工作,直接对单位主要行政领导人负责。总会计师组织领导本单位的财务管理、成本管理、预算管理、会计核算和会计监督等方面的工作,参与本单位重要经济问题的分析和决策。

国有的和国有资产占控股地位或者主导地位的大、中型企业必须设置总会计师;其他单位可以根据业务需要,自行决定是否设置总会计师。

第四节　会计职业道德

一、会计职业道德的概念

会计职业道德,是指在会计职业活动中应当遵循的、体现会计职业特征、调整会计职业关系的职业行为准则和规范。

二、会计法律制度与会计职业道德的联系和区别

会计法律制度与会计职业道德的联系和区别如表2-4-1所示。

表 2-4-1　会计法律制度与会计职业道德的联系和区别

项目		会计法律制度	会计职业道德
联系		会计职业道德与会计法律制度在内容上相互渗透、相互吸收,在作用上相互补充、相互协调。会计职业道德是对会计法律制度的重要补充,会计法律制度是对会计职业道德的最低要求	
区别	性质不同	会计法律制度通过国家强制力保障实施,具有很强的他律性	会计职业道德依靠会计从业人员的自觉性,具有很强的自律性
	作用范围不同	会计法律制度侧重于调整会计人员外在行为和结果的合法化,具有较强的客观性	会计职业道德不仅调整会计人员的外在行为,而且调整会计人员内在的精神世界
	表现形式不同	会计法律制度是通过一定的程序由国家立法部门或行政管理部门制定、颁布的,其表现形式是具体的、明确的、正式形成文字的成文规定	会计职业道德出自会计人员的职业生活和职业实践,其表现形式既有成文的规范,也有不成文的规范
	实施保障机制不同	会计法律制度依靠国家强制力保证其贯彻执行	会计职业道德主要依靠道德教育、社会舆论、传统习俗和道德评价来实现
	评价标准不同	会计法律制度以法律规定为评价标准	会计职业道德以道德评价为标准

【例题 2-4-1 · 多选题】 会计职业道德与会计法律制度存在很大的区别,下列表述中正确的有(　　)。

A. 会计职业道德不仅调整会计人员的外在行为,而且调整会计人员内在的精神世界

B. 会计法律制度依靠国家强制力保证其贯彻执行

C. 会计法律制度既有成文的规定,也有不成文的规定

D. 会计职业道德以道德评价为标准

【答案】ABD

【解析】选项 C:会计法律制度的表现形式是具体的、明确的、正式形成文字的成文规定。

三、会计职业道德的主要内容

会计职业道德主要包括爱岗敬业、诚实守信、廉洁自律、客观公正、坚持准则、提高技能、参与管理、强化服务八个方面的内容,具体如表 2-4-2 所示。

表 2-4-2　会计职业道德

主要内容	基本要求
爱岗敬业	① 正确认识会计职业,增强职业荣誉感 ② 热爱会计工作,敬重会计职业 ③ 安心工作,任劳任怨;严肃认真,一丝不苟 ④ 忠于职守,尽职尽责
诚实守信	① 做老实人,说老实话,办老实事,不搞虚假 ② 保密守信,不为利益所诱惑 ③ 执业谨慎,信誉至上

续表

主要内容	基本要求
廉洁自律	① 要求会计人员树立正确的人生观和价值观 ② 公私分明、不贪不占 ③ 遵纪守法，一身正气
客观公正	① 端正态度，依法办事 ② 实事求是，不偏不倚 ③ 如实反映，保持应有的独立性
坚持准则	① 熟悉国家法律、法规和国家统一的会计制度 ② 始终坚持按法律、法规和国家统一的会计制度的要求进行会计核算，实施会计监督
提高技能	① 具有不断提高会计专业技能的意识和愿望 ② 具有勤学苦练的精神和科学的学习方法，刻苦钻研，不断进取，提高业务水平
参与管理	在做好本职工作的同时，努力钻研业务，全面熟悉本单位经营活动和业务流程，主动提出合理化建议，积极参与管理，使管理活动更有针对性和实效性
强化服务	树立服务意识，提高服务质量，努力维护和提升会计职业的良好社会形象

【例题2-4-2 · 单选题】 某公司为获得一份工程合同，拟向工程发包的有关人员支付好处费10万元。公司市场部人员持公司董事长的批示到财务部领取该笔款项时，财务部经理小王认为该项支出不符合有关规定，但考虑到公司主要领导已做了同意的批示，遂支付了此款项。小王违反了(　　)的会计职业道德要求。

A. 爱岗敬业　　　　B. 参与管理

C. 客观公正　　　　D. 坚持准则

【答案】D

【解析】坚持准则，要求会计人员熟悉国家法律、法规和国家统一的会计制度，始终坚持按法律、法规和国家统一会计制度的要求进行会计核算，实施会计监督。

第五节　违反会计法律制度的法律责任

违反会计法律制度应当承担的法律责任，在《会计法》及相关法律、法规、规章中都作出了相应的规定。本节主要介绍《会计法》对会计违法行为法律责任的规定。

一、违反国家统一会计制度行为的法律责任

有下列行为之一的，由县级以上人民政府财政部门责令限期改正，可以对单位并处3 000元以上5万元以下的罚款；对其直接负责的主管人员和其他直接责任人员，可以处2 000元以上2万元以下的罚款；属于国家工作人员的，还应当由其所在单位或者有关单位依法给予行政处分；构成犯罪的，依法追究刑事责任。

(1) 不依法设置会计账簿的。

(2) 私设会计账簿的。

(3) 未按照规定填制、取得原始凭证或者填制、取得的原始凭证不符合规定的。

(4) 以未经审核的会计凭证为依据登记会计账簿或者登记会计账簿不符合规定的。

(5) 随意变更会计处理方法的。

(6) 向不同的会计资料使用者提供的财务会计报告编制依据不一致的。

(7) 未按照规定使用会计记录文字或者记账本位币的。

(8) 未按照规定保管会计资料,致使会计资料毁损、灭失的。

(9) 未按照规定建立并实施单位内部会计监督制度,或者拒绝依法实施监督,或者不如实提供有关会计资料及有关情况的。

(10) 任用会计人员不符合《会计法》规定的。

会计人员有上述行为之一,情节严重的,5 年内不得从事会计工作。

二、与会计凭证、会计账簿和财务会计报告相关的法律责任

1. 伪造、变造

伪造、变造会计凭证、会计账簿,编制虚假财务会计报告,尚不构成犯罪的,由县级以上人民政府财政部门予以通报,可以对单位并处 5 000 元以上 10 万元以下的罚款;对其直接负责的主管人员和其他直接责任人员,可以处 3 000 元以上 5 万元以下的罚款;属于国家工作人员的,还应由其所在单位或者有关单位依法给予撤职直至开除的行政处分;其中的会计人员,5 年内不得从事会计工作;构成犯罪的,依法追究刑事责任。

2. 隐匿、故意销毁

隐匿或者故意销毁依法应当保存的会计凭证、会计账簿、财务会计报告,尚不构成犯罪的,由县级以上人民政府财政部门予以通报,可以对单位并处 5 000 元以上 10 万元以下的罚款;对其直接负责的主管人员和其他直接责任人员,可以处 3 000 元以上 5 万元以下的罚款;属于国家工作人员的,还应由其所在单位或者有关单位依法给予撤职直至开除的行政处分;其中的会计人员,5 年内不得从事会计工作。

根据刑法的规定,隐匿或者故意销毁依法应当保存的会计凭证、会计账簿、财务会计报告,情节严重的,处 5 年以下有期徒刑或者拘役,并处或者单处 2 万元以上 20 万元以下罚金。单位犯前款罪的,对单位判处罚金,并对其直接负责的主管人员和其他直接责任人员,依照前款的规定处罚。

因有提供虚假财务会计报告,做假账,隐匿或者故意销毁会计凭证、会计账簿、财务会计报告,贪污,挪用公款,职务侵占等与会计职务有关的违法行为被依法追究刑事责任的人员,不得再从事会计工作。

3. 授意、指使、强令

授意、指使、强令会计机构、会计人员及其他人员伪造、变造会计凭证、会计账簿,编制虚假财务会计报告或者隐匿、故意销毁依法应当保存的会计凭证、会计账簿、财务会计报告,尚不构成犯罪的,可以处 5 000 元以上 5 万元以下的罚款;属于国家工作人员的,还应当由其所在单位或者有关单位依法给予降级、撤职、开除的行政处分;构成犯罪的,依法追究刑事责任。

点睛

会计违法行为的法律责任

违法行为	单位	个人
不依法设置会计账簿等会计违法行为	3 000 元以上 5 万元以下罚款	2 000 元以上 2 万元以下罚款
伪造、变造会计凭证、会计账簿，编制虚假财务会计报告	5 000 元以上 10 万元以下罚款	3 000 元以上 5 万元以下罚款
隐匿或者故意销毁依法应当保存的会计凭证、会计账簿、财务会计报告		
授意、指使、强令会计机构、会计人员伪造、变造会计凭证、会计账簿，编制虚假财务会计报告或者隐匿、故意销毁依法应当保存的会计凭证、会计账簿、财务会计报告	×	5 000 元以上 5 万元以下罚款

【例题 2-5-1 · 多选题】 根据会计法律制度的规定，下列情形中，可对单位并处 5 000 元以上 10 万元以下罚款的有(　　)。

A. 未按照规定保管会计资料，致使会计资料毁损、灭失的

B. 伪造会计凭证、会计账簿

C. 编制虚假财务会计报告

D. 隐匿或者故意销毁依法应当保存的会计凭证、会计账簿、财务会计报告

【答案】 BCD

【解析】 选项 A：应对单位并处 3 000 元以上 5 万元以下的罚款。

三、单位负责人对会计人员打击报复的法律责任

单位负责人对依法履行职责、抵制违反《会计法》规定行为的会计人员以降级、撤职、调离工作岗位、解聘或者开除等方式实行打击报复，尚不构成犯罪的，由其所在单位或者有关单位依法给予行政处分，对受打击报复的会计人员，应当恢复其名誉和原有职务、级别；构成犯罪的，依法追究刑事责任。

根据刑法的规定，公司、企业、事业单位、机关、团体的领导人，对依法履行职责、抵制违反《会计法》行为的会计人员实行打击报复，情节恶劣的，处 3 年以下有期徒刑或者拘役。

四、财政部门及有关行政部门工作人员职务违法行为的法律责任

财政部门及有关行政部门的工作人员在实施监督管理中滥用职权、玩忽职守、徇私舞弊或者泄露国家秘密、商业秘密，构成犯罪的，依法追究刑事责任；尚不构成犯罪的，依法给予行政处分。

收到对违反《会计法》和国家统一会计制度行为检举的部门及负责处理检举的部门，将检举人姓名和检举材料转给被检举单位和被检举人个人的，由所在单位或者有关单位依法给予行政处分。

归纳总结

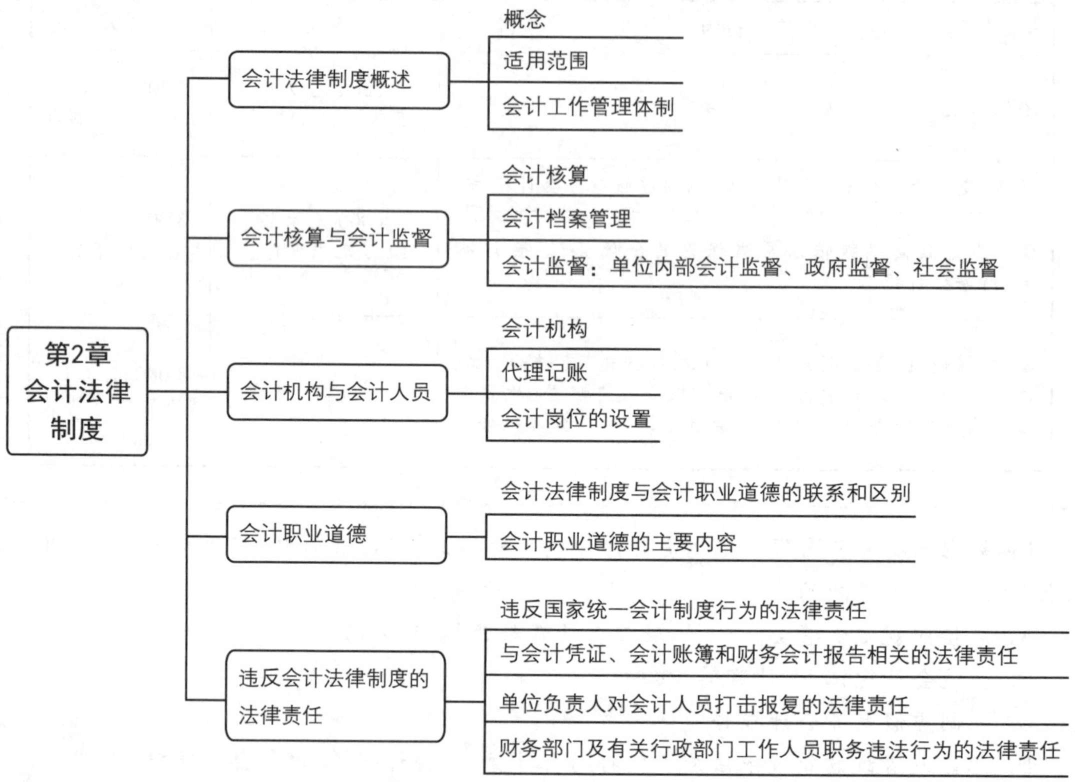

本章主要参考法规索引

1.《中华人民共和国会计法》(1985 年 1 月 21 日,第六届全国人民代表大会常务委员会第九次会议通过;1993 年 12 月 29 日,第八届全国人民代表大会常务委员会第五次会议修正;1999 年 10 月 31 日,第九届全国人民代表大会常务委员会第十二次会议修订;2017 年 11 月 4 日,第十二届全国人民代表大会常务委员会第三十次会议修正)

2.《中央职称改革工作领导小组关于转发财政部〈会计专业职务试行条例〉及其〈实施意见〉的通知》(1986 年 4 月 10 日,职改字〔1986〕55 号)

3.《企业财务会计报告条例》(2000 年 6 月 21 日,国务院令第 287 号)

4.《财政部门实施会计监督办法》(2001 年 2 月 20 日,财政部令第 10 号)

5.《财政部关于印发〈会计基础工作规范〉的通知》(1996 年 6 月 17 日,财会字〔1996〕19 号)

6.《会计档案管理办法》(2015 年 12 月 11 日,财政部、国家档案局令第 79 号)

7.《财政部关于印发〈企业内部会计控制基本规范〉的通知》(2008 年 5 月 22 日,财会〔2008〕7 号)

8.《财政部关于印发〈行政事业单位内部控制规范(试行)〉的通知》(2012 年 11 月 29

日,财会〔2012〕21号)

9.《财政部关于印发〈小企业内部控制规范(试行)〉的通知》(2017年6月29日,财会〔2017〕21号)

10.《代理记账管理办法》(2016年2月16日,财政部令第80号)

11.《专业技术人员继续教育规定》(2015年8月3日,人力资源和社会保障部令第25号)

12.《总会计师条例》(1990年12月31日,国务院令第72号)

13.《中国注册会计师审计准则第1501号——对财务报表形成审计意见和出具审计报告》(2010年11月1日修订,财会〔2010〕21号)

14.《中国注册会计师审计准则第1502号——在审计报告中发表非无保留意见》(2010年11月1日修订,财会〔2010〕21号)

CHAPTER 3

第3章 支付结算法律制度

Learning Objectives 学习目标

◎ **通过本章你可以：**

- 了解国内信用证
- 了解网上银行、第三方支付
- 了解银行卡的概念和分类、银行卡清算市场、银行卡收单
- 了解银行结算账户的概念和种类
- 了解支付结算的概念和支付结算的工具
- 熟悉结算纪律、违反支付结算法律制度的法律责任
- 熟悉托收承付、预付卡
- 熟悉各类银行结算账户的开立和使用
- 熟悉银行结算账户的开立、变更和撤销
- 熟悉支付结算的原则和基本要求
- 掌握汇兑、委托收款
- 掌握银行卡账户和交易、银行卡计息与收费
- 掌握银行汇票、商业汇票、银行本票、支票
- 掌握票据的概念与特征、票据权利与责任、票据行为、票据追索
- 掌握银行结算账户的管理

学习导引 Learning Guidance

支付结算是指单位、个人在社会经济活动中使用票据、银行卡和汇兑、托收承付、委托收款等结算方式进行货币给付及其资金清算的行为。

银行以及单位和个人是办理支付结算的主体。其中，银行是支付结算和资金清算的中介机构。未经中国人民银行批准的非银行金融机构和其他单位不得作为中介机构办理支付结算业务。其主要依据的法律有《中华人民共和国票据法》（以下简称《票据法》）《票据管理实施办法》《支付结算办法》《中国人民银行银行卡业务管理办法》《人民币银行结算账户管理办法》《异地托收承付结算办法》《电子支付指引（第一号）》。

第一节　支付结算概述

一、办理支付结算使用的主要支付工具

我国目前使用的人民币非现金支付工具主要包括“三票一卡”和结算方式。

“三票一卡”是指三种票据(汇票、本票和支票)和银行卡;结算方式包括汇兑、托收承付、委托收款和国内信用证。近年来,网上银行、第三方支付等电子化支付方式产生并得到快速发展。我国形成了以票据和银行卡为主体,以电子支付为发展方向的非现金支付工具体系。

点睛

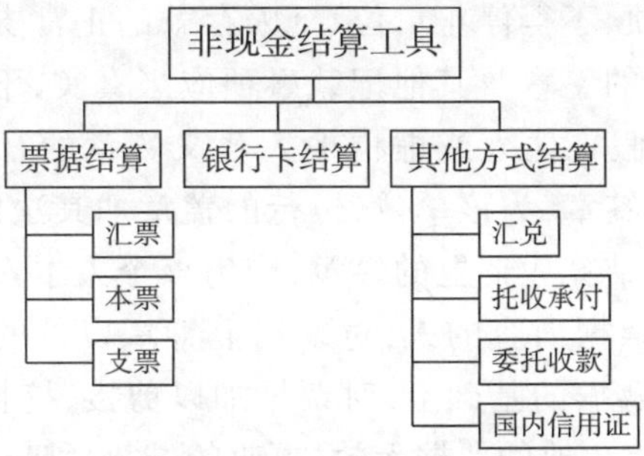

【例题 3-1-1 · 多选题】根据支付结算法律制度的规定,下列非现金支付工具中,属于结算方式的有(　　)。

A. 票据　　B. 银行卡　　C. 汇兑　　D. 委托收款

【答案】CD

【解析】(1) 选项 A、B:属于“三票一卡”;(2) 选项 C、D:属于“结算方式”。

二、办理支付结算的原则

支付结算原则,是指参与支付结算活动的各方当事人,如银行、单位和个人都应遵守的准则。经过多年的实践与总结,我国形成了以下与经济活动相适应的结算原则:

(一) 恪守信用,履约付款原则

承担付款义务的一方当事人,应当按照约定的付款金额、时间和方式进行支付。

(二) 谁的钱进谁的账,由谁支配原则

他人支付给存款人的资金,应当收入存款人的银行账户;存款人在银行账户里的资金,其所有权归存款人所有,由其自主支配,其他任何一方都无权擅自动用、处理和任意转移。

(三) 银行不垫款原则

银行是办理支付结算业务的中介机构,应按照付款人的委托,将资金支付给付款人指定的收款人,或者按照收款人的委托,将归收款人所有的资金转账到收款人的账户中,在付款人账户内没有资金或资金不足,或者收款人应收的款项由于付款人的原因不能收回时,银行的中介职责可以不履行,因为银行没有为存款人垫付资金的义务。

【例题3-1-2·判断题】付款人账户内资金不足的，银行应当为付款人垫付资金。（ ）

【答案】×

【解析】付款人账户内资金不足的，银行没有为付款人垫付资金的义务。

三、支付结算的基本要求

（1）单位、个人和银行办理支付结算，必须使用按中国人民银行统一规定印制的票据凭证和结算凭证。

（2）单位、个人和银行应当按照《人民币银行结算账户管理办法》的规定开立、使用账户。

在银行开立存款账户的单位和个人办理支付结算，账户内须有足够的资金保证支付。银行依法为单位、个人在银行开立的存款账户内的存款保密，维护其资金的自主支配权。除国家法律、行政法规另有规定外，银行不得为任何单位或者个人查询账户情况，不得为任何单位或者个人冻结、扣划款项，不得停止单位、个人存款的正常支付。

（3）票据和结算凭证上的签章及其他记载事项应当真实，不得伪造、变造。

① 伪造，是指无权限人假冒他人或虚构他人名义签章的行为。单位、银行在票据上的签章和单位在结算凭证上的签章，为该单位、银行的盖章加其法定代表人或其授权代理人的签名或盖章。个人在票据和结算凭证上的签章，应为该个人本人的签名或盖章。

② 变造，是指无权更改票据内容的人，对票据上签章以外的记载事项加以改变的行为。变造票据的方法多是在合法票据的基础上，对票据加以剪接、挖补、覆盖、涂改。出票金额、出票日期、收款人名称不得更改，更改的票据无效；更改的结算凭证，银行不予受理。对票据和结算凭证上的其他记载事项，原记载人可以更改，更改时应当由原记载人在更改处签章证明。

【例题3-1-3·单选题】根据支付结算法律制度的规定，下列票据欺诈行为中，属于伪造票据的是（ ）。

A. 假冒出票人在票据上签章

B. 涂改票据号码

C. 对票据金额进行挖补篡改

D. 修改票据密押

【答案】A

【解析】（1）选项A：属于票据的伪造；（2）选项B、C、D：属于票据的变造。

③ 更改。出票金额、出票日期、收款人名称不得更改，更改的票据无效；更改的结算凭证，银行不予受理。对票据和结算凭证上的其他记载事项，原记载人可以更改，更改时应当由原记载人在更改处签章证明。

（4）填写各种票据和结算凭证应当规范。填写票据和结算凭证，必须做到要素齐全、数字正确、字迹清晰、不错漏、不潦草，防止涂改。规范填写票据和结算凭证时应注意以下事项：

① 收款人名称。单位和银行的名称应当记载全称或者规范化简称。

② 出票日期。票据的出票日期必须使用中文大写。为了防止变造票据的出票日，在填写月、日时，月为“壹”“贰”和“壹拾”的，日为“壹”至“玖”和“壹拾”“贰拾”“叁拾”的，应在其前加“零”；日为“拾壹”至“拾玖”的，应在其前加“壹”。

③ 金额。票据和结算凭证金额以中文大写和阿拉伯数码同时记载，二者必须一致，二者不一致的票据无效。

④ 签章。单位、银行在票据上的签章及单位在结算凭证上的签章，为该单位、银行的盖章加其法定代表人或其授权的代理人的签名或盖章。个人在票据和结算凭证上的签章，应为该个人本人的签名或盖章。

点睛

日期的大写

（遵照汉语语言习惯、数字金额构成、防止涂改）

月	日		
1月—零壹月	1日—零壹日	11日—壹拾壹日	21日—贰拾壹日
2月—零贰月	2日—零贰日	12日—壹拾贰日	22日—贰拾贰日
3月—叁月	3日—零叁日	13日—壹拾叁日	23日—贰拾叁日
4月—肆月	4日—零肆日	14日—壹拾肆日	24日—贰拾肆日
5月—伍月	5日—零伍日	15日—壹拾伍日	25日—贰拾伍日
6月—陆月	6日—零陆日	16日—壹拾陆日	26日—贰拾陆日
7月—柒月	7日—零柒日	17日—壹拾柒日	27日—贰拾柒日
8月—捌月	8日—零捌日	18日—壹拾捌日	28日—贰拾捌日
9月—玖月	9日—零玖日	19日—壹拾玖日	29日—贰拾玖日
10月—零壹拾月	10日—零壹拾日	20日—零贰拾日	30日—零叁拾日
11月—壹拾壹月			31日—叁拾壹日
12月—壹拾贰月			

【例题3-1-4·单选题】 某票据的出票日期为“2013年7月15日”，其规范写法是（　　）。

A. 贰零壹叁年零柒月壹拾伍日　　B. 贰零壹叁年柒月壹拾伍日

C. 贰零壹叁年零柒月拾伍日　　D. 贰零壹叁年柒月拾伍日

【答案】B

【解析】观察4个备选，项发现：(1) 在年份的写法上不存在差异，无须关注；(2) 在月份的写法上，不加“零”不会导致被轻易变造（改成“壹拾柒月”或“柒拾月”等均为画蛇添足），无须加“零”，排除选项A、C；(3) 在日期的写法上，如果不加“壹”，很容易被变造为“贰拾伍日”等，应当加“壹”，选项D错误，选项B正确。

第二节　银行结算账户

一、银行结算账户的概念和类型

（一）银行结算账户的概念

银行结算账户是指银行为存款人开立的办理资金收付结算的活期存款账户。银行结算账户是社会资金运动的起点和终点，是支付结算工作开展的基础。

对于社会公众来说，办理日常支付活动离不开银行结算账户，银行结算账户直接反映和影响着广大企事业单位和居民个人的日常经济活动。

对于银行机构来说，银行结算账户服务是其最重要、最基础的服务，也是银行机构开展其他业务的前提和基础。

（二）银行结算账户的类型

银行结算账户按存款人不同，分为单位银行结算账户和个人银行结算账户。

1. 单位银行结算账户

存款人以单位名称开立的银行结算账户为单位银行结算账户。单位银行结算账户按用途分为基本存款账户、一般存款账户、专用存款账户、临时存款账户。具体如表3-2-1所示。

表3-2-1　　单位银行结算账户分类

账户分类	含义
基本存款账户	存款人因办理日常转账结算和现金收付需要开立的银行结算账户，是存款人的主办账户
一般存款账户	存款人因借款或其他结算需要，在基本存款账户开户银行以外的银行营业机构开立的银行结算账户
专用存款账户	存款人按照法律、行政法规和规章，对其特定用途资金进行专项管理和使用而开立的银行结算账户
临时存款账户	存款人因临时需要并在规定期限内使用而开立的银行结算账户

点睛

个体工商户凭营业执照以字号或经营者姓名开立的银行结算账户纳入单位银行结算账户管理。存款人凭个人身份证件以自然人名称开立的银行结算账户为个人银行结算账户。

2. 预算单位零余额账户

财政部门为实行财政国库集中支付的预算单位在商业银行开设的零余额账户，按基本存款账户或专用存款账户管理。

3. 异地银行结算账户

异地银行结算账户是指存款人在其注册地或住所地行政区域之外(跨省、市、县)开立的银行结算账户;其根据存款人、用途的不同，可以是异地基本存款账户、异地一般存款账户、异地专用存款账户、异地临时存款账户或者异地个人银行结算账户。

【例题3-2-1·单选题】根据支付结算法律制度的规定，下列各项中，属于存款人对其特定用途资金进行专项管理和使用而成立的银行结算账户的是(　　)。

A. 一般存款账户　B. 专用存款账户　C. 基本存款账户　D. 临时存款账户

【答案】B

【解析】专用存款账户是存款人按照法律、行政法规和规章，对其特定用途资金进行专项管理和使用而开立的银行结算账户。

二、银行结算账户的开立、变更和撤销

(一) 银行结算账户的开立

扫码看资源

1. 核准类账户

(1) 需要中国人民银行核准的账户包括:

① 基本存款账户。

② 临时存款账户(因注册验资和增资验资开立的除外)。

③ 预算单位专用存款账户。

④ 合格境外机构投资者在境内从事证券投资开立的人民币特殊账户和人民币结算资金账户。

(2) 对核准类账户,银行应将存款人的开户申请书、相关的证明文件和银行审核意见等开户资料报送中国人民银行当地分支行,经其核准并核发开户许可证后办理开户手续。

(3) 中国人民银行当地分支行应于2个工作日内对开户银行报送的核准类账户的开户资料的合规性予以审核,符合开户条件的,予以核准,颁发基本(或临时或专用)存款账户开户许可证,如图3-2-1所示。

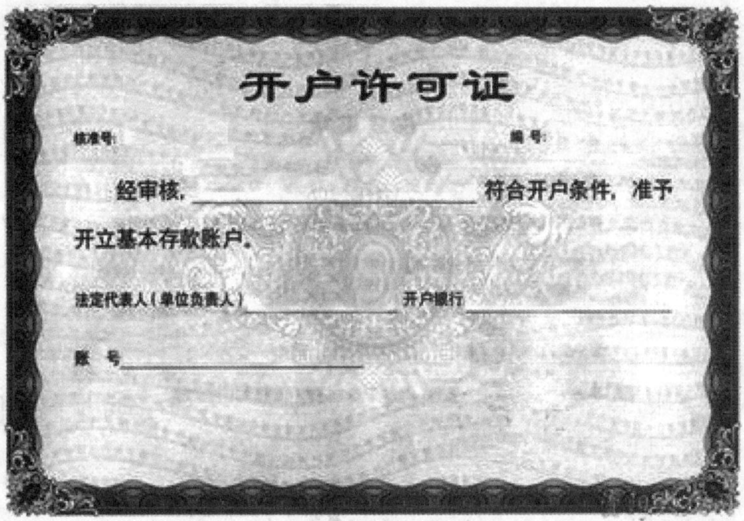

图3-2-1　开户许可证

点睛

开户许可证是中国人民银行依法准予申请人在银行开立核准类银行结算账户的行政许可证件,是核准类银行结算账户合法性的有效证明。开户许可证有正本和副本之分,正本由申请人保管,副本由申请人开户银行留存。

2. 备案类账户

(1) 需要中国人民银行当地分支行备案的账户包括一般存款账户、个人银行结算账户、其他专用存款账户。

(2) 银行办理开户手续,并于开户之日起5个工作日内向中国人民银行当地分支行备案。备案类结算账户的变更和撤销应于2个工作日内通过账户管理系统向中国人民银行当地分支行报备。

3. 预留签章

(1) 存款人为单位的,其预留签章为该单位的"公章或者财务专用章"加其法定代表人(单位负责人)或者其授权的代理人的"签名或者盖章"。

(2) 存款人为个人的,其预留签章为该个人的签名或者盖章。

4. 单位银行结算账户开始办理付款业务的时间

(1) 存款人开立单位银行结算账户,自正式开立之日起3个工作日方可使用该账户办理付款业务;但是,注册验资的临时存款账户转为基本存款账户、因借款转存开立的一般存款账户除外。

(2) "正式开立之日"的确定:

① 对于核准类银行结算账户,"正式开立之日"为中国人民银行当地分支行的核准日期。

② 对于备案类银行结算账户,"正式开立之日"为开户银行为存款人办理开户手续的日期。

【例题3-2-2·单选题】 甲公司因结算需要向P银行申请开立了基本存款账户,甲公司使用该账户办理付款业务的起始时间是(　　)。

A. P银行为甲公司办理开户手续之日起

B. P银行为甲公司办理开户手续之日起5个工作日后

C. 中国人民银行当地分支行核准之日起

D. 中国人民银行当地分支行核准之日起3个工作日后

【答案】D

【解析】基本存款账户属于核准类账户,自正式开立之日(即中国人民银行当地分支行的核准日期)起3个工作日后方可使用该账户办理付款业务。

(二) 银行结算账户的变更

变更是指存款人的账户信息资料发生变化或改变。

(1) 存款人变更账户名称、单位的法定代表人或主要负责人、地址等其他开户资料后,应及时向开户银行办理变更手续,填写变更银行结算账户申请书。

(2) 存款人更改名称,但不改变开户银行及账号的,应于"5个工作日"内向开户银行提出银行结算账户的变更申请并出具有关部门的证明文件。

(3) 单位的法定代表人或主要负责人、住址及其他开户资料发生变更时,应于5个工作日内书面通知开户银行并提供有关证明。

(4) 变更开户许可证记载事项的,存款人办理变更手续时交回开户许可证,由中国人民银行当地分支行换发新的开户许可证。

(三) 银行结算账户的撤销

撤销是指存款人因开户资格或其他原因终止银行结算账户使用的行为。

(1) 应当撤销账户的情形:① 被撤并、解散、宣告破产或关闭的;② 注销、被吊销营业执照的;③ 因迁址需要变更开户银行的;④ 其他原因需要撤销银行结算账户的。

点睛

"迁址",如不需要变更开户银行的,办理变更手续即可;如需要变更开户银行的,应先办理账户撤销手续,并在撤销原基本存款账户后10日内申请重新开立基本存款账户。存款人有以上①、②项情形的,应于5个工作日内向开户银行提出撤销银行结算账户的申请。

(2) 存款人撤销银行结算账户,必须与开户银行核对银行结算账户存款余额,交回各种重要空白票据及结算凭证和开户许可证,银行核对无误后方可办理销户手续。

（3）撤销银行结算账户时，应先撤销一般存款账户、专用存款账户、临时存款账户，将账户资金转入基本存款账户后，方可办理基本存款账户的撤销。

（4）存款人尚未清偿其开户银行债务的，不得申请撤销该银行结算账户。

（5）对于按规定应撤销而未办理销户手续的单位银行结算账户，银行通知该单位银行结算账户的存款人自发出通知之日起30日内办理销户手续，逾期视同自愿销户，未划款项列入久悬未取专户管理。

【例题3-2-3·单选题】甲公司因结算需要向P银行申请开立了基本存款账户，甲公司使用该账户办理付款业务的起始时间是（　　）。

A. 正式开立该账户之日起5个工作日后　　B. 中国人民银行当地分支行核准之日起

C. P银行为甲公司办理开户手续之日起　　D. 正式开立该账户之日起3个工作日后

【答案】D

【解析】（1）存款人开立单位银行结算账户，自正式开立之日起3个工作日后，方可使用该账户办理付款业务；但注册验资的临时存款账户转为基本存款账户和因借款转存开立的一般存款账户除外。（2）对于核准类银行结算账户，"正式开立之日"是指中国人民银行当地分支行的核准日期；对于备案类银行结算账户，"正式开立之日"是指银行为存款人办理开户手续的日期。

三、各类具体银行结算账户的开立和使用

（一）基本存款账户

1. 基本存款账户的概念

基本存款账户是存款人因办理日常转账结算和现金收付需要开立的银行结算账户。

下列存款人，可以申请开立基本存款账户：

（1）企业法人。

（2）非法人企业。

（3）机关、事业单位。

（4）团级（含）以上军队、武警部队及分散执勤的支（分）队。

（5）社会团体。

（6）民办非企业组织。

（7）异地常设机构。

（8）外国驻华机构。

（9）个体工商户。

（10）居民委员会、村民委员会、社区委员会。

（11）单位设立的独立核算的附属机构，包括食堂、招待所、幼儿园。

（12）其他组织（如业主委员会、村民小组等）。

2. 开户证明文件（以一般生产经营性单位为例）

（1）营业执照正本。

（2）税务登记证正本。

（3）组织机构代码证。

（4）法定代表人身份证件。

(5) 法定代表人授权书、代办人员身份证件(如果委托办理)。

案例分析

【案例】

某公司刚成立,主营农用化肥生产。受公司法定代表人张某的授权,公司财务人员王某携带相关开户证明文件到A银行办理基本存款账户开户手续。请问王某的开户证明文件应包括哪些?应办理哪些开户手续?

【分析】

根据我国现行账户管理规定,该公司开立基本存款账户,至少需要提供以下开户证明文件:工商部门颁发的营业执照正本、法定代表人张某的授权书、法定代表人张某和财务人员王某各自的身份证件。

王某需要办理以下手续:填写"开立单位银行结算账户申请书",同时附上述证明文件提交A银行。A银行对王某提供的账户资料的真实性、完整性和合规性审查无误后,与该公司签订账户管理协议,明确双方的权利和义务。根据A银行的要求,王某还需要提供公司的预留印鉴式样。A银行据此建立该公司的预留印鉴卡片,同时留存上述开户证明文件的复印件,建立该公司的账户资料档案。

3. 基本存款账户的使用

基本存款账户是存款人的主办账户,一个单位只能开立一个基本存款账户。存款人日常经营活动的资金收付及其工资、奖金和现金的支取,应通过基本存款账户办理。

【例题3-2-4·单选题】 根据支付结算法律制度的规定,企业支取现金用于工资、奖金发放,只能通过规定的银行账户办理,该银行账户是(　　)。

A. 一般存款账户　　B. 基本存款账户

C. 临时存款账户　　D. 专用存款账户

【答案】B

【解析】存款人日常经营活动的资金收付及其工资、奖金和现金的支取,应通过基本存款账户办理。

(二) 一般存款账户

1. 一般存款账户的概念

一般存款账户是存款人因借款或其他结算需要,在基本存款账户开户银行以外的银行营业机构开立的银行结算账户。

2. 开户证明文件

存款人申请开立一般存款账户,应向银行出具其开立基本存款账户规定的证明文件、基本存款账户开户许可证和下列证明文件:

(1) 存款人因向银行借款需要,应出具借款合同。

(2) 存款人因其他结算需要,应出具有关证明。

3. 一般存款账户的使用

一般存款账户用于办理存款人借款转存、借款归还和其他结算的资金收付。一般存款账户可以办理现金缴存,但不得办理现金支取。

案例分析

【案例】

某房地产开发公司在X开户银行开有基本存款账户。2018年3月2日,该公司因贷款需要又在Y银行开立了一般存款账户(账号:998123668989)。同日,该公司财务人员签发了一张现金支票(支票上的出票人账号为998123668989),并向Y银行提示付款,要求提取现金3万元。Y银行工作人员对支票审查后,拒绝为该公司办理现金支取业务。请分析Y银行工作人员的做法是否正确。

【分析】

一般存款账户是因借款转存、借款归还和其他结算需要开立的银行结算账户。本例中,该公司在Y银行开立了一个一般存款账户。按照我国现行账户管理规定,该一般存款账户可以办理现金缴存,但不得办理现金支取。Y银行工作人员严格执行账户管理规定,不予办理现金支取的做法是正确的。

(三)专用存款账户

1. 专用存款账户的概念

专用存款账户是存款人按照法律、行政法规和规章,对其特定用途资金进行专项管理和使用而开立的银行结算账户。

2. 开户证明文件

存款人申请开立专用存款账户,应向银行出具:开立基本存款账户规定的证明文件、基本存款账户开户许可证、其他相关证明文件。

3. 适用范围及使用要求(见表3-2-2)

表3-2-2　　适用范围及使用要求

<table>
<tr><th>适用范围</th><th>使用要求</th></tr>
<tr><td>单位银行卡账户的资金</td><td>由基本存款账户转账存入,不得办理现金收付业务</td></tr>
<tr><td>基本建设资金</td><td rowspan="3">对应专用存款账户需要支取现金的,应在开户时报中国人民银行当地分支行批准</td></tr>
<tr><td>更新改造资金</td></tr>
<tr><td>政策性房地产开发资金</td></tr>
<tr><td>证券交易结算资金</td><td rowspan="3">对应专用存款账户不得支取现金</td></tr>
<tr><td>期货交易保证金</td></tr>
<tr><td>信托基金</td></tr>
<tr><td>粮、棉、油收购资金</td><td rowspan="4">对应专用存款账户支取现金应按照国家现金管理的规定办理</td></tr>
<tr><td>住房基金</td></tr>
<tr><td>社会保障基金</td></tr>
<tr><td>党、团、工会设在单位的组织机构经费</td></tr>
<tr><td>收入汇缴资金</td><td>收入汇缴账户除向其基本存款账户或者预算外资金财政专用存款账户划缴款项外,只收不付,不得支取现金</td></tr>
<tr><td>业务支出资金</td><td>业务支出账户除从其基本存款账户拨入款项外,只付不收,其现金支取必须按照国家现金管理的规定办理</td></tr>
</table>

【例题3-2-5·单选题】根据支付结算法律制度的规定，下列各项中，属于存款人对其特定用途资金进行专项管理和使用而开立的银行结算账户的是(　　)。

A. 一般存款账户　B. 专用存款账户　C. 基本存款账户　D. 临时存款账户

【答案】B

【解析】存款人对其特定用途资金进行专项管理和使用而开立的银行结算账户为专用存款账户。

(四)预算单位零余额账户

(1)预算单位使用财政性资金，应当按照规定的程序和要求，向财政部门提出设立零余额账户的申请，财政部门同意预算单位开设零余额账户后通知代理银行。

(2)一个基层预算单位开设一个零余额账户。

(3)使用要求：① 预算单位零余额账户用于财政授权支付；② 可以办理转账、提取现金等结算业务；③ 可以向本单位按账户管理规定保留的相应账户划拨工会经费、住房公积金及提租补贴，以及财政部门批准的特殊款项；④ 不得违反规定向本单位其他账户和上级主管单位、所属下级单位账户划拨资金。

【例题3-2-6·单选题】根据支付结算法律制度的规定，下列关于预算单位零余额账户使用的表述中，正确的是(　　)。

A. 不得支取现金

B. 可以向所属下级单位账户划拨资金

C. 可以向上级主管单位账户划拨资金

D. 可以向本单位按账户管理规定保留的相应账户划拨工会经费

【答案】D

【解析】预算单位零余额账户可以支取现金，选项A错误；不得违反规定向本单位其他账户和上级主管单位、所属下级单位账户划拨资金，选项B、C错误；可以向本单位按账户管理规定保留的相应账户划拨工会经费，选项D正确。

(五)临时存款账户

1. 临时存款账户的概念

临时存款账户是指存款人因临时需要并在规定期限内使用而开立的银行结算账户。

2. 适用范围

(1)设立临时机构，如工程指挥部、筹备领导小组、摄制组等。

(2)异地临时经营活动，如建筑施工及安装单位等在异地的临时经营活动。

(3)注册验资、增资。

(4)军队、武警单位承担基本建设或者异地执行作战、演习、抢险救灾、应对突发事件等临时任务。

3. 开户证明文件

(1)临时机构，应出具其驻在地主管部门同意设立临时机构的批文。

(2)异地建筑施工及安装单位，应出具其营业执照正本或其隶属单位的营业执照正本，施工及安装地建设主管部门核发的许可证或建筑施工及安装合同。外国及我国港、澳、台地区建筑施工及安装单位，应出具行业主管部门核发的资质准入证明。

(3)异地从事临时经营活动的单位，应出具其营业执照正本以及临时经营地工商行政管理部门的批文。

(4) 境内单位在异地从事临时活动的,应出具政府有关部门批准其从事该项活动的证明文件。

(5) 境外(含港、澳、台地区)机构在境内从事经营活动的,应出具政府有关部门批准其从事该项活动的证明文件。

(6) 军队、武警单位因执行作战、演习、抢险救灾、应对突发事件等任务需要开立银行账户时,开户银行应当凭军队、武警团级以上单位后勤(联勤)部门出具的批件或证明,先予开户并同时启用,后补办相关手续。

(7) 注册验资资金,应出具工商行政管理部门核发的企业名称预先核准通知书或有关部门的批文。

(8) 增资验资资金,应出具股东会或董事会决议等证明文件。

上述第(2)(3)(4)(8)项还应出具基本存款账户开户许可证,外国及我国港、澳、台地区建筑施工及安装单位除外。

4. 临时存款账户的使用

(1) 临时存款账户的有效期最长不得超过2年。

(2) 临时存款账户可以支取现金,但应当按国家现金管理的规定办理。

(3) 注册验资的临时存款账户在验资期间只收不付。

【例题3-2-7 · 单选题】 根据支付结算法律制度的规定,企业临时到外地进行摄影3个月,可以开设的账户为(　　)。

A. 专用存款账户　B. 基本存款账户　　C. 一般存款账户　　D. 临时存款账户

【答案】D

【解析】设立临时机构,如工程指挥部、筹备领导小组、摄制组等,因临时需要并在规定期限内使用,可以申请开立临时存款账户。

(六) 个人银行结算账户

1. 个人银行结算账户的概念

个人银行结算账户是指存款人因投资、消费、结算等需要而凭个人身份证件以自然人名称开立的银行结算账户。

2. 个人银行账户的分类

个人银行账户分为Ⅰ类银行账户、Ⅱ类银行账户和Ⅲ类银行账户(以下分别简称Ⅰ类户、Ⅱ类户和Ⅲ类户)。

(1) 账户功能如表3-2-3所示。

表3-2-3　　个人银行账户的功能

功能	Ⅰ类户(全能账户)	Ⅱ类户(电子账户)	Ⅲ类户(电子账户)
办理存款	√	√	—
购买理财产品	√	√	—
转账	√	限额转账	限额转账
消费和缴费	√	限额消费和缴费	限额消费和缴费
存取现金	√	√(有限额)	—
实体卡	√	√	—

（2）限额额度如表 3-2-4 所示。

表 3-2-4　　　　个人银行账户的限额

<table>
<tr><th>账户类型</th><th>用途</th><th>限额</th></tr>
<tr><td rowspan="2">Ⅱ类户</td><td>转入资金、存入现金</td><td rowspan="2">① 日累计限额合计为 1 万元
② 年累计限额合计为 20 万元
③ 发放贷款和贷款资金归还，不受转账限额规定</td></tr>
<tr><td>消费和缴费、向非绑定账户转出资金、取出现金</td></tr>
<tr><td rowspan="3">Ⅲ类户</td><td colspan="2">办理非绑定账户转入资金</td></tr>
<tr><td colspan="2">办理限额消费和缴费支付、向非绑定账户转出资金</td></tr>
<tr><td colspan="2">Ⅲ类户任一时点账户余额不得超过 2 000 元</td></tr>
</table>

【例题 3-2-8 · 单选题】 根据支付结算法律制度的规定，关于个人银行结算账户管理的下列表述中，不正确的是（　　）。

A. 银行可以通过Ⅱ类银行账户为存款人提供单笔无限额的存取现金服务

B. 银行可以通过Ⅲ类银行账户为存款人提供限定金额的消费和缴费支付服务

C. 银行可以通过Ⅰ类银行账户为存款人提供购买投资理财产品服务

D. 银行可以通过Ⅱ类银行账户为存款人提供购买投资理财产品服务

【答案】 A

【解析】 选项 A：Ⅱ类户可以办理存取现金，存入现金日累计限额合计为 1 万元、年累计限额合计为 20 万元，取出现金日累计限额合计为 1 万元、年累计限额合计为 20 万元。

3. 个人银行结算账户的开户方式

（1）柜面开户。

通过柜面受理银行账户开户申请的，银行可为开户申请人开立Ⅰ类户、Ⅱ类户或Ⅲ类户。

（2）自助机具开户。

通过远程视频柜员机和智能柜员机等自助机具受理银行账户开户申请，银行工作人员现场核验开户申请人身份信息的，银行可为其开立Ⅰ类户；未现场核验可开立Ⅱ类户或Ⅲ类户。

（3）电子渠道开户。

通过网上银行和手机银行等电子渠道受理银行账户开户申请的，银行可为开户申请人开立Ⅱ类户或Ⅲ类户。

4. 个人银行结算账户的代理开户

（1）他人代理。

开户申请人开立个人银行账户或者办理其他个人银行账户业务，原则上应当由开户申请人本人亲自办理；符合条件的，可以由他人代理办理。

他人代理开立个人银行账户的，代理人应出具代理人、被代理人的有效身份证件以及合法的委托书等。

（2）单位代理。

存款人开立代发工资、教育、社会保障（如社保、医保、军保）、公共管理（如公共事业、拆迁、捐助、助农扶农）等特殊用途个人银行账户时，可由所在单位代理办理。

单位代理个人开立银行账户的，应提供单位证明材料、被代理人有效身份证件的复印件或影印件。

单位代理个人开立银行账户，在被代理人持本人有效身份证件的复印件到开户银行办理确认、密码设(重)置等激活手续前,该银行账户只收不付。

5. 适用范围

使用支票、信用卡等信用支付工具的,办理汇兑、定期借记、定期贷记、借记卡等结算业务的,可以申请开立个人银行结算账户。

6. 开户证明文件

根据个人银行账户实名制的要求,存款人申请开立个人银行结算账户时,应向银行出具本人有效身份证件,银行通过有效身份证件仍无法准确判断开户申请人身份的,应要求其出具辅助身份证明材料。

7. 个人银行结算账户的使用

个人银行结算账户用于办理个人转账收付和现金存取。下列款项可以转入个人银行结算账户:① 工资、奖金收入;② 稿费、演出费等劳务收入;③ 债券、期货、信托等投资的本金和收益;④ 个人债权或产权转让收益;⑤ 个人贷款转存;⑥ 证券交易结算资金和期货交易保证金;⑦ 继承、赠与款项;⑧ 保险理赔、保费退还等款项;⑨ 纳税退还;⑩ 农、副、矿产品销售收入;⑪ 其他合法款项。

单位从其银行结算账户支付给个人银行结算账户的款项,每笔超过5万元(不包含5万元)的,应向其开户银行提供下列付款依据:① 代发工资协议和收款人清单;② 奖励证明;③ 新闻出版、演出主办等单位与收款人签订的劳务合同或支付给个人款项的证明;④ 证券公司、期货公司、信托投资公司、奖券发行或承销部门支付或退还给自然人款项的证明;⑤ 债权或产权转让协议;⑥ 借款合同;⑦ 保险公司的证明;⑧ 税收征管部门的证明;⑨ 农、副、矿产品购销合同;⑩ 其他合法款项的证明。

【例题3-2-9·单选题】根据支付结算法律制度的规定,下列款项中不可以转入个人人民币银行结算账户的是(　　)。

A. 工资、奖金收入　　B. 个人投资股票所得

C. 持有的外币　　D. 纳税退还

【答案】C

【解析】个人银行结算账户包括人民币账户和外币账户,个人持有的外币可以存入其外币账户,而不能存入其人民币账户。

(七)异地银行结算账户

1. 异地银行结算账户的概念

异地银行结算账户,是存款人在其注册地或住所地行政区域之外(跨省、市、县)开立的银行结算账户。

2. 适用范围

(1) 营业执照注册地与经营地不在同一行政区域(跨省、市、县)需要开立基本存款账户的。

(2) 办理异地借款和其他结算需要开立一般存款账户的。

(3) 存款人因附属的非独立核算单位或派出机构发生的收入汇缴或业务支出需要开立专用存款账户的。

(4) 异地临时经营活动需要开立临时存款账户的。

(5) 自然人根据需要在异地开立个人银行结算账户的。

3．开户证明文件

存款人需要在异地开立单位银行结算账户，除出具开立基本存款账户、一般存款账户、专用存款账户和临时存款账户规定的有关证明文件和基本存款账户开户许可证外，还应出具下列相应的证明文件：

（1）异地借款的存款人在异地开立一般存款账户的，应出具在异地取得贷款的借款合同。

（2）因经营需要在异地办理收入汇缴和业务支出的存款人在异地开立专用存款账户的，应出具隶属单位的证明。

存款人需要在异地开立个人银行结算账户，应出具在住所地开立账户所需的证明文件。

点睛

专用存款账户与基本存款账户

账户		存现	取现	核准或备案
基本存款账户		√	√	核准
一般存款账户		√	×	备案
专用存款账户	单位银行卡账户	×	×	（1）核准：预算单位专用存款账户、合格境外机构投资者在境内从事证券投资开立的账户；（2）备案：其他专用存款账户
	证券交易结算资金	√	×	
	期货交易保证金	√	×	
	信托基金	√	×	
	收入汇缴	√	×	
	业务支出	×	√	
预算单位零余额账户		×	√	核准
临时存款账户	验资	√	×	备案
	其他	√	√	核准
个人银行结算账户（Ⅰ类户、Ⅱ类户）		√	√	备案（所有个人银行结算账户）

四、银行结算账户的管理

（一）实名制管理

存款人应以实名开立银行结算账户，并对其出具的开户（变更、撤销）申请资料实质内容的真实性负责，法律、行政法规另有规定的除外。

存款人应按照账户管理规定使用银行结算账户办理结算业务，不得出租、出借银行结算账户，不得利用银行结算账户套取银行信用或进行洗钱活动。

（二）银行结算账户变更事项的管理

存款人申请临时存款账户展期，变更、撤销单位银行结算账户以及补（换）发开户许可证时，可由法定代表人或单位负责人直接办理，也可授权他人办理。

（三）存款人预留银行签章的管理

1．单位遗失或更换

单位存款人申请更换预留公章或财务专用章但无法提供原预留公章或财务专用章的，应向开户银行出具原印鉴卡片、开户许可证、营业执照正本、司法部门的证明等相关证明文件。

单位存款人申请变更预留公章(财务专用章)和预留个人签章,可由法定代表人或单位负责人直接办理,也可授权他人办理。

2. 个人遗失或更换

个人遗失或更换预留个人印章或更换签字人时,应向开户银行出具经签名确认的书面申请,以及原预留印章或签字人的个人身份证件。

(四)对账管理

银行结算账户的存款人应与银行按规定核对账务。存款人收到对账单或对账信息后,应及时核对账务并在规定期限内向银行发出对账回单或确认信息。

【例题3-2-10·单选题】根据支付结算法律制度的规定,关于银行结算账户管理的下列表述中,不正确的是(　　)。

A. 存款人可以出借银行结算账户　　B. 存款人应当以实名开立银行结算账户

C. 存款人不得利用银行结算账户洗钱　　D. 存款人不得出租银行结算账户

【答案】A

【解析】存款人应当按照账户管理规定使用银行结算账户办理结算业务,不得出租、出借银行结算账户,不得利用银行结算账户套取银行信用或进行洗钱活动。

第三节　票据的一般规定

一、票据的概念

(一)票据的含义和种类

票据的概念有广义和狭义之分。广义的票据包括各种有价证券和凭证,如股票、企业债券、发票、提单等;狭义的票据即我国《票据法》中规定的"票据",包括汇票、银行本票和支票,是指由出票人签发的、约定自己或者委托付款人在见票时或指定的日期向收款人或持票人无条件支付一定金额的有价证券。

(二)票据当事人

票据当事人是指在票据法律关系中,享有票据权利、承担票据义务的主体。票据当事人分为基本当事人和非基本当事人。

1. 基本当事人

基本当事人是指在票据做成和交付时就已经存在的当事人,包括出票人、收款人和付款人三种。汇票和支票的基本当事人有出票人、付款人与收款人;本票的基本当事人有出票人与收款人。

(1)出票人,是指依法定方式签发票据并将票据交付给收款人的人。

银行汇票的出票人为银行;商业汇票的出票人为银行以外的企业和其他组织;银行本票的出票人为出票银行;支票的出票人为在银行开立支票存款账户的企业、其他组织和个人。

(2)收款人,是指票据正面记载的到期后有权收取票据所载金额的人。

(3)付款人,是指由出票人委托付款或自行承担付款责任的人。商业承兑汇票的付款人是合同中应给付款项的一方当事人,也是该汇票的承兑人;银行承兑汇票的付款人是承兑银行;支票的付款人是出票人的开户银行;本票的付款人是出票人。

拓展阅读

在我国,汇票可分为两种:一种是由银行签发的汇票,叫银行汇票;另一种是由银行之外的企事业单位、机关、团体签发的汇票,叫商业汇票。商业汇票又分商业承兑汇票和银行承兑汇票。

2. 非基本当事人

非基本当事人是指在票据作成并交付后,通过一定的票据行为加入票据关系而享有一定权利、承担一定义务的当事人,包括承兑人、背书人、被背书人、保证人等。

(1) 承兑人,是指接受汇票出票人的付款委托,同意承担支付票款义务的人,是汇票主债务人。

(2) 背书人,是指在转让票据时,在票据背面或粘单上签字或盖章,并将该票据交付给受让人的票据收款人或持有人。

(3) 被背书人,是指被记名受让票据或接受票据转让的人。背书后,被背书人成为票据新的持有人,享有票据的所有权利。

(4) 保证人,是指为票据债务提供担保的人,由票据债务人以外的第三人担当。保证人在被保证人不能履行票据付款责任时,以自己的金钱履行票据付款义务,然后取得持票人的权利,向票据债务人追索。

(三) 票据的特征和功能

1. 票据的特征

(1) 票据是完全有价证券。

票据权利完全证券化,票据权利与票据本身融为一体、不可分离,也就是说,票据权利的产生、行使、转让和消灭都离不开票据。

拓展阅读

有价证券的四大特征

特征	含　义
设权证券	票据权利的产生必须通过作成票据,即必须通过票据行为——出票来创设,从这一意义上说,票据又是“设权证券”
提示证券	票据权利的享有必须以占有票据为前提,为了证明占有的事实以行使票据权利,必须提示票据,从这一意义上说,票据又是“提示证券”
交付证券	票据权利的转让必须交付票据,从这一意义上说,票据又是“交付证券”
缴回证券	票据权利实现后,应将票据缴回付款人,付款人因付款而免责,以消灭票据权利义务关系或者付款人再行使追索权,从这一意义上说,票据又是“缴回证券”,被追索人清偿债务时,持票人应当交出票据和有关拒绝证明

(2) 票据是文义证券。

票据上的一切票据权利、义务必须严格依照票据记载的文义而定,文义之外的任何理由、事项均不得作为根据,即使文义记载有错,也不得用票据之外的其他证明方法变更或补充。

(3) 票据是无因证券。

票据如果符合《票据法》规定的条件,票据权利就成立,持票人不必证明取得票据的原因,仅以票据文义请求履行票据权利。

(4) 票据是金钱债权证券。

票据上体现的权利性质是财产权而不是其他权利,财产权的内容是请求支付一定的金钱而不是物品。

(5) 票据是要式证券。

票据的制作、形式、文义都有规定的格式和要求,必须符合《票据法》的规定。

(6) 票据是流通证券。

票据可以流通转让,只有流通转让,票据的功能才能充分发挥,衔接企业的产供销活动,畅通经济金融运行。

【例题3-3-1·单选题】 票据上的权利义务必须依票据上所记载的文义而定,不得以文义之外的任何事项来主张票据权利,这体现了票据的(　　)特征。

A. 完全有价证券　　　　B. 文义证券

C. 无因证券　　　　D. 流通证券

【答案】B

【解析】根据规定,票据上的权利义务必须依票据上所记载的文义而定,不得以文义之外的任何事项来主张票据权利,是票据的文义证券的特征。

2. 票据的功能

(1) 支付功能。

票据可以充当支付工具,代替现金使用。

(2) 汇兑功能。

票据可以代替货币在不同地方之间运送,方便异地之间的支付。

(3) 信用功能。

票据当事人可以凭借自己的信誉,将未来才能获得的金钱作为现在的金钱来使用。

(4) 结算功能。

债务抵销功能。简单的结算是互有债务的双方当事人各签发一张本票,待两张本票都到到期日可以相互抵销债务;若有差额,由一方以现金支付。

(5) 融资功能。

融通资金或调度资金。票据的融资功能是通过票据的贴现、转贴现和再贴现实现的。

二、票据权利与责任

(一) 票据权利的概念和分类

票据权利是指票据持票人向票据债务人请求支付票据金额的权利,包括付款请求权和追索权。

付款请求权,是指持票人向汇票的承兑人、本票的出票人、支票的付款人出示票据要求付款的权利,是第一顺序权利。

票据追索权,是指票据当事人行使付款请求权遭到拒绝或有其他法定原因存在时,向其前手请求偿还票据金额及其他法定费用的权利,是第二顺序权利。

【例题3-3-2·多选题】票据权利包括（　　）。

A. 付款请求权　　B. 利益返还请求权

C. 追索权　　D. 票据返还请求权

【答案】AC

【解析】利益返还请求权和票据返还请求权属于《票据法》上的非票据权利。所谓"非票据权利"，是指基于《票据法》的规定产生的，但不是由票据行为直接产生的权利，是票据价款之外的债权关系。具体来说，利益返还请求权是指根据《票据法》第18条的规定，持票人因超票据权利时效或者因票据记载事项欠缺而丧失票据权利的，仍享有民事权利，可以请求出票人或者承兑人返还其与未支付的票据款金额相当的利益。由此来看，利益返还请求权是一种民事权利。票据返还请求权是指根据《票据法》第10条、第12条的规定，出现了非法取得票据的情形，失票人为行使票据所有权，向非法持有票据人请求返还票据的权利。

（二）票据权利的取得

1. 基本规定

签发、取得和转让票据，应当遵守诚实信用原则，具有真实的交易关系和债权债务关系。

2. 取得票据享有票据权利的情形

（1）依法接受出票人签发的票据。

（2）依法接受背书转让的票据。

（3）因税收、继承、赠与可以依法无偿取得票据。

3. 取得票据不享有票据权利的情形

（1）以欺诈、偷盗或者胁迫等手段取得票据的，或者明知有上述情形，出于恶意取得票据的。

（2）持票人因重大过失取得不符合《票据法》规定的票据的。

【例题3-3-3·多选题】下列情况下取得的票据，享有票据权利的有（　　）。

A. 小谢明知武某偷来一张支票，武某向其转让，小谢欣然接受

B. A公司以支票形式向地震灾区某小学捐款，该小学接受该支票

C. 作为收款人，方某依法接受一张银行本票

D. 作为最后持票人，史某持有一张银行汇票且背书连续

【答案】BCD

【解析】选项A属于"以欺诈、偷盗或者胁迫等手段取得票据的，或者明知有前列情形，出于恶意取得票据的"的情形，不享有票据权利。

（三）票据权利的行使与保全

票据权利的行使是指持票人请求票据的付款人支付票据金额的行为，如行使付款请求权和追索权。

票据权利的保全是指持票人为了防止票据权利的丧失而采取的措施，如规定期限提示承兑、要求承兑人或付款人提供拒绝承兑或拒绝付款的证明以保全追索权。

持票人对票据债务人行使票据权利，或者保全票据权利，应当在票据当事人的营业场所和营业时间内进行，票据当事人无营业场所的，应当在其住所进行。

拓展阅读

票据权利的行使与保全的方法：

(1) 按期提示（提示承兑或提示付款）：

① 逾期提示承兑的，丧失对出票人以外其他前手的追索权。

② 逾期提示付款的，将丧失对一般前手的追索权，但不丧失对出票人、承兑人（如果有）的追索权。

(2) 依法证明：持票人不能出示拒绝证明、退票理由书或者未按照规定期限提供其他合法证明的，丧失对其前手的追索权。

（四）票据权利丧失补救

票据丧失，是指票据因灭失（如不慎被烧毁）、遗失（如不慎丢失）、被盗等原因而使票据权利人脱离其对票据的占有。票据丧失后，可以采取挂失止付、公示催告和普通诉讼三种形式进行补救。

1. 挂失止付

挂失止付，是指失票人将丧失票据的情况通知付款人或代理付款人，由接受通知的付款人或代理付款人审查后暂停支付的一种方式。具体包括已承兑的商业汇票、支票、填明“现金”字样和代理付款人的银行汇票以及填明“现金”字样的银行本票四种。具体程序为：

(1) 申请。

失票人需要挂失止付的，应填写挂失止付通知书并签章。挂失止付通知书应当记载下列事项：① 票据丧失的时间、地点、原因；② 票据的种类、号码、金额、出票日期、付款日期、付款人名称、收款人名称；③ 挂失止付人的姓名、营业场所或者住所以及联系方法。

(2) 受理。

付款人或者代理付款人收到挂失止付通知书后，查明挂失票据确未付款时，应立即暂停支付。付款人或者代理付款人自收到挂失止付通知书之日起12日内没有收到人民法院的止付通知书的，自第13日起不再承担止付责任，持票人提示付款即依法向持票人付款。付款人或者代理付款人在收到挂失止付通知书之前，已经向持票人付款的，不再承担责任；但是，付款人或者代理付款人以恶意或者重大过失付款的除外。

挂失止付并不是票据丧失后采取的必经措施，而只是一种暂时的预防措施，最终要通过申请公示催告或提起普通诉讼来补救票据权利。

2. 公示催告

公示催告，是指在票据丧失后由失票人向人民法院提出申请，请求人民法院以公告方式通知不确定的利害关系人限期申报权利，逾期未申报者则权利失效，而由法院通过除权判决宣告所丧失的票据无效的制度或程序。

申请公示催告的主体必须是可以背书转让的票据的最后持票人，具体程序为：

(1) 申请。

填写公示催告申请书应当载明下列内容：① 票面金额；② 出票人、持票人、背书人；③ 申请的理由、事实；④ 通知票据付款人或者代理付款人挂失止付的时间；⑤ 付款人或者代理付款人的名称、通信地址、电话号码等。

（2）受理。

人民法院决定受理公示催告申请，应当同时通知付款人及代理付款人停止支付，并自立案之日起3日内发出公告，催促利害关系人申报权利。付款人或者代理付款人收到人民法院发出的止付通知，应当立即停止支付，直至公示催告程序终结。非经发出止付通知的人民法院许可，擅自解付的，不得免除票据责任。

（3）公告。

人民法院决定受理公示催告申请后发布的公告应当在全国性的报刊上登载。公示催告的期间，国内票据自公告发布之日起60日，涉外票据可根据具体情况适当延长，但最长不得超过90日。

（4）判决。

利害关系人应当在公示催告期间向人民法院申报。人民法院收到利害关系人的申报后，应当裁定终结公示催告程序，并通知申请人和支付人。申请人或者申报人可以向人民法院起诉，以主张自己的权利。没有人申报的，人民法院应当根据申请人的申请，作出除权判决，宣告票据无效。判决应当公告，并通知支付人。自判决公告之日起，申请人有权向支付人请求支付。利害关系人因正当理由不能在判决前向人民法院申报的，自知道或者应当知道判决公告之日起1年内，可以向作出判决的人民法院起诉。

3. 普通诉讼

普通诉讼，是指以丧失票据的人为原告，以承兑人或出票人为被告，请求法院判决其向失票人付款的诉讼活动。如果与票据上的权利有利害关系的人是明确的，无须公示催告，可按一般的票据纠纷向法院提起诉讼。

【例题3-3-4·单选题】下列表述中，正确的是（　　）。

A. 申请公示催告必须先申请挂失止付

B. 办理挂失止付应有确定的付款人，因此，未填明代理付款人的银行汇票不得挂失止付

C. 银行网点营业时间终止后，因为紧急情况可以到该银行网点负责人的家中提示付款

D. 公示催告可以在当地晚报上刊发

【答案】B

【解析】挂失止付不是公示催告的必经程序，因此，选项A的说法错误；行使和保全票据权利，应当在票据当事人的营业场所和营业时间内进行，故选项C不正确；公示催告应在全国性的报刊上刊登，故选项D不正确。

（五）票据权利时效

票据权利时效，是指票据权利在时效期间内不行使，即引起票据权利丧失。

《票据法》根据不同情况，将票据权利时效划分为2年、6个月、3个月。

《票据法》规定，票据权利在下列期限内不行使而消灭：

（1）持票人对票据的出票人和承兑人的权利自票据到期日起2年。见票即付的汇票、本票自出票日起2年。

（2）持票人对支票出票人的权利，自出票日起6个月。

在这里，持票人对出票人和承兑人的权利，包括付款请求权和追索权。

（3）持票人对前手的追索权，自被拒绝承兑或者被拒绝付款之日起6个月。

（4）持票人对前手的再追索权，自清偿日或者被提起诉讼之日起3个月。

点睛

票据时效

票据	对象	起算点	时间
商业汇票(远期)	出票人、承兑人	到期日	2年
银行汇票、本票、商业汇票(即期)	出票人	出票日	2年
支票	出票人	出票日	6个月
追索权	前手(不包括出票人、承兑人)	被拒绝承兑或被拒绝付款日	6个月
再追索权	前手(不包括出票人、承兑人)	清偿日或被提起诉讼日	3个月

【例题3-3-5·单选题】下列说法中，正确的是(　　)。

A. 票据权利时效期间是指提示付款期间

B. 持票人对支票出票人的权利，自出票日起3个月

C. 持票人对前手的再追索权，自清偿日或者被提起诉讼之日起3个月

D. 持票人对前手的追索权，自被拒绝承兑或者被拒绝付款之日起3个月

【答案】C

【解析】票据权利时效期间和提示付款期间是两个概念，不应混为一谈，故选项A错误；选项B和选项D分别应为6个月。

(六) 票据责任

票据责任，是指票据债务人向持票人支付票据金额的义务。实务中，票据债务人承担票据义务一般有四种情况：一是汇票承兑人因承兑而应承担付款义务；二是本票出票人因出票而承担自己付款的义务；三是支票付款人在与出票人有资金关系时承担付款义务；四是汇票、本票、支票的背书人，汇票、支票的出票人、保证人，在票据不获承兑或不获付款时的付款清偿义务。

1. 提示付款

持票人应当按照下列期限提示付款：

(1) 见票即付的票据，自出票日起1个月内向付款人提示付款。

(2) 定日付款、出票后定期付款或者见票后定期付款的票据，自到期日起10日内向承兑人提示付款。

点睛

提示付款期限

票据类型	起算点	时间
见票即付的汇票	出票日起	1个月
远期商业汇票	到期日起	10日
银行本票	出票日起	2个月
支票	出票日起	10日

2. 付款人付款

持票人依照规定提示付款的,付款人必须在当日足额付款。付款人及其代理付款人付款时,应当审查票据背书的连续性,并审查提示付款人的合法身份证明或者有效证件。

3. 拒绝付款

如果存在背书不连续等合理事由,票据债务人可以对票据债权人拒绝履行义务,这就是所谓的"票据抗辩"。票据债务人可以对不履行约定义务的与自己有直接债权债务关系的持票人进行抗辩,但不得以自己与出票人或者与持票人的前手之间的抗辩事由对抗持票人。

4. 获得付款

持票人获得付款的,应当在票据上签收,并将票据交给付款人。

5. 相关银行的责任

持票人委托的收款银行的责任限于按照票据上记载事项将票据金额转入持票人账户。付款人委托的付款银行的责任限于按照票据上记载事项从付款人账户支付票据金额。

6. 票据责任解除

付款人依法足额付款后,全体票据债务人的责任解除。

【例题 3-3-6 · 单选题】 下列说法中,正确的是(　　)。

A. 票据债务人可以自己与出票人或者与持票人的前手之间的抗辩事由对抗持票人

B. 持票人未按照规定期限提示付款的,付款人的票据责任解除

C. 持票人委托的收款银行的责任限于按照票据上记载事项将票据金额转入持票人账户

D. 付款人委托的付款银行的责任限于按照票据上记载事项从付款人账户支付票据金额,不必审查背书连续性

【答案】C

【解析】票据债务人不得以自己与出票人或者与持票人的前手之间的抗辩事由对抗持票人,故选项 A 错误;持票人未按照规定期限提示付款的,在作出相关说明后,付款人仍应当承担付款责任,而不能因此解除付款责任,故选项 B 错误;付款银行付款,应按照规定审查背书是否连续,背书不连续,持票人不享有票据权利,不应予以付款,因此选项 D 错误。

三、票据行为

票据行为,是指票据当事人以发生票据债务为目的的、以在票据上签名或盖章为权利义务成立要件的法律行为。

票据行为包括出票、背书、承兑和保证。

(一) 出票

1. 出票的概念

出票,是指出票人签发票据并将其交付给收款人的票据行为。出票包括两个行为:一是出票人依照《票据法》的规定做成票据,即在原始票据上记载法定事项并签章;二是交付票据,即将做成的票据交付给他人占有。这两者缺一不可。

2. 出票的基本要求

出票人必须与付款人具有真实的委托付款关系,并且具有支付票据金额的可靠资金来

源，不得签发无对价的票据用以骗取银行或者其他票据当事人的资金。

3. 票据的记载事项及效力（见表3-3-1）

表3-3-1　　票据的记载事项及效力

<table>
<tr><th>记载事项</th><th>内容</th><th>汇票</th><th>本票</th><th>支票</th><th>效力</th></tr>
<tr><td rowspan="7">必须记载事项</td><td>表明“××”的字样</td><td>√</td><td>√</td><td>√</td><td rowspan="4">未记载的，则票据无效
【注意】本票、支票的绝对记载事项相对于汇票而言，各少一项</td></tr>
<tr><td>无条件支付的委托/承诺</td><td>√</td><td>√</td><td>√</td></tr>
<tr><td>确定的金额</td><td>√</td><td>√</td><td>√
授权补记</td></tr>
<tr><td>付款人名称</td><td>√</td><td>—</td><td>√</td></tr>
<tr><td>收款人名称</td><td>√</td><td>√</td><td>×
授权补记</td><td rowspan="3">【注意】支票的“金额、收款人名称”可以由支票的出票人授权补记</td></tr>
<tr><td>出票人签章</td><td>√</td><td>√</td><td>√</td></tr>
<tr><td>出票日期</td><td>√</td><td>√</td><td>√</td></tr>
<tr><td rowspan="3">相对记载事项</td><td>付款日期</td><td>√</td><td>—</td><td>—</td><td rowspan="3">未记载的，由法律另行规定，票据仍然有效</td></tr>
<tr><td>出票地</td><td>√</td><td>√</td><td>√</td></tr>
<tr><td>付款地</td><td>√</td><td>√</td><td>√</td></tr>
<tr><td>任意记载事项</td><td colspan="4">如记载“不得转让”</td><td>产生票据效力</td></tr>
<tr><td>非法定记载事项</td><td colspan="4">如记载“用途、合同编号”</td><td>不产生票据效力</td></tr>
</table>

【例题3-3-7·单选题】根据支付结算法律制度的规定，下列事项中属于汇票任意记载事项的是（　　）。

A. 保证人在汇票上表明“保证”字样

B. 背书人在汇票上记载被背书人名称

C. 出票人在汇票上记载“不得转让”字样

D. 承兑人在汇票上签章

【答案】C

【解析】（1）选项A、D：属于必须记载事项；（2）选项B：属于可以授权补记事项；（3）选项C：“不得转让”属于任意记载事项，未记载时不影响票据效力，记载时产生票据效力。

（二）背书

1. 背书的概念

背书是在票据背面或者粘单上记载有关事项并签章的行为。

2. 背书的种类

以背书的目的为标准，将背书分为转让背书和非转让背书。

转让背书是指以转让票据权利为目的的背书；非转让背书是指以授予他人行使一定的票据权利为目的的背书。非转让背书包括委托收款背书和质押背书。

委托收款背书是背书人委托被背书人行使票据权利的背书。委托收款背书的被背书人有权代背书人行使被委托的票据权利。但是，被背书人不得再以背书转让票据权利。

质押背书是以担保债务而在票据上设定质权为目的的背书。被背书人依法实现其质权时,可以行使票据权利。

3. 背书的记载事项及效力(见表3-3-2)

表3-3-2　背书的记载事项及效力

记载事项	内　容	效　力
必须记载事项	背书人签章	未记载或记载不符合规定的,背书无效
相对记载事项	背书日期	未记载的,视为到期日前背书
授权补记事项	被背书人名称	未记载被背书人名称,持票人在被背书人栏记载自己的名称与背书人记载具有"同等法律效力"

4. 背书连续

(1)以背书转让的票据,背书应当连续。持票人以背书的连续证明其票据权利。

(2)非经背书转让,而以其他合法方式取得票据的,依法举证,证明其票据权利。

5. 不得进行的背书

(1)附条件背书。

背书不得附有条件,背书时附有条件的,所附条件不具有票据上的效力。

(2)部分背书。

将票据金额的一部分转让或者将票据金额分别转让给2人以上的背书无效。

(3)限制背书。

出票人记载"不得转让"的,票据不得背书转让。

背书人在票据上记载"不得转让"字样,其后手再背书转让的,原背书人对后手的被背书人不承担保证责任。

(4)期后背书。

票据被拒绝承兑、被拒绝付款或者超过付款提示期限的,不得背书转让;背书转让的,背书人应当承担票据责任。

6. 背书效力

背书人以背书转让票据后,即承担保证其后手所持票据承兑和付款的责任。

【例题3-3-8·单选题】根据支付结算法律制度的规定,下列关于票据背书的表述中,正确的是(　　)。

A. 以背书转让的票据,背书应当连续

B. 背书时附有条件的,背书无效

C. 委托收款背书的被背书人可再以背书转让票据权利

D. 票据上第一背书人为出票人

【答案】A

【解析】(1)选项B:背书时附有条件的,所附条件不具有票据上的效力,背书有效;(2)选项C:委托收款背书的被背书人不得再以背书转让票据权利;(3)选项D:票据上的第一背书人为票据收款人。

（三）承兑

1. 承兑的概念

承兑是指汇票付款人承诺在汇票到期日支付汇票金额并签章的行为，仅适用于商业汇票。

2. 承兑程序

承兑程序包括提示承兑、受理承兑、记载承兑事项和承兑效力。

（1）提示承兑，是指持票人向付款人出示汇票，并要求付款人承诺付款的行为。

拓展阅读

定日付款或者出票后定期付款的汇票，持票人应当在汇票到期日前向付款人提示承兑。

见票后定期付款的汇票，持票人应当自出票日起1个月内向付款人提示承兑。

汇票未按照规定期限提示承兑的，持票人丧失对其前手的追索权。

（2）受理承兑。付款人收到持票人提示承兑的汇票时，应当向持票人签发收到汇票的回单。回单上应当记明汇票提示承兑日期并签章。付款人对向其提示承兑的汇票，应当自收到提示承兑的汇票之日起3日内承兑或者拒绝承兑。

（3）记载承兑事项。付款人承兑汇票的，应当在汇票正面记载"承兑"字样和承兑日期并签章；见票后定期付款的汇票，应当在承兑时记载付款日期。汇票上未记载承兑日期的，应当以收到提示承兑的汇票之日起3日内的最后一日为承兑日期。

（4）承兑效力。付款人承兑汇票，不得附有条件；承兑附有条件的，视为拒绝承兑。付款人承兑汇票后，应当承担到期付款的责任。

【例题3-3-9·单选题】 根据支付结算法律制度的规定，下列票据中，必须向付款人提示承兑的是（ ）。

A. 甲公司取得的由乙公司签发的一张支票

B. 丙公司取得的由P银行签发的一张银行本票

C. 丁公司取得的一张见票后定期付款的商业汇票

D. 戊公司取得的Q银行签发的一张银行汇票

【答案】C

【解析】（1）选项A、B、D：银行汇票、银行本票和支票均属于见票即付的"即期票据"，无须提示承兑；（2）选项C：只有"远期商业汇票"才需要提示承兑，对于见票即付的商业汇票，无须提示承兑。见票后定期付款的商业汇票属于远期商业汇票。

（四）保证

1. 保证的概念

保证是指票据债务人以外的人，为担保特定债务人履行票据债务而在票据上记载有关事项并签章的行为。

2. 保证人

（1）绝对禁止：以公益为目的的事业单位、社会团体、企业法人的职能部门作为票据保证人的，票据保证无效。

（2）相对禁止：经国务院批准为使用外国政府或者国际经济组织贷款进行转贷，“国家机关”提供票据保证的；企业法人的“分支机构”在法人书面授权范围内提供票据保证的。

3．保证的记载事项

保证的必须记载事项和相对记载事项如表3-3-3所示。

表3-3-3　必须记载事项和相对记载事项

记载事项	内容	效力
必须记载事项	保证人签章、“保证”字样	未记载或记载不符合规定的，保证无效
相对记载事项	被保证人名称（未记载）	已承兑的票据，承兑人为被保证人
		未承兑的票据，出票人为被保证人
	保证日期（未记载）	出票日期为保证日期

4．保证责任的承担及保证效力

（1）保证人应当与被保证人对持票人承担“连带”责任。

（2）保证人为2人以上的，保证人之间承担“连带”责任。

（3）保证不得附条件；附条件的，“不影响”对票据的保证责任。

（4）保证人清偿票据债务后，可以对被保证人及其前手行使追索权。

点睛

票据行为附条件的效力

类型	效力
出票附条件	票据无效
背书附条件	所附条件无效，背书有效
承兑附条件	视为拒绝承兑
保证附条件	所附条件无效，保证有效

【例题3-3-10·多选题】根据支付结算法律制度的规定，下列关于票据保证责任的表述中，正确的有（　　）。

A．保证人与被保证人对持票人承担连带责任

B．保证附有条件的，影响对票据的保证责任

C．票据到期后得不到付款的，持票人向保证人请求付款，保证人应当足额付款

D．保证人为2人以上的，保证人之间承担连带责任

【答案】ACD

【解析】选项B：保证附有条件的，不影响对票据的保证责任。

四、票据追索

（一）票据追索适用的情形

票据追索适用于两种情形，分别为到期后追索和到期前追索。

到期后追索，是指票据到期被拒绝付款的，持票人对背书人、出票人以及票据的其他债务人行使的追索。

到期前追索，是指票据到期日前，持票人对下列情形之一行使的追索：① 汇票被拒绝承兑的；② 承兑人或者付款人死亡、逃匿的；③ 承兑人或者付款人被依法宣告破产的或者因违法被责令终止业务活动的。

（二）被追索人的确定

票据的出票人、背书人、承兑人和保证人对持票人承担连带责任。

持票人行使追索权，可以不按照票据债务人的先后顺序，对其中任何一人、数人或者全体行使追索权。持票人对票据债务人中的一人或者数人已经进行追索的，对其他票据债务人仍可以行使追索权。

（三）追索的内容

持票人行使追索权，可以请求被追索人支付下列金额和费用：① 被拒绝付款的票据金额；② 票据金额自到期日或者提示付款日起至清偿日止，按照中国人民银行规定的利率计算的利息；③ 取得有关拒绝证明和发出通知书的费用。

被追索人清偿债务时，持票人应当交出票据和有关拒绝证明，并出具所收到利息和费用的收据。

被追索人依照前条规定清偿后，可以向其他票据债务人行使再追索权，请求其他票据债务人支付下列金额和费用：① 已清偿的全部金额；② 前项金额自清偿日起至再追索清偿日止，按照中国人民银行规定的利率计算的利息；③ 发出通知书的费用。

行使再追索权的被追索人获得清偿时，应当交出汇票和有关拒绝证明，并出具所收到利息和费用的收据。

（四）追索权的行使

1. 获得有关证明

持票人行使追索权时，应当提供被拒绝承兑或者拒绝付款的有关证明。

持票人提示承兑或者提示付款被拒绝的，承兑人或者付款人必须出具拒绝证明，或者出具退票理由书。未出具拒绝证明或者退票理由书的，应当承担由此产生的民事责任。

其中，“拒绝证明”应当包括下列事项：① 被拒绝承兑、付款的票据的种类及其主要记载事项；② 拒绝承兑、付款的事实依据和法律依据；③ 拒绝承兑、付款的时间；④ 拒绝承兑人、拒绝付款人的签章。

“退票理由书”应当包括下列事项：① 所退票据的种类；② 退票的事实依据和法律依据；③ 退票时间；④ 退票人签章。

2. 行使追索

持票人应当自收到被拒绝承兑或者被拒绝付款的有关证明之日起 3 日内将被拒绝事由书面通知其前手；其前手应当自收到通知之日起 3 日内书面通知其再前手。持票人也可以同时向各票据债务人发出书面通知，该书面通知应当记明汇票的主要记载事项，并说明该汇票已被退票。

未按照规定期限通知的，持票人仍可以行使追索权。因延期通知给其前手或者出票人造成损失的，由没有按照规定期限通知的票据当事人承担对该损失的赔偿责任，但是所赔偿的金额以汇票金额为限。在规定期限内将通知按照法定地址或者约定地址邮寄的，视为已经发出通知。

（五）追索的效力

被追索人依照规定清偿债务后，其责任解除，与持票人享有同一权利。

【例题 3-3-11·多选题】 下列关于票据追索的说法中，正确的有（　　）。

A. 票据追索只能要求偿还票据金额

B. 持票人不能出示拒绝证明、退票理由书或者未按照规定期限提供其他合法证明的，丧失对其前手的追索权

C. 票据的出票人、背书人、承兑人和保证人对持票人承担连带责任，都有可能成为追索对象

D. 发出追索通知没有时间要求

【答案】BC

【解析】票据追索可以要求支付票据金额的利息和取得证明或发出通知的相关费用，故选项 A 错误；持票人应当自收到被拒绝承兑或者被拒绝付款的有关证明之日起 3 日内将被拒绝事由书面通知其前手；其前手应当自收到通知之日起 3 日内书面通知其再前手，发出追索通知有明确的时间要求，故选项 D 错误。

第四节　汇票、银行本票和支票

一、银行汇票

（一）银行汇票的概念和适用范围

1. 银行汇票的概念

银行汇票是出票银行签发的、由其在见票时按照“实际结算金额”无条件支付给收款人或者持票人的票据。出票银行是银行汇票的付款人，如图3-4-1所示。

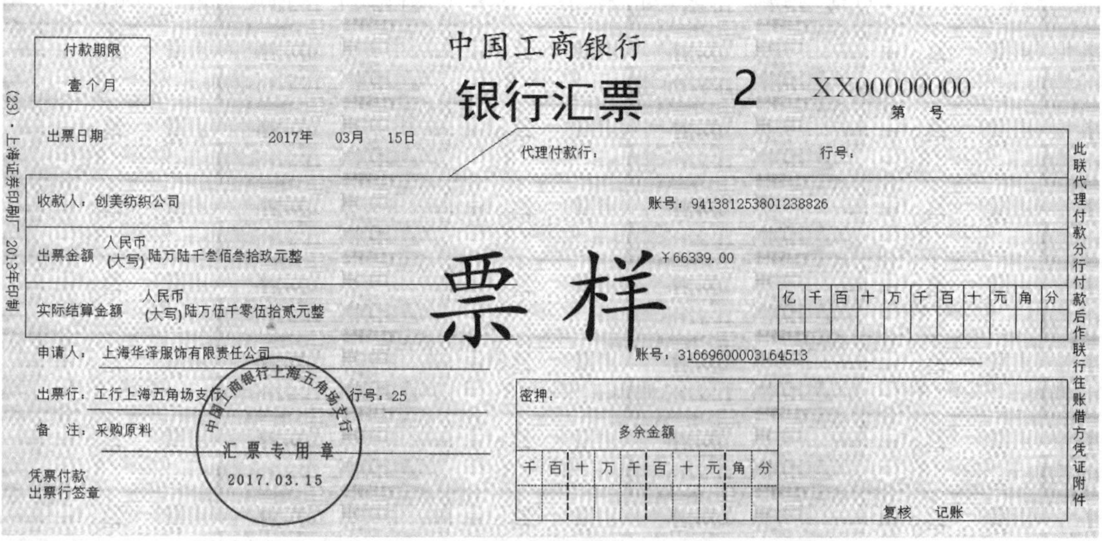
付款期限 壹个月

中国工商银行

银行汇票　2　XX00000000 第　号

(23)·上海证券印刷厂 2013年印制

出票日期 2017年 03月 15日

代理付款行：　行号：

收款人：创美纺织公司　账号：941381253801238826

出票金额 人民币（大写）陆万陆千叁佰叁拾玖元整　¥66339.00

实际结算金额 人民币（大写）陆万伍千零伍拾贰元整

票样

亿 千 百 十 万 千 百 十 元 角 分

申请人：上海华泽服饰有限责任公司　账号：31669600003164513

出票行：工行上海五角场支行　行号：25

备　注：采购原料

凭票付款 出票行签章

中国工商银行上海五角场支行 汇票专用章 2017.03.15

密押：

多余金额

千 百 十 万 千 百 十 元 角 分

复核　记账

此联代理付款行付款后作联行往账借方凭证附件

图 3-4-1　银行汇票

2. 银行汇票的适用范围

(1) 银行汇票可以用于转账，填明“现金”字样的银行汇票也可以用于支取现金。

(2) 单位和个人各种款项的结算，均可使用银行汇票。

(二) 银行汇票的出票

1. 申请

(1) 申请人使用银行汇票，应向出票银行填写“银行汇票申请书”，填明收款人名称、汇票金额、申请人名称、申请日期等事项并签章，签章为其预留银行的签章。

(2) 申请人和收款人均为个人，需要使用银行汇票向代理付款人支取现金的，申请人须在“银行汇票申请书”上填明代理付款人名称，在“出票金额”栏先填写“现金”字样，后填写汇票金额。

(3) 申请人或者收款人为单位的，不得在“银行汇票申请书”上填明“现金”字样。

2. 签发并交付

出票银行受理银行汇票申请书，收妥款项后签发银行汇票，并将银行汇票和解讫通知一并交给申请人。签发银行汇票必须记载下列事项：① 表明“银行汇票”的字样；② 无条件支付的承诺；③ 出票金额；④ 付款人名称；⑤ 收款人名称；⑥ 出票日期；⑦ 出票人签章。欠缺记载上述事项之一的，银行汇票无效。

签发现金银行汇票，申请人和收款人必须均为个人，收妥申请人交存的现金后，在银行汇票“出票金额”栏先填写“现金”字样，后填写出票金额，并填写代理付款人名称。

申请人应将银行汇票和解讫通知一并交付给汇票上记明的收款人。收款人受理银行汇票时，应审查下列事项：① 银行汇票和解讫通知是否齐全、汇票号码与记载的内容是否一致；② 收款人是否确为本单位或本人；③ 银行汇票是否在提示付款期限内；④ 必须记载的事项是否齐全；⑤ 出票人签章是否符合规定，大小写出票金额是否一致；⑥ 出票金额、出票日期、收款人名称是否更改，更改的其他记载事项是否由原记载人签章证明。

(三) 填写实际结算金额

收款人受理申请人交付的银行汇票时，应在出票金额以内，根据实际需要的款项办理结算，并将实际结算金额和多余金额准确、清晰地填入银行汇票和解讫通知的有关栏内。

(1) 银行汇票的实际结算金额低于出票金额的，其多余金额由出票银行退交申请人。

(2) 未填明实际结算金额和多余金额或实际结算金额超过出票金额的，银行不予受理。

(3) 银行汇票的实际结算金额一经填写，不得更改；更改实际结算金额的银行汇票无效。

(四) 银行汇票背书

银行汇票(限于转账银行汇票)的背书转让以不超过出票金额的实际结算金额为准，未填写实际结算金额或实际结算金额超过出票金额的银行汇票不得背书转让。

(五) 银行汇票提示付款

(1) 持票人向银行提示付款时，须同时提交银行汇票和解讫通知，缺少任何一联，银行不予受理。

(2) 提示付款期限：

① 银行汇票限于见票即付，提示付款期限自出票日起 1 个月。

② 持票人超过付款期限提示付款的，代理付款人不予受理。

③ 持票人超过期限向代理付款银行提示付款不获付款的，须在票据权利时效内向出票银行作出说明，并提供本人身份证件或单位证明，持银行汇票和解讫通知向出票银行请求付款。

（六）银行汇票退款和丧失

（1）申请人因银行汇票超过付款提示期限或其他原因要求退款时，应将银行汇票和解讫通知同时提交到出票银行。

（2）出票银行对于转账银行汇票的退款，只能转入原申请人账户。

（3）申请人缺少解讫通知要求退款的，出票银行应于银行汇票提示付款期满 1 个月后办理。

（4）银行汇票丧失，失票人可以凭人民法院出具的其享有票据权利的证明，向出票银行请求付款或退款。

【例题 3-4-1 · 单选题】 关于银行汇票的出票金额和实际结算金额，下列表述中正确的是（　　）。

A. 如果出票金额低于实际结算金额，银行应按出票金额办理结算

B. 如果出票金额高于实际结算金额，银行应按出票金额办理结算

C. 如果出票金额低于实际结算金额，银行应按实际结算金额办理结算

D. 如果出票金额高于实际结算金额，银行应按实际结算金额办理结算

【答案】D

【解析】（1）选项 A、C：实际结算金额超过出票金额的，银行不予受理；（2）选项 B、D：实际结算金额低于出票金额的，银行按照实际结算金额办理结算，其多余金额由出票银行退交申请人。

二、商业汇票

（一）商业汇票的概念、种类和适用范围

1. 商业汇票的概念

商业汇票是指出票人（通常是银行等金融机构以外的其他单位）签发的，委托付款人在指定日期无条件支付确定金额给收款人或者持票人的票据。

2. 商业汇票的种类

（1）商业汇票按照承兑人的不同分为商业承兑汇票（如图 3-4-2）和银行承兑汇票（见图 3-4-3）。

商业承兑汇票由银行以外的付款人承兑。银行承兑汇票由银行承兑。

（2）电子商业汇票是指出票人依托上海票据交易所电子商业汇票系统，以数据电文形式制作的，委托付款人在指定日期无条件支付确定的金额给收款人或者持票人的票据。其分为电子银行承兑汇票和电子商业承兑汇票。

电子银行承兑汇票由银行业金融机构、财务公司承兑；电子商业承兑汇票由金融机构以外的法人或其他组织承兑。

3. 商业汇票的适用范围

在银行开立存款账户的法人以及其他组织之间，具有真实的交易关系或债权债务关系，可以使用商业汇票。个人不能使用商业汇票结算。

商业承兑汇票 2

00100063
20170351

签发日期 贰零壹柒年 零叁月 壹拾陆日
（大写）

付款人	全　称	杭州韩美服饰有限公司	收款人	全　称	上海华泽服饰有限责任公司
	账　号	621558440201435XXXX		账　号	316696000316XXXX
	开户银行	工商银行江北支行		开户银行	中国工商银行上海五角场支行
出票金额		人民币（大写）伍拾柒万玖仟壹佰伍拾元整			亿千百十万千百十元角分：5 7 9 1 5 0 0 0
汇票到期日（大写）		贰零壹柒年零陆月壹拾陆日	付款人开户行	行号	23
交易合同号码		XS002		地址	杭州市江北路
本汇票已经承兑，到期无条件付票款。		承兑人签章 承兑日期：2017年 05月16日	本汇票请予以承兑于到期日付款。		出票人签章

此联持票人开户银行随托收凭证寄付款人开户行做借方凭证附件

图 3-4-2　商业承兑汇票

银行承兑汇票 2

GE 00100056
03 20160267

出票日期贰零壹陆年 壹拾贰月 壹拾捌日
（大写）

出票人全称	上海华泽服饰有限责任公司	收款人	全称	理想服装厂
出票人账号	316696000316XXXX		账号	621558330201687XXXX
付款行全称	中国工商银行上海五角场支行		开户银行	工商银行福州支行
出票金额	人民币肆拾万玖仟伍佰元整			亿千百十万千百十元角分：¥4 0 9 5 0 0 0 0
汇票到期日（大写）	贰零壹柒年零叁月壹拾捌日	付款行	行号	23
承兑协议编号	210089		地址	福州建安支行
本汇票请你行承兑，到期无条件付款。出票人盖章	本汇票已经承兑，到期日由本行付款。承兑行签章 承兑日期　年　月　日 备注：			密押 复核　记账

此联承兑行留存备查，到期支付票款时作借方凭证附件

图 3-4-3　银行承兑汇票

（二）商业汇票的出票

1．出票人的资格条件

（1）商业承兑汇票的出票人为在银行开立存款账户的法人以及其他组织，并与付款人具有真实的委托付款关系，具有支付汇票金额的可靠资金来源。

（2）银行承兑汇票的出票人必须是在承兑银行开立存款账户的法人以及其他组织，并与承兑银行具有真实的委托付款关系，资信状况良好，具有支付汇票金额的可靠资金来源。

2．出票人的确定

（1）商业承兑汇票可以由付款人签发并承兑，也可以由收款人签发交由付款人承兑。

（2）银行承兑汇票应由在承兑银行开立存款账户的存款人签发。

3. 出票的记载事项

(1)商业汇票的必须记载事项如表3-4-1所示。

表3-4-1 出票的必须记载事项

记载事项	"纸质"商业汇票	电子商业汇票
表明"××"的字样	√	√
无条件支付的委托	√	√
确定的金额	√	√
付款人名称	√	√
收款人名称	√	√
出票日期	√	√
出票人签章	√	√
出票人名称	—	√
票据到期日	—	√

(2)商业汇票付款期限记载形式。

定日付款的汇票付款期限自出票日起计算,并在汇票上记载具体的到期日。

出票后定期付款的汇票付款期限自出票日起按月计算,并在汇票上记载。

见票后定期付款的汇票付款期限自承兑或拒绝承兑日起按月计算,并在汇票上记载。

(3)商业汇票的到期日。

纸质商业汇票的付款期限最长不得超过6个月,电子商业汇票的付款期限自出票日起至到期日不超过1年。

【例题3-4-2·单选题】根据支付结算法律制度的规定,电子承兑汇票的付款期限自出票日至到期日不能超过一定期限。该期限为(　　)。

A. 2年　　B. 3个月　　C. 6个月　　D. 1年

【答案】D

【解析】电子承兑汇票付款期限自出票日至到期日不超过1年。

(三)商业汇票的承兑

银行承兑汇票由银行承兑,商业承兑汇票由银行以外的付款人承兑。

电子银行承兑汇票由银行业金融机构、财务公司承兑;电子商业承兑汇票由金融机构以外的法人或其他组织承兑。

商业汇票可以在出票时向付款人提示承兑后使用,也可以在出票后先使用再向付款人提示承兑。付款人拒绝承兑的,必须出具拒绝承兑的证明。付款人承兑汇票后,应当承担到期付款的责任。

(四)票据信息登记与电子化

纸质票据贴现前,金融机构办理承兑、质押、保证等业务,应当不晚于业务办理的次一工作日在票据市场基础设施(即上海票据交易所,是中国人民银行指定的提供票据交易、登记托管、清算计算和信息服务的机构)完成相关信息登记工作。

纸质商业承兑汇票完成承兑后,承兑人开户行应当根据承兑人委托代其进行承兑信息登记。承兑信息未能及时登记的,持票人有权要求承兑人补充登记承兑信息。纸质票据票面信息与登记信息不一致的,以纸质票据票面信息为准。电子商业汇票签发、承兑、质押、保证、贴现等信息应当通过电子商业汇票系统同步传送至票据市场基础设施。

商业承兑汇票的承兑人收到影像确认请求或者票据实物后，应当在3个工作日内做出或者委托其开户行做出同意或者拒绝到期付款的应答。拒绝到期付款的，应当说明理由。电子商业汇票一经承兑即视同承兑人已进行付款确认。

（五）商业汇票的付款

1. 提示付款

商业汇票的提示付款期限，自汇票到期日起10日，持票人应在提示付款期内向付款人提示付款。

持票人在提示付款期内通过票据市场基础设施提示付款的，承兑人应当在提示付款当日进行应答或者委托其开户行进行应答。承兑人存在合法抗辩事由拒绝付款的，应当在提示付款当日出具或者委托其开户行出具拒绝付款证明，并通过票据市场基础设施通知持票人。承兑人或者承兑人开户行在提示付款当日未作出应答的，视为拒绝付款，票据市场基础设施提供拒绝付款证明并通知持票人。

拓展阅读

商业承兑汇票承兑人在提示付款当日同意付款的，承兑人开户行应当根据承兑人账户余额情况予以处理：承兑人账户余额足够支付票款的，承兑人开户行应当代承兑人做出同意付款应答，并于提示付款日向持票人付款；承兑人账户余额不足以支付票款的，则视同承兑人拒绝付款。承兑人开户行应当于提示付款日代承兑人做出拒付应答并说明理由，同时通过票据市场基础设施通知持票人。

银行承兑汇票的承兑人已于到期前进行付款确认的，票据市场基础设施应当根据承兑人的委托于提示付款日代承兑人发送指令划付资金至持票人资金账户。

纸质商业汇票的持票人在提示付款期拟通过开户银行委托收款或直接向付款人提示付款的，对异地委托收款的，持票人可以匡算邮程，提前通过开户银行委托收款。

2. 办理付款或拒绝付款

（1）商业承兑汇票的付款。

商业承兑汇票的付款人开户银行收到通过委托收款寄来的商业承兑汇票，将商业承兑汇票留存，并及时通知付款人。付款人收到开户银行的付款通知，应在当日通知银行付款。付款人在接到通知日的次日起3日内（遇法定休假日顺延，下同）未通知银行付款的，视同付款人承诺付款。付款人提前收到由其承兑的商业汇票，应通知银行于汇票到期日付款。银行应于汇票到期日将票款划给持票人。

付款人存在合法抗辩事由拒绝支付的，应自接到通知的次日起3日内，作成拒绝付款证明送交开户银行，银行将拒绝付款证明和商业承兑汇票邮寄持票人开户银行转交持票人。

（2）银行承兑汇票的付款。

银行承兑汇票的出票人应于汇票到期前将票款足额交存其开户银行。承兑银行应在汇票到期日或到期日后的见票当日支付票款。

承兑银行存在合法抗辩事由拒绝支付的，应自接到商业汇票的次日起3日内，作成拒绝付款证明，连同银行承兑汇票邮寄持票人开户银行转交持票人。

（六）商业汇票的贴现

1. 贴现的概念

贴现是指票据持票人在票据未到期前为获得资金融通向银行贴付一定利息而发生的票据转让行为。贴现根据交易方式，可分为买断式和回购式。

2. 贴现的基本规定

（1）贴现条件。

① 票据未到期。

② 票据未记载“不得转让”事项。

③ 持票人是在银行开立存款账户的企业法人以及其他组织。

④ 持票人与出票人或者直接前手之间具有真实的商品交易关系。

企业申请电子银行承兑汇票贴现的，无须向金融机构提供合同、发票等资料。电子商业汇票贴现必须记载贴出人名称、贴入人名称、贴现日期、贴现类型、贴现利率、实付金额、贴出人签章。

拓展阅读

贴现人办理纸质票据贴现时，应当通过票据市场基础设施查询票据承兑信息，并在确认纸质票据必须记载事项与已登记承兑信息一致后，为贴现申请人办理贴现，贴现申请人无须提供合同、发票等资料；信息不存在或者纸质票据必须记载事项与已登记承兑信息不一致的，不得办理贴现。

贴现人办理纸质票据贴现后，应当在票据上记载“已电子登记权属”字样，该票据不再以纸质形式进行背书转让、设立质押或者其他交易行为。贴现人应当对纸质票据妥善保管。已贴现票据应当通过票据市场基础设施办理背书转让、质押、保证、提示付款等票据业务。贴现人可以按市场化原则选择商业银行对纸质票据进行保证增信。

承兑人或者承兑人开户行进行付款确认后，除挂失止付、公示催告等合法抗辩情形外，应当在持票人提示付款后付款。

（2）贴现利息的计算。

$$
\begin{aligned}
\text{贴现利息} &= \text{票面金额} \times \text{年贴现率} \times \text{贴现期} \div 360 \\
&= \text{票面金额} \times \text{日贴现率} \times \text{贴现期}
\end{aligned}
$$

贴限期：贴现日至汇票到期前 1 日。

承兑人在异地的纸质商业汇票，贴现的期限应另加 3 天的划款日期。

（3）贴现的收款。

贴现到期，贴现银行应向付款人收取票款；不获付款的，贴现银行应向其前手追索票款。贴现银行追索票款时，可从申请人的存款账户直接收取票款。

【例题 3-4-3 · 单选题】 甲公司向乙企业购买一批原材料，开出一张票面金额为 30 万元的银行承兑汇票，出票日期为 2 月 10 日，到期日为 5 月 10 日。4 月 6 日，乙企业持此汇票及有关发票和原材料发运单据复印件向银行办理了贴现。已知同期银行年贴现率为3.6%，一年按 360 天计算，贴现银行与承兑银行在同一城市。根据票据法律制度的有关规定，银行实付乙企业贴现金额为（　　）元。

A. 301 680　　　B. 298 980　　　C. 298 950　　　D. 298 320

【答案】B

【解析】实付贴现金额按票面金额扣除贴现日至汇票到期前1日的利息计算。本题中贴现日是4月6日,汇票到期前1日是5月9日,一共是34天。乙企业从银行取出的金额=300 000－300 000×3.6%÷360×34=298 980(元)。

三、银行本票

(一)银行本票的概念和适用范围

1. 银行本票的概念

本票是指出票人签发的、承诺自己在见票时无条件支付确定的金额给收款人或者持票人的票据。在我国,本票限于银行本票。

2. 银行本票的适用范围

(1)单位和个人在同一票据交换区域的各种款项结算,均可使用银行本票。

(2)银行本票可用于转账,填明"现金"字样的银行本票可以支取现金。

(二)银行本票的出票

1. 申请

申请人使用银行本票,应向银行填写"银行本票申请书",填明收款人名称、申请人名称、支付金额、申请日期等事项并签章。

申请人和收款人均为个人,需要支取现金的,应在"金额"栏先填写"现金"字样,后填写支付金额。

2. 受理

出票银行受理"银行本票申请书",收妥款项,签发银行本票。

签发银行本票的必须记载事项包括表明"银行本票"的字样、无条件支付的承诺、确定的金额、收款人名称、出票日期、出票人签章。欠缺记载上述事项之一的,银行本票无效。

申请人或收款人为单位的,不得申请签发现金银行本票。

出票银行必须具有支付本票金额的可靠资金来源,并保证支付。

3. 交付

申请人应将银行本票交付给本票上记明的收款人。收款人受理银行本票时,应审查下列事项:① 收款人是否确为本单位或本人;② 银行本票是否在提示付款期限内;③ 必须记载的事项是否齐全;④ 出票人签章是否符合规定,大小写出票金额是否一致;⑤ 出票金额、出票日期、收款人名称是否更改,更改的其他记载事项是否由原记载人签章证明。

收款人可以将银行本票背书转让给被背书人。被背书人受理银行本票时,除进行上述审查外,还应审查下列事项:① 背书是否连续,背书人签章是否符合规定,背书使用粘单的是否按规定签章;② 背书人个人的身份证件。

(三)银行本票的提示付款期限

银行本票见票即付,银行本票的提示付款期限自出票日起最长不得超过2个月。

本票的出票人在持票人提示见票时,必须承担付款的责任。持票人超过提示付款期限不获付款的,在票据权利时效内(自出票之日起2年)向出票银行作出说明,并提供本人身份证件或单位证明，可持银行本票向出票银行请求付款。

点睛

银行汇票与银行本票

项　　目	银行汇票	银行本票
出票人	银行	银行
适用主体	单位和个人	单位和个人
适用范围	同城、异地	同城
基本当事人	出票人、付款人、收款人	出票人、收款人
票据金额	出票金额、实际结算金额	出票金额
提示付款期限	出票日起1个月	出票日起2个月
对出票人的票据时效	出票日起2年	出票日起2年

【例题3-4-4·单选题】根据支付结算法律制度的规定，关于银行本票使用的下列表述中，不正确的是(　　)。

A. 银行本票的出票人在持票人提示见票时，必须承担付款的责任

B. 注明“现金”字样的银行本票可以用于支取现金

C. 银行本票只限于单位使用，个人不得使用

D. 收款人可以将银行本票背书转让给被背书人

【答案】C

【解析】选项C:“单位和个人”在同一票据交换区域需要支付各种款项，均可以使用银行本票。

(四) 银行本票的退款和丧失

申请人因银行本票超过提示付款期限或其他原因要求退款时，应将银行本票提交到出票银行。

申请人为单位的，应出具该单位的证明。申请人为个人的，应出具该本人的身份证件。

出票银行对于在本行开立存款账户的申请人，只能将款项转入原申请人账户；对于现金银行本票和未在本行开立存款账户的申请人，才能退付现金。

银行本票丧失，失票人可以凭人民法院出具的其享有票据权利的证明，向出票银行请求付款或退款。

四、支票

(一) 支票的概念、种类和适用范围

1. 支票的概念

支票是指出票人签发的、委托办理支票存款业务的银行在见票时无条件支付确定的金额给收款人或者持票人的票据。

支票的基本当事人包括出票人、付款人和收款人。

出票人即存款人，是在批准办理支票业务的银行机构开立可以使用支票的存款账户的单位和个人；付款人是出票人的开户银行；持票人是票面上填明的收款人，也可以是经背书转让的被背书人。

2. 支票的种类

支票分为现金支票、转账支票和普通支票三种。

（1）支票上印有“现金”字样的为现金支票，现金支票只能用于支取现金，如图 3-4-4 和图 3-4-5 所示。

工商银行
现金支票存根
49192058
77190108
附加信息
出票日期 2017年 03月02日
收款人：上海华泽服饰有限责任公司
金 额：￥30000.00
用 途：提现备用
单位主管 会计
付款期限自出票之日起十天
27 工商银行 现金支票 49192058
77190108
出票日期（大写） 贰零壹柒 年 零叁 月 零贰 日
付款行名称：中国工商银行五角场支行
收款人：上海华泽服饰有限责任公司
出票人账号：316696000316XXXX
人民币（大写） 叁万元整
亿 千 百 十 万 千 百 十 元 角 分
￥ 3 0 0 0 0 0 0
用途 提现备用
密码 0518-2136-3105-7889
上列款项请从
我账户内支付
出票人签章
复核 记账
票样

图 3-4-4　现金支票（正面）

附加信息：
票样
收款人签章
2017年 03月 02日
身份证名称： 发证机关：
号码
（粘贴单处）
根据《中华人民共和国票据法》等法律法规的规定，签发空头支票由中国人民银行处以票面金额5%但不低于1 000元的罚款

图 3-4-5　现金支票（反面）

（2）支票上印有“转账”字样的为转账支票，转账支票只能用于转账。

（3）支票上未印有“现金”或“转账”字样的为普通支票，普通支票可以用于支取现金，也可以用于转账。左上角划两条平行线的为划线支票，划线支票只能用于转账，不能支取现金。

3. 适用范围

单位和个人在同一票据交换区域的各种款项结算，均可以使用支票。全国支票影像交换系统支持全国使用。

（二）支票的出票

1. 开立支票存款账户

开立支票存款账户，申请人必须使用本名，提交证明其身份的合法证件，并应当预留其本名的签名式样和印鉴。

2. 出票

（1）支票的记载事项。

签发支票必须记载的事项包括表明“支票”的字样、无条件支付的委托、确定的金额、付款人名称、出票日期、出票人签章。支票上未记载前款规定事项之一的，支票无效。

（2）签发支票的注意事项。

① 支票的出票人所签发的支票金额不得超过其付款时在付款人处实有的存款金额。

② 出票人签发的支票金额超过其付款时在付款人处实有的存款金额的，为空头支票。禁止签发空头支票。

③ 支票的出票人不得签发与其预留本名的签名式样或者印鉴不符的支票。

④ 支票上的出票人的签章，出票人为单位的，为与该单位在银行预留签章一致的财务专用章或者公章加其法定代表人或者其授权的代理人的签名或者盖章。

⑤ 出票人为个人的，为与该个人在银行预留签章一致的签名或者盖章。

⑥ 支票出票人预留银行的签章是银行审核支票付款的依据。

⑦ 出票人不得签发与其预留银行签章不符的支票。

（三）支票付款

1. 提示付款

支票的提示付款期限为自出票日起 10 日，持票人可以委托开户银行收款或者直接向付款人提示付款，用于支取现金的支票仅限于收款人向付款人提示付款。

2. 付款

出票人在付款人处的存款足以支付支票金额时，付款人应当在见票当日足额付款。

付款人依法支付支票金额的，对出票人不再承担受托付款责任，对持票人不再承担付款责任；但付款人以恶意或者有重大过失付款的除外。

拓展阅读

空头支票及其法律责任

“空头支票”的界定：出票人签发的支票金额超过其“付款时”在付款人处实有的存款金额的，为空头支票。

法律责任：一是单位或个人签发空头支票或者签发与其预留的签章不符的支票，不以骗取财物为目的的，由中国人民银行处以票面金额 5% 但不低于 1 000 元的罚款；二是持票人有权要求出票人赔偿支票金额 2% 的赔偿金。

【例题3-4-5 · 多选题】根据支付结算法律制度的规定，关于支票的下列表述中正确的有(　　)。

A. 支票的基本当事人包括出票人、付款人、收款人

B. 支票金额和收款人名称可以由出票人授权补记

C. 出票人不得在支票上记载自己为收款人

D. 支票的付款人是出票人的开户银行

【答案】ABD

【解析】选项C:出票人可以记载自己为收款人签发支票。

点睛

票据的时间性规定

<table>
<tr><th colspan="3">票据种类</th><th>提示承兑期限</th><th>提示付款期限</th><th>票据权利时效</th></tr>
<tr><td rowspan="4">汇票</td><td>银行汇票</td><td>见票即付</td><td>无须提示承兑</td><td>出票日起1个月</td><td>出票日起2年</td></tr>
<tr><td rowspan="3">商业汇票</td><td>定日付款</td><td rowspan="2">到期日前提示承兑</td><td rowspan="3">到期日起10日</td><td rowspan="3">到期日起2年</td></tr>
<tr><td>出票后定期付款</td></tr>
<tr><td>见票后定期付款</td><td>出票日起1个月</td></tr>
<tr><td colspan="3">本票</td><td>无须</td><td>出票日起2个月</td><td>出票日起2年</td></tr>
<tr><td colspan="3">支票</td><td>无须</td><td>出票日起10日</td><td>出票日起6个月</td></tr>
<tr><td colspan="3">追索权</td><td>6个月</td><td></td><td></td></tr>
<tr><td colspan="3">再追索权</td><td>3个月</td><td></td><td></td></tr>
<tr><td colspan="3" rowspan="2">商业汇票的付款期限</td><td colspan="2">一般</td><td>不超过6个月</td></tr>
<tr><td colspan="2">电子</td><td>不超过1年</td></tr>
</table>

第五节　银行卡与网上支付

一、银行卡

(一)银行卡的概念

银行卡是指经批准由商业银行(含邮政金融机构)向社会发行的具有消费信用、转账结算、存取现金等全部或部分功能的信用支付工具。

（二）银行卡的分类

1. 银行卡的种类及计息(见表 3-5-1)

表 3-5-1　　银行卡的种类及计息

分类标准	种类		是否计息
是否具有透支功能	信用卡（可透支）	贷记卡（无保证金）	由发卡机构决定
		准贷记卡（有保证金）	计付利息
	借记卡（不可透支）	转账卡	计付利息
		专用卡	计付利息
		储值卡	不计利息
币种不同		外币卡	
		人民币卡	
发行对象		单位卡（商务卡）	
		个人卡	
信息载体		磁条卡	
		芯片卡	

【例题 3-5-1 · 单选题】根据支付结算法律制度的规定，下列银行卡分类中，以是否具有透支功能划分的是(　　)。

A. 人民币卡和外币卡

B. 单位卡和个人卡

C. 信用卡和借记卡

D. 磁条卡和芯片卡

【答案】C

【解析】银行卡按是否具有透支功能，分为信用卡和借记卡。

2. 单位卡

凡在中国境内金融机构开立基本存款账户的单位，应当凭中国人民银行核发的开户许可证申领单位卡。单位卡可分为单位人民币卡和单位外币卡。

(1) 单位人民币卡。

① 单位人民币卡账户的资金一律从其基本存款账户转账存入，不得存取现金，不得将销货收入存入单位卡账户。

② 单位人民币卡可以办理商品交易和劳务供应款项的结算，但不得支取现金。

③ 销户时，单位人民币卡账户的资金应当转入其基本存款账户。

(2) 单位外币卡。

① 单位外币卡账户的资金应当从其单位的外汇账户转账存入，不得在境内存取外币现钞。

② 销户时，单位外币卡账户的资金应当转回其相应的外汇账户，不得提取现金。

拓展阅读

个人卡

个人申领银行卡(储值卡除外),应当向发卡银行提供公安部门规定的本人有效身份证件,经发卡银行审查合格后,为其开立记名账户。银行卡及其账户只限经发卡银行批准的持卡人本人使用,不得出租和转借。

个人贷记卡申请的基本条件:一是年满18周岁,有固定职业和稳定收入,工作和户口在常住地的城乡居民。二是填写申请表,并在持卡人处亲笔签名。三是向发卡银行提供本人及附属卡持卡人、担保人的身份证复印件;外地、境外人员及现役军官以个人名义领卡应出具当地公安部门签发的临时户口或有关部门出具的证明,并须提供具备担保条件的担保单位或有当地户口、在当地工作的担保人。

【例题3-5-2·单选题】甲公司在其开户银行开立了一个单位人民币卡账户。甲公司拟通过该账户办理的下列业务中,正确的是(　　)。

A. 存入销售收入8万元

B. 从一般存款账户转存银行借款50万元

C. 缴存现金6万元

D. 从基本存款账户转存10万元

【答案】D

【解析】凡在中国境内金融机构开立基本存款账户的单位,应当凭中国人民银行核发的开户许可证申领单位卡。

3. 信用卡

(1)信用卡的申领条件:

① 单位或个人申领信用卡,应按规定填制申请表,连同有关资料一并送交发卡银行。

② 发卡银行可根据申请人的资信程度,要求其提供担保,担保的方式可采用保证、抵押或质押。

③ 凡在中国境内金融机构开立基本存款账户的单位,应当凭中国人民银行核发的开户许可证申领单位卡。

(2)信用卡预借现金业务包括现金提取、现金转账、现金充值。

(3)贷记卡持卡人非现金交易可享受免息还款期和最低还款额待遇。

银行记账日至发卡银行规定的到期还款日之间为免息还款期。免息还款期最长为60天。持卡人在到期还款日前偿还所使用全部银行款项即可享受免息还款期待遇,无须支付非现金交易的利息。

持卡人在到期还款日前偿还所使用全部银行款项有困难的,可按照发卡银行规定的最低还款额还款。

(4)对信用卡透支利率实行上限和下限管理,透支利率上限为日利率0.5‰,透支利率下限为日利率0.5‰的0.7倍。

(5)取消信用卡滞纳金,对于持卡人违约逾期未还款的行为,发卡机构应与持卡人通过协议约定是否收取违约金,以及相关收取方式和标准。

发卡机构向持卡人提供超过授信额度用卡服务的,不得收取超限费。发卡机构对向持卡人收取的违约金和年费、取现手续费、货币兑换费等服务费用不得计收利息。

（6）发卡银行通过下列途径追偿透支款项和诈骗款项：① 扣减持卡人保证金；② 依法处理抵押物和质物；③ 向保证人追索透支款项；④ 通过司法机关的诉讼程序进行追偿。

【例题 3-5-3 · 单选题】2019 年 3 月 1 日，张某向 P 银行申领了一张贷记卡，6 月 1 日张某使用该贷记卡取现 2 000 元。下列关于张某申领、使用该贷记卡的表述中，符合支付结算法律制度规定的是（ ）。

A. 张某所取 2 000 元现金可以享受免息还款期待遇

B. 张某所取 2 000 元现金可以享受最低还款额待遇

C. 张某办理该贷记卡时应向 P 银行交存一定金额的备用金

D. 6 月 1 日张某使用该贷记卡取现 2 000 元符合法律规定

【答案】D

【解析】（1）选项 A、B：贷记卡持卡人支取现金，不享受免息还款期待遇和最低还款额待遇；（2）选项 C：张某申领的是"贷记卡"，不需交存备用金；（3）选项 D：信用卡每卡每日累计取现不得超过 10 000 元人民币。

4. 银行卡收单

（1）银行卡收单的概念。

银行卡收单业务，是持卡人在银行签约商户处刷卡消费，银行将持卡人刷卡消费的资金在规定周期内结算给商户，并从中扣取一定比例的手续费。

（2）实名制管理。

收单机构应当对特约商户实行"实名制"管理。

（3）本地化管理。

收单机构应当对实体特约商户收单业务进行"本地化"经营和管理，不得跨省（自治区、直辖市）域开展收单业务。

（4）结算期限。

收单机构应按协议约定及时将交易资金结算到特约商户的收单银行结算账户，资金结算时限最迟不得超过持卡人确认可直接向特约商户付款的支付指令生效日后 30 个自然日，因涉嫌违法违规等风险交易需延迟结算的除外。

（5）风险防范措施。

收单机构发现特约商户发生疑似银行卡套现、洗钱、泄露持卡人账户信息等风险事件的，应当对特约商户采取的措施包括：延迟资金结算、暂停银行卡交易、收回受理终端（关闭网络支付接口）等；涉嫌违法犯罪活动的，应当及时向公安机关报案。

（6）银行卡收单业务的结算手续费如表 3-5-2 所示。

表 3-5-2　银行卡收单业务的结算手续费

收费项目	收费方式	费率及封顶标准
收单服务费	收单机构向商户收取	由收单机构与商户协商确定具体费率
发卡行服务费	发卡机构向收单机构收取	借记卡：不高于交易金额的 0.35%（单笔收费不超过13 元）
		贷记卡：不高于交易金额的 0.45%

拓展阅读

对非营利性的医疗机构、教育机构、社会福利机构、养老机构、慈善机构刷卡交易,实行发卡行服务费、网络服务费全额减免。

二、网上支付

网上支付是电子支付的一种形式,是指电子交易的当事人,包括消费者、厂商和金融机构,使用电子支付手段通过网络进行的货币或资金流转。

网上支付的主要方式有网上银行和第三方支付。

(一) 网上银行

1. 网上银行的概念

网上银行(Internet bank or E-bank)包含两个层次的含义:一个是机构概念,是指通过信息网络开办业务的银行;另一个是业务概念,是指银行通过信息网络提供的金融服务,包括传统银行业务和因信息技术应用带来的新兴业务。

2. 网上银行的分类

按照不同的标准,网上银行可以分为不同的类型(见表3-5-3)。

表3-5-3　　网上银行的分类

分类标准	分类	具体内涵
按主要服务对象分	企业网上银行	企业网上银行主要适用于企事业单位,企事业单位可以通过企业网络银行实时了解财务运作情况,及时调度资金,轻松处理大批量的网络支付和工资发放业务,并可以处理信用证相关业务
	个人网上银行	个人网上银行主要适用于个人与家庭,个人可以通过个人网上银行实现实时查询、转账、网络支付和汇款功能
按经营组织分	分支型网上银行	分支型网上银行是指现有的传统银行利用互联网作为新的服务手段,建立银行站点,提供在线服务而设立的网上银行
	纯网上银行	纯网上银行本身就是一家银行,是专门为提供在线银行服务而成立的,因此也被称为只有一个站点的银行
按业务种类分	零售银行	
	批发银行	

3. 网上银行的主要功能

(1) 企业网上银行子系统的主要功能包括:账户信息查询、支付指令、B2B(Business to Business)网上支付、批量支付。

(2) 个人网上银行子系统的主要功能包括:账户信息查询、人民币转账业务、银证转账业务、外汇买卖业务、账户管理业务、B2C(Business to Customer)网上支付。

（二）第三方支付

1. 第三方支付的概念

从狭义上讲，第三方支付是非银行机构借助通信、计算机和信息安全技术，采用与各大银行签约的方式，在用户和银行支付结算系统间建立连接的电子支付模式。从广义上讲，第三方支付不仅包括互联网支付，还包括移动支付、电话支付、预付卡支付等支付服务工具。

2. 第三方支付方式的种类

第三方支付方式包括线上支付方式和线下支付方式。

（1）线上支付方式。

广义的线上支付包括直接使用网上银行进行的支付和通过第三方支付平台间接使用网上银行进行的支付。

狭义的线上支付仅指通过第三方支付平台实现的互联网在线支付，包括网上支付和移动支付中的远程支付。

（2）线下支付方式。

线下支付是指通过非互联网线上的方式对购买商品或服务所产生的费用进行的资金支付行为。

新兴线下支付的具体表现形式包括 POS 机刷卡支付、拉卡拉等自助终端支付、电话支付、手机近端支付、电视支付等。

3. 第三方支付的行业分类及主流品牌

（1）行业分类。

目前，第三方支付机构主要有两种模式：

① 金融型支付企业，是以银联商务、快钱、易宝支付、汇付天下、卡拉卡等为典型代表的独立第三方支付模式，其不负有担保功能，仅仅为用户提供支付产品和支付系统解决方案，侧重行业需求和开拓行业应用，是立足于企业端的金融型支付企业。

② 互联网支付企业，是以支付宝、财付通等为典型代表的依托于自有的电子商务网站并提供担保功能的第三方支付模式，以在线支付为主，是立足于个人消费者端的互联网型支付企业。

（2）主流品牌。

第三方支付机构是最近几年出现的新的支付清算组织，是为银行业金融机构或其他机构及个人提供电子支付指令交换和计算的法人组织。

拓展阅读

第三方移动支付市场份额报告：支付宝占 53.73%

2017 年三季度第三方移动支付市场份额报告：支付宝占 53.73%，微信支付占比 39.35%。二者的交易规模继续保持着万亿级规模的增长，两家企业市场份额之和达到了 93.08%，其他第三方支付企业分享其余的 7%。支付宝增长的原因主要有以下两点：

1. 线下布局助推支付宝高位增长

支付宝能够在大基数下仍然取得支付份额增长，线下扫码业务和场景布局被认为功不可没。

在金融方面，支付宝早已不只是一个支付工具。背靠蚂蚁金服提供的信用、理财、保险、消费信贷等“多维”服务，支付宝形成了一站式的金融服务体系。以收钱码为基础，为小商家提供了包括信用贷款、资金管理、经营分析、货源赊销等丰富的综合金融服务。

2. “多维”服务打开更多应用场景

2017 年以来，支付宝在战略上进行了一系列调整，摒弃社交回归支付，专注服务商业和金融，从而带来了市场份额的平稳上升。支付宝先后向千万小商户推出了“收钱码”；与不少地方联手开展“移动智慧城市”建设；推出小程序便于商户更好地连接商户……

【例题3-5-4·单选题】 消费者在超市购物，消费总金额 500 元，通过支付宝扫码方式使用中信银行信用卡结账。根据支付结算法律制度的规定，下列说法中正确的是(　　)。

A. 支付宝属于银行卡清算机构

B. 支付宝属于第三方支付机构

C. 支付宝属于网上银行

D. 消费者应支付收单结算手续费 1.9 元

【答案】B

【解析】支付宝属于第三方支付机构，该业务属于收单业务，交易手续费应向“商户”(而非消费者)收取。

第六节　结算方式和其他支付工具

一、汇兑

(一) 汇兑的概念和种类

1. 汇兑的概念

汇兑是汇款人委托银行将其款项支付给收款人的结算方式。

2. 汇兑的种类及适用范围

汇兑分为信汇和电汇两种。信汇是以邮寄方式将汇款凭证转给外地收款人指定的汇入行，电汇是以电报方式将汇款凭证转发给收款人指定的汇入行。

(二) 办理汇兑的程序

1. 签发汇兑凭证

签发汇兑凭证必须记载下列事项：表明“信汇”或“电汇”的字样；无条件支付的委托；确定的金额；收款人名称；汇款人名称；汇入地点、汇入行名称；汇出地点、汇出行名称；委托日期；汇款人签章。

2. 银行受理

汇出银行受理汇款人签发的汇兑凭证,经审查无误后,应及时向汇入银行办理汇款,并向汇款人签发汇款回单。汇款回单只能作为汇出银行受理汇款的依据,不能作为该笔汇款已转入收款人账户的证明。

3. 汇入处理

汇入银行对开立存款账户的收款人,应将汇入的款项直接转入收款人账户,并向其发出收账通知。收账通知是银行将款项确已收入收款人账户的凭据。

(三) 汇兑的撤销

汇款人对汇出银行尚未汇出的款项可以申请撤销。

申请撤销时,应出具正式函件或本人身份证件及原信汇、电汇回单。

【例题 3-6-1 · 判断题】 汇出银行向汇款人签发的汇款回单是银行将款项确已转入收款人账户的凭据。 ( )

【答案】 ×

【解析】 汇款回单只能作为汇出银行受理汇款的依据,不能作为该笔汇款已经转入收款人账户的证明。

二、托收承付

(一) 托收承付的概念

托收承付是根据购销合同由收款人发货后委托银行向异地付款人收取款项,由付款人向银行承认付款的结算方式。

(二) 托收承付的金额起点

托收承付结算每笔的金额起点为 1 万元。新华书店系统每笔的金额起点为 1 000 元。

(三) 托收承付的适用范围

(1) 办理托收承付结算的款项,必须是商品交易以及因商品交易而产生的劳务供应的款项。代销、寄销、赊销商品的款项不得办理托收承付结算。

(2) 使用托收承付结算方式的收款单位和付款单位,必须是国有企业、供销合作社以及经营管理较好并经开户银行审查同意的城乡集体所有制工业企业。

(3) 收付双方使用托收承付结算方式必须签有符合《合同法》规定的购销合同,并在合同中订明使用托收承付结算方式。

(四) 办理托收承付的程序

1. 签发托收凭证

签发托收凭证必须记载下列事项:表明“托收”的字样;确定的金额;付款人名称及账号;收款人名称及账号;付款人开户银行名称;收款人开户银行名称;托收附寄单证张数或册数;合同名称、号码;委托日期;收款人签章。

2. 托收

收款人按照签订的购销合同发货后,委托银行办理托收。

（1）收款人应将托收凭证并附发运证件或其他符合托收承付结算要求的有关证明和交易单证送交银行。

（2）收款人开户银行接到托收凭证及其附件后，应当按照托收的范围、条件和托收凭证记载的要求认真进行审查，必要时，还应查验收、付款人签订的购销合同。

3．承付

付款人开户银行收到托收凭证及其附件后，应当及时通知付款。付款人应在承付期内审查核对，安排资金。承付货款分为验单付款和验货付款两种，由收付双方商量选用，并在合同中明确规定。

（1）承付期限。

验单付款的承付期为3天，自付款人开户银行“发出”承付通知的“次日”起计算（承付期内遇法定休假日顺延）。

验货付款的承付期为10天，自运输部门向付款人“发出”提货通知的“次日”起计算。

（2）未做承付表示。

付款人在承付期内未向银行表示拒绝付款，银行即视作承付，并在承付期满的次日（遇法定休假日顺延）上午银行开始营业时，将款项划给收款人。

4．逾期付款

付款人在承付期满日银行营业终了时，如无足够资金支付，其不足部分即逾期未付款项，按逾期付款处理。

5．拒绝付款

对下列情况，付款人在承付期内可向银行提出全部或部分拒绝付款：① 没有签订购销合同或者购销合同未订明托收承付结算方式的款项；② 未经双方事先达成协议，收款人提前交货，或因逾期交货，付款人不再需要该项货物的款项；③ 未按合同规定的到货地址发货的款项；④ 代销、寄销、赊销商品的款项；⑤ 验单付款，发现所列货物的品种、规格、数量、价格与合同规定不符，或者货物已到，经查验货物与合同规定或与发货清单不符的款项；⑥ 验货付款，经查验货物与合同规定或与发货清单不符的款项；⑦ 货款已经支付或计算有错误的款项。

6．重办托收

收款人对被无理拒绝付款的托收款项，在收到退回的结算凭证及其所附单证后，需要委托银行重办托收。经开户银行审查，确属无理拒绝付款，可以重办托收。

（五）累计3次收不回货款

收款人对同一付款人发货托收累计3次收不回货款的，收款人开户银行应暂停收款人向“该付款人”办理托收。

付款人累计3次提出无理拒付的，付款人开户银行应暂停其（所有的）向外办理托收。

【例题3-6-2·单选题】 关于托收承付结算方式使用要求的下列表述中，不正确的是（　　）。

A．托收承付只能用于异地结算

B．收付双方使用托收承付结算方式必须签有合法的购销合同

C. 收款人对同一付款人发货托收累计3次收不回货款的,收款人开户银行应暂停收款人办理所有托收业务

D. 付款人累计3次提出无理拒付的,付款人开户银行应暂停其向外办理托收

【答案】C

【解析】选项C:收款人对同一付款人发货托收累计3次收不回货款的,收款人开户银行应当暂停收款人向"该付款人"办理托收(而非暂停所有托收业务)。

三、委托收款

(一)委托收款的概念和适用范围

1. 委托收款的概念

委托收款是收款人委托银行向付款人收取款项的结算方式。

2. 委托收款的适用范围

(1)单位和个人凭已经承兑的商业汇票、债券、存单等付款人债务证明办理款项的结算,均可以使用委托收款结算方式。

(2)委托收款在同城、异地均可使用。

(二)办理委托收款的程序

1. 签发托收凭证

签发托收凭证必须记载下列事项:表明"托收"的字样、确定的金额、付款人名称、收款人名称、委托收款凭据名称及附寄单证张数、委托日期、收款人签章。

2. 委托

收款人办理委托收款,应向银行提交委托收款凭证和有关的债务证明。

3. 付款

(1)以银行为付款人的,银行应当在当日将款项主动支付给收款人。

(2)以单位为付款人的:

① 付款人应于接到银行通知的当日书面通知银行付款;付款人未在接到通知日的次日起3日内通知银行付款的,视同付款人同意付款,银行应于付款人接到通知日的次日起第四日上午开始营业时,将款项划给收款人。

② 银行在办理划款时,付款人存款账户不足支付的,应通过被委托银行向收款人发出"未付款项通知书"。

(3)付款人(包括银行和单位)审查有关债务证明后,对收款人委托收取的款项需要拒绝付款的,可以办理拒绝付款,但应当按照规定出具拒绝证明。

【例题3-6-3·判断题】委托收款以单位为付款人的,银行收到委托收款凭证及债务证明审查无误后,应于当日将款项主动支付给收款人。( )

【答案】×

【解析】委托收款以"单位"为付款人的,银行应当及时通知付款人,付款人应于接到通知的当日书面通知银行付款,付款人未在接到通知的次日起3日内通知银行付款的,视同付款人同意付款,银行应于第四日上午开始营业时将款项划给收款人。

四、国内信用证

（一）国内信用证的概念、适用范围及分类

1. 国内信用证的概念

国内信用证（以下简称“信用证”），是指开证银行依照申请人（购货方）的申请向受益人（销货方）开出的有一定金额、在一定期限内凭信用证规定的单据支付款项的书面承诺。我国信用证为不可撤销、不可转让的跟单信用证。

2. 国内信用证的适用范围

信用证结算方式只适用于国内企事业单位之间货物和服务贸易提供的结算服务。国内信用证只能用于转账结算，不得支取现金。

点睛

服务贸易包括但不限于运输、旅游、咨询、通信、建筑、保险、金融、计算机和信息、专有权利使用和特许、广告宣传、电影音像等服务项目。

3. 国内信用证的分类

信用证按付款期限分为即期信用证和远期信用证。即期信用证，开证行应在收到相符单据的次日起5个营业日付款。远期信用证，开证行应在收到相符单据的次日起5个营业日内确认到期付款，并在到期日付款。远期的标示方式包括单据日后定期付款、见单后定期付款、固定日付款等可确定到期日的方式。信用证付款期限最长不超过1年。

（二）办理国内信用证的基本程序

1. 开证

（1）开证申请。开证申请人申请办理开证业务时，应当填具开证申请书，申请人须提交其与受益人签订的贸易合同。

（2）受理开证。银行和申请人在开证前应签订明确双方权利义务的协议。开证行可要求申请人交存一定数额的保证金，并可根据申请人资信情况要求其提供抵押、质押、保证等合法有效的担保。

（3）开证。开立信用证可以采用信开和电开。信开信用证，由开证行加盖业务用章寄送通知行，同时应视情况需要以双方认可的方式证实信用证的真实有效性；电开信用证，由开证行以数据电文发送通知行。信用证应使用中文开立。

2. 保兑

保兑是指保兑行根据开证行的授权或要求，在开证行承诺之外作出的对相符交单付款、确认到期付款或议付的确定承诺。

3. 修改

开证申请人需对已开立的信用证内容进行修改的，应向开证行提出修改申请，明确修改

的内容。信用证受益人同意或拒绝接受修改的,应提供接受或拒绝修改的通知。

4. 通知

通知行可由开证申请人指定,如开证申请人没有指定,开证行有权指定通知行。通知行可自行决定是否通知。通知行同意通知的,应于收到信用证的次日起3个营业日内通知受益人。

5. 转让

转让行应第一受益人的要求,将可转让信用证的部分或者全部转为可由第二受益人兑用。可转让信用证只能转让一次。

6. 议付与索偿

议付,是指信用证指定的议付行在单证相符条件下,扣除议付利息后向受益人给付对价的行为(类似于贴现)。信用证未明示可议付的,任何银行不得办理议付;信用证明示可议付的,如开证行仅指定一家议付行,未被指定为议付行的银行不得办理议付,被指定的议付行可自行决定是否办理议付。

议付行议付时,必须与受益人书面约定是否有追索权。若约定有追索权,到期不获付款,议付行可向受益人追索。若约定无追索权,到期不获付款,议付行不得向受益人追索。议付行与受益人约定的例外情况或受益人存在信用证欺诈的情形除外。

7. 付款

(1) 开证行或保兑行在收到交单行寄交的单据及交单面函(寄单通知书)或受益人直接递交的单据的次日起5个营业日内,及时核对是否为相符交单。

(2) 若受益人提交了相符单据或开证行已发出付款承诺,即使申请人交存的保证金及其存款账户余额不足支付,开证行仍应在规定的时间内付款。

8. 注销

注销是指开证行对信用证未支用的金额解除付款责任的行为。

开证行、保兑行、议付行未在信用证有效期内收到单据的,开证行可在信用证逾有效期1个月后予以注销。其他情况下,须经开证行、已办理过保兑的保兑行、已办理过议付的议付行、已办理过转让的转让行与受益人协商同意,或受益人、上述保兑行(议付行、转让行)声明同意注销信用证,并与开证行就全套正本信用证收回达成一致后,信用证方可注销。

【例题3-6-4·单选题】 下列关于办理国内信用证基本程序的表述中,不正确的是(　　)。

A. 开证申请人申请办理开证业务时,须提交其与受益人签订的贸易合同

B. 开证行可要求申请人交存一定数额的保证金,并可根据申请人资信情况要求其提供抵押、质押、保证等合法有效的担保

C. 信用证应使用中文开立

D. 我国信用证为不可撤销、不可转让的跟单信用证

【答案】D

【解析】转让是指由转让行应第一受益人的要求,将可转让信用证的部分或者全部转为可由第二受益人兑用。可转让信用证只能转让一次。

点睛

各类结算方式的适用范围

结算方式	单位	个人	同城	异地
银行汇票	√	√	√	√
商业汇票	√	×	√	√
银行本票	√	√	√	×
支票	√	√	√	√
银行卡	√	√	√	√
汇兑	√	√	√	√
托收承付	√	×	×	√
委托收款	√	√	√	√
国内信用证	√	×	√	√
网上支付	√	√	√	√

五、预付卡

(一) 预付卡的概念及分类

预付卡是指发卡机构以特定载体和形式发行的、可在发卡机构之外购买商品或服务的预付价值。

目前市场上预付卡有两类:专营发卡机构发行,可跨地区、跨行业、跨法人使用的为多用途预付卡;商业企业发行,只在本企业或同一品牌连锁商业企业购买商品、服务的为单用途预付卡;本章讲述的是多用途预付卡。预付卡按是否记载持卡人身份信息分为记名预付卡和不记名预付卡。

【例题 3-6-5 · 单选题】 根据规定,单张记名预付卡资金限额不得超过(　　)元。

A. 1 000　　B. 2 000

C. 5 000　　D. 10 000

【答案】C

【解析】预付卡以人民币计价,不具有透支功能。单张记名预付卡资金限额不得超过5 000元,单张不记名预付卡资金限额不得超过1 000元。所以C正确。

(二) 预付卡的相关规定

1. 预付卡的限额

预付卡以人民币计价,不具有透支功能。单张记名预付卡资金限额不得超过5 000元,单张不记名预付卡资金限额不得超过1 000元。

2. 预付卡的期限

预付卡卡面记载有效期限或有效期截止日。记名预付卡可挂失,可赎回,不得设置有效期;不记名预付卡不挂失,不赎回,有效期不得低于3年。超过有效期尚有资金余额的预付卡,可通过延期、激活、换卡等方式继续使用。

3. 预付卡的办理与充值

(1) 实名制。个人或单位购买"记名预付卡"或一次性购买"不记名预付卡1万元以上"的,应当使用实名并向发卡机构提供有效身份证件。

(2) 非现金结算:

① 单位一次性购买预付卡5 000元以上,个人一次性购买预付卡5万元以上的,应当通过银行转账等非现金结算方式购买,不得使用现金。

② 一次性充值金额5 000元以上的,不得使用现金。

(3) 购卡人不得使用信用卡购买预付卡或为预付卡充值。

(三) 预付卡的发行与使用要求

1. 发卡机构

(1) 预付卡发卡机构必须是经中国人民银行核准,取得《支付业务许可证》的支付机构。

(2) 发卡机构必须在商业银行开立备付金专用存款账户存放预付资金,并与银行签订存管协议,接受银行对备付金使用情况的监督。

2. 持卡人使用要求

(1) 预付卡在发卡机构拓展、签约的特约商户中使用。

(2) 不得用于或变相用于提取现金。

(3) 不得用于购买、交换非本发卡机构发行的预付卡、单一行业卡及其他商业预付卡或向其充值。

(4) 卡内资金不得向银行账户或向非本发卡机构开立的网络支付账户转移。

(四) 预付卡的赎回

记名预付卡可在购卡3个月后办理赎回,赎回时,持卡人应当出示预付卡及持卡人和购卡人的有效身份证件。由他人代理赎回的,应当同时出示代理人和被代理人的有效身份证件。单位购买的记名预付卡,只能由单位办理赎回。

点睛

记名预付卡与不记名预付卡

项目	记名预付卡	不记名预付卡
透支	预付卡以人民币计价,不具有透支功能	
单张面值限额	不得超过5 000元	不得超过1 000元
挂失	可挂失	不可挂失
赎回	可赎回,在购卡3个月后办理赎回	不可赎回
有效期	不得设置有效期	(1) 有效期不得低于3年 (2) 超过有效期尚有资金余额的预付卡,可通过延期、激活、换卡等方式继续使用

案例分析

【案例】

小王到某支付机构购买8 000元预付卡，支付机构要求小张提供身份证件。请分析支付机构的做法是否正确。小张一次性支付现金8 000元，为单位购买了8张预付卡，每张面额1 000元，随后小张又通过信用卡支付2 000元，以个人名义购买了一张面额为2 000元的预付卡。请分析支付机构的做法是否正确。

【分析】

支付机构要求小张提供身份证件的做法是错误的。根据《支付机构预付卡业务管理办法》第10条的规定，个人或单位购买记名预付卡或一次性购买不记名预付卡1万元以上的，应当使用实名并提供有效身份证件。支付机构允许小张使用现金和信用卡购买预付卡的做法是错误的。根据《支付机构预付卡业务管理办法》第12条规定，单位一次性购买预付卡5 000元以上，应当通过银行转账等非现金结算方式购买，不得使用现金。购卡人不得使用信用卡购买预付卡。

第七节　结算纪律与法律责任

一、结算纪律

结算纪律是银行、单位和个人办理支付结算业务所应遵守的基本规定。

《支付结算办法》规定，单位和个人办理支付结算，不准签发没有资金保证的票据或远期支票，套取银行信用；不准签发、取得和转让没有真实交易和债权债务的票据，套取银行和他人资金；不准无理拒绝付款，任意占用他人资金；不准违反规定开立和使用账户。

银行办理支付结算，不准以任何理由压票、任意退票、截留挪用客户和他行资金；不准无理拒绝支付应由银行支付的票据款项；不准受理无理拒付、不扣少扣滞纳金；不准违章签发、承兑、贴现票据，套取银行资金；不准签发空头银行汇票、银行本票和办理空头汇款；不准在支付结算制度之外规定附加条件，影响汇路畅通；不准违反规定为单位和个人开立账户；不准拒绝受理、代理他行正常结算业务。

二、违反支付结算法律制度的法律责任

银行、单位和个人违反结算纪律，要分别承担相应的法律责任。根据目前的法律、法规和规章的规定，对于下列行为，应依法分别承担民事、行政和刑事责任。

（一）签发空头支票、印章与预留印鉴不符支票，未构成犯罪的行为的法律责任

单位或个人签发空头支票或者签发与其预留的签章不符、使用支付密码但支付密码错误的支票，不以骗取财物为目的的，由中国人民银行处以票面金额5%但不低于1 000元的罚款；持票人有权要求出票人赔偿支票金额2%的赔偿金。屡次签发空头支票的，银行有权停止为其办理支票或全部支付结算业务。

(二) 无理拒付,占用他人资金的行为的法律责任

商业承兑汇票的付款人对见票即付或者到期的票据,故意压票、退票、拖延支付的,按照规定处以压票、拖延支付期间内每日票据金额0.7‰的罚款。银行机构违反票据承兑等结算业务规定,不予兑现,不予收付入账,压单、压票或者违反规定退票的,由国务院银行业监督管理机构责令其改正,有违法所得的,没收违法所得;违法所得5万元以上的,并处违法所得1倍以上5倍以下罚款;没有违法所得或者违法所得不足5万元的,处5万元以上50万元以下罚款。

【例题3-7-1·判断题】 单位或个人签发空头支票或者签发与其预留的签章不符的支票,不以骗取财物为目的的持票人有权要求出票人赔偿支票金额5%但不低于1 000元的赔偿金。 ( )

【答案】 ×

【解析】 单位或个人签发空头支票或者签发与其预留的签章不符、使用支付密码但支付密码错误的支票,不以骗取财物为目的的,由中国人民银行处以票面金额5%但不低于1 000元的罚款。

(三) 违反银行结算账户规定的行为的法律责任(见表3-7-1)

表3-7-1　违反银行结算账户规定的行为的法律责任

类型	具体行为	法律责任
开立、撤销过程中的违法行为	违反规定开立银行结算账户	① 非经营性的存款人:给予警告并处以1 000元的罚款 ② 经营性的存款人:给予警告并处以1万元以上3万元以下的罚款 ③ 构成犯罪:移交司法机关依法追究刑事责任
	伪造、变造证明文件欺骗银行开立银行结算账户	
	违反规定不及时撤销银行结算账户	
	伪造、变造、私自印制开户许可证	① 非经营性的存款人:处以1 000元罚款 ② 经营性的存款人:处以1万元以上3万元以下的罚款 ③ 构成犯罪的:移交司法机关依法追究刑事责任
使用过程中的违法行为	违反规定将单位款项转入个人银行结算账户	① 非经营性的存款人:给予警告并处以1 000元罚款 ② 经营性的存款人:给予警告并处以5 000元以上3万元以下的罚款
	违反规定支取现金	
	利用开立银行结算账户逃废银行债务	
	出租、出借银行结算账户	
	从基本存款账户之外的银行结算账户转账存入、将销货收入存入或者现金存入单位信用卡账户	
	法定代表人或者主要负责人、存款人地址以及其他开户资料的变更事项未在规定期限内通知银行	给予警告并处以1 000元的罚款

【例题3-7-2·多选题】下列关于账户违法行为的说法中,正确的有( )。

A. 存款人出租、出借银行卡账户应承担法律责任

B. 伪造、变造证明文件欺骗银行开立银行结算账户构成犯罪的,移交司法机关依法追究刑事责任

C. 伪造、变造、私自印制开户许可证的,均处以1万元以上3万元以下的罚款

D. 伪造、变造、私自印制开户许可证构成犯罪的,移交司法机关依法追究刑事责任

【答案】ABD

【解析】伪造、变造、私自印制开户许可证的存款人,属非经营性的处以1 000元的罚款;属经营性的处以1万元以上3万元以下的罚款。故选项C错误。

(四)票据欺诈等行为的法律责任

有下列票据欺诈行为之一的,依法追究刑事责任:① 伪造、变造票据、托收凭证、汇款凭证、信用证,伪造信用卡等的;② 故意使用伪造、变造的票据的;③ 签发空头支票或者故意签发与其预留的本名签名式样或者印鉴不符的支票,骗取财物的;④ 签发无可靠资金来源的汇票、本票,骗取资金的;⑤ 汇票、本票的出票人在出票时做虚假记载,骗取财物的;⑥ 冒用他人的票据,或者故意使用过期或者作废的票据,骗取财物的;⑦ 付款人与出票人、持票人恶意串通,实施前6项所列行为之一的,依法追究刑事责任。

我国《中华人民共和国刑法》(以下简称《刑法》)规定,伪造、变造票据、托收凭证、汇款凭证、信用证、伪造信用卡的,处5年以下有期徒刑或者拘役,并处或者单处2万元以上20万元以下罚金;情节严重的,处5年以上10年以下有期徒刑,并处5万元以上50万元以下罚金;情节特别严重的,处10年以上有期徒刑或者无期徒刑,并处5万元以上50万元以下罚金或者没收财产。单位犯上述罪行的,对单位判处罚金,并对其直接负责的主管人员和其他直接责任人员,依照上述规定处罚。

有下列情形之一,妨害信用卡管理的,处3年以下有期徒刑或者拘役,并处或者单处1万元以上10万元以下罚金;数量巨大或者有其他严重情节的,处3年以上10年以下有期徒刑,并处2万元以上20万元以下罚金:① 明知是伪造的信用卡而持有、运输的,或者明知是伪造的空白信用卡而持有、运输,数量较大的;② 非法持有他人信用卡,数量较大的;③ 使用虚假的身份证明骗领信用卡的;④ 出售、购买、为他人提供伪造的信用卡或者以虚假的身份证明骗领信用卡的;⑤ 窃取、收买或者非法提供他人信用卡信息资料的,依照上述规定处罚。

有下列情形之一,进行信用卡诈骗活动,数额较大的,处5年以下有期徒刑或者拘役,并处2万元以上20万元以下罚金;数额巨大或者有其他严重情节的,处5年以上10年以下有期徒刑,并处5万元以上50万元以下罚金;数额特别巨大或者有其他特别严重情节的,处10年以上有期徒刑或者无期徒刑,并处5万元以上50万元以下罚金或者没收财产:① 使用伪造的信用卡,或者使用以虚假的身份证明骗领的信用卡的;② 使用作废的信用卡的;③ 冒用他人信用卡的;④ 恶意透支的。

归纳总结

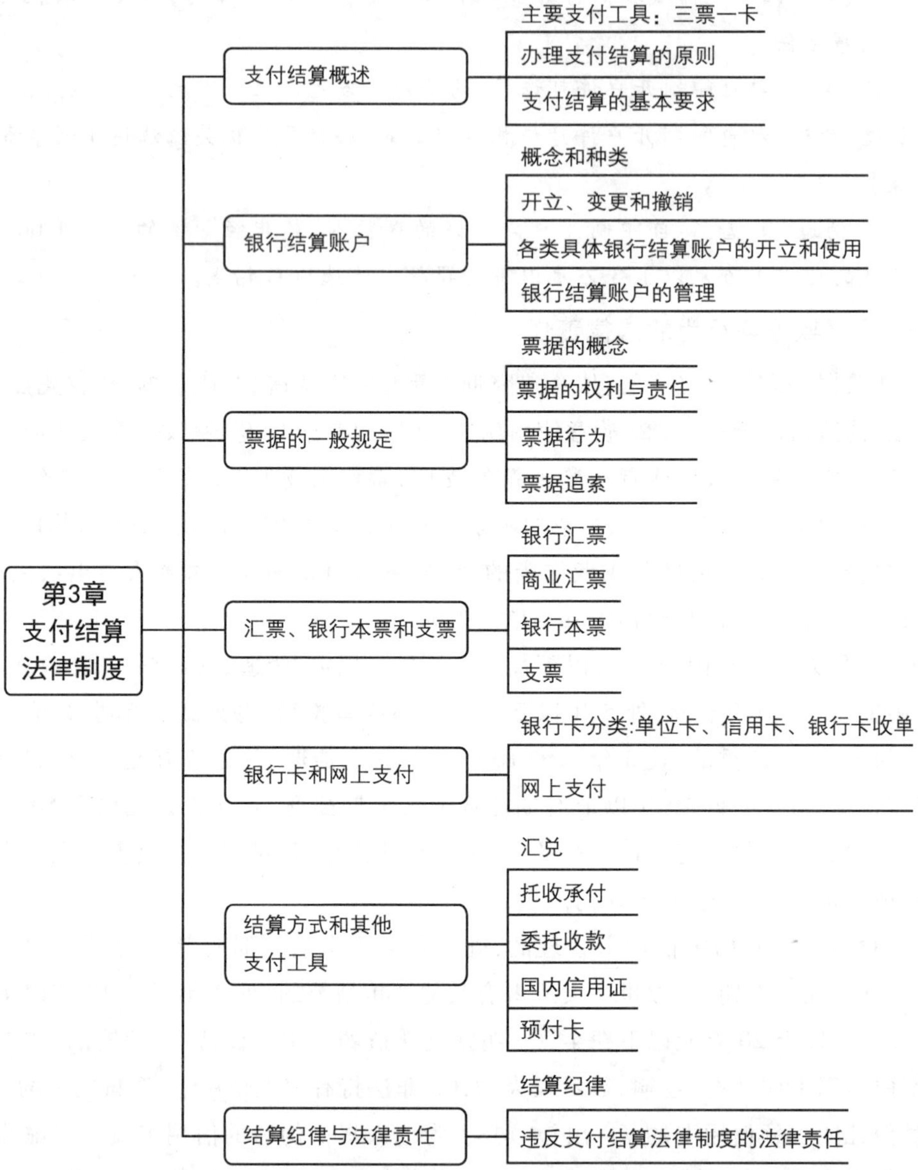

本章主要参考法规索引

1.《中华人民共和国票据法》(1995 年 5 月 10 日,第八届全国人民代表大会常务委员会第十三次会议通过;2004 年 8 月 28 日,第十届全国人民代表大会常务委员会第十一次会议修正)

2.《票据管理实施办法》(1997 年 6 月 23 日,国务院批准;1997 年 8 月 21 日,中国人民银行发布;2011 年 1 月 8 日,国务院令第 588 号修正)

3.《关于审理票据纠纷案件若干问题的规定》(2000 年 11 月 14 日,最高人民法院公布)

4.《支付结算办法》(1997 年 9 月 19 日,中国人民银行发布)

5.《中国人民银行关于调整票据结算凭证种类和格式的通知》(2004 年 10 月 13 日,中国人民银行发布)

6.《人民币银行结算账户管理办法》(2003 年 4 月 10 日,中国人民银行发布)

7.《人民币银行结算账户管理办法实施细则》(2005 年 1 月 19 日,中国人民银行发布)

8.《银行卡业务管理办法》(1999 年 1 月 5 日,中国人民银行发布)

9.《国内信用证结算办法》(中国人民银行中国银行业监督管理委员会公告 2016 年第 10 号)

10.《中国人民银行关于改进个人支付结算服务的通知》(2007 年 5 月 11 日,银发〔2007〕154 号)

11.《支付机构预付卡业务管理办法》(中国人民银行公告 2012 年第 12 号)

12.《非金融机构支付服务管理办法》(中国人民银行令第 2 号)

13.《国务院办公厅转发人民银行、监察部等部门关于规范商业预付卡管理意见的通知》(国办发〔2011〕25 号)

14.《中国人民银行关于启用 2010 版银行票据凭证的通知》(银发〔2010〕299 号)

15.《电子商业汇票业务管理办法》(中国人民银行令第 2 号)

16.《银行卡收单业务管理办法》(中国人民银行公告 2013 年第 9 号)

17.《中国人民银行关于改进个人银行账户服务加强账户管理的通知》(银发〔2015〕392 号)

18.《国家发展和改革委员会、中国人民银行关于完善银行卡刷卡手续费定价机制的通知》(发改价格〔2016〕557 号)

19.《中国人民银行关于信用卡业务有关事项的通知》(银发〔2016〕111 号)

20.《中国人民银行中国银行业监督管理委员会关于加强票据业务监管促进票据市场健康发展的通知》(银发〔2016〕126 号)

21.《中国人民银行关于落实个人银行账户分类管理制度的通知》(银发〔2016〕302 号)

22.《中国人民银行关于规范和促进电子商业汇票业务发展的通知》(银发〔2016〕224 号)

23.《中国人民银行关于加强支付结算管理防范电信网络新型违法犯罪有关事项的通知》(银发〔2016〕261 号)

CHAPTER 4

第4章

增值税、消费税法律制度

学习目标 Learning Objectives

通过本章你可以：

- 了解消费税税率
- 了解增值税税率和征收率、增值税专用发票使用规定
- 了解我国的税收管理体制与现行税种
- 了解税收与税收法律关系、税法要素
- 熟悉消费税纳税人、消费税税目、消费税征收管理
- 熟悉增值税纳税人、增值税税收优惠、增值税征收管理、增值税专用发票使用规定
- 掌握消费税征税范围、消费税应纳税额的计算
- 掌握增值税征税范围、增值税应纳税额的计算

学习导引 Learning Guidance

税收法律制度是我国社会主义市场经济法律制度体系的重要组成部分，随着经济体制改革的不断深入和我国税制的不断完善，我国税收法律制度建设也取得了显著的成效。税收法律制度与税制改革具有十分密切的关系，在全面贯彻科学发展观、构建社会主义和谐社会、实施依法治国方略的今天，我们更应该从法治的背景之下来思考和推进税制改革。

税收实体法和税收征收管理法律制度构成了我国现行税法体系，税法体系从税收工作角度来讲就是税收制度。一个国家的税收制度是指在既定的管理体制下设置的税种以及与这些税种的征收、管理有关的，具有法律效力的各级成文法律、行政法规、部门规章等的总和。

我国现行税收法律体系是在原有税制的基础上，经过1994年工商税制改革逐渐完善形成的，按其性质和作用大致分为五类：一是流转税类，包括增值税、消费税和关税，主要在生产、流通或者服务业中发挥调节作用；二是资源税类，包括资源税、城镇土地使用税，主要是对因开发和利用自然资源差异而形成的级差收入发挥调节作用；三是所得税类，包括企业所得税、个人所得税，主要是在国民收入形成后，对生产经营者的利润和个人的纯收入发挥调节作用；四是特定目的税类，包括城市维护建设税、土地增值税、耕地占用税，主要是为了达到特定目的，对特定对象和特定行为发挥调节作用；五是财产和行为税类，包括房产税、城市房地产税、车船税、印花税和契税，主要是对某些财产和行为发挥调节作用。

第一节　税收法律制度概述

一、税收与税收法律关系

（一）税收与税法

1. 税收

税收是指以国家为主体，为实现国家职能，凭借政治权力，按法定标准，无偿取得财政收入的一种特定分配形式。在社会市场经济运行中，税收主要具有资源配置、收入再分配、稳定经济和维护国家政权的作用。

税收与其他财政收入形式相比，具有强制性、无偿性和固定性的特征。

2. 税法

税法，即税收法律制度，是调整税收关系的法律规范的总称，是国家法律的重要组成部分。它是以宪法为依据，调整国家与社会成员在征纳税上的权利与义务关系，维护社会经济秩序和纳税秩序，保障国家利益和纳税人合法权益的法律规范，是国家税务机关及一切纳税单位和个人依法征税、依法纳税的行为规范。

【例题4-1-1·多选题】下列各项中，属于税收特征的有（　　）。

A. 强制性　　B. 灵活性

C. 无偿性　　D. 固定性

【答案】ACD

【解析】税收与其他财政收入形式相比，具有强制性、无偿性和固定性的特征。

（二）税收法律关系

税收法律关系体现为国家征税与纳税人纳税的利益分配关系。在总体上，税收法律关系与其他法律关系一样也是由主体、客体和内容三个方面构成。

1. 主体

税收法律关系的主体是指税收法律关系中享有权利和承担义务的当事人。在我国税收法律关系中，主体一方是代表国家行使征税职责的国家税务机关，包括国家各级税务机关和海关；另一方是纳税人，包括法人、自然人和其他组织。

2. 客体

税收法律关系的客体是指主体的权利、义务所共同指向的对象，也就是征税对象。如企业所得税法律关系客体就是生产经营所得和其他所得。

3. 内容

税收法律关系的内容是指主体所享受的权利和所应承担的义务，这是税收法律关系中最实质的东西，也是税法的灵魂。

二、税法要素

税法要素是指各单行税法共同具有的基本要素。在税法体系里，既包括实体法，也包括程序法。税法要素一般包括一般包括纳税义务人、征税对象、税目、税率、计税依据、纳税环节、纳税期限、纳税地点、税收优惠、法律责任等，具体如表 4-1-1 所示。

表 4-1-1　　税法要素

要素	内容
纳税义务人	简称“纳税人”，是指依法直接负有纳税义务的法人、自然人和其他组织，与纳税人相联系的一个概念是扣缴义务人。它是税法规定的，在其经营活动中负有代扣税款并向国库缴纳义务的单位
征税对象	税收法律关系中权利义务所指的对象，即对什么征税。不同的征税对象是区别不同税种的重要标志
税目	是税法中具体规定应当征税的项目，是征税对象的具体化
税率	应征税额与计税金额（或数量单位）的比率，是计算税额的尺度，是税收法律制度中的核心要素。我国现行的税法税率有： ① 比例税率：是指对同一征税对象，不论其数额大小，均按同一个比例征税的税率 ② 累进税率：是根据征税对象数额的逐渐增大，按不同等级逐步提高的税率（我国税收法律制度中目前有超额累进税率和超率累进税率） ③ 定额税率：是指按征税对象的一定单位直接规定固定的税额
计税依据	计算应纳税额的依据或标准，即根据什么来计算纳税人应缴纳的税额。一般有两种：一是从价计征，二是从量计征
纳税环节	税法规定的征税对象在从生产到消费的流转过程中应当缴纳税款的环节
纳税期限	纳税人的纳税义务发生后应依法缴纳税款的期限
纳税地点	根据各税种的纳税环节和有利于对税款的源泉控制而规定的纳税人（包括代征、代扣、代缴义务人）的具体申报缴纳税收的地方
税收优惠	① 减税和免税。减税是指对应征税款减少征收部分税款。免税是对按规定应征收的税款给予免除 ② 起征点：对象开始征税的数额界限。征税对象的数额没有达到规定起征点的不征税；达到或超过起征点的，就其全部数额征税 ③ 免征额：对征税对象总额中免予征税的数额。即对纳税对象中的一部分给予减免，只就减除后的剩余部分计征税款
法律责任	包括行政责任和刑事责任。纳税人和税务人员违反税法规定，都将依法承担法律责任

【例题 4-1-2 · 单选题】 下列选项中，属于区别不同税种的重要标志的是（　　）。

A. 计税依据

B. 纳税人

C. 征税对象

D. 税目

【答案】C

【解析】征税对象又称课税对象，是纳税的客体是指税收法律关系中权利义务所共同指向的对象，即对什么征税。不同的征税对象是区别不同税种的重要标志。

三、现行税种与征收机关

现阶段,我国税收征收管理机关有税务局和海关。

(一) 由税务局负责征收的税种

①国内增值税;②国内消费税;③企业所得税;④个人所得税;⑤资源税;⑥城镇土地使用税;⑦城市维护建设税;⑧印花税;⑨土地增值税;⑩房产税;⑪车船税;⑫车辆购置税;⑬烟叶税;⑭耕地占用税;⑮契税;⑯环境保护税;⑰出口产品退税(增值税、消费税)。非税收入和社会保险费的征收也由税务机关负责。

(二) 由海关负责征收的税种

①关税;②船舶吨税;③委托代征的进口环节增值税、消费税。

第二节　增值税法律制度

增值税是对销售商品或者劳务过程中实现的增值额征收的一种税。1954 年在法国首先推行。据荷兰财政文献局统计,截至 2016 年底,世界上有 160 多个国家和地区实行了增值税(Value Added Tax)或商品服务税(Goods and Service Tax)。我国于 1979 年引进增值税并开始进行试点。1984 年 9 月 18 日,国务院发布了《中华人民共和国增值税条例(草案)》,标志着增值税作为一个法定的独立税种在我国正式建立。随着社会主义市场经济体制目标在我国的确立,原增值税已不能适应新形势的要求。1993 年 12 月 13 日,国务院发布了《中华人民共和国增值税暂行条例》(以下简称《增值税暂行条例》);12 月 25 日,财政部制发了《中华人民共和国增值税暂行条例实施细则》,自 1994 年 1 月 1 日起施行。

为建立健全有利于科学发展的税收制度,促进经济结构调整,国务院决定自 2012 年 1 月 1 日起,在上海率先实施交通运输业和部分现代服务业营业税改征增值税(以下称“营改增”)试点。此后,试点地区和行业范围逐步扩大,截至 2015 年底,“营改增”试点已覆盖交通运输业、邮政业、电信业 3 个大类行业和研发技术、信息技术、文化创意、物流辅助、有形动产租赁、鉴证咨询、广播影视 7 个现代服务业。2016 年 5 月 1 日,“营改增”试点全面推开,试点范围扩大到建筑业、房地产业、金融业、生活服务业。自此,所有营业税行业都改为缴纳增值税。2017 年 11 月国务院修订《增值税暂行条例》,废止《中华人民共和国营业税暂行条例》,实现了增值税对货物和服务的全覆盖。

增值税纳税人是指在中华人民共和国境内销售或进口货物,提供加工、修理修配劳务,以及销售服务、无形资产或者不动产的单位和个人,分为一般纳税人和小规模纳税人两类。一般纳税人按照销项税额抵扣进项税额的办法计算缴纳应纳税额,小规模纳税人则实行简易办法计算缴纳应纳税额。2018 年 5 月 1 日起,统一增值税小规模纳税人的年销售额标准为 500 万元及以下。

一、增值税纳税人和扣缴义务人

(一) 纳税人

在中华人民共和国境内销售货物或者加工、修理修配劳务、进口货物以及销售服务、无形资产或者不动产的单位和个人,为增值税的纳税人。

（二）纳税人的分类

1．一般纳税人和小规模纳税人

根据纳税人的经营规模以及会计核算健全程度的不同,增值税的纳税人可以分为一般纳税人和小规模纳税人。

2．征税办法及发票使用

（1）小规模纳税人采用“简易办法”计算增值税应纳税额,一般不能自行开具增值税专用发票,但可以到税务机关申请代开增值税专用发票。

（2）一般纳税人通常采用“一般计税方法”计算增值税应纳税额,可以依法使用增值税专用发票;但一般纳税人也存在按简易办法计算缴纳增值税的情形。

3．区分标准

（1）一般标准——经营规模。

按经营规模的具体划分标准如表 4-2-1 所示。

表 4-2-1　　经营规模划分标准

类别	划分标准
一般纳税人	年应税销售额＞500 万元
小规模纳税人	年应税销售额≤500 万元

年应税销售额,是指纳税人在连续不超过 12 个月或四个季度的经营期内累计应征增值税销售额,包括纳税申报销售额、稽查查补销售额、纳税评估调整销售额。

已登记为增值税一般纳税人的单位和个人,在 2018 年 12 月 31 日前,可转登记为小规模纳税人,其未抵扣的进项税额作转出处理。

（2）特殊标准。

① 会计核算水平。

小规模纳税人会计核算健全,能够提供准确税务资料的,可以成为一般纳税人。

② 只能作为小规模纳税人。

年应税销售额超过小规模纳税人标准的其他个人(即除个体工商户以外的其他自然人)按小规模纳税人纳税。

③ 可选择按小规模纳税人纳税。

年应税销售额超过小规模纳税人标准的非企业性单位可以选择按小规模纳税人纳税。

（三）扣缴义务人

中华人民共和国境外的单位或者个人在境内发生应税劳务,在境内未设有经营机构的,以购买方为增值税扣缴义务人,财政部和国家税务总局另有规定的除外。

【例题 4-2-1 · 单选题】 下列纳税人中,不属于增值税一般纳税人的是(　　)。

A．年销售额为 550 万元的从事货物生产的个体经营者

B．年销售额为 100 万元的从事货物批发的个人

C．年销售额为 520 万元的从事货物生产的企业

D．年销售额为 600 万元的从事货物批发零售的企业

【答案】B

【解析】根据增值税法律制度的规定,增值税一般纳税人的年销售额标准为500万元以上,因此选项B错误。

二、增值税征税范围

(一)销售货物

销售货物是有偿转让货物的所有权。

(二)提供应税劳务

提供应税劳务,是指有偿提供加工、修理修配劳务。

(三)进口货物

进口货物,是指申报进入中国海关境内的货物。我国增值税法规定,只要是报关进口的应税货物,均属于增值税的征税范围,除享受免税政策外,在进口环节缴纳增值税。

(四)销售服务

销售服务,是指提供交通运输服务、邮政服务、电信服务、建筑服务、金融服务、现代服务、生活服务,具体如表4-2-2所示。

表4-2-2　销售服务

税目	子税目	备注
交通运输服务	陆路运输服务	【注意1】出租车公司向使用本公司自有出租车司机收取的管理费用,按照陆路运输缴纳增值税 【注意2】水路运输的程租、期租业务,属于水路运输服务 【注意3】航空运输的湿租业务,属于航空运输服务 【注意4】无运输工具承运业务,按照交通运输服务缴纳增值税
	水路运输服务	
	航空(天)运输服务	
	管道运输服务	
邮政服务	邮政普遍服务、邮政特殊服务、其他邮政服务	
电信服务	基础电信服务	【注意】卫星电视信号落地转接服务,按照增值电信服务缴纳增值税
	增值电信服务	
建筑服务	工程服务	【注意1】固定电话、有线电视、宽带、水、电、燃气、暖气等经营者向用户收取的安装费、初装费、开户费、扩容费以及类似收费,按照安装服务缴纳增值税 【注意2】其他建筑服务包括钻井、拆除建筑物或者构筑物、平整土地、园林绿化、疏浚(不包括航道疏浚)、建筑物平移、搭脚手架、爆破、矿山穿孔、表面附着物(包括岩层、土层、沙层等)剥离和清理等工程作业
	安装服务	
	修缮服务	
	装饰服务	
	其他建筑服务	
金融服务	贷款服务	【注意1】融资性售后回租取得的收入,按照贷款服务缴纳增值税 【注意2】以货币资金投资收取的固定利润或者保底利润,按照贷款服务缴纳增值税 【注意3】金融商品转让是指转让外汇、有价证券、非货物期货和其他金融商品所有权的业务活动
	直接收费金融服务	
	保险服务	
	金融商品转让	

续表

税目	子税目	备注
现代服务	研发和技术服务	包括研发服务、合同能源管理服务、工程勘察勘探服务、专业技术服务
	信息技术服务	包括软件服务、电路设计及测试服务、信息系统服务、业务流程管理服务和信息系统增值服务
	文化创意服务	包括设计服务、知识产权服务、广告服务和会议展览服务
	物流辅助服务	包括航空服务、港口码头服务、货运客运场站服务、打捞救助服务、装卸搬运服务、仓储服务和收派服务
	租赁服务	包括融资租赁服务和经营租赁服务。但不包括融资性售后回租(按贷款服务缴纳增值税) 【注意】车辆停放服务、道路通行服务(包括过路费、过桥费、过闸费等)按照不动产经营租赁服务缴纳增值税
	鉴证咨询服务	包括认证服务、鉴证服务和咨询服务 【注意】翻译服务和市场调查服务按照“咨询服务”征收增值税
	广播影视服务	包括广播影视节目(作品)的制作服务、发行服务和播映(含放映)服务
	商务辅助服务	包括企业管理服务、经纪代理服务、人力资源服务、安全保护服务
生活服务	包括文化体育服务、教育医疗服务、旅游娱乐服务、餐饮住宿服务、居民日常服务	

（五）销售无形资产

所述“无形资产”,包括技术、商标、著作权、商誉、自然资源使用权和其他权益性无形资产。

（六）销售不动产

所述“不动产”,包括建筑物、构筑物等。

转让建筑物有限产权或者永久使用权的、转让在建的建筑物或者构筑物所有权的,以及在转让建筑物或者构筑物时一并转让其所占土地的使用权的,按照销售不动产缴纳增值税。

（七）视同销售

单位或者个体工商户的下列行为视同销售货物,征收增值税:

(1) 将货物交付其他单位或者个人代销。

(2) 销售代销货物。

(3) 设有两个以上机构并实行统一核算的纳税人,将货物从一个机构移送到其他机构用于销售,但相关机构设在同一县(市)的除外。

(4) 将自产或者委托加工的货物用于非增值税应税项目。

(5) 将自产、委托加工的货物用于集体福利或个人消费。

(6) 将自产、委托加工或“购进”的货物作为投资。

(7) 将自产、委托加工或“购进”的货物分配给股东或者投资者。

(8) 将自产、委托加工或"购进"的货物无偿赠送他人。

根据《营业税改征增值税试点实施办法》的规定,单位或者个体工商户的下列情形视同销售服务、无形资产或者不动产:

(1) 单位或者个体工商户向其他单位或者个人无偿提供服务,但用于公益事业或者以社会公众为对象的除外。

(2) 单位或者个人向其他单位或者个人无偿转让无形资产或者不动产,但用于公益事业或者以社会公众为对象的除外。

(八) 混合销售

一项销售行为如果既涉及货物又涉及服务,为混合销售,具体税务处理如表 4-2-3 所示。

表 4-2-3　　混合销售的税务处理

主营业务	税务处理
从事货物的生产、批发或者零售的单位和个体工商户(包括以从事货物的生产、批发或零售为主并兼营销售服务的单位和个体工商户)的混合销售行为	按照"销售货物"缴纳增值税
其他单位和个体工商户的混合销售行为	按照"销售服务"缴纳增值税

上述从事货物的生产、批发或者零售的单位和个体工商户,包括以从事货物的生产、批发或者零售为主,并兼营销售服务的单位和个体工商户在内。

(九) 兼营

兼营,是指纳税人的经营中包括销售货物、劳务以及销售服务、无形资产和不动产的行为。兼营的具体核算原则如表 4-2-4 所示。

表 4-2-4　　兼营处理原则

处理原则	所属情形	计算税率标准
纳税人销售货物、劳务、服务、无形资产或者不动产适用不同税率或者征收率的	分别核算销售额的	按不同税率或者征收率计征
	未分别核算销售额的	从高适用税率或征收率计征

(十) 不征增值税的特殊情形

(1) 非营业活动:① 行政单位收取的符合条件的政府性基金或者行政事业性收费;② 单位或者个体工商户聘用的员工为本单位或者雇主提供取得工资的服务;③ 单位或者个体工商户为聘用的员工提供服务。

(2) 非境内下列情形不属于在境内销售服务或者无形资产:① 境外单位或者个人向境内单位或者个人销售完全在境外发生的服务;② 境外单位或者个人向境内单位或者个人销售完全在境外使用的无形资产;③ 境外单位或者个人向境内单位或者个人出租完全在境外使用的有形动产;④ 财政部和国家税务总局规定的其他情形。

(3) 存款利息。

(4) 被保险人获得的保险赔付。

(5) 房地产主管部门或者其指定机构、公积金管理中心、开发企业以及物业管理单位代收的住宅专项维修资金。

（6）在资产重组过程中，通过合并、分立、出售、置换等方式，将全部或者部分实物资产以及与其相关联的债权、负债和劳动力一并转让给其他单位和个人，不属于增值税的征税范围。

【例题4-2-2·多选题】 根据我国的《营业税改征增值税试点实施办法》，以下情形中属于在我国境内销售服务的有（　　）。

A. 境外单位向境内单位提供完全在境外消费的应税服务

B. 日本某公司为中国境内某企业设计时装

C. 法国某公司出租设备给中国境内某企业使用

D. 境外个人向境外单位提供完全在境外消费的应税服务

【答案】BC

【解析】境外单位或者个人向境内单位或者个人提供完全在境外消费的应税服务，或者境外单位或者个人向境内单位或者个人出租完全在境外使用的有形动产不属于在境内销售服务的范围。

三、增值税税率和征收率

增值税一般纳税人采用比例税率，分为基本税率、低税率和零税率三档。小规模纳税人采用征收率。

（一）比例税率

点睛

2019年4月1日，财政部发布关于深化增值税改革有关规定：

（1）增值税一般纳税人（以下称纳税人）发生增值税应税销售行为或者进口货物，原适用16%税率的，税率调整为13%；原适用10%税率的，税率调整为9%。

（2）纳税人购进农产品，原适用10%扣除率的，扣除率调整为9%。纳税人购进用于生产或者委托加工13%税率货物的农产品，按照10%的扣除率计算进项税额。

（3）原适用16%税率且出口退税率为16%的出口货物劳务，出口退税率调整为13%；原适用10%税率且出口退税率为10%的出口货物、跨境应税行为，出口退税率调整为9%。

1. 基本税率

增值税的基本税率为13%，适用的具体范围为：

（1）除适用低税率的货物外，纳税人销售或者进口货物，税率均为13%。

（2）纳税人提供加工、修理修配劳务，税率为13%。

（3）一般纳税人提供有形动产租赁服务，税率为13%。

2. 低税率

（1）9%的低税率。

自2019年4月1日起，一般纳税人销售或者进口如表4-2-5所示货物，税率为9%。

表 4-2-5　　低税率科目

民生方面	① 粮食、食用植物油
	② 自来水、暖气、冷气、热水、煤气、石油液化气、天然气、沼气、居民用煤炭制品
	③ 食用盐
知识产品	④ 图书、报纸、杂志
	⑤ 音像制品
	⑥ 电子出版物
农业	⑦ 饲料、化肥、农药、农机、农膜
	⑧ 农产品
工业品	⑨ 二甲醚
“营改增”项目	⑩ 提供交通运输、邮政、基础电信、建筑、不动产租赁服务；销售不动产；转让土地使用权。

（2）6%的低税率。

① 销售增值电信服务、金融服务、现代服务（租赁服务除外）、生活服务。

② 销售无形资产（转让土地使用权除外）。

3．零税率

（1）纳税人出口货物，适用增值税零税率，但国务院另有规定的除外。

（2）境内单位和个人发生的跨境应税行为，税率为零。

（3）境内单位和个人提供的国际运输服务、航天运输服务、向境外单位提供的完全在境外消费的特定服务以及财政部和国家税务总局规定的其他应税服务，税率为零。

点睛

特定服务包括：① 研发服务与转让技术；② 合同能源管理服务；③ 设计服务；④ 广播影视节目（作品）的制作和发行服务；⑤ 软件服务；⑥ 电路设计及测试服务；⑦ 信息系统服务；⑧ 业务流程管理服务；⑨ 离岸服务外包业务。

【例题 4-2-3 · 多选题】 根据增值税法律制度的规定，一般纳税人销售的下列货物中，适用9%增值税税率的是（　　）。

A. 图书　　B. 文具盒

C. 杂粮　　D. 蔬菜罐头

【答案】AC

【解析】选项 B、D：适用13%的基本税率。

（二）征收率

（1）根据“营改增通知”的规定，下列情况适用5%征收率：

① 小规模纳税人销售自建或者取得的不动产。

② 一般纳税人选择简易计税方法计税的不动产销售。

③ 房地产开发企业中的小规模纳税人，销售自行开发的房地产项目。

④ 其他个人销售其取得(不含自建)的不动产(不含其购买的住房)。

⑤ 一般纳税人选择简易计税方法计税的不动产经营租赁。

⑥ 小规模纳税人出租(经营租赁)。其取得的不动产(不含个人出租住房)。

⑦ 其他个人出租(经营租赁)其取得的不动产(不含住房)。

⑧ 个人出租住房，应按照5%的征收率减按1.5%计算应纳税额。

⑨ 一般纳税人和小规模纳税人提供劳务派遣服务选择差额纳税的。

⑩ 一般纳税人2016年4月30日前签订的不动产融资租赁合同，或以2016年4月30日前取得的不动产提供的融资租赁服务，选择适用简易计税方法的。

⑪ 一般纳税人收取试点前开工的一级公路、二级公路、桥、闸通行费，选择适用简易计税方法的。

⑫ 一般纳税人提供人力资源外包服务，选择适用简易计税方法的。

⑬ 纳税人转让2016年4月30日前取得的土地使用权，选择适用简易计税方法的。

(2) 除上述适用5%征收率以外的纳税人选择简易计税方法发生的应税销售行为均为3%。

(3) 根据增值税法的有关规定，适用3%征收率的某些一般纳税人和小规模纳税人可以减按2%计征增值税。

① 一般纳税人销售自己使用过的属于《增值税暂行条例》第十条规定不得抵扣且未抵扣进项税额的固定资产，按照简易办法依照3%征收率减按2%征收增值税。

纳税人销售自己使用过的固定资产，适用简易办法依照3%征收率减按2%征收增值税政策的，可以放弃减税，按照简易办法依照3%征收率缴纳增值税，并可以开具增值税专用发票。

“已使用过的固定资产”是指纳税人根据财务会计制度已经计提折旧的固定资产。

② 小规模纳税人(除其他个人外，下同)销售自己使用过的固定资产，减按2%征收率征收增值税。

③ 纳税人销售旧货，按照简易办法依照3%征收率减按2%征收增值税。

所谓“旧货”，是指进入二次流通的具有部分使用价值的货物(含旧汽车、旧摩托车和旧游艇)，但不包括自己使用过的物品。

上述纳税人销售自己使用过的固定资产、物品和旧货适用按照简易办法依照3%征收率减按2%征收增值税的，按下列公式确定销售额和应纳税额：

$$销售额 = 含税销售额 \div (1 + 3\%)$$

$$应纳税额 = 销售额 \times 2\%$$

【例题4-2-4·多选题】 根据增值税法律制度的规定，下列关于小规模纳税人销售自己使用过的固定资产计征增值税的表述中，正确的是(　　)。

A. 减按2%征收　　B. 按3%的征收率征收

C. 按4%的征收率减半征收　　D. 按6%的征收率减半征收

【答案】A

【解析】小规模纳税人(除其他个人外)销售自己使用过的固定资产，减按2%征收增值税。

案例分析

【案例】

甲公司为增值税小规模纳税人：

(1) 2019 年 3 月 10 日将自己购进的一台机器设备出售，售价 103 万元（含税）。该设备是甲公司 10 年前购入的，求甲公司此项业务应纳增值税税额。

(2) 2019 年 4 月 10 日将自己购进的一台仪器出售，售价 103 万元（含税）。该仪器是甲公司 5 年前购入的，甲公司此项业务应纳增值税税额。

(3) 2019 年 5 月 10 日将自己购进的原材料出售，售价 103 万元（含税）。该原材料是甲公司 5 年前购入的，甲公司此项业务应纳增值税税额。

(4) 2019 年 6 月 10 日购进一批旧货，2019 年 7 月 10 日将其出售，售价 103 万元（含税），甲公司此项业务应纳增值税税额。

【分析】

(1) 应纳增值税税额 $=103\div(1+3\%)\times2\%=2$（万元）

(2) 应纳增值税税额 $=103\div(1+3\%)\times2\%=2$（万元）

(3) 应纳增值税税额 $=103\div(1+3\%)\times3\%=3$（万元）

(4) 应纳增值税税额 $=103\div(1+3\%)\times2\%=2$（万元）

四、增值税应纳税额的计算

（一）一般纳税人应纳税额的计算

应纳税额 = 当期销项税额 − 当期进项税额 − 上期留抵的进项税额

= 当期销售额 × 适用税率 − 当期进项税额 − 上期留抵的进项税额

1. 销售额的确定

（1）销售额的概念。

销售额是指纳税人销售货物、劳务、服务、无形资产或者不动产向购买方收取的全部价款和价外费用，但是不包括收取的销项税额。下列项目不包括在销售额内：

① 受托加工应征消费税的消费品所代收代缴的消费税。

② 同时符合以下条件代为收取的政府性基金或者行政事业性收费：由国务院或者财政部批准设立的政府性基金，由国务院或者省级人民政府及其财政、价格主管部门批准设立的行政事业性收费；收取时开具省级以上财政部门印制的财政票据；所收款项全额上缴财政。

③ 销售货物的同时代办保险等而向购买方收取的保险费，以及向购买方收取的代购买方缴纳的车辆购置税、车辆牌照费。

④ 以委托名义开具发票代委托方收取的款项。

（2）含税销售额换算为不含税销售额的计算公式为：

不含税销售额 = 含税销售额 ÷（1 + 增值税税率）

（3）视同销售货物的销售额的确定如表 4-2-6 所示。

表 4-2-6　　视同销售的销售额确认

有无同类价	确认方式	
有同类价格	按纳税人最近时期同类货物、服务、无形资产或不动产的平均销售价格确定	
	按其他纳税人最近时期同类货物、服务、无形资产或不动产的平均销售价格确定	
无同类价格（按组成计税价格确定）	不征消费税	组成计税价格＝成本×(1＋成本利润率)
	征消费税	组成计税价格＝成本×(1＋成本利润率)＋消费税 或＝成本×(1＋成本利润率)÷(1－消费税税率)

(4) 混合销售的销售额的确定。

混合销售行为应当缴纳增值税的，其销售额为货物的销售额与非增值税应税劳务营业额的合计。

(5) 兼营销售额的确定。

纳税人兼营不同税率的货物或者应税劳务，应当分别核算不同税率货物或者应税劳务的销售额；未分别核算销售额的，从高适用税率。

(6) 特殊销售方式下销售额的确定具体如表 4-2-7 所示。

表 4-2-7　　特殊销售

特殊销售方式下销售额的确定	商业折扣	① 销售额和折扣额在同一张发票上的“金额”栏分别注明的，按折扣后的销售额计税
		② 将折扣额另开发票，不论其在财务上如何处理，均不得从销售额中减除折扣额
	以旧换新	① 一般货物：按新货物的同期销售价格确定销售额，不扣减旧货物的收购价格
		② 金银首饰：应按照销售方“实际收取”的“不含增值税”的价款征收增值税
	还本销售	还本销售的销售额就是货物的销售价格，不能扣除还本支出
	以物易物	双方均应作购销处理，以各自发出的货物计算销项税额，以各自收到的货物计算进项税额
	直销方式	直销企业的销售额为其向消费者或者直销员收取的全部价款和价外费用

(7) 包装物租金、押金具体处理方式如表 4-2-8 所示。

表 4-2-8　　包装物租金、押金

包装物	租金	属于价外费用，在销售货物时随同货款一并计算增值税款
	押金	一般货物（包括啤酒、黄酒）：收取的 1 年以内的押金并且未超过合同规定期限（未逾期），单独核算的，不并入销售额
		一般货物（包括啤酒、黄酒）：按合同约定逾期或收取 1 年以上的押金，无论是否退还均并入销售额征税（视为含税收入需换算处理）
		对销售除“啤酒、黄酒”外的其他酒类产品而收取的包装物押金，无论是否返还以及会计上如何核算，均应并入收取当期销售额中征税

点睛

"逾期"是指按合同约定实际逾期或以1年为期限,对收取1年以上的押金,无论是否退还均并入销售额征税。

(8) 销售退回或折让。

一般纳税人因销售货物退回或者折让而退还给购买方的增值税额,应从发生销售货物退回或者折让当期的销项税额中扣减。

(9) 外币销售额的折算。

纳税人按人民币以外的货币结算销售额的,其销售额的人民币折合率可以选择销售额发生的当天或者当月1日的人民币外汇中间价。

纳税人应在事先确定采用何种折合率,确定后在1年内不得变更。

【例题4-2-5·单选题】 甲公司为增值税一般纳税人,2019年10月采取折扣方式销售货物一批,该批货物不含税销售额90 000元,折扣额9 000元,销售额和折扣额在同一张发票上的"金额"栏分别注明。已知增值税税率为13%。甲公司当月该笔业务增值税销项税额的下列计算列式中,正确的是(　　)。

A. (90 000 - 9 000) × (1 + 13%) × 13% = 11 898.9(元)

B. 90 000 × 13% = 11 700(元)

C. 90 000 × (1 + 13%) × 13% = 13 221(元)

D. (90 000 - 9 000) × 13% = 10 530(元)

【答案】D

【解析】销售额和折扣额在同一张发票上的"金额"栏分别注明的,可按折扣后的销售额征收增值税。甲公司当月该笔业务增值税销项税额 = (90 000 - 9 000) × 13% = 10 530(元),选项D正确。

2. 进项税额的确定

进项税额,是指纳税人购进货物、加工修理修配劳务、服务、无形资产或者不动产,支付或者负担的增值税额。

(1) 准予从销项税额中抵扣的进项税额如表4-2-9所示。

表4-2-9　　准予抵扣税额

凭票直接抵扣	① 从销售方取得的增值税专用发票(含税控机动车销售统一发票,下同)上注明的增值税额
	② 从海关取得的海关进口增值税专用缴款书上注明的增值税额
	③ 从境外单位或者个人购进服务、无形资产或者不动产,从税务机关或者扣缴义务人取得的解缴税款的完税凭证上注明的增值税额
凭票计算抵扣	购进农产品,除取得增值税专用发票或者海关进口增值税专用缴款书外,其进项税额 = 买价 × 扣除率(9%或10%)

(2) 不得从销项税额中抵扣的进项税额。

按照《增值税暂行条例》及其实施细则的规定,下列项目的进项税额不得从销项税额中抵扣：

① 用于简易计税方法计税项目、免征增值税项目、集体福利或者个人消费的购进货物、加工修理修配劳务、服务、无形资产和不动产，其进项税额不得抵扣。

拓展阅读

如果是既用于上述不允许抵扣项目又用于抵扣项目的，该进项税额准予全部抵扣。自 2018 年 1 月 1 日起，纳税人租入固定资产、不动产，既用于一般计税方法计税项目，又用于简易计税方法计税项目、免征增值税项目、集体福利或者个人消费的，其进项税额准予从销项税额中全额抵扣。

② 购进的旅客运输服务、贷款服务、餐饮服务、居民日常服务和娱乐服务。

③ 非正常损失：

非正常损失的购进货物，以及相关的加工修理修配劳务和交通运输服务。

非正常损失的在产品、产成品所耗用的购进货物（不包括固定资产）、加工修理修配劳务和交通运输服务。

非正常损失的不动产，以及该不动产所耗用的购进货物、设计服务和建筑服务。

非正常损失的不动产在建工程所耗用的购进货物、设计服务和建筑服务。

④ 纳税人接受贷款服务向贷款方支付的与该笔贷款直接相关的投融资顾问费、手续费、咨询费等费用，其进项税额不得从销项税额中抵扣。

（3）一般纳税人按照简易办法征收增值税的，不得抵扣进项税额。

（4）一般纳税人兼营简易计税方法计税项目、免征增值税项目而无法划分不得抵扣的进项税额，按照下列公式计算不得抵扣的进项税额：

$$\text{不得抵扣的进项税额}=\text{当期无法划分的全部进项税额}\times\left(\text{当期简易计税方法计税项目销售额}+\text{免征增值税项目销售额}\right)\div\text{当期全部销售额}$$

（5）有下列情形之一者，应当按照销售额和增值税税率计算应纳税额，不得抵扣进项税额，也不得使用增值税专用发票：① 一般纳税人会计核算不健全，或者不能够提供准确税务资料的；② 应当办理一般纳税人资格登记而未办理的。

（6）扣减进项税额的规定。

① 抵扣的进项税额改变用途。

已抵扣进项税额的购进货物（不含固定资产）、劳务、服务，发生《营业税改征增值税试点实施办法》规定的不得从销项税额中抵扣情形的，应当将该进项税额从当期进项税额中扣减；无法确定该进项税额的，按照当期实际成本计算应扣减的进项税额。

② 销售折让、中止或者退回。

纳税人适用一般计税方法计税的，因销售折让、中止或者退回而收回的增值税额，应当从当期的进项税额中扣减。

（7）转增进项税额的规定。

不得抵扣且未抵扣进项税额的固定资产、无形资产、不动产，发生用途改变，用于允许抵扣进项税额的应税项目，可在用途改变的次月按照下列公式，依据合法有效的增值税扣税凭证，计算可以抵扣的进项税额：

$$可以抵扣的进项税额 = \frac{固定资产、无形资产、不动产净值}{1 + 适用税率} \times 适用税率$$

（二）小规模纳税人应纳税额的计算

$$应纳税额 = 销售额 \times 征收率$$

含税销售额的换算，计算公式为：

$$不含税销售额 = 含税销售额 \div (1 + 征收率)$$

一般纳税人发生财政部和国家税务总局规定的特定应税行为，可以选择适用简易计税方法计税，但一经选择，36个月内不得变更。

（三）进口货物应纳税额的计算

$$应纳税额 = 组成计税价格 \times 税率$$

如果进口货物不征收消费税，则上述公式中组成计税价格的计算公式为：

$$组成计税价格 = 关税完税价格 + 关税$$

如果进口货物征收消费税，则上述公式中组成计税价格的计算公式为：

$$组成计税价格 = 关税完税价格 + 关税 + 消费税$$

【例题4-2-6·单选题】2019年7月甲贸易公司进口一批高档化妆品，关税完税价格为850 000元。已知增值税税率为13%，消费税税率为15%，关税税率为5%。计算甲贸易公司当月该笔业务应缴纳增值税税额的下列算式中，正确的是（ ）。

A. $850\,000 \div (1 - 15\%) \times 13\%$

B. $(850\,000 + 850\,000 \times 5\%) \times 13\%$

C. $(850\,000 + 850\,000 \times 5\%) \div (1 - 15\%) \times 13\%$

D. $850\,000 \times 13\%$

【答案】C

【解析】增值税应纳税额 =（关税完税价格 + 关税 + 消费税）× 税率

=（关税完税价格 + 关税）÷（1 − 消费税税率）× 税率

（四）扣缴计税方法

境外单位或者个人在境内发生应税行为，在境内未设有经营机构的，扣缴义务人按照下列公式计算应扣缴税额：

$$应扣缴税额 = 购买方支付的价款 \div (1 + 税率) \times 税率$$

五、增值税税收优惠

（一）《增值税暂行条例》及其实施细则规定的免税项目

（1）农业生产者销售的自产农产品。

（2）避孕药品和用具。

（3）古旧图书指向社会收购的古书和旧书。

（4）直接用于科学研究、科学试验和教学的进口仪器、设备。

（5）外国政府、国际组织无偿援助的进口物资和设备。

（6）由残疾人的组织直接进口供残疾人专用的物品。

（7）销售的自己使用过的物品。

除上述规定外，增值税的免税、减税项目由国务院规定。任何地区、部门均不得规定免税、减税项目。

【例题4-2-7·单选题】根据增值税法律制度的规定，下列各项中，属于免税项目的是(　　)。

A. 超市销售保健品

B. 商场销售儿童玩具

C. 外贸公司进口供残疾人专用的物品

D. 外国政府无偿援助的进口物资

【答案】D

【解析】外国政府、国际组织无偿援助的进口物资和设备，选项D正确；由残疾人的组织直接进口供残疾人专用的物品，选项C错误，选项A、B属于非免税项目。

(二)"营改增"的免税(包括但不限于)

(1) 民生公益服务方面：

① 托儿所、幼儿园提供的保育和教育服务。

② 养老机构提供的养老服务。

③ 残疾人福利机构提供的育养服务。

④ 婚姻介绍服务。

⑤ 殡葬服务。

⑥ 医疗机构提供的医疗服务。

⑦ 从事学历教育的学校提供的教育服务。

⑧ 福利彩票、体育彩票的发行收入。

(2) 特殊群体提供的应税服务：

① 残疾人员本人为社会提供的服务。

② 学生勤工俭学提供的服务。

(3) 农业机耕、排灌、病虫害防治、植物保护、农牧保险以及相关技术培训业务，家禽、牲畜、水生动物的配种和疾病防治。

(4) 文化和科普类服务：

① 纪念馆、博物馆、文化馆、文物保护单位管理机构、美术馆、展览馆、书画院、图书馆在自己的场所提供文化体育服务取得的第一道门票收入。

② 寺院、宫观、清真寺和教堂举办文化、宗教活动的门票收入。

③ 个人转让著作权。

(5) 特殊运输相关的服务：

① 台湾航运公司、航空公司从事海峡两岸海上直航、空中直航业务在大陆取得的运输收入。

② 纳税人提供的直接或者间接国际货物运输代理服务。

③ 以无运输工具承运方式提供的国际运输服务。

(6) 土地使用权及自然资源使用权：

① 将土地使用权转让给农业生产者用于农业生产。

② 土地所有者出让土地使用权和土地使用者将土地使用权归还给土地所有者。

③ 县级以上地方人民政府或自然资源行政主管部门出让、转让或收回自然资源使用权（不含土地使用权）。

（7）个人销售自建自用住房。

（8）纳税人提供技术转让、技术开发和与之相关的技术咨询、技术服务。

（9）境内的单位和个人销售的下列服务和无形资产免征增值税，但财政部和国家税务总局规定适用增值税零税率的除外：

① 下列服务（在境外）：a. 工程项目在境外的建筑服务；b. 工程项目在境外的工程监理服务；c. 工程、矿产资源在境外的工程勘查勘探服务；d. 会议展览地点在境外的会议展览服务；e. 存储地点在境外的仓储服务；f. 标的物在境外使用的有形动产租赁服务；g. 在境外提供的广播影视节目（作品）的播映服务；h. 在境外提供的文化体育服务、教育医疗服务、旅游服务。

② 为出口货物提供的邮政服务、收派服务、保险服务。

③ 向境外单位提供的完全在境外消费的下列服务和无形资产：a. 电信服务；b. 知识产权服务；c. 物流辅助服务（仓储服务、收派服务除外）；d. 鉴证咨询服务；e. 专业技术服务；f. 商务辅助服务；g. 广告投放地在境外的广告服务；h. 无形资产。

（10）个人转让住房的免税政策如表 4-2-10 所示。

表 4-2-10　　个人转让住房的免税政策

政策范围	住房		
	普通	非普通	
	全国	非“北上广深”	“北上广深”
购买不足 2 年	全额纳税（5%）		
购买 2 年（含）以上的	免税		差额纳税（5%）

（三）其他减免税的规定

（1）纳税人兼营免税、减税项目的，应当分别核算免税、减税项目的销售额；未分别核算销售额的，不得免税、减税。

（2）纳税人销售货物、提供应税劳务或者提供应税服务适用免税规定的，可以放弃免税，依照有关规定缴纳增值税；纳税人放弃免税后，36 个月内不得再申请免税。

（3）纳税人发生应税行为同时适用免税和零税率规定的，纳税人可以选择适用免税或者零税率。

【例题 4-2-8 · 多选题】 根据增值税法律制度的规定，下列服务中，免征增值税的有（　　）。

A. 学生勤工俭学提供的服务

B. 残疾人福利机构提供的育养服务

C. 婚姻介绍所提供的婚姻介绍服务

D. 火葬场提供的殡葬服务

【答案】ABCD

【解析】属于免征增值税的项目有：（1）农业生产者销售的自产农产品（关键点在于自

产,而非外购);(2)避孕药品和用具;(3)古旧图书;(4)直接用于科学研究、科学试验和教学的进口仪器、设备(关键点在于直接,间接不行);(5)外国政府、国际组织无偿援助的进口物资和设备(关键点在于外国政府和国际组织,外国企业不行);(6)由残疾人的组织直接进口供残疾人专用的物品(其他企业不行);(7)其他个人销售的自己使用过的物品;(8)托儿所、幼儿园提供的保育和教育服务;(9)养老机构提供的养老服务;(10)残疾人福利机构提供的育养服务;(11)婚姻介绍服务;(12)殡葬服务;(13)残疾人员本人为社会提供的服务;(14)医疗机构提供的医疗服务;(15)从事学历教育的学校提供的教育服务;(16)学生勤工俭学提供的服务;(17)农业机耕、排灌、病虫害防治、植物保护、农牧保险以及相关技术培训业务,家禽、牲畜、水生动物的配种和疾病防治;(18)纪念馆、博物馆、文化馆、文物保护单位管理机构、美术馆、展览馆、书画院、图书馆在自己的场所提供文化体育服务取得的第一道门票收入;(19)寺院、宫观、清真寺和教堂举办文化、宗教活动的门票收入;(20)行政单位之外的其他单位收取的符合《营业税改征增值税试点实施办法》第十条规定条件的政府性基金和行政事业性收费;(21)个人转让著作权;(22)个人销售自建自用住房;(23)2018年12月31日前,公共租赁住房经营管理单位出租公共租赁住房等。

(四)起征点的规定

增值税起征点的适用范围限于个人。纳税人销售额未达到起征点的,免征增值税;达到起征点的,全额计算缴纳增值税。增值税起征点的幅度规定如下:

(1)销售货物的,为月销售额5 000~20 000元。

(2)销售应税劳务的,为月销售额5 000~20 000元。

(3)按次纳税的,为每次(日)销售额300~500元。

省、自治区、直辖市财政厅(局)和国家税务局应在规定的幅度内,根据实际情况确定本地区适用的起征点,并报财政部、国家税务总局备案。

(五)小微企业免税规定

增值税小规模纳税人,月销售额不超过3万元(含3万元,下同)的,免征增值税;增值税小规模纳税人月销售不超过3万元(按季纳税9万元)的,当期因代开增值税专用发票已经缴纳的税款,在专用发票全部联次追回或者按规定开具红字专用发票后,可以向主管税务机关申请退还;其他个人采取一次性收取租金形式出租不动产,取得的租金收入,可在租金对应租赁期内平均分摊,分摊后的月租金收入不超过3万元的,可享受小微企业免征增值税的优惠政策。

六、增值税征收管理

(一)纳税义务发生时间具体处理方式(见表4-2-11)

表4-2-11　　纳税义务发生时间

销售方式	纳税义务发生时间
采取直接收款方式销售货物的	不论货物是否发出,均为收到销售款或取得索取销售款凭据的当天
采取托收承付和委托银行收款方式销售货物	为发出货物并办妥托收手续的当天

续表

销售方式	纳税义务发生时间
采取赊销和分期收款方式销售货物	为书面合同约定的收款日期当天,无书面合同的或者书面合同没有约定收款日期的,为货物发出的当天
采取预收货款方式销售货物	为货物发出的当天,但生产销售生产工期超过12个月的大型机械设备、船舶、飞机等货物,为收到预收款或书面合同约定的收款日期的当天
委托其他纳税人代销货物	为收到代销单位的代销清单或者收到全部或者部分货款的当天;未收到代销清单及货款的,为发出代销货物满180天的当天
销售应税劳务	为提供劳务同时收讫销售款或者取得索取销售款的凭据的当天
纳税人发生视同销售货物行为(委托他人代销货物、销售代销货物除外)	为货物移送的当天
纳税人进口货物	为报关进口的当天
纳税人发生应税行为并收讫销售款项或者取得索取销售款项凭据的当天;先开具发票的	为开具发票的当天
纳税人提供建筑服务、租赁服务采取预收款方式的	为收到预收款的当天
纳税人从事金融商品转让的	为金融商品所有权转移的当天
纳税人发生视同销售服务、无形资产或者不动产	为服务、无形资产转让完成的当天或者不动产权属变更的当天
增值税扣缴义务发生时间	为纳税人增值税纳税义务发生的当天

【例题4-2-9·单选题】 下列关于增值税纳税义务发生时间的表述中,不正确的是(　　)。

A. 纳税人发生应税行为先开具发票的,为开具发票的当天

B. 纳税人发生视同销售不动产的,为不动产权属变更的当天

C. 纳税人提供租赁服务采取预收款方式的,为交付租赁物的当天

D. 纳税人从事金融商品转让的,为金融商品所有权转移的当天

【答案】C

【解析】纳税义务的发生时间主要在于钱货两清。纳税人提供租赁服务采取预收款方式的,其纳税义务发生时间为收到预收款的当天。

(二)纳税地点

(1)固定业户应当向其机构所在地或者居住地主管税务机关申报纳税。

(2)固定业户到外县(市)销售货物或者劳务,应当向其机构所在地的税务机关报告外

出经营事项,并向其机构所在地的税务机关申报纳税;未报告的,应当向销售地或者劳务发生地的税务机关申报纳税;未向销售地或者劳务发生地的税务机关申报纳税的,由其机构所在地的税务机关补征税款。

(3)非固定业户应当向应税行为发生地主管税务机关申报纳税;未申报纳税的,由其机构所在地或者居住地主管税务机关补征税款。

(4)其他个人提供建筑服务,销售或者租赁不动产,转让自然资源使用权,应向建筑服务发生地、不动产所在地、自然资源所在地主管税务机关申报纳税。

(5)进口货物,应当向报关地海关申报纳税。

(6)扣缴义务人应当向其机构所在地或者居住地的主管税务机关申报缴纳其扣缴的税款。

(三)纳税期限

(1)增值税的纳税期限分别为1日、3日、5日、10日、15日、1个月或者1个季度。

(2)纳税人以1个月或者1个季度为1个纳税期的,自期满之日起15日内申报纳税。

(3)以1日、3日、5日、10日或者15日为1个纳税期的,自期满之日起5日内预缴税款,于次月1日起15日内申报纳税并结清上月应纳税款。

(四)征收机关

营业税改征的增值税,由国家税务局负责征收。纳税人销售取得的不动产和其他个人出租不动产的增值税,国家税务局暂委托地方税务局代为征收。

【例题4-2-10·单选题】根据增值税法律制度的规定,下列关于增值税纳税义务发生时间的表述中,不正确的是(　　)。

A. 纳税人采取直接收款方式销售货物,为货物发出的当天

B. 纳税人销售应税劳务,为提供劳务同时收讫销售款或者取得索取销售款凭据的当天

C. 纳税人采取委托银行收款方式销售货物,为发出货物并办妥托收手续的当天

D. 纳税人进口货物,为报关进口的当天

【答案】A

【解析】选项A:采取直接收款方式销售货物,不论货物是否发出,增值税纳税义务发生时间均为收到销售款或者取得索取销售款凭据的当天。

七、增值税专用发票使用规定

(一)专用发票的联次及用途

专用发票由基本联次或者基本联次附加其他联次构成,基本联次为3联,分别为:

(1)发票联,作为购买方核算采购成本和增值税进项税额的记账凭证。

(2)抵扣联,作为购买方报送主管税务机关认证和留存备查的扣税凭证。

(3)记账联,作为销售方核算销售收入和增值税销项税额的记账凭证。

其他联次用途,由一般纳税人自行确定。自2019年4月1日起启用新版增值税专用发票,如图4-2-1所示。

(二)专用发票的领购

一般纳税人领购专用设备后,凭《最高开票限额申请表》《发票领购簿》到主管税务机关办理初始发行。

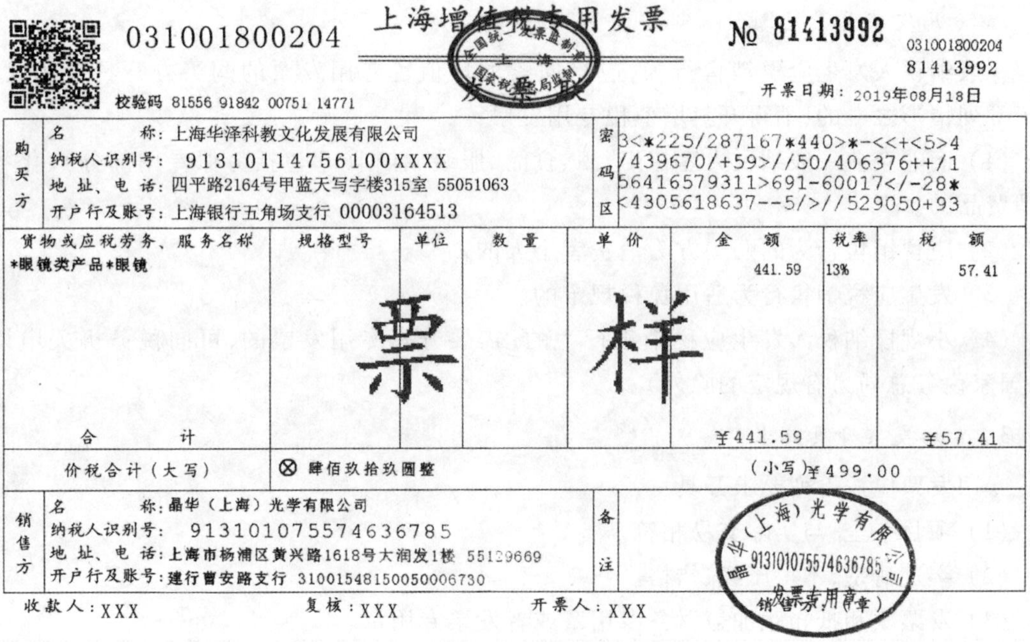
031001800204 上海增值税专用发票 № 81413992

031001800204
81413992

发票联

校验码 81556 91842 00751 14771

开票日期：2019年08月18日

购买方	名　　称：上海华泽科教文化发展有限公司 纳税人识别号：91310114756100XXXX 地 址、电 话：四平路2164号甲蓝天写字楼315室 55051063 开户行及账号：上海银行五角场支行 00003164513				密码区	3<*225/287167*440>*-<<+<5>4 /439670/+59>//50/406376++/1 5641657931l>691-60017</-28* <4305618637--5/>//529050+93		
货物或应税劳务、服务名称		规格型号	单位	数量	单价	金额	税率	税额
*眼镜类产品*眼镜						441.59	13%	57.41
合　计						¥441.59		¥57.41
价税合计（大写）		⊗ 肆佰玖拾玖圆整				（小写）¥499.00		
销售方	名　　称：晶华（上海）光学有限公司 纳税人识别号：913101075574636785 地 址、电 话：上海市杨浦区黄兴路1618号大润发1楼 55129669 开户行及账号：建行曹安路支行 31001548150050006730				备注			

收款人：XXX　　复核：XXX　　开票人：XXX　　销售方：（章）

第二联：发票联　购买方记账凭证

税总函〔2018〕340号西安西正印制有限公司

图 4-2-1　新版增值税专用发票票样

初始发行，是指主管税务机关将一般纳税人的企业名称、税务登记代码、开票限额、购票限量、购票人员姓名、密码、开票机数量、国家税务总局规定的其他信息等载入空白金税盘和IC卡的行为。

一般纳税人凭“发票领购簿”、金税盘（或IC卡）和经办人身份证明领购专用发票。

一般纳税人不得领购开具专用发票的情形如下：

（1）会计核算不健全，不能向税务机关准确提供增值税销项税额、进项税额、应纳税额数据及其他有关增值税税务资料的。

（2）有《税收征管法》规定的税收违法行为，拒不接受税务机关处理的。

（3）有下列行为之一，经税务机关责令限期改正而仍未改正的：① 虚开增值税专用发票；② 私自印制专用发票；③ 向税务机关以外的单位和个人买取专用发票；④ 借用他人专用发票；⑤ 未按规定开具专用发票；⑥ 未按规定保管专用发票和专用设备；⑦ 未按规定申请办理防伪税控系统变更发行；⑧ 未按规定接受税务机关检查。有上述情形的，如已领购专用发票，主管税务机关应暂扣其结存的专用发票和IC卡。

（三）专用发票的使用管理

1. 增值税专用发票实行最高开票限额管理

最高开票限额由一般纳税人申请，税务机关依法审批。

拓展阅读

限额管理

最高开票限额为10万元及以下的，由区（县）级税务机关审批；最高开票限额为100万元的，由地市级税务机关审批；最高开票限额为1 000万元及以上的，由省级税务机关审批。防伪税控系统的具体发行工作由区县级税务机关负责。

2. 专用发票开具范围

一般纳税人发生应税销售行为，应当向索取增值税专用发票的购买方开具专用发票。属于下列情形之一的，不得开具增值税专用发票：

(1) 商业企业一般纳税人零售烟、酒、食品、服装、鞋帽(不包括劳保专用部分)、化妆品等消费品的。

(2) 应税销售行为的购买方为消费者个人的。

(3) 发生应税销售行为适用免税规定的。

(4) 小规模纳税人发生应税销售行为的(需要开具专用发票的，可向税务机关申请代开，国家税务总局另有规定的除外)。

3. 专用发票开具要求

专用发票应按下列要求开具：

(1) 项目齐全，与实际交易相符。

(2) 字迹清楚，不得压线、错格。

(3) 发票联和抵扣联加盖财务专用章或者发票专用章。

(4) 按照增值税纳税义务的发生时间开具。

【例题4-2-11·单选题】 根据增值税法律制度的规定，下列关于增值税专用发票记账联用途的表述中，正确的是(　　)。

A. 作为购买方核算采购成本的记账凭证

B. 作为销售方核算销售收入和增值税销项税额的记账凭证

C. 作为购买方报送主管税务机关认证和留存备查的扣税凭证

D. 作为购买方核算增值税进项税额的记账凭证

【答案】 B

【解析】 选项A、D：属于发票联的用途；选项C：属于抵扣联的用途。

第三节　消费税法律制度

消费税是国际上普遍采用的对特定的某些消费品和消费行为征收的一种间接税。其雏形最早产生于古罗马帝国时期。当时，由于农业、手工业的发展，城市兴起，商业繁荣，于是相继开征了诸如盐税、酒税等产品税，这就是消费税的原形。消费税作为流转税的主体税种，不仅可以保证国家财政收入的稳定增长，而且可以调节产业结构和消费结构，限制某些奢侈品、高能耗品的生产，正确引导消费。

我国的消费税是中央税，它是我国国务院财政收入中仅次于增值税的第二大税源。早在1951年颁布了《特种消费行为税暂行条例》，开始征收特种消费行为税，后来由于种种原因，消费税被迫取消。现行课征的消费税法律依据是1994年开始实施的《中华人民共和国消费税暂行条例》(以下简称《消费税暂行条例》)。这些规范性文件都是为适应当时我国深化经济体制改革，对税收法律制度进行大规模改革的需要而制定的。它标志着我国的消费税法律制度基本建立起来。消费税与增值税、关税等相配合，构成我国流转税新体系。

一、消费税纳税人

在中国境内生产、委托加工和进口《消费税暂行条例》规定的消费品的单位和个人，以及国务院确定的销售《消费税暂行条例》规定的消费品的其他单位和个人，为消费税的纳税人。

由于消费税是在对所有货物普遍征收增值税的基础上选择少量消费品征收的，因此，消费税纳税人同时也是增值税纳税人。

二、消费税征税范围

根据《消费税暂行条例》及其实施细则的规定，消费税的征收范围包括下列内容：① 生产应税消费品；② 委托加工应税消费品；③ 进口应税消费品；④ 商业零售金银首饰；⑤ 批发销售卷烟。

三、消费税税目

根据《消费税暂行条例》的规定，只有特定的商品（15 类）才征收消费税，包括：烟、酒、高档化妆品、贵重首饰及珠宝玉石、鞭炮焰火、高尔夫球及球具、高档手表、游艇、木制一次性筷子、实木地板、成品油、摩托车、小汽车、涂料和电池。具体内容如下。

1. 烟

烟包括卷烟、雪茄烟和烟丝。

2. 酒

酒包括白酒、黄酒、啤酒和其他酒（果木酒、药酒、葡萄酒等）。

对饮食业、商业、娱乐业举办的啤酒屋（啤酒坊）利用啤酒生产设备生产的啤酒，应当征收消费税。

调味料酒不征收消费税。

3. 高档化妆品

高档化妆品的征收范围包括高档美容、修饰类化妆品，高档护肤类化妆品和成套化妆品。

高档美容、修饰类化妆品和高档护肤类化妆品是指生产（进口）环节销售（完税）价格（不含增值税）在 10 元/毫升（克）或 15 元/片（张）及以上的美容、修饰类化妆品和护肤类化妆品。

舞台、戏剧、影视演员化妆用的上妆油、卸妆油、油彩，不属于本税目的征收范围。

4. 贵重首饰及珠宝玉石

贵重首饰及珠宝玉石包括金银首饰、铂金首饰、钻石及钻石饰品（如黄金项链、钻戒），以及其他贵重首饰和珠宝玉石（如珍珠、碧玺、琥珀、珊瑚等）。

宝石坯是经采掘、打磨、初级加工的珠宝玉石半成品，对宝石坯应按规定征收消费税。

5. 鞭炮、焰火

此类具体包括喷花类、旋转类、旋转升空类、火箭类、吐珠类、线香类、小礼花类、烟雾类、造型玩具类、爆竹类、摩擦炮类、组合烟花类、礼花弹类等。

体育上用的发令纸、鞭炮药引线,不征收消费税。

6. 成品油

成品油包括汽油、柴油、石脑油、溶剂油、航空煤油、润滑油、燃料油。

原油不征收消费税。

7. 摩托车

气缸容量250毫升和250毫升(不含)以上的摩托车继续分别按3%和10%的税率征收消费税。

对最大设计车速不超过50千米/小时,发动机汽缸总工作容量不超过50毫升的三轮摩托车不征收消费税;气缸容量250毫升(不含)以下的摩托车不征收消费税。

8. 小汽车

小汽车包括各类乘用车、中轻型商用客车和超豪华小汽车[每辆零售价格130万元(不含增值税)及以上的乘用车和中轻型商用客车]。

对于购进乘用车和中轻型商用客车整车改装生产的汽车,征收消费税。

电动汽车不征收消费税;沙滩车、雪地车、卡丁车、高尔夫车不征收消费税;对企业购进货车或者厢式货车改装生产的商务车、卫星通信车等专用汽车不征收消费税。

9. 高尔夫球及球具

高尔夫球及球具包括高尔夫球,高尔夫球杆及高尔夫球包(袋),高尔夫球杆的杆头、杆身和握把。

10. 高档手表

销售价格(不含增值税)每只在10 000元(含)以上的各类手表征收消费税。

11. 游艇

12. 木制一次性筷子

木制一次性筷子包括各种规格的木制一次性筷子和未经打磨、倒角的木制一次性筷子。

13. 实木地板

实木地板按生产工艺不同,分为独板(块)实木地板、实木指接地板和实木复合地板;按表面处理状态不同,分为未涂饰地板(白坯板、素板)和漆饰地板。

14. 电池

电池包括原电池、蓄电池、燃料电池、太阳能电池和其他电池。自2016年1月1日起,对铅蓄电池按4%税率征收消费税。

对无汞原电池、金属氢化物镍蓄电池、锂原电池、锂离子蓄电池、太阳能电池、燃料电池和全钒液流电池免征消费税。

15. 涂料

涂料是指涂于物体表面能形成具有保护、装饰或特殊性能的固态涂膜的一类液体或固体材料的总称。

对施工状态下挥发性有机物含量低于420克/升(含)的涂料免征消费税。

【例题 4-3-1 · 多选题】根据消费税法律制度的规定，下列各项中，应缴纳消费税的有（　　）。

A. 进口高档手表　　B. 零售金银首饰

C. 生产销售高档化妆品　　D. 委托加工白酒

【答案】ABCD

【解析】消费税税目包括烟，酒，高档化妆品，贵重首饰及珠宝玉石，鞭炮、焰火，成品油，摩托车，小汽车，高尔夫球及球具，高档手表，游艇，木制一次性筷子，实木地板，电池，涂料。应税消费品一般是在生产销售、委托加工及进口环节征收消费税。金银首饰消费税由生产销售环节征收改为零售环节征收。超豪华小汽车在生产环节征收消费税的基础上，在零售环节加征消费税。卷烟消费税在生产和批发两个环节征收。

四、消费税税率

消费的基本规定如表 4-3-1 所示。

表 4-3-1　　消费税基本规定

税率形式	适用项目	计税公式
从价定率	除适用从量计税、复合计税以外的其他项目	应纳税额 = 销售额或组成计税价格 × 比例税率
从量定额	啤酒、黄酒、成品油	应纳税额 = 销售数量 × 定额税率
复合计税	卷烟、白酒	应纳税额 = 销售数量 × 定额税率 + 销售额或组成计税价格 × 比例税率

纳税人兼营不同税率的应税消费品，应当分别核算不同税率应税消费品的销售额、销售数量；未分别核算销售额、销售数量的，或者将不同税率的应税消费品组成成套消费品销售的，从高适用税率。消费税税率如表 4-3-2 所示。

表 4-3-2　　消费税税目税率表

税目		税率
一、烟	1. 卷烟 甲类（生产或进口） 乙类（生产或进口） 批发环节	 56% 加 0.003 元/支 36% 加 0.003 元/支 11% 加 0.005 元/支
	2. 雪茄烟	36%
	3. 烟丝	30%
二、酒	1. 白酒	20% 加 0.5 元/500 克
	2. 黄酒	240 元/吨
	3. 啤酒 甲类 乙类	 250 元/吨 220 元/吨
	4. 其他酒	10%
三、高档化妆品		15%

续表

税目		税率
四、贵重首饰及珠宝玉石	1. 金银铂金钻石	5%
	2. 其他	10%
五、鞭炮、焰火		15%
六、成品油	1. 汽油	1.52 元/升
	2. 柴油	1.20 元/升
	3. 航空煤油	1.20 元/升
	4. 溶剂油	1.52 元/升
	5. 石脑油/化工轻油	1.52 元/升
	6. 润滑油	1.52 元/升
	7. 燃料油	1.20 元/升
七、摩托车	1. 气缸容量 250 毫升	3%
	2. 气缸容量 250 毫升(不含)以上	10%
八、小汽车	1. 乘用车 (0 升,1.0 升] (1.0 升,1.5 升] (1.5 升,2.0 升] (2.0 升,2.5 升] (2.5 升,3.0 升] (3.0 升,4.0 升] (4.0 升,+∞ 升)	 1% 3% 5% 9% 12% 25% 40%
	2. 中轻型商用客车	5%
	3. 超豪华小汽车	10%(零售环节)
九、高尔夫球及球具		10%
十、高档手表		20%
十一、游艇		10%
十二、木制一次性筷子		5%
十三、实木地板		5%
十四、电池		4%
十五、涂料		4%

五、消费税应纳税额的计算

(一) 销售额的确定

消费税应纳税额的计算分为从价计征、从量计征和从价从量复合计征三种方法。

1. 从价定率计征

(1) 计税公式。

应纳税额 = 销售额或组成计税价格 × 比例税率

（2）销售额的确定。

销售额为纳税人销售应税消费品向购买方收取的全部价款和价外费用，不包括应向购买方收取的增值税税款。在计算消费税时，应将含增值税的销售额换算为不含增值税税款的销售额。其换算公式为：

应税消费品的销售额＝含增值税的销售额÷（1＋增值税税率或征收率）

拓展阅读

价外费用，是指价外向购买方收取的手续费、补贴、基金、集资费、返还利润、奖励费、违约金、滞纳金、延期付款利息、赔偿金、代收款项、代垫款项、包装费、包装物租金、储备费、优质费、运输装卸费以及其他各种性质的价外收费。

【例题4-3-2·单选题】 甲地板厂为增值税一般纳税人，2019年8月销售自产实木地板取得含增值税销售额111.15万元。已知实木地板增值税税率为13%，消费税税率为5%，甲地板厂当月该业务应缴纳消费税税额的下列计算列式中，正确的是（　　）。

A. 111.15÷（1＋13%）×5%

B. 111.15÷（1－5%）×5%

C. 111.15×5%

D. 111.15÷（1＋13%）÷（1＋5%）×5%

【答案】A

【解析】实行从价定率征收的应税消费品，其计税依据为含消费税而不含增值税的销售额；如果销售额为含增值税的销售额，则必须换算成不含增值税的销售额。

2. 从量计征销售数量的确定

销售数量，是指纳税人生产、加工和进口应税消费品的数量，具体规定为：

（1）销售应税消费品的，为应税消费品的销售数量。

（2）自产自用应税消费品的，为应税消费品的移送使用数量。

（3）委托加工应税消费品的，为纳税人收回的应税消费品数量。

（4）进口应税消费品的，为海关核定的应税消费品进口征税数量。

但是，在实际销售过程中，一些纳税人会把吨与升两个计量单位混用，或将卷烟的支换用其他计量单位。为规范不同产品的计量单位，以准确计算应纳税额，换算标准如表4-3-3所示。

表4-3-3　　计量单位换算表

应税消费品名称	计量单位的换算标准
卷烟	1标准箱＝50 000支
	1标准条＝200支
黄酒	1吨＝962升
啤酒	1吨＝988升
汽油	1吨＝1 388升

续表

应税消费品名称	计量单位的换算标准
柴油	1 吨 = 1 176 升
航空煤油	1 吨 = 1 246 升
石脑油	1 吨 = 1 385 升
溶剂油	1 吨 = 1 282 升
润滑油	1 吨 = 1 126 升
燃料油	1 吨 = 1 015 升

3. 复合计征销售额和销售数量的确定

根据消费税法的规定，卷烟和白酒实行从价定率和从量定额相结合的复合计征办法征收消费税。

销售额为纳税人生产销售卷烟、白酒向购买方收取的全部价款和价外费用。

销售数量为纳税人生产销售、进口、委托加工、自产自用卷烟、白酒的销售数量、海关核定数量、委托方收回数量和移送使用数量。

案例分析

【案例】

某酒厂为增值税一般纳税人，2019 年 7 月份销售自己生产的粮食白酒 15 吨，开具增值税专用发票注明销售额 100 万元，另外向购买方收取优质费 56.5 万元。已知白酒的消费税税率为 20% 加 0.5 元/500 克，该酒厂 7 月份应纳的消费税是多少？

【分析】

(1) 应纳消费税 = [(100 + 56.5 ÷ 1.13) × 10 000 × 20% + 15 × 2 000 × 0.5] ÷ 10 000 = 31.5(万元)

(2) 增值税销项税额 = [100 + 56.5 ÷ (1 + 13%)] × 13% = 19.5(万元)

4. 特殊情况下销售额和销售数量的确定

(1) 非独立核算门市部。

纳税人通过自设非独立核算门市部销售的自产应税消费品，应按门市部“对外销售额或者销售数量”征收消费税。

【例题 4-3-3 · 单选题】 甲化妆品厂为增值税一般纳税人，下设非独立核算门市部。2019 年 9 月将生产的化妆品一批移交门市部零售，门市部取得含增值税销售额 113 万元，该批化妆品的出库价为 90 万元。已知，甲化妆品厂生产的化妆品适用的增值税税率为 13%、消费税税率为 15%，甲化妆品厂该笔业务应缴纳消费税税额的下列计算中，正确的是(　　)。

A. 90 × 15%

B. 113 × 15%

C. 113 ÷ (1 + 13%) × 15%

D. 113 ÷ (1 + 13%) ÷ (1 − 15%) × 15%

【答案】C

【解析】纳税人通过自设非独立核算门市部销售的自产应税消费品,应当按照门市部对外销售额或者销售数量征收消费税。甲化妆品厂该笔业务应缴纳的消费税税额=含增值税的销售额÷(1+增值税税率)×消费税比例税率=113÷(1+13%)×15%=15(万元)。

(2)"换、投、抵"。

纳税人用于换取生产资料和消费资料,投资入股和抵偿债务等方面("换、投、抵")的应税消费品,应当以纳税人同类应税消费品的最高销售价格作为计税依据计算消费税。

【例题4-3-4·单选题】2019年6月甲酒厂将自产的1吨药酒用于抵偿债务。该批药酒生产成本35 000元/吨,甲酒厂同类药酒不含增值税最高销售价格62 000元/吨、不含增值税平均最高销售价格62 000元/吨,不含增值税平均销售价格60 000元/吨、不含增值税最低销售价格59 000元/吨。已知消费税税率为10%。计算甲酒厂当月该笔业务应缴纳消费税税额的下列算式中,正确的是(　　)。

A. 1×59 000×10%=5 900(元)　　B. 1×60 000×10%=6 000(元)

C. 1×62 000×10%=6 200(元)　　D. 1×35 000×10%=3 500(元)

【答案】C

【解析】纳税人用于换取生产资料和消费资料,投资入股和抵偿债务等方面("换投抵")的应税消费品,应当以纳税人同类应税消费品的最高销售价格作为计税依据计算消费税,选项C正确。

(3)包装物押金。

包装物押金具体规定如表4-3-4所示。

表4-3-4　　包装物押金

类型	基本要求	
包装物连同应税消费品一并销售的	一般情况下,应并入应税消费品的销售额中缴纳消费税和增值税	
一般应税消费品销售并收取的包装物押金	一般情况下收取的押金不征消费税和增值税	
	因逾期未收回包装物不再退还的押金或者收取时间超过12个月的押金,应并入应税消费品的销售额,按照应税消费品的适用税率计算缴纳消费税和增值税	
酒类产品销售并收取的包装物押金	啤酒、黄酒	增值税:收取时不征收,逾期不退或者收取时间超过12个月时并入纳税
		消费税:啤酒、黄酒从量定额征收消费税,包装物押金不征收消费税
	其他酒类	收取的包装物押金,应并入酒类产品销售额,征收消费税和增值税

【例题4-3-5·单选题】2019年8月,甲酒厂销售自产葡萄酒,取得含增值税价款48万元,另收取包装物押金2.26万元、手续费1.13万元。已知葡萄酒增值税税率为13%,消费税税率为10%。甲酒厂该笔业务应缴纳消费税税额的下列计算列式中,正确的是(　　)。

A. (48+1.13)÷(1+13%)×10%

B. 48÷(1+13%)×10%

C. (48+2.26+1.13)÷(1+13%)×10%

D. (48+2.26)÷(1+13%)×10%

【答案】C

【解析】(1)对酒类生产企业销售酒类产品(啤酒、黄酒除外)而收取的包装物押金,无论押金是否返还，也不管会计上如何核算，均应并入酒类产品销售额，征收消费税；(2) 1.16万元的手续费应作为价外费用；(3) 价外费用与并入销售额的包装物押金均为“含税”收入。

(4) 金银首饰。

纳税人采用以旧换新(含翻新改制)方式销售的金银首饰，应按实际收取的不含增值税的全部价款确定计税依据征收消费税。

金银首饰与其他产品组成成套消费品销售的，应按销售额全额征收消费税。

拓展阅读

对既销售金银首饰，又销售非金银首饰的生产、经营单位，应将两类商品划分清楚，分别核算销售额。凡划分不清楚或不能分别核算并在生产环节销售的，一律从高适用税率征收消费税；在零售环节销售的，一律按金银首饰征收消费税。

金银首饰连同包装物销售的，无论包装是否单独计价，也无论会计上如何核算，均应并入金银首饰的销售额计征消费税。

带料加工的金银首饰，应按受托方销售同类金银首饰的销售价格确定计税依据征收消费税。没有同类金银首饰销售价格的，按照组成计税价格计算纳税。

(5) 白酒生产企业向商业销售单位收取的品牌使用费，不论企业采取何种方式或以何种名义收取价款，均应并入白酒的销售额中缴纳消费税。

(二) 应纳税额的计算

1. 生产销售应纳消费税的计算

(1) 实行从价定率计征消费税的，其计算公式为：

应纳税额 = 销售额 × 比例税率

(2) 实行从量定额计征消费税的，其计算公式为：

应纳税额 = 销售数量 × 定额税率

(3) 实行从价定率和从量定额复合方法计征消费税的，其计算公式为：

应纳税额 = 销售额 × 比例税率 + 销售数量 × 定额税率

现行消费税的征税范围中，只有卷烟、白酒采用复合计算方法。

点睛

计税公式适用情况汇总表

计税方法	适用项目	计税公式
从量定额	啤酒、黄酒、成品油	应纳税额 = 销售数量(交货数量、进口数量) × 单位税额
复合计税	卷烟、白酒	应纳税额 = 销售数量(交货数量、进口数量) × 定额税率 + 销售额(同类应税消费品价格、组成计税价格) × 比例税率
从价定率	除上述以外的其他项目	应纳税额 = 销售额(同类应税消费品价格、组成计税价格) × 税率

2．自产自用应纳消费税的计算

纳税人自产自用的应税消费品，用于连续生产应税消费品的，不纳税。凡用于其他方面的，于移送使用时，按照纳税人生产的同类消费品的销售价格计算纳税；没有同类消费品销售价格的，按照组成计税价格计算纳税。

（1）实行从价定率办法计征消费税的，其计算公式为：

组成计税价格＝（成本＋利润）÷（1－比例税率）

应纳税额＝组成计税价格×比例税率

（2）实行复合计税办法计征消费税的，其计算公式为：

组成计税价格＝（成本＋利润＋自产自用数量×定额税率）÷（1－比例税率）

应纳税额＝组成计税价格×比例税率＋自产自用数量×定额税率

上述公式中所说的"成本"，是指应税消费品的产品生产成本。

上述公式中所说的"利润"，是指根据应税消费品的全国平均成本利润率计算的利润。应税消费品全国平均成本利润率由国家税务总局确定。具体标准见表4-3-5。

表4-3-5　平均成本利润率

货物名称	利润率	货物名称	利润率
甲类卷烟	10%	贵重首饰及珠宝玉石	6%
乙类卷烟	5%	摩托车	6%
雪茄烟	5%	高尔夫球及球具	10%
烟丝	5%	高档手表	20%
粮食白酒	10%	游艇	10%
薯类白酒	5%	木制一次性筷子	5%
其他酒	5%	实木地板	5%
化妆品	5%	乘用车	8%
鞭炮、焰火	5%	中轻型商用客车	5%

3．委托加工应纳消费税的计算

委托加工的应税消费品，按照受托方同类消费品的销售价格计算纳税；没有同类消费品销售价格的，按照组成计税价格计算纳税。

（1）实行从价定率办法计征消费税的，其计算公式为：

组成计税价格＝（材料成本＋加工费）÷（1－比例税率）

应纳税额＝组成计税价格×比例税率

（2）实行复合计税办法计征消费税的，其计算公式为：

组成计税价格＝（材料成本＋加工费＋委托加工数量×定额税率）÷（1－比例税率）

应纳税额＝组成计税价格×比例税率＋委托加工数量×定额税率

案例分析

【案例】

某高尔夫球具厂是增值税一般纳税人，2019年6月接受某俱乐部委托加工一批高尔夫球具，俱乐部提供主要材料不含税成本8 000元，球具厂收取含税加工费和代垫辅料费2 808元，球具厂没有同类球具的销售价格。请计算该高尔夫球具厂应代收代缴的消费税税额。

【分析】

生产销售高尔夫球具，适用于10%的比例税率。

组成计税价格 = [8 000 + 2 808 ÷ (1 + 13%)] ÷ (1 − 10%) = 11 649.95(元)

代缴消费税税额 = 11 649.95 × 10% = 1 165(元)

4. 进口环节应纳消费税的计算

纳税人进口应税消费品，按照组成计税价格和规定的税率计算应纳税额。

(1) 从价定率计征消费税的，其计算公式为：

$$组成计税价格 = (关税完税价格 + 关税) \div (1 - 消费税比例税率)$$

$$应纳税额 = 组成计税价格 \times 消费税比例税率$$

(2) 实行复合计税办法计征消费税的，其计算公式为：

$$组成计税价格 = \frac{关税完税价格 + 关税 + 进口数量 \times 定额税率}{1 - 消费税比例税率}$$

$$应纳税额 = 组成计税价格 \times 消费税比例税率 + 进口数量 \times 定额税率$$

案例分析

【案例】

某外贸公司进口一批小轿车(气缸容量为2.5升)，关税完税价格折合人民币为500万元，关税税率为25%。计算该外贸公司进口环节应缴纳的消费税税额。

【分析】

进口环节的豪华小汽车仍按现行税率征收消费税，该气缸容量下适用9%的比例税率。

组成计税价格 = 500 × (1 + 25%) ÷ (1 − 9%) = 686.81(万元)

应纳消费税税额 = 686.81 × 9% = 61.81(万元)

(三) 已纳消费税的扣除

为了避免重复征税，现行消费税规定，将外购应税消费品和委托加工收回的应税消费品继续生产应税消费品销售的，可以将外购应税消费品和委托加工收回的应税消费品已缴纳的消费税扣除。

1. 准予抵扣的情形

(1) 外购(或者委托加工收回的)已税烟丝生产的卷烟。

(2) 外购(或者委托加工收回的)已税高档化妆品为原料生产的高档化妆品。

(3) 外购(或者委托加工收回的)已税珠宝、玉石为原料生产的贵重首饰及珠宝、玉石。

(4) 外购(或者委托加工收回的)已税鞭炮、焰火为原料生产的鞭炮、焰火。

(5) 外购(或者委托加工收回的)已税杆头、杆身和握把为原料生产的高尔夫球杆。

(6) 外购(或者委托加工收回的)已税木制一次性筷子为原料生产的木制一次性筷子。

(7) 外购(或者委托加工收回的)已税实木地板为原料生产的实木地板。

(8) 外购(或者委托加工收回的)已税石脑油、润滑油、燃料油为原料生产的成品油。

(9) 外购(或者委托加工收回的)已税汽油、柴油为原料生产的汽油、柴油。

纳税人以外购、进口、委托加工收回的应税消费品为原料连续生产应税消费品的，准予按现行政策规定抵扣已纳消费税税款。允许抵扣税额的税目不包括酒、摩托车、小汽车、高档手表、游艇、电池、涂料。允许扣税的只涉及同一税目中应税消费品的连续加工，不能跨税目抵扣。当期准予扣除外购或委托加工收回的应税消费品的已纳消费税税款，应按当期生产领用数量计算。

2. 外购应税消费品的计算公式

外购应税消费品的计算公式为：

当期准予扣除的已纳税款 = 当期准予扣除的外购应税消费品买价 × 外购应税消费品适用税率

当期准予扣除的外购应税消费品买价 = 期初库存的外购应税消费品的买价 + 当期购进的应税消费品的买价 − 期末库存的外购应税消费品的买价

外购已税消费品的买价：购货发票上注明的销售额，不包括增值税税款。当期准予扣除的外购应税消费品买价 = 当期实际生产领用的外购应税消费品的买价。

3. 委托加工收回的应税消费品的计算公式

委托加工收回的应税消费品的计算公式为：

当期准予扣除的委托加工应税消费品已纳税款 = 期初库存的委托加工应税消费品已纳税款 + 当期收回的委托加工应税消费品已纳税款 − 期末库存的委托加工应税消费品已纳税款

案例分析

【案例】

甲化妆品生产企业为增值税一般纳税人，2019 年 11 月份从另一化妆品生产企业购进高档保湿精华一批，取得增值税专用发票（当月经过认证并允许在当月抵扣进项税）上注明价款为 200 万元；当月领用其中的 60% 用于生产高档保湿粉底液并全部销售，向购买方开具增值税专用发票，注明销售额为 1 000 万元。已知高档化妆品适用消费税税率为 15%，计算该应纳消费税和应纳增值税。

【分析】

应纳消费税 $= 1\,000 \times 15\% - 200 \times 15\% \times 60\% = 132$（万元）

应纳增值税 $= 1\,000 \times 13\% - 200 \times 13\% = 104$（万元）

六、消费税征收管理

（一）纳税义务发生时间

（1）纳税人销售的应税消费品，纳税义务发生时间按不同的销售结算方式分别确定。

① 纳税人采取赊销和分期收款结算方式的，为书面合同约定的收款日期的当天；书面合同没有约定收款日期或者无书面合同的，为发出应税消费品的当天。

② 纳税人采取预收货款结算方式的，为发出应税消费品的当天。

③ 纳税人采取托收承付、委托银行收款结算方式的，为发出应税消费品并办妥托收手续的当天。

④ 纳税人采取其他结算方式的，为收讫销售款或者取得索取销售款凭据的当天。

(2) 纳税人自产自用的应税消费品，为移送使用的当天。

(3) 纳税人委托加工应税消费品的，为纳税人提货的当天。

(4) 纳税人进口应税消费品的，为报关进口的当天。

(二) 纳税地点

(1) 纳税人销售的应税消费品，以及自产自用的应税消费品，除国务院财政、税务主管部门另有规定外，应当向纳税人机构所在地或者居住地的主管税务机关申报纳税。

(2) 委托加工的应税消费品，除受托方为个人外，由受托方向机构所在地或者居住地的主管税务机关解缴消费税税款；受托方为个人的，由委托方向其机构所在地主管税务机关申报纳税。

(3) 进口的应税消费品，由进口人或者其代理人向报关地海关申报纳税。

(4) 纳税人到外县（市）销售或者委托外县（市）代销自产应税消费品的，于应税消费品销售后，向机构所在地或者居住地主管税务机关申报纳税。

(5) 总机构与分支机构不在同一县（市）：

① 纳税人的总机构与分支机构不在同一县（市）的，原则上应当分别向各自机构所在地的主管税务机关申报纳税。

② 纳税人的总机构与分支机构不在同一县（市），但在同一省（自治区、直辖市）范围内，经省（自治区、直辖市）财政厅（局）、国家税务局审批同意，可以由总机构汇总向总机构所在地的主管税务机关申报缴纳消费税。

(三) 纳税期限

消费税的纳税期限分别为 1 日、3 日、5 日、10 日、15 日、1 个月或者 1 个季度；纳税人的具体纳税期限由主管税务机关根据纳税人应纳税额的大小分别核定；不能按照固定期限纳税的，可以按次纳税。

纳税人以 1 个月或者 1 个季度为 1 个纳税期的，自期满之日起 15 日内申报纳税；以 1 日、3 日、5 日、10 日或者 15 日为 1 个纳税期的，自期满之日起 5 日内预缴税款，于次月 1 日起至 15 日内申报纳税并结清上月应纳税款。

纳税人进口应税消费品，应当自海关填发海关进口消费税专用缴款书之日起 15 日内缴纳税款。

【例题 4-3-6 · 单选题】 根据消费税法律制度的规定，下列关于消费税纳税地点的表述中正确的是（　　）。

A. 纳税人销售的应税消费品，除另有规定外，应当向纳税人机构所在地或居住地的主管税务机关申报纳税

B. 纳税人总机构与分支机构不在同一省的，由总机构汇总向总机构所在地的主管税务机关申报纳税

C. 进口的应税消费品，由进口人或者其代理人向机构所在地的主管税务机关申报纳税

D. 委托加工的应税消费品，受托方为个人的，由受托方向居住地的主管税务机关申报纳税

【答案】 A

【解析】(1) 选项B:纳税人总机构与分支机构不在同一省的,分别向各自机构所在地的主管税务机关申报纳税;(2) 选项C:进口的应税消费品,由进口人或者其代理人向报关地海关申报纳税;(3) 选项D:委托加工的应税消费品,受托方为个人的,由委托方向机构所在地的主管税务机关申报纳税。

归纳总结

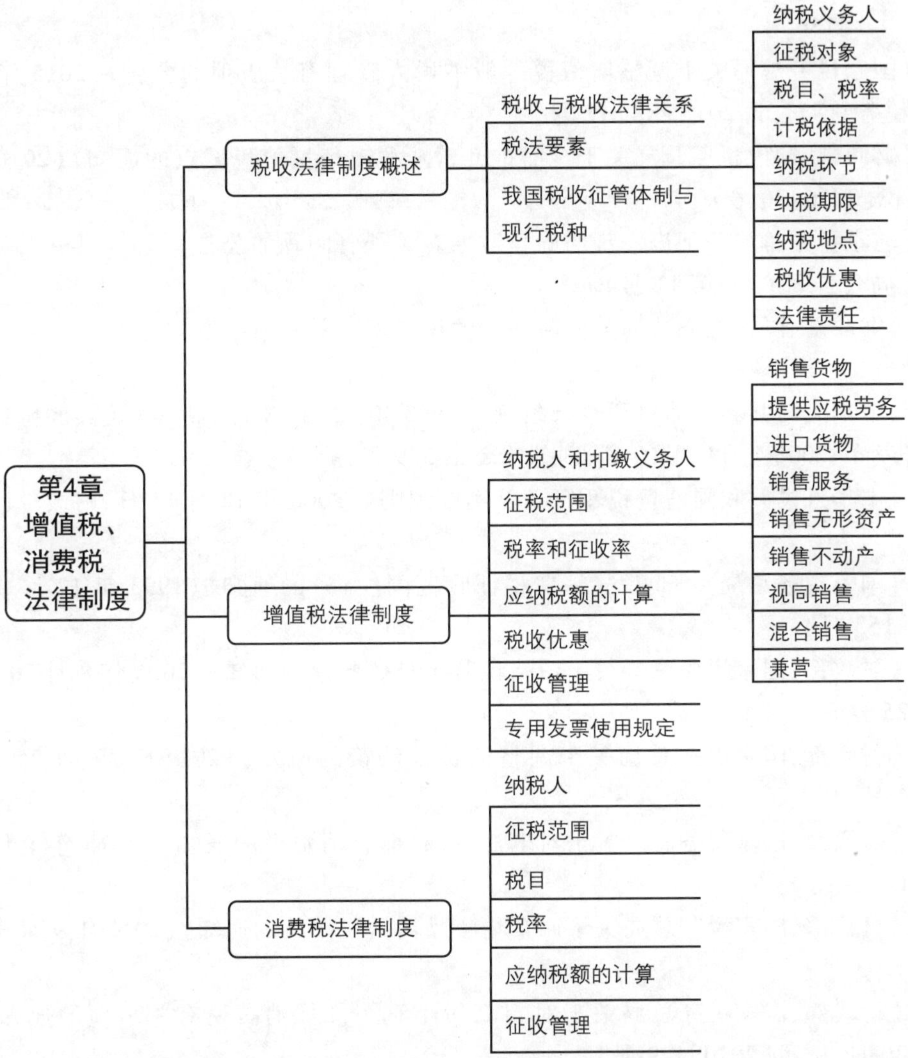

本章主要参考法规索引

1.《中华人民共和国增值税暂行条例》(1993 年 12 月 13 日,国务院令第 134 号发布;2017 年 11 月 19 日,国务院第 691 号令第二次修订)

2.《中华人民共和国增值税暂行条例实施细则》(2008 年 12 月 15 日,财政部国家税务总局第 50 号令发布;2011 年 10 月 28 日,财政部国家税务总局令第 65 号修正)

3.《财政部、国家税务总局关于将铁路运输和邮政业纳入营业税改征增值税试点的通知》(2013 年 12 月 12 日,财税〔2013〕106 号)

4.《财政部、国家税务总局关于将电信业纳入营业税改征增值税试点的通知》(2014 年 4 月 29 日,财税〔2014〕43 号)

5.《国家税务总局关于印发〈增值税若干具体问题的规定〉的通知》(1993 年 12 月 28 日,国税发〔1993〕154 号)

6.《国家税务总局关于修订〈增值税专用发票使用规定〉的通知》(2006 年 10 月 17 日,国税发〔1993〕156 号)

7.《国家税务总局关于调整增值税一般纳税人管理有关事项的公告》(2015 年 3 月 30 日,国家税务总局公告 2015 年第 18 号)

8.《财政部、国家税务总局关于全面推开营业税改征增值税试点的通知》(2016 年 3 月 23 日,财税〔2016〕36 号)

9.《国家税务总局关于进一步明确营改增有关征管问题的公告》(2017 年 4 月 20 日,国家税务总局公告 2017 年第 11 号)

10.《财政部、国家税务总局关于简并增值税税率有关政策的通知》(2017 年 4 月 28 日,财税〔2016〕37 号)

11.《中华人民共和国消费税暂行条例》(1993 年 12 月 13 日,中华人民共和国国务院令第 135 号发布;2008 年 11 月 10 日,国务院令第 539 号修订)

12.《中华人民共和国消费税暂行条例实施细则》(2008 年 12 月 15 日,财政部国家税务总局第 51 号令)

13.《国家税务总局关于印发〈消费税征收范围注释〉的通知》(1993 年 12 月 27 日,国税〔1993〕153 号)

14.《财政部、国家税务总局关于消费税若干具体政策的通知》(2006 年 8 月 30 日,财税〔2006〕125 号)

15.《财政部、国家税务总局关于调整消费税政策的通知》(2014 年 11 月 25 日,财税〔2014〕93 号)

16.《财政部、国家税务总局关于对电池、涂料征收消费税的通知》(2015 年 1 月 26 日,财税〔2015〕16 号)

17.《财政部、国家税务总局关于调整化妆品消费税政策的通知》(2016 年 9 月 30 日,财税〔2016〕103 号)

18.《财政部、国家税务总局关于对超豪华小汽车加征消费税有关事项的通知》(2016 年 11 月 30 日,财税〔2016〕129 号)

19.《财政部关于深化增值税改革有关事项的公告》(2019 年 3 月 21 日,财税〔2019〕39 号)

CHAPTER 5

第5章 企业所得税、个人所得税法律制度

Learning Objectives 学习目标

通过本章你可以：

- 了解个人所得税纳税人和所得来源的确定、税率
- 了解企业所得税税率、征收管理
- 熟悉个人所得税税收优惠、征收管理
- 熟悉企业所得税纳税人、税收优惠
- 掌握个人所得税应纳税额的计算
- 掌握个人所得税应税所得项目、应纳税所得额的确定
- 掌握企业所得税资产税务处理、企业所得税应纳税额的计算
- 掌握企业所得税征税对象、应纳税所得额的计算

学习导引 Learning Guidance

企业所得税（Business Income Taxes）是指对中华人民共和国境内的企业（居民企业及非居民企业）和其他取得收入的组织以其生产经营所得为课税对象所征收的一种所得税，但个人独资企业及合伙企业除外。企业所得税纳税人，即所有实行独立经济核算的中华人民共和国境内的内资企业或其他组织，包括以下六类：（1）国有企业；（2）集体企业；（3）私营企业；（4）联营企业；（5）股份制企业；（6）有生产经营所得和其他所得的其他组织。企业所得税的征税对象是纳税人取得的所得，包括销售货物所得、提供劳务所得、转让财产所得、股息红利所得、利息所得、租金所得、特许权使用费所得、接受捐赠所得和其他所得。

个人所得税（Personal Income Tax）是国家对本国公民、居住在本国境内的个人的所得和境外个人来源于本国的所得征收的一种所得税。个人所得税的纳税义务人，既包括居民纳税义务人，也包括非居民纳税义务人。居民纳税义务人负有完全纳税的义务，必须就其来源于中国境内、境外的全部所得缴纳个人所得税；而非居民纳税义务人仅就其来源于中国境内的所得，缴纳个人所得税。个人所得税的征税对象是纳税人取得的所得，包括工资、薪金所得，个体工商户的生产、经营所得，对企事业单位的承包经营、承租经营所得，劳务报酬所得，稿酬所得，特许权使用费所得，财产租赁所得，财产转让所得，偶然所得，经国务院财政部门确定征税的其他所得。

第一节　企业所得税法律制度

企业所得税是国家对企业生产经营所得和其他所得征收的一种所得税。它是我国的主要税种,在我国现行税制中占有重要地位。它是国家参与企业利润分配并调节其收益水平的一个关键性税种,是实现经济资源合理配置的重要手段。现行中国企业所得税法律制度主要依据《中华人民共和国企业所得税法》(以下简称《企业所得税法》)和《中华人民共和国企业所得税法实施条例》。

一、企业所得税纳税人

(一)企业所得税纳税人的概念

企业所得税纳税人包括各类企业、事业单位、社会团体、民办非企业单位和从事经营活动的其他组织。

依照中国法律、行政法规成立的个人独资企业、合伙企业,不适用《企业所得税法》,不属于企业所得税纳税义务人。

【例题5-1-1·单选题】根据企业所得税法律制度的规定,下列各项中,不属于企业所得税纳税人的是(　　)。

A. 事业单位　　B. 合伙企业　　C. 社会团体　　D. 民办非企业单位

【答案】B

【解析】依照中国法律、行政法规成立的个人独资企业、合伙企业,不适用《企业所得税法》,不属于企业所得税纳税义务人。

(二)企业所得税纳税人的类型

企业所得税采取收入来源地管辖权和居民管辖权相结合的双重管辖权,把企业分为居民企业和非居民企业,具体含义如表5-1-1所示。

表5-1-1　企业类型及其含义

企业类型	具体含义
居民企业	居民企业,是指依法在中国境内成立,或者依照外国(地区)法律成立但实际管理机构在中国境内的企业。居民企业应当就其来源于中国境内、境外的所得缴纳企业所得税。实际管理机构,是指对企业的生产经营、人员、财务、财产等实施实质性全面管理和控制的机构
非居民企业	非居民企业,是指依照外国(地区)法律成立且实际管理机构不在中国境内,但在中国境内设立机构、场所的,或者在中国境内未设立机构、场所,但有来源于中国境内所得的企业

拓展阅读

非居民企业委托营业代理人在中国境内从事生产经营活动的,包括委托单位或者个人经常代其签订合同,或者储存、交付货物等,该营业代理人视为非居民企业在中国境内设立的机构、场所。

【例题5-1-2·单选题】 根据企业所得税法律制度的规定，下列各项中，属于非居民企业的是（　　）。

A. 依照外国法律成立，实际管理机构在境内的甲公司

B. 依照中国法律成立，实际管理机构在境内的乙公司

C. 依照中国法律成立，在境外设立机构、场所的丙公司

D. 依照外国法律成立且实际管理机构在境外，但在境内设立机构、场所的丁公司

【答案】D

【解析】依照外国（地区）法律成立且实际管理机构不在中国境内，在中国境内设立机构、场所的企业，就其来源于中国境内的所得，以及发生在中国境外但与其境内所设机构、场所有实际联系的所得纳税。

二、企业所得税征税对象

（一）居民企业的征税对象

居民企业应当就其来源于中国境内、境外的所得缴纳企业所得税，包括销售货物所得、提供劳务所得、转让财产所得、股息红利等权益性投资所得、利息所得、租金所得、特许权使用费所得、接受捐赠所得和其他所得。

（二）非居民企业的征税对象

非居民企业在中国境内设立机构、场所的，应当就其所设机构、场所取得的来源于中国境内的所得，以及发生在中国境外但与其所设机构、场所有实际联系的所得，缴纳企业所得税。

非居民企业在中国境内未设立机构、场所的，或者虽设立机构、场所但取得的所得与所设机构、场所没有实际联系的，应当就其来源于中国境内的所得缴纳企业所得税。

点睛

居民企业与非居民企业

<table>
<tr><th colspan="3">类型</th><th colspan="2">纳税义务</th></tr>
<tr><td rowspan="2">居民企业</td><td colspan="2">依法在中国境内成立的企业（注册地标准）</td><td rowspan="2">全面纳税义务</td><td rowspan="2">就来源于中国境内、境外的全部所得纳税</td></tr>
<tr><td colspan="2">依照外国（地区）法律成立但实际管理机构在中国境内的企业（实际管理机构所在地标准）</td></tr>
<tr><td rowspan="2">非居民企业</td><td rowspan="2">依照外国（地区）法律成立且实际管理机构不在中国境内的企业</td><td>在中国境内设立机构、场所</td><td rowspan="2">有限纳税义务</td><td>（1）来源于中国境内的所得
（2）发生在中国境外但与其所设机构、场所有实际联系的所得</td></tr>
<tr><td>在中国境内未设立机构、场所，但有来源于中国境内所得</td><td>就来源于中国境内的所得纳税</td></tr>
</table>

（三）来源于中国境内、境外所得的确认原则

来源于中国境内、境外所得的确定原则如表 5-1-2 所示。

表 5-1-2　　确认原则

所得类型		来源地的确定
销售货物所得		按照交易活动发生地确定
提供劳务所得		按照劳务发生地确定
转让财产所得	不动产转让所得	按照不动产所在地确定
	动产转让所得	按照转让动产的企业或者机构、场所所在地确定
	权益性投资资产转让所得	按照被投资企业所在地确定
股息、红利等权益性投资所得		按照分配所得的企业所在地确定
利息所得、租金所得、特许权使用费所得		按照负担、支付所得的企业或者机构、场所所在地确定，或者按照负担、支付所得的个人的住所地确定

三、企业所得税税率

（1）企业所得税的基本税率为 25%，包括居民企业以及中国境内设有机构、场所且取得的所得与其所设机构、场所有实际联系的非居民企业。

（2）在中国境内未设立机构、场所，或者虽设立机构、场所但取得的所得与其所设机构、场所没有实际联系的，就其来源于中国境内的所得缴税，税率为 20%。

（3）符合规定的小型微利企业，减按 20% 税率征收。

（4）国家需要重点扶持的高新技术企业，减按 15% 税率征收。

四、企业所得税应纳税所得额的计算方法

（一）直接法

企业所得税的计税依据是应纳税所得额，即指企业每一纳税年度的收入总额，减除不征税收入、免税收入、各项扣除以及允许弥补的以前年度亏损后的余额。

应纳税所得额 = 收入总额 - 不征税收入 - 免税收入 - 各项扣除 - 以前年度亏损

企业应纳税所得额的计算，以权责发生制为原则，属于当期的收入和费用，不论款项是否收付，均作为当期的收入和费用；不属于当期的收入和费用，即使款项已经在当期收付，均不作为当期的收入和费用。

在计算应纳税所得额时，企业财务、会计处理办法与税收法律法规的规定不一致的，应当依照税收法律法规的规定计算。

（二）间接法

应纳税所得额 = 会计利润 + 纳税调整增加额 - 纳税调整减少额

1. 纳税调整增加额

（1）在计算会计利润时已经扣除，但税法规定不能扣除的项目金额。

（2）在计算会计利润时已经扣除，但超过税法规定扣除标准部分的金额。

（3）未计或者少计的应税收益。

2．纳税调整减少额

（1）允许加计扣除的费用。

（2）减税或者免税收益。

（3）弥补以前年度(5 年内)未弥补的亏损额。

五、企业所得税应纳税所得额计算

（一）收入总额

企业收入总额，是指以货币形式和非货币形式从各种来源取得的收入。企业收入总额包括：销售货物收入，提供劳务收入，转让财产收入，股息、红利等权益性投资收益，利息收入，租金收入，特许权使用费收入，接受捐赠收入以及其他收入。

企业取得收入的货币形式，包括现金、存款、应收账款、应收票据、准备持有至到期的债券以及债务的豁免等。

企业取得收入的非货币形式，包括固定资产、生物资产、无形资产、股权投资、存货、不准备持有至到期的债券投资、劳务以及有关权益等。非货币形式收入应当按照公允价值确定收入额。

1．销售货物收入

销售货物收入，是指企业销售商品、产品、原材料、包装物、低值易耗品以及其他存货取得的收入。

除法律法规另有规定外，企业销售货物收入的确认，必须遵循权责发生制原则和实质重于形式原则。

（1）收入实现时间的确定如表 5-1-3 所示。

表 5-1-3　收入实现时间

货物销售方式	收入确认时间
采取托收承付方式的	在办妥托收手续时确认收入
采取预收款方式的	在发出商品时确认收入
采取分期收款方式的	按照合同约定的收款日期确认收入
采取支付手续费方式委托代销的	在收到代销清单时确认收入
销售商品需要安装和检验的	在购买方接受商品以及安装和检验完毕时确认收入
销售商品需要安装但安装程序比较简单的	可在发出商品时确认收入
采取产品分成方式取得收入的	按照企业“分得”产品的日期确认收入的实现，其收入额按照产品的公允价值确定

（2）特殊销售方式下收入金额的具体确定原则如表 5-1-4 所示。

表 5-1-4　收入金额确认原则

销售方式		收入金额确认原则
售后回购	符合销售收入确认条件	销售的商品按售价确认收入，回购的商品作为购进商品处理
	不符合销售收入确认条件（如以销售方式进行融资）	收到的款项应确认为负债，回购价格大于原售价的，差额应在回购期间确认为利息费用
以旧换新		销售商品按照销售商品收入确认条件确认收入，回收的商品作为购进商品处理

续表

销售方式	收入金额确认原则
商业折扣	按照扣除商业折扣后的金额确定销售商品收入金额
现金折扣	按扣除现金折扣前的金额确定销售商品收入金额，现金折扣在实际发生时作为财务费用扣除
销售折让（销售退回）	企业已经确认销售收入的售出商品发生销售折让和销售退回的，应当在发生当期冲减当期销售商品收入
买一赠一	应将总的销售金额按各项商品的公允价值的比例来分摊确认各项的销售收入

【例题5-1-3·单选题】根据企业所得税法律制度的规定，下列关于企业销售货物收入确认的表述中，正确的是（　　）。

A. 销售商品以旧换新的，应当以扣除回收商品价值后的余额确定销售商品收入金额

B. 销售商品采用支付手续费方式委托代销的，在收到代销清单时确认收入

C. 企业已经确认销售收入的售出商品发生销售折让，不得冲减当期销售商品收入

D. 销售商品涉及现金折扣的，应当以扣除现金折扣后的金额确定销售商品收入金额

【答案】B

【解析】对以旧换新的，销售商品按照销售商品收入确认条件确认收入，回收的商品作为购进商品处理，选项A错误；企业已经确认销售收入的售出商品发生销售折让和销售退回的，应当在发生当期冲减当期销售商品收入，选项C错误；按扣除现金折扣前的金额确定销售商品收入金额，现金折扣在实际发生时作为财务费用扣除，选项D错误。

2. 提供劳务收入

提供劳务收入，是指企业从事建筑安装、修理修配、交通运输、仓储租赁、金融保险、邮电通信、咨询经纪、文化体育、科学研究、技术服务、教育培训、餐饮住宿、中介代理、卫生保健、社区服务、旅游、娱乐、加工以及其他劳务服务活动取得的收入。

企业在各个纳税期末，提供劳务交易的结果能够可靠估计的，应采用完工进度（完工百分比）法确认提供劳务收入。

3. 转让财产收入

转让财产收入，是指企业转让固定资产、生物资产、无形资产、股权、债权等财产取得的收入。转让财产收入应当按照从财产受让方已收或应收的合同或协议价款确认收入。

4. 股息、红利等权益性投资收益

股息、红利等权益性投资收益，是指企业因权益性投资从被投资方取得的收入。股息、红利等权益性投资收益，除国务院财政、税务主管部门另有规定外，按照被投资方作出利润分配决定的日期确认收入的实现。

5. 利息收入

利息收入，按照合同约定的债务人应付利息的日期确认收入的实现。包括存款利息、贷款利息、债券利息、欠款利息等收入。

6. 租金收入

租金收入,是指企业提供固定资产、包装物或者其他有形资产的使用权取得的收入。

(1) 租金收入,按照合同约定的承租人应付租金的日期确认收入的实现。

(2) 如果交易合同或协议中规定的租赁期限跨年度,且租金提前一次性支付的,出租人可对上述已确认的收入,在租赁期内,分期均匀计入相关年度收入。

7. 特许权使用费收入

(1) 特许权使用费收入,是指企业提供专利权、非专利技术、商标权、著作权以及其他特许权的使用权而取得的收入。

(2) 特许权使用费收入,按照合同约定的特许权使用人应付特许权使用费的日期确认收入的实现。

8. 接受捐赠收入

(1) 接受捐赠收入,是指企业接受的来自其他企业、组织或者个人无偿给予的货币性资产、非货币性资产。

(2) 接受捐赠收入,按照实际收到捐赠资产的日期确认收入的实现。

(3) 企业以买一赠一等方式组合销售本企业商品的,不属于捐赠,应将总的销售金额按各项商品的公允价值的比例来分摊确认各项的销售收入。

9. 其他收入

其他收入,包括企业资产溢余收入、逾期未退包装物押金收入、确实无法偿付的应付款项、已作坏账损失处理后又收回的应收款项、债务重组收入、补贴收入、违约金收入、汇兑收益等。

10. 特殊收入的确认

(1) 以分期收款方式销售货物的,按照合同约定的收款日期确认收入的实现。

(2) 企业受托加工制造大型机械设备、船舶、飞机,以及从事建筑、安装、装配工程业务或者提供其他劳务等,持续时间超过12个月的,按照纳税年度内完工进度或者完成的工作量确认收入的实现。

(3) 采取产品分成方式取得收入的,按照企业分得产品的日期确认收入的实现,其收入额按照产品的公允价值确定。

(4) 企业发生非货币性资产交换,以及将货物、财产、劳务用于捐赠、偿债、赞助、集资、广告、样品、职工福利或者利润分配等用途的,应当视同销售货物、转让财产或者提供劳务,但国务院财政、税务主管部门另有规定的除外。

案例分析

【案例】

居民企业甲公司主要从事日化产品的生产和销售,2019年7月为了推广新型洗涤剂,公司推出了“买一赠一”的促销活动,凡购买一件售价40元(不含税)新型洗涤剂的,附赠一瓶原价10元(不含税)的洗洁精。假设当年甲公司销售了1万件新型洗涤剂。

【分析】

(1) 在企业所得税的处理上,甲公司应当确认销售新型洗涤剂收入32万元、销售洗洁精收入8万元,共计确认销售货物收入40万元;假定不考虑成本、税金等其他因素,此次“买一赠一”促销活动应纳企业所得税 $=40\times25\%=10$(万元)。

(2) 在增值税处理上,以自产的洗洁精赠送购买新型洗涤剂的客户,应当视同销售货物,核定销售额,甲公司此次“买一赠一”促销活动的增值税销项税额 $=(40+10)\times13\%=6.5$(万元)。

(二) 不征税收入

不征税收入是指从性质和根源上不属于企业营利性活动带来的经济利益、不作为应纳税所得额组成部分的收入,不应列为征收范围的收入。

下列收入为不征税收入:

(1) 财政拨款。

(2) 依法收取并纳入财政管理的行政事业性收费、政府性基金。

(3) 国务院规定的其他不征税收入,是指企业取得的,由国务院财政、税务主管部门规定专项用途并经国务院批准的财政性资金。

【例题5-1-4·单选题】 根据企业所得税法律制度的规定,下列各项中,属于不征税收入的是(　　)。

A. 财政拨款　　　　B. 国债利息收入

C. 接受捐赠收入　　D. 转让股权收入

【答案】A

【解析】(1)选项A:属于不征税收入;(2)选项B:属于免税收入;(3)选项CD:属于应税收入。

拓展阅读

免税收入

免税收入是指属于企业的应税所得,但是按照税法规定免予征收企业所得税的收入,免税收入是应列入征税范围的收入。

免税收入

<table>
<tr><th>项目</th><th colspan="2">具体要求</th></tr>
<tr><td>利息</td><td colspan="2">国债利息收入免税(注意企业债券利息收入不免税)</td></tr>
<tr><td rowspan="3">股息、红利等权益性投资收益</td><td colspan="2">来自非上市公司(居民企业)的股息、红利收入,免税</td></tr>
<tr><td rowspan="2">对来自上市公司(居民企业)的股息、红利收入</td><td>① 连续持有上市公司股票12个月以上的,免税</td></tr>
<tr><td>② 连续持股不足12个月的,征税</td></tr>
<tr><td rowspan="2">非营利组织</td><td colspan="2">① 从事非营利性活动取得的收入免税</td></tr>
<tr><td colspan="2">② 从事营利性活动取得的收入征税</td></tr>
</table>

（三）税前扣除项目

1. 准予扣除项目

企业实际发生的与取得收入有关的、合理的支出，包括成本、费用、税金、损失和其他支出，准予在计算应纳税所得额时扣除，具体如表5-1-5所示。

表5-1-5　　税前扣除项目

<table>
<tr><th>项目</th><th colspan="3">基本内容</th></tr>
<tr><td>成本</td><td colspan="3">销售成本、销货成本、业务支出以及其他耗费</td></tr>
<tr><td>费用</td><td colspan="3">销售费用、管理费用和财务费用</td></tr>
<tr><td rowspan="4">税金</td><td>不得扣除</td><td colspan="2">增值税（不得抵扣计入成本等的除外）、企业所得税</td></tr>
<tr><td rowspan="2">当期扣除</td><td>计入税金及附加在当期扣除</td><td>消费税、资源税、土地增值税（房地产开发企业）、出口关税、城市维护建设税及教育费附加</td></tr>
<tr><td>计入管理费用在当期扣除</td><td>房产税、车船税、城镇土地使用税、印花税</td></tr>
<tr><td>发生当期计入相关资产成本的，在以后各期分摊扣除</td><td colspan="2">车辆购置税、契税、进口关税、耕地占用税、不得抵扣的增值税</td></tr>
<tr><td>损失</td><td colspan="3">指企业在生产经营活动中发生的固定资产和存货盘亏、毁损、报废损失，转让财产损失，呆账损失，坏账损失，以及自然灾害等不可抗力因素造成的损失以及其他损失</td></tr>
<tr><td>其他支出</td><td colspan="3">除上述项目之外，企业在生产经营活动中发生的、与生产经营活动有关的、合理的支出</td></tr>
</table>

2. 不得扣除项目

（1）向投资者支付的股息、红利等权益性投资收益款项。

（2）企业所得税税款。

（3）税收滞纳金。

（4）罚金、罚款和被没收财物的损失。

（5）超过规定标准的捐赠支出。

（6）赞助支出，具体是指企业发生的与生产经营活动无关的各种非广告性质的赞助支出。

（7）未经核定的准备金支出。

（8）企业之间支付的管理费、企业内营业机构之间支付的租金和特许权使用费，以及非银行企业内营业机构之间支付的利息。

（9）与取得收入无关的其他支出。

【例题5-1-5·单选题】根据企业所得税法律制度的规定，下列各项中，在计算企业所得税应纳税所得额时，不得扣除的是（　　）。

A. 诉讼费用

B. 向投资者支付的股息

C. 发生的合理的工资薪金支出

D. 依照规定的范围和标准为职工缴纳的基本养老保险费

【答案】B

【解析】向投资者支付的股息、红利等权益性投资收益款项，不得扣除。

（四）扣除标准

1. 工资薪金

企业发生的合理的工资薪金支出，准予扣除。工资薪金，包括所有现金或者非现金形式的劳动报酬，包括基本工资、奖金、津贴、补贴、年终加薪、加班工资，以及与员工任职或者受雇有关的其他支出。

2. 三项经费

（1）企业发生的职工福利费支出，不超过工资、薪金总额14%的部分，准予扣除。

（2）企业拨缴的工会经费，不超过工资、薪金总额2%的部分，准予扣除。

（3）除国务院财政、税务主管部门另有规定外，企业发生的职工教育经费支出，不超过工资、薪金总额8%的部分，准予扣除；超过部分，准予在以后纳税年度结转扣除。

【例题5-1-6·单选题】 根据企业所得税法律制度的规定，下列关于企业所得税税前扣除的表述中，不正确的是（　　）。

A. 企业发生的合理的工资薪金支出，准予扣除

B. 企业发生的职工福利费支出超过工资薪金总额14%的部分，准予在以后纳税年度结转扣除

C. 企业发生的合理的劳动保护支出，准予扣除

D. 企业参加财产保险，按照规定缴纳的保险费，准予扣除

【答案】B

【解析】企业发生的职工福利费支出超过工资薪金总额14%的部分，不得在以后纳税年度结转扣除。

3. 社会保险费

社会保险费扣除标准如表5-1-6所示。

表5-1-6　　社会保险费

种类	扣除标准
"五险一金"	按规定标准缴纳的，准予扣除
补充养老、医疗保险	分别在不超过职工工资总额5%标准内的部分，准予扣除；超过的部分，不予扣除
商业保险	① 企业为投资者或者职工支付的商业保险费，不得扣除
	② 企业职工因公出差乘坐交通工具发生的人身意外保险费支出，准予扣除
	② 企业为"特殊工种"职工支付的人身安全保险费，准予扣除

拓展阅读

"五险一金"

"五险一金"包括基本养老保险费、基本医疗保险费、失业保险费、工伤保险费、生育保险费等基本社会保险费和住房公积金。

4. 借款费用

（1）企业在生产经营活动中发生的合理的不需要资本化的借款费用，准予扣除。

（2）企业为购置、建造固定资产、无形资产和经过12个月以上的建造才能达到预定可销售状态的存货发生借款的，在有关资产购置、建造期间发生的合理的借款费用，应当作为资本性支出计入有关资产的成本，并依照《企业所得税实施条例》的规定扣除。

5. 利息费用

（1）非金融企业向金融企业借款的利息支出、金融企业的各项存款利息支出和同业拆借利息支出、企业经批准发行债券的利息支出，可以据实扣除。

（2）非金融企业向非金融企业借款的利息支出，不超过按照金融企业同期同类贷款利率计算的数额的部分可以据实扣除，超过部分不得扣除。

（3）凡企业投资者在规定期限内未缴足其应缴资本额的，该企业对外借款所发生的利息，相当于投资者实缴资本额与在规定期限内应缴资本额的差额应计付的利息，其不属于企业合理的支出，应由企业投资者负担，不得在计算企业应纳税所得额时扣除。

（4）企业向除股东或者其他与企业有关联关系的自然人以外的内部职工或者其他人员借款的利息支出，其借款情况符合相关条件（a. 企业与个人之间的借贷是真实、合法、有效的，并且不具有非法集资目的或其他违反法律、法规的行为；b. 企业与个人之间签订了借款合同。）的，其利息支出在不超过按照金融企业同期同类贷款利率计算的数额的部分，准予扣除。

（5）在计算企业所得税应纳税所得额时，企业实际支付给关联方的利息支出，不超过规定比例（债资比）和规定限额（利率限额）计算的部分，准予扣除；超过的部分不得在发生当期和以后年度扣除。

【例题5-1-7·单选题】 2018年6月，甲公司向非关联企业乙公司借款100万元用于生产经营，期限为半年，双方约定年利率为10%，已知甲、乙公司都是非金融企业，金融企业同期同类贷款年利率为7.8%，甲公司在计算当年企业所得税应纳税所得额时，准予扣除的利息费用为（　　）。

A. 7.8万元　　B. 10万元　　C. 3.9万元　　D. 5万元

【答案】C

【解析】税前准予扣除 $=100\times7.8\%\times6\div12=3.9$（万元）。

6. 汇兑损失

企业在货币交易中，以及纳税年度终了时将人民币以外的货币性资产、负债按照期末即期人民币汇率中间价折算为人民币时产生的汇兑损失，除已经计入有关资产成本以及向所有者进行利润分配相关的部分外，准予扣除。

7. 公益性捐赠

（1）纳税人直接向受赠人的捐赠，不允许税前扣除。

（2）企业通过公益性社会组织或者县级（含县级）以上人民政府及其组成部门和直属机构，用于慈善活动、公益性事业的捐赠支出，在年度利润总额（大于零的数额）12%以内的部分，准予在计算应纳税所得额时扣除；超过部分，准予结转以后三年内在计算应纳税所得额时扣除。

【例题5-1-8·单选题】 甲公司2019年度实现利润总额30万元，直接向受灾地区群众捐款6万元,通过公益性社会团体向贫困地区捐款4万元。已知公益性捐赠支出不超过年度利润总额的12%的部分,准予在计算应纳税所得额时扣除。甲公司在计算2019年度企业所得税应纳税所得额时,准予扣除的捐赠额为(　　)。

A. 6万元　　B. 10万元　　C. 3.6万元　　D. 4万元

【答案】C

【解析】(1)直接捐赠的6万元不得扣除;(2)通过公益性社会团体捐赠的4万元,扣除限额=30×12%=3.6(万元),所以准予扣除的捐赠额为3.6万元。

8. 业务招待费

(1)企业发生的与其生产、经营活动有关的业务招待费支出,按照发生额的60%扣除,但最高不得超过当年销售(营业)收入的5‰。

(2)企业在筹建期间发生的与筹办活动有关的业务招待费支出,可按实际发生额的60%计入企业筹办费,并按有关规定在税前扣除。

【例题5-1-9·单选题】 甲公司2018年度取得销售货物收入1 000万元,发生与生产经营活动有关的业务招待费支出6万元,已知在计算企业所得税应纳税所得额时,业务招待费支出按照发生额的60%扣除,但最高不得超过当年销售(营业)收入的5‰。甲公司在计算2019年度企业所得税应纳税所得额时,准予扣除的业务招待费支出为(　　)。

A. 6万元　　B. 5万元　　C. 4.97万元　　D. 3.6万元

【答案】D

【解析】企业发生的与其生产、经营业务有关的业务招待费支出,按照发生额的60%扣除,但最高不得超过当年销售(营业)收入的5‰。业务招待费扣除限额=1 000×5‰=5(万元),业务招待费扣除限额=6×60%=3.6(万元),在税前准予扣除的业务招待费为3.6万元。

9. 广告费和业务宣传费

(1)企业发生的符合条件的广告费和业务宣传费支出,除国务院财政、税务主管部门另有规定外,不超过当年销售(营业)收入15%的部分,准予扣除;超过部分,准予结转以后纳税年度扣除。

(2)企业在筹建期间发生的广告费和业务宣传费,可按实际发生额计入企业筹办费,并按有关规定在税前扣除。

(3)自2016年1月1日起至2020年12月31日,对化妆品制造或销售、医药制造和饮料制造(不含酒类制造)企业发生的广告费和业务宣传费支出,不超过当年销售(营业)收入30%的部分,准予扣除;超过部分,准予在以后纳税年度结转扣除。

(4)烟草企业的烟草广告费和业务宣传费支出,一律不得在计算应纳税所得额时扣除。

10. 环境保护专项资金

企业依照法律、行政法规有关规定提取的用于环境保护、生态恢复等方面的专项资金,准予扣除。上述专项资金提取后改变用途的,不得扣除。

11. 保险费

企业参加财产保险,按照规定缴纳的保险费,准予扣除。

企业参加雇主责任险、公众责任险等责任保险,按照规定缴纳的保险费,准予在企业所得税税前扣除。该项规定适用于2018年度及以后年度的企业所得税汇算清缴。

12. 租赁费

（1）以经营租赁方式租入固定资产发生的租赁费支出，按照租赁期限均匀扣除。

（2）以融资租赁方式租入固定资产发生的租赁费支出，按照规定构成融资租入固定资产价值的部分应当提取折旧费用，分期扣除。

13. 劳动保护费

企业发生的合理的劳动保护支出，准予扣除。

14. 有关资产的费用

企业转让各类固定资产发生的费用，允许扣除。企业按规定计算的固定资产折旧费、无形资产和递延资产的摊销费，准予扣除。

15. 总机构分摊的费用

非居民企业在中国境内设立的机构、场所，就其中国境外总机构发生的与该机构、场所生产经营有关的费用，能够提供总机构出具的费用汇集范围、定额、分配依据和方法等证明文件，并合理分摊的，准予扣除。

16. 手续费及佣金支出

（1）财产保险企业按照全部保费收入扣除退保金等后余额的15%计算限额。

（2）人身保险企业按照当年全部保费收入扣除退保金等后余额的10%计算限额。

（3）其他企业按照与具有合法经营资格的中介服务机构或个人（不含交易双方及其雇员、代理人和代表人等）所签订服务协议或合同确认的收入金额的5%计算限额。

（4）从事代理服务、主营业务收入为手续费、佣金的企业（如证券、期货、保险代理等企业），其为取得该类收入而实际发生的营业成本（包括手续费及佣金支出），准予在企业所得税前据实扣除。

17. 其他项目

依照有关法律、行政法规和国家有关税法规定准予扣除的其他项目，如会员费、合理的会议费、差旅费、违约金、诉讼费用等。

【例题5-1-10 · 单选题】2019年易学企业取得销售收入3 000万元，广告费支出400万元，上年结转广告费60万元。根据企业所得税法律制度的规定，易学企业2019年准予扣除的广告费是（　　）万元。

A. 460　　B. 510　　C. 450　　D. 340

【答案】C

【解析】2019年，易学企业广告费税前扣除限额 = 3 000 × 15% = 450（万元），当年实际发生额（400万元）+ 上年结转广告费（60万元）= 460（万元），易学企业2019年税前准予扣除的广告费为450万元。

（五）亏损弥补

亏损，是指企业将每一纳税年度的收入总额减除不征税收入、免税收入和各项扣除后小于零的数额。税法规定，企业某一纳税年度发生的亏损可以用下一年度的所得弥补，下一年度的所得不足以弥补的，可以逐年延续弥补，但最长不得超过5年。

拓展阅读

自2018年1月1日起，当年具备高新技术企业或科技型中小企业资格的企业，其具备资格年度之前5个年度发生的尚未弥补完的亏损，准予结转以后年度弥补，最长结转年限由5年延长至10年。

（六）非居民企业的应纳税所得额

在中国境内未设立机构、场所，或者虽设立机构、场所但取得的所得与其所设机构、场所没有实际联系的非居民企业，其取得的来源于中国境内的所得，按照下列方法计算其应纳税所得额：

（1）股息、红利等权益性投资收益和利息、租金、特许权使用费所得，以收入全额为应纳税所得额。

（2）转让财产所得，以收入全额减除财产净值后的余额为应纳税所得额。

财产净值，是指有关资产、财产的计税基础减除已经按照规定扣除的折旧、折耗、摊销、准备金等后的余额。

（3）其他所得，参照前两项规定的方法计算应纳税所得额。

非居民企业在中国境内设立的机构、场所，就其中国境外总机构发生的与该机构、场所生产经营有关的费用，能够提供总机构出具的费用汇集范围、定额、分配依据和方法等证明文件并合理分摊的，准予扣除。

【例题5-1-11·多选题】 根据企业所得税法律制度的规定，在中国境内未设立机构、场所的非居民企业从中国境内取得的下列所得中，应以收入全额为应纳税所得额的有（　　）。

A. 红利　　B. 转让财产所得　　C. 租金　　D. 利息

【答案】ACD

【解析】企业所得税法律制度规定股息、红利等权益性投资收益和利息、租金、特许权使用费所得，以收入全额为应纳税所得额。转让财产所得，以收入全额减除财产净值后的余额为应纳税所得额。

六、资产的税务处理

企业资产，是指企业拥有或者控制、用于经营管理活动且与取得应税收入有关的资产。企业的各项资产，包括固定资产、生产性生物资产、无形资产、长期待摊费用、投资资产、存货等。

（一）固定资产

固定资产，是指企业为生产产品、提供劳务、出租或者经营管理而持有的，使用时间超过12个月的非货币性资产，包括房屋、建筑物、机器、机械、运输工具以及其他与生产经营活动有关的设备、器具、工具等。

在计算应纳税所得额时，企业按照规定计算的固定资产折旧，准予扣除。

（1）下列固定资产不得计算折旧扣除：① 房屋、建筑物以外未投入使用的固定资产；② 以经营租赁方式租入的固定资产；③ 以融资租赁方式租出的固定资产；④ 已足额提取折旧仍继续使用的固定资产；⑤ 与经营活动无关的固定资产；⑥ 单独估价作为固定资产入账的土地；⑦ 其他不得计算折旧扣除的固定资产。

（2）固定资产的计税基础如表 5-1-7 所示。

表 5-1-7　　固定资产计税基础

固定资产的取得方式	固定资产的计税基础
外购的固定资产	购买价款和支付的相关税费以及直接归属于使该资产达到预定用途发生的其他支出
自行建造的固定资产	竣工结算前发生的支出
融资租入的固定资产	① 租赁合同约定的付款总额和承租人在签订租赁合同过程中发生的相关费用 ② 租赁合同未约定付款总额的，为该资产的公允价值和承租人在签订租赁合同过程中发生的相关费用
盘盈的固定资产	同类固定资产的重置完全价值
通过捐赠、投资、非货币性资产交换、债务重组等方式取得的固定资产	该资产的公允价值和支付的相关税费
改建的固定资产，除已足额提取折旧的固定资产和租入的固定资产以外的其他固定资产	改建过程中发生的改建支出增加计税基础

（3）固定资产折旧的计提方法。

① 固定资产按照直线法计算的折旧，准予扣除。

② 企业应当自固定资产投入使用月份的次月起计提折旧；停止使用的固定资产，应当从停止使用月份的次月起停止计提折旧。

（4）除国务院财政、税务主管部门另有规定外，固定资产计算折旧的最低年限如表5-1-8所示。

表 5-1-8　　最低折旧年限

固定资产类别	计提折旧最低年限
房屋、建筑物	20 年
飞机、火车、轮船、机器、机械和其他生产设备	10 年
与生产经营活动有关的器具、工具、家具等	5 年
飞机、火车、轮船以外的运输工具	4 年
电子设备	3 年

【例题 5-1-12 · 单选题】 下列关于固定资产确定计税基础的表述中，不符合企业所得税法律制度规定的是（　　）。

A. 自行建造的固定资产，以竣工结算前发生的支出为计税基础

B. 盘盈的固定资产，以同类固定资产的重置完全价值为计税基础

C. 通过捐赠取得的固定资产，以该资产的原账面价值为计税基础

D. 通过投资取得的固定资产，以该资产的公允价值和支付的相关税费为计税基础

【答案】C

【解析】通过捐赠取得的固定资产，以该资产的公允价值和支付的相关税费为计税基础。

（二）生产性生物资产

生产性生物资产，是指企业为生产农产品、提供劳务或者出租等而持有的生物资产，包括经济林、薪炭林、产畜和役畜等。

（1）生产性生物资产按照以下方法确定计税基础：

① 外购的生产性生物资产，以购买价款和支付的相关税费为计税基础。

② 通过捐赠、投资、非货币性资产交换、债务重组等方式取得的生产性生物资产，以该资产的公允价值和支付的相关税费为计税基础。

（2）生产性生物资产折旧的计提方法：

① 企业应当自生产性生物资产投入使用月份的次月起计算折旧；停止使用的生产性生物资产，应当自停止使用月份的次月起停止计算折旧。

② 企业应当根据生产性生物资产的性质和使用情况，合理确定生产性生物资产的预计净残值。生产性生物资产的预计净残值一经确定，不得变更。

（3）生产性生物资产计算折旧的最低年限如下：① 林木类生产性生物资产为10年；② 畜类生产性生物资产为3年。

【例题5-1-13·判断题】停止使用的生产性生物资产，应当自停止使用的当月起停止计算折旧。（　）

【答案】×

【解析】停止使用的生产性生物资产，应当自停止使用月份的次月起停止计算折旧。

（三）无形资产

无形资产，是指企业为生产产品、提供劳务、出租或者经营管理而持有的没有实物形态的非货币性长期资产，包括专利权、商标权、著作权、土地使用权、非专利技术、商誉等。在计算应纳税所得额时，企业按照规定计算的无形资产摊销费用，准予扣除。

（1）下列无形资产不得计算摊销费用扣除：① 自行开发的支出已在计算应纳税所得额时扣除的无形资产；② 自创商誉；③ 与经营活动无关的无形资产；④ 其他不得计算摊销费用扣除的无形资产。

（2）无形资产按照以下方法确定计税基础：

① 外购的无形资产，以购买价款和支付的相关税费以及直接归属于使该资产达到预定用途发生的其他支出为计税基础。

② 自行开发的无形资产，以开发过程中该资产符合资本化条件后至达到预定用途前发生的支出为计税基础。

③ 通过捐赠、投资、非货币性资产交换、债务重组等方式取得的无形资产，以该资产的公允价值和支付的相关税费为计税基础。

（3）无形资产的摊销方法。

无形资产的摊销年限不得低于10年。

作为投资或者受让的无形资产，有关法律规定或者合同约定了使用年限的，可以按照规定或者约定的使用年限分期摊销。外购商誉的支出，在企业整体转让或者清算时，准予扣除。

【例题5-1-14·多选题】根据企业所得税法律制度的规定，下列无形资产中，应当以该资产的公允价值和支付的相关税费为计税基础是有(　　)。

A. 通过债务重组取得的无形资产　　B. 自行开发的无形资产

C. 接受投资取得的无形资产　　D. 接受捐赠取得的无形资产

【答案】ACD

【解析】外购的无形资产,以购买价款和支付的相关税费以及直接归属于使该资产达到预定用途发生的其他支出为计税基础。自行开发的无形资产,以开发过程中该资产符合资本化条件后至达到预定用途前发生的支出为计税基础。通过捐赠、投资、非货币性资产交换、债务重组等方式取得的无形资产,以该资产的公允价值和相关税费为计税基础。

(四) 长期待摊费用

长期待摊费用,是指企业发生的应在1个年度以上或几个年度进行摊销的费用。在计算应纳税所得额时,企业发生的下列支出作为长期待摊费用,按照规定摊销的,准予扣除:

(1) 已足额提取折旧的固定资产的改建支出,按照固定资产预计尚可使用年限分期摊销。

(2) 租入固定资产的改建支出,按照合同约定的剩余租赁期限分期摊销。

(3) 固定资产的大修理支出,按照固定资产尚可使用年限分期摊销。

固定资产的大修理支出是指同时符合下列条件的支出:① 修理支出达到取得固定资产时计税基础的50%以上;② 修理后固定资产的使用年限延长2年以上。

(4) 其他应当作为长期待摊费用的支出,自支出发生月份的次月起,分期摊销,摊销年限不得低于3年。

(五) 投资资产

投资资产,是指企业对外进行权益性投资和债券性投资形成的资产。企业对外投资期间,投资资产的成本在计算应纳税所得额时不得扣除。企业在转让或者处置投资资产时,投资资产的成本,准予扣除。投资资产按照以下方式确定成本:

(1) 通过支付现金方式取得的投资资产,以购买价款为成本。

(2) 通过支付现金以外的方式取得的投资资产,以该资产的公允价值和支付的相关税费为成本。

(六) 存货

存货,是指企业持有以备出售的产品或者商品、处在生产过程中的在产品、在生产或者提供劳务过程中耗用的材料和物料等。存货按照以下方法确定成本:

(1) 通过支付现金方式取得的存货,以购买价款和支付的相关税费为成本。

(2) 通过支付现金以外的方式取得的存货,以该存货的公允价值和支付的相关税费为成本。

(3) 生产性生物资产收获的农产品,以产出或者采取过程中发生的材料费、人工费和分摊的间接费用等必要支出为成本。

企业使用或者销售存货,按照规定计算的存货成本,准予在计算应纳税所得额时扣除。

企业使用或者销售的存货的成本计算方法,可以在先进先出法、加权平均法、个别计价法中选用一种;计价方法一经选用,不得随意变更。

（七）资产损失

资产损失，是指企业在生产经营活动中实际发生的、与取得应税收入有关的资产损失，包括现金损失，存款损失，坏账损失，贷款损失，股权投资损失，固定资产和存货的盘亏、毁损、报废、被盗损失，自然灾害等不可抗力因素造成的损失以及其他损失。企业发生上述资产损失，应在按税法规定实际确认或者实际发生的当年申报扣除。

企业以前年度发生的资产损失未能在当年税前扣除的，可以按照规定，向税务机关说明并进行专项申报扣除。

七、企业所得税应纳税额的计算

企业所得税应纳税额的计算公式为：

$$应纳税额=应纳税所得额\times 适用税率-减免税额-抵免税额$$

所谓"减免税额"和"抵免税额"，是指依照企业所得税法和国务院的税收优惠规定减征、免征和抵免的应纳税额。

企业取得的下列所得已在境外缴纳的所得税税额，可以从其当期应纳税额中抵免，抵免限额为该项所得依照《企业所得税法》规定计算的应纳税额；超过抵免限额的部分，可以在以后5个年度内，用每年抵免限额抵免当年应抵税额后的余额进行抵补：① 居民企业来源于中国境外的应税所得；② 非居民企业在中国境内设立机构、场所，取得发生在中国境外但与该机构、场所有实际联系的应税所得。

1. 已在境外缴纳的所得税税额

已在境外缴纳的所得税税额，是指企业来源于中国境外的所得依照中国境外税收法律以及相关规定应当缴纳并已经实际缴纳的企业所得税性质的税款。

2. 抵免限额

抵免限额是指企业来源于中国境外的所得，依照规定计算的应纳税额。除国务院财政、税务主管部门另有规定外，该抵免限额应当分国（地区）不分项计算，计算公式如下：

$$抵免限额=中国境内、境外所得的应纳税总额\times\frac{来源于某国（地区）应纳税所得额}{中国境内、境外应纳税所得总额}$$

3. 5个年度

5个年度是指从企业取得的来源于中国境外的所得，已经在中国境外缴纳的企业所得税性质的税额超过抵免限额的当年的次年起的连续5个纳税年度。自2017年7月1日起，企业可以选择按国（地区）别分别计算［即"分国（地区）不分项"］，或者不按国（地区）别汇总计算［即"不分国（地区）不分项"］其来源于境外的应纳税所得额，按照规定的税率，分别计算其可抵免境外所得税税额和抵免限额。上述方式一经选择，5年内不得改变。

拓展阅读

居民企业从其直接或间接控制的外国企业分得的来源于中国境外的股息、红利等权益性投资收益，外国企业在境外实际缴纳的所得税税额中属于该项所得负担的部分，可以作为该居民企业的可抵免境外所得税税额，在规定的抵免限额内抵免。

八、企业所得税税收优惠

我国企业所得税的税收优惠包括免税收入和其他税收优惠政策。

（一）免税收入

免税收入是指属于企业的应税所得，但是按照税法规定免予征收企业所得税的收入，免税收入是应列入征税范围的收入。

表 5-1-9 所列为免税收入。

表 5-1-9　　免税收入

收入形式	具体内容	
利息	国债利息收入，免税（注意，企业债券利息收入不免税）	
股息、红利等权益性投资收益	来自非上市公司（居民企业）的股息、红利收入，免税	
	对来自上市公司（居民企业）的股息、红利收入	① 连续持有上市公司股票 12 个月以上的，免税 ② 连续持股不足 12 个月的，征税
非营利组织	① 从事非营利性活动取得的收入，免税 ② 从事营利性活动取得的收入，征税	

（二）其他税收优惠

1. 农、林、渔业税收优惠

农、林、牧、渔业的具体减、免税所得如表 5-1-10 所示。

表 5-1-10　　农、林、牧、渔业的减、免税项目

减免形式	具体项目
免征	① 蔬菜、谷物、薯类、油料、豆类、棉花、麻类、糖料、水果、坚果的种植 ② 农作物新品种的选育 ③ 中药材的种植 ④ 林木的培育和种植 ⑤ 牲畜、家禽的饲养 ⑥ 林产品的采集 ⑦ 灌溉、农产品初加工、兽医、农技推广、农机作业和维修等农、林、牧、渔服务业项目 ⑧ 远洋捕捞
减半征收	① 花卉、茶以及其他饮料作物和香料作物的种植 ② 海水养殖、内陆养殖

2. 免减税收政策

（1）企业从事国家重点扶持的公共基础设施项目的投资经营所得，自项目取得第一笔生产经营收入所属纳税年度起，第一年至第三年免征企业所得税，第四年至第六年减半征收企业所得税。但是，企业承包经营、承包建设和内部自建自用的，不得享受上述企业所得税优惠。

（2）企业从事符合条件的环境保护、节能节水项目的所得，自项目取得第一笔生产经营收入所属纳税年度起，第一年至第三年免征企业所得税，第四年至第六年减半征收企业所得税。

（3）技术转让所得：

① 符合条件的居民企业技术转让所得不超过500万元的部分，免征企业所得税。

② 超过500万元的部分，减半征收企业所得税。其计算公式为：

技术转让所得＝技术转让收入－技术转让成本－相关税费

3. 加计扣除

（1）研究开发费用。企业为开发新技术、新产品、新工艺发生的研究开发费用，未形成无形资产计入当期损益的，在按照规定据实扣除的基础上，再按照研发费用的50%加计扣除；形成无形资产的，按照无形资产成本的150%摊销。

企业开展研发活动中实际发生的研发费用，未形成无形资产计入当期损益的，在按规定据实扣除的基础上，在2018年1月1日至2020年12月31日期间，再按照实际发生额的75%在税前加计扣除；形成无形资产的，在上述期间按照无形资产成本的175%在税前摊销。

下列行业不适用税前加计扣除政策：烟草制造业；住宿和餐饮业；批发和零售业；房地产业；租赁和商务服务业；娱乐业；财政部和国家税务总局规定的其他行业。

（2）安置残疾人员所支付的工资。企业安置残疾人员的，在企业支付给残疾职工工资据实扣除的基础上，按照支付给残疾职工工资的100%加计扣除。

【例题5-1-15·多选题】根据企业所得税法律制度的规定，下列支出中，可以在计算企业所得税应纳税所得额时加计扣除的有（　　）。

A. 研究开发费用

B. 购置环保用设备所支付的价款

C. 广告费和业务宣传费

D. 安置残疾人员所支付的工资

【答案】AD

【解析】对于社会发展及稳定有促进作用的，采用加计扣除的优惠政策：现在鼓励研发，提升社会科技含量，所以研究开发费用可以加计扣除50%；安置残疾人员有利于稳定社会人员，可加计扣除100%；国家鼓励保护环境，对于购置并实际使用的环境保护节能节水、安全生产等专用设备的，该专用设备的投资额的10%可以从企业当年的应纳税额中抵免，当年不足抵免的，可以在以后5个纳税年度结转抵免；对于广告费和业务宣传费，有扣除限额，并没有加计扣除的优惠。所以，选项A、D正确。

4. 加速折旧

（1）可以采取缩短折旧年限或者采取加速折旧方法的固定资产包括：

① 由于技术进步，产品更新换代较快的固定资产。

② 常年处于强震动、高腐蚀状态的固定资产。

采取缩短折旧年限方法的，最低折旧年限不得低于法定折旧年限的60%；采取加速折旧方法的，可以采取双倍余额递减法或者年数总和法。

（2）企业在2018年1月1日至2020年12月31日期间新购进（包括自行建造）的设备、器具，单位价值不超过500万元的，允许一次性计入当期成本费用在计算应纳税所得额时扣除，不再分年度计算折旧。

5. 减计收入

企业以《资源综合利用企业所得税优惠目录》规定的资源作为主要原材料，生产国家非限制和禁止并符合国家和行业相关标准的产品取得的收入，减按90%计入收入总额。

6. 抵扣应纳税所得额

创业投资企业采取股权投资方式投资于未上市的中小高新技术企业2年以上的，可以按照其"投资额的70%"在"股权持有满2年的当年"抵扣该创业投资企业的"应纳税所得额"；当年不足抵扣的，可以在以后纳税年度结转抵扣。

7. 抵免应纳税额

企业购置并实际使用《环境保护专用设备企业所得税优惠目录》《节能节水专用设备企业所得税优惠目录》和《安全生产专用设备企业所得税优惠目录》规定的环境保护、节能节水、安全生产等专用设备的，该专用设备的投资额的10%可以从企业当年的应纳税额中抵免；当年不足抵免的，可以在以后5个纳税年度结转抵免。

【例题5-1-16·多选题】 企业从事下列项目的所得，免征企业所得税的有（　　）。

A. 中药材的种植　　　　B. 林木种植

C. 花卉种植　　　　D. 香料作物的种植

【答案】AB

【解析】（1）选项A、B：免征企业所得税；（2）选项C、D：减半征收企业所得税。

8. 非居民企业所得

在中国境内未设立机构、场所的，或者虽设立机构、场所但取得的所得与其所设机构、场所没有实际联系的非居民企业，其取得的来源于中国境内的所得，减按10%的税率征收企业所得税。下列所得可以免征企业所得税：

（1）外国政府向中国政府提供贷款取得的利息所得。

（2）国际金融组织向中国政府和居民企业提供优惠贷款取得的利息所得。

（3）经国务院批准的其他所得。

从2014年11月17日起，对合格境外机构投资者（QFI）、人民币合格境外机构投资者（RQFII）取得来源于中国境内的股票等权益性投资资产转让所得，暂免征收企业所得税。

（三）小型微利企业、高新技术企业和技术先进型服务企业的税收优惠

1. 小型微利企业

符合条件的小型微利企业，减按20%的税率征收企业所得税。

符合条件的小型微利企业，是指从事国家非限制和禁止行业，并符合下列条件的企业：

（1）工业企业，年度应纳税所得额不超过100万元，从业人数不超过100人，资产总额不超过3 000万元。

（2）其他企业，年度应纳税额所得额不超过100万元，从业人数不超过80人，资产总额不超过1 000万元。

2018年1月1日至2018年12月31日，年应纳税所得额低于100万元（含100万元）的小型微利企业，其所得减按50%计入应纳税所得额，按20%的税率缴纳企业所得税。

2. 高新技术企业和技术先进型服务企业

国家需要重点扶持的高新技术企业,减按15%的税率征收企业所得税。自2018年1月1日起,对经认定的技术先进型服务企业(服务贸易类),减按15%的税率征收企业所得税。

九、企业所得税征收管理

(一) 纳税地点

除税收法律、行政法规另有规定外,居民企业以企业登记注册地为纳税地点;但登记注册地在境外的,以实际管理机构所在地为纳税地点。

非居民企业的纳税地点包括:

(1) 非居民企业在中国境内设立机构、场所的,以机构、场所所在地为纳税地点。

(2) 非居民企业在中国境内未设立机构、场所,或者虽设立机构、场所但取得的所得与其所设机构、场所没有实际联系的,以扣缴义务人所在地为纳税地点。

(二) 纳税期限

企业所得税按年计征,分月或者分季预缴,年终汇算清缴,多退少补。纳税年度自公历1月1日起至12月31日止。

企业在一个纳税年度中间开业,或者终止经营活动,使该纳税年度的实际经营期不足12个月的,应当以其实际经营期为1个纳税年度。企业依法清算时,应当以清算期间作为1个纳税年度。

企业应当自年度终了之日起5个月内,向税务机关报送年度企业所得税纳税申报表,并汇算清缴,结清应缴应退税款。

企业在年度中间终止经营活动的,应当自实际经营终止之日起60日内,向税务机关办理当期企业所得税汇算清缴。

(三) 纳税申报

企业应当自月份或者季度终了之日起15日内,向税务机关报送预缴企业所得税纳税申报表,预缴税款。

第二节　个人所得税法律制度

个人所得税是对个人取得的各项应税所得征收的一种税。个人所得税具有调节收入分配,实现社会公平;增强纳税意识,树立义务观念;增加国家财政收入的作用。目前我国个人所得税主要依据《中华人民共和国个人所得税法》(以下简称《个人所得税法》)和《中华人民共和国个人所得税法实施条例》(以下简称《个人所得税法实施条例》)。

随着2018年《个人所得税法》第七次修正,《个人所得税法实施条例》及相关规范性文件目前正在修订、制定中。本节按照《个人所得税法实施条例》和《个人所得税专项附加扣除暂行办法》相关内容进行了修订。

一、个人所得税纳税义务人

个人所得税的纳税义务人具体包括中国公民、个体工商户、外籍个人以及中国香港、澳门、台湾同胞等。

个人独资企业和合伙企业不缴纳企业所得税，而是对投资者个人或自然人合伙人取得的生产经营所得征收个人所得税。

点睛

个人独资企业，即为个人出资经营、归个人所有和控制、由个人承担经营风险和享有全部经营收益的企业。以独资经营方式经营的独资企业有无限的经济责任，破产时借方可以扣留业主的个人财产。

合伙企业是指由各合伙人订立合伙协议，共同出资，共同经营，共享收益，共担风险，并对企业债务承担无限连带责任的营利性组织。合伙企业分为普通合伙企业和有限合伙企业。

普通合伙企业由2人以上的普通合伙人（没有上限规定）组成。普通合伙企业中，合伙人对合伙企业债务承担无限连带责任。

特殊的普通合伙企业中，一个合伙人或数个合伙人在执业活动中因故意或者重大过失造成合伙企业债务的，应当承担无限责任或者无限连带责任，其他合伙人则仅以其在合伙企业中的财产份额为限承担责任。

有限合伙企业由2人以上50人以下的普通合伙人和有限合伙人组成，其中普通合伙人和有限合伙人都至少有1人。普通合伙人对合伙企业债务承担无限连带责任，有限合伙人以其认缴的出资额为限对合伙企业债务承担责任。

（一）居民纳税人和非居民纳税人

我国税法采用“住所”和“居住时间”两个标准对居民纳税人和非居民纳税人进行界定。只要符合或达到其中任何一个条件，就可以被认定为居民纳税人，具体划分标准和纳税义务如表5-2-1所示。

表5-2-1　　划分标准和纳税义务

类型	划分标准	纳税义务
居民纳税人	在中国境内有住所的个人	无限（全面）纳税义务，即就其来源于中国境内和境外的所得，向中国政府缴纳个人所得税
	在中国境内无住所而一个纳税年度内在中国境内居住累计满183天的个人	
非居民纳税人	在中国境内无住所又不居住的个人	有限纳税义务，即仅就其来源于中国境内的所得，向中国政府缴纳个人所得税
	在中国境内无住所而一个纳税年度内在中国境内居住累计不满183天的个人	

拓展阅读

在中国境内无住所的个人,在中国境内居住累计满 183 天的年度连续不满 6 年的,经向主管税务机关备案,其来源于中国境外且由境外单位或者个人支付的所得,免予缴纳个人所得税;在中国境内居住累计满 183 天的任一年度中有一次离境超过 30 天的,其在中国境内居住累计满 183 天的年度的连续年限重新起算。

在中国境内无住所,且在一个纳税年度内在中国境内连续或者累计居住不超过 90 天的个人,其来源于中国境内的所得,由境外雇主支付并且不由该雇主在中国境内的机构、场所负担的部分,免予缴纳个人所得税。具体情况如表 5-2-2 所示。

表 5-2-2　在中国境内无住所纳税人的纳税义务

居住天数	连续年度		境外所得		境内所得	
			境外支付	境内支付	境外支付	境内支付
连续或累计不超过 90 天(非居民)	——		×	×	免税	√
连续或累计超过 90 天但不满 183 天(非居民)	——		×	×	√	√
累计满 183 天(居民)	不满[6]年		免税	√	√	√
	满[6]年	存在单次离境超过 30 天	免税	√	√	√
		不存在单次离境超过 30 天	√	√	√	√

【例题 5-2-1 · 判断题】 在中国境内有住所,或者无住所而一个纳税年度内在境内居住累计满 183 天的个人,属于我国个人所得税的居民纳税人。（　　）

【答案】√

【解析】《个人所得税法》规定,在中国境内有住所,或者无住所而一个纳税年度内在境内居住累计满 183 天的个人,为居民个人。居民个人从中国境内和境外取得的所得,依照法律规定缴纳个人所得税。

(二) 所得来源的确定

下列所得,不论支付地点是否在中国境内,均为来源于中国境内的所得:

(1) 因任职、受雇、履约等在中国境内提供劳务取得的所得;

(2) 将财产出租给承租人在中国境内使用而取得的所得;

(3) 许可各种特许权在中国境内使用而取得的所得;

(4) 转让中国境内的不动产等财产或者在中国境内转让其他财产取得的所得;

(5) 从中国境内企业、事业单位、其他组织以及居民个人取得的利息、股息、红利所得。

【例题 5-2-2 · 单选题】 根据个人所得税法律制度的规定,下列不属于来源于中国境内的所得的是(　　)。

A. 中国境内的出租人将财产出租给承租人在境外使用而取得的所得

B. 从中国境内的公司、企业以及其他经济组织或者个人取得的利息、股息、红利所得

C. 许可各种特许权在中国境内使用而取得的所得

D. 因任职、受雇、履约等而在中国境内提供劳务取得的所得

【答案】A

【解析】选项A：将财产出租给承租人在中国境内使用而取得的所得，才属于来源于中国境内的所得。

二、个人所得税征税范围

个人所得税征税范围及计征方式如表5-2-3所示。

表5-2-3　　征税范围及计征方式

税目	计征方式	
	居民个人	非居民个人
（1）工资、薪金所得	按年计征，综合所得	按月分项计算
（2）劳务报酬所得		按次分项计算
（3）稿酬所得		按次分项计算
（4）特许权使用费所得		按次分项计算
（5）经营所得	按年分项计算	按年分项计算
（6）利息、股息、红利所得	按次分项计算	按次分项计算
（7）财产租赁所得	按次分项计算	按次分项计算
（8）财产转让所得	按次分项计算	按次分项计算
（9）偶然所得	按次分项计算	按次分项计算

（一）工资、薪金所得

工资、薪金所得，是指个人因任职或者受雇而取得的工资、薪金、奖金、年终加薪、劳动分红、津贴、补贴以及与任职或者受雇有关的其他所得。

1. 征税范围一般规定

下列项目不属于工资、薪金性质的补贴、津贴，不予征收个人所得税。这些项目包括：

（1）独生子女补贴；

（2）执行公务员工资制度未纳入基本工资总额的补贴、津贴差额和家属成员的副食补贴；

（3）托儿补助费；

（4）差旅费津贴、误餐补助；

点睛

误餐补助是指按照财政部规定，个人因公在城区、郊区工作，不能在工作单位或返回就餐的，根据实际误餐顿数，按规定的标准领取的误餐费。单位以误餐补助名义发给职工的补助、津贴不包括在内。

（5）外国来华留学生，领取的生活津贴费、奖学金，不属于工资、薪金范畴，不征收个人所得税。

【例题5-2-3·单选题】2019年2月，甲公司职员王某取得的下列收入中，应计入工资、薪金所得缴纳个人所得税的是（　　）。

A. 劳动分红2 000元　　　　B. 差旅费津贴200元

C. 独生子女补贴60元　　　　D. 误餐补助50元

【答案】A

【解析】差旅费津贴、独生子女补贴、误餐补助不属于工资、薪金性质的补贴、津贴,不征收个人所得税。

2. 征税范围特殊规定

(1) 个人因与用人单位解除劳动关系而取得的一次性补偿收入。

个人因与用人单位解除劳动关系而取得的一次性补偿收入(包括用人单位发放的经济补偿金、生活补助费和其他补助费用),其收入超过当地上年职工平均工资3倍数额部分的一次性补偿收入,可视为一次取得数月的工资、薪金收入,允许在一定期限内平均计算。

个人领取一次性补偿收入时,按照国家和地方政府规定的比例实际缴纳的住房公积金、医疗保险费、基本养老保险费、失业保险费,可以在计征其一次性补偿收入的个人所得税时予以扣除。

(2) 退休人员再任职取得的收入。

退休人员再任职取得的收入,符合相关条件的,在减除按税法规定的费用扣除标准后,按"工资、薪金所得"项目缴纳个人所得税。

(3) 离退休人员从原任职单位取得补贴。

离退休人员按规定领取离退休工资或养老金外,另从原任职单位取得的各类补贴、奖金、实物,不属于免税的退休工资、离休工资、离休生活补助费,应按"工资、薪金所得"项目缴纳个人所得税。

(4) 个人取得公务交通、通信补贴收入。

个人因公务用车和通信制度改革而取得的公务用车、通信补贴收入,扣除一定标准的公务费用后,按照"工资、薪金所得"项目计征个人所得税。按月发放的,并入当月工资、薪金所得计征个人所得税;不按月发放的,分解到所属月份并与该月份工资、薪金所得合并后计征个人所得税。

(5) 个人取得股票增值权所得和限制性股票所得。

个人因任职、受雇从上市公司取得的股票增值权所得和限制性股票所得,由上市公司或其境内机构按照"工资、薪金所得"项目和股票期权所得个人所得税计税方法,依法扣缴其个人所得税。

(6) 失业保险费。

城镇企业事业单位及其职工个人实际缴付的失业保险费,超过《失业保险条例》规定比例的,应将其超过规定比例缴付的部分计入职工个人当期的工资薪金收入,依法计征个人所得税。

(7) 保险金。

企业为员工支付各项免税之外的保险金,应在企业向保险公司缴付时(即该保险落到被保险人的保险账户)并入员工当期的工资收入,按人缴纳个人所得税,税款由企业负责代扣代缴。

(8) 企业年金、职业年金。

企业和事业单位超过国家有关政策规定的标准,为在本单位任职或者受雇的全体职工缴付的企业年金或职业年金(以下统称年金)单位缴费部分,应并入个人当期的工资、薪金所得,依法计征个人所得税。税款由建立年金的单位代扣代缴,并向主管税务机关申报解缴。

个人根据国家有关政策规定缴付的年金个人缴费部分,超过本人缴费工资计税基数的4%的部分,应并入个人当期的工资、薪金所得,依法计征个人所得税。税款由建立年金的单位代扣代缴,并向主管税务机关申报解缴。

个人达到国家规定的退休年龄之后按月领取的年金,按照"工资、薪金所得"项目适用的税率,计征个人所得税;按年或按季领取的年金,平均分摊计入各月,每月领取额按照"工资、薪金所得"项目适用的税率,计征个人所得税。

(9) 兼职律师从律师事务所取得工资、薪金性质的所得。

兼职律师是指取得律师资格和律师执业证书,不脱离本职工作从事律师职业的人员。兼职律师从律师事务所取得工资、薪金性质的所得,律师事务所在代扣代缴其个人所得税时,不再减除个人所得税法规定的费用扣除标准,以收入全额(取得分成收入的为扣除办理案件支出费用后的余额)直接确定适用税率,计算扣缴个人所得税。兼职律师应自行向主管税务机关申报两处或两处以上取得的工资、薪金所得,合并计算缴纳个人所得税。

(10) 依法批准设立的非营利性研究开发机构和高等学校根据《中华人民共和国促进科技成果转化法》规定,从职务科技成果转化收入中给予科技人员的现金奖励,可减按50%计入科技人员当月工资、薪金所得,依法缴纳个人所得税。

(二) 劳务报酬所得

劳务报酬所得,是指个人从事劳务取得的所得,包括从事设计、装潢、安装、制图、化验、测试、医疗、法律、会计、咨询、讲学、翻译、审稿、书画、雕刻、影视、录音、录像、演出、表演、广告、展览、技术服务、介绍服务、经纪服务、代办服务以及其他劳务取得的所得。

点睛

区分"劳务报酬所得"和"工资、薪金所得",主要看是否存在雇佣与被雇佣的关系。

"工资、薪金所得"是个人从事非独立劳动,从所在单位(雇主)领取的报酬,存在雇佣与被雇佣的关系,即在机关、团体、学校、部队、企事业单位及其他组织中任职、受雇而得到的报酬。

而"劳务报酬所得"则是指个人独立从事某种技艺,独立提供某种劳务而取得的报酬,一般不存在雇佣关系。个人所得税所列各项"劳务报酬所得",一般属于个人独立从事自由职业取得的所得或属于独立个人劳动所得。如果从事某项劳务活动取得的报酬是以工资、薪金形式体现的,如演员从其所属单位领取工资,教师从学校领取工资,就属于"工资、薪金所得",而不属于"劳务报酬所得"。如果从事某项劳务活动取得的报酬不是来自聘用、雇佣或工作单位,如演员"走穴"演出取得的报酬,教师自行举办学习班、培训班等取得的收入,就属于"劳务报酬所得"或"经营所得"。

(1) 个人兼职取得的收入,应按照"劳务报酬所得"项目缴纳个人所得税。

(2) 律师以个人名义再聘请其他人员为其工作而支付的报酬,应由该律师按"劳务报酬所得”项目负责代扣代缴个人所得税。为了便于操作，税款可由其任职的律师事务所代为缴入国库。

(3) 证券经纪人从证券公司取得的佣金收入，应按照“劳务报酬所得”项目缴纳个人所得税。证券经纪人佣金收入由展业成本和劳务报酬构成，对展业成本部分不征收个人所得税。根据目前实际情况，证券经纪人展业成本的比例暂定为每次收入额的40%。

(4) 个人保险代理人以其取得的佣金、奖励和劳务费等相关收入（不含增值税）减去地方税费附加及展业成本，按照规定计算个人所得税。展业成本，为佣金收入减去地方税费附加余额的40%。个人保险代理人，是指根据保险企业的委托，在保险企业授权范围内代为办理保险业务的自然人，不包括个体工商户。

【例题5-2-4·多选题】 根据个人所得税法律制度的规定，个人取得的下列收入中，应按照“劳务报酬所得”税目计缴个人所得税的有（　　）。

A. 某经济学家从非雇佣企业取得的讲学收入

B. 某职员取得的本单位优秀员工奖金

C. 某工程师从非雇佣企业取得的咨询收入

D. 某高校教师从任职学校领取的工资

【答案】AC

【解析】劳务报酬所得不存在雇佣与被雇佣的关系，而存在雇佣与被雇佣关系的所得一般为工资薪金所得。A和C属于劳务报酬所得，B和D属于工资薪金所得。

(三) 稿酬所得

(1) 稿酬所得，是指个人因其作品以图书、报刊形式出版、发表而取得的所得。作品包括文学作品、书画作品、摄影作品，以及其他作品。

(2) 遗作稿酬。作者去世后，财产继承人取得的遗作稿酬，也应征收个人所得税。

点睛

稿酬所得与工资、薪金所得

个人收入名目	情形	个人所得税处理
在本单位的报纸、杂志上发表作品取得的收入	记者、编辑等专业人员	按“工资、薪金所得”项目征收
	除上述专业人员以外的其他人员	按“稿酬所得”项目征收
出版社的专业作者撰写、编写或翻译的作品，由本社以图书形式出版而取得的稿费收入		按“稿酬所得”项目征收

(四) 特许权使用费所得

特许权使用费所得，是指个人提供专利权、商标权、著作权、非专利技术以及其他特许权的使用权取得的所得。

(1) 我国个人所得税法律制度规定，提供著作权的使用权的所得，不包括稿酬所得，对于作者将自己的文字作品手稿原件或复印件公开拍卖（竞拍）取得的所得，属于提供著作权的使用权所得，故应按“特许权使用费所得”项目征收个人所得税。

（2）个人取得特许权的经济赔偿收入，应按“特许权使用费所得”项目缴纳个人所得税，税款由支付赔偿的单位或个人代扣代缴。

（3）从 2002 年 5 月 1 日起，编剧从电视剧的制作单位取得的剧本使用费，不再区分剧本的使用方是否为其任职单位，统一按“特许权使用费所得”项目征收个人所得税。

【例题 5-2-5·单选题】根据个人所得税法律制度的规定，下列各项中，不属于特许权使用费所得的是（　　）。

A. 提供著作权的使用权取得的所得

B. 提供专利权的使用权取得的所得

C. 提供房屋使用权取得的所得

D. 提供商标权的使用权取得的所得

【答案】C

【解析】选项 A、B、D：特许权使用费所得，是指个人提供专利权、商标权、著作权、非专利技术以及其他特许权的使用权取得的所得；选项 C：属于财产租赁所得。

（五）经营所得

经营所得包括：

（1）个体工商户从事生产、经营活动取得的所得，个人独资企业投资人、合伙企业的个人合伙人来源于境内注册的个人独资企业、合伙企业生产、经营的所得；

（2）个人依法从事办学、医疗、咨询以及其他有偿服务活动取得的所得；

（3）个人对企业、事业单位承包经营、承租经营以及转包、转租取得的所得；

（4）个人从事其他生产、经营活动取得的所得。

（六）利息、股息、红利所得

利息、股息、红利所得，是指个人拥有债权、股权而取得的利息、股息、红利所得。其中，利息一般是指存款、贷款和债券的利息。股息、红利是指个人拥有股权取得的公司、企业分红。按照一定的比率派发的每股息金，称为股息。根据公司、企业应分配的超过股息部分的利润，按股派发的红股，称为红利。

（1）个人投资者收购企业股权后，将企业原有盈余积累转增股本个人所得税问题。一名或多名个人投资者以股权收购方式取得被收购企业 100% 股权，股权收购前，被收购企业原账面金额中的“资本公积、盈余公积、未分配利润”等盈余积累未转增股本，而在股权交易时将其一并计入股权转让价格并履行了所得税纳税义务。股权收购后，企业将原账面金额中的盈余积累向个人投资者（新股东，下同）转增股本，有关个人所得税问题区分以下情形处理：

新股东以不低于净资产价格收购股权的，企业原盈余积累已全部计入股权交易价格，新股东取得盈余积累转增股本的部分，不征收个人所得税。

新股东以低于净资产价格收购股权的，企业原盈余积累中，对于股权收购价格减去原股本的差额部分已经计入股权交易价格，新股东取得盈余积累转增股本的部分，不征收个人所得税；对于股权收购价格低于原所有者权益的差额部分未计入股权交易价格，新股东取得盈余积累转增股本的部分，应按照“利息、股息、红利所得”项目征收个人所得税。

新股东以低于净资产价格收购企业股权后转增股本，应按照下列顺序进行，即先转增应税的盈余积累部分，然后再转增免税的盈余积累部分。

（2）个人从公开发行和转让市场取得的上市公司股票。

持股期限在1个月以内（含1个月）的，其股息红利所得全额计入应纳税所得额；持股期限在1个月以上至1年（含1年）的，暂减按50%计入应纳税所得额；上述所得统一适用20%的税率计征个人所得税，如表5-2-4所示。

表5-2-4 计税规则

持股期限（T）	计税规则
$T\leqslant 1$个月	全额计入应纳税所得额
1个月$<T\leqslant 1$年	暂减按50%计入应纳税所得额

对个人持有的上市公司限售股，解禁后取得的股息红利，按照上市公司股息红利差别化个人所得税政策规定计算纳税，持股时间自解禁日起计算；解禁前取得的股息红利继续暂减按50%计入应纳税所得额，适用20%的税率计征个人所得税。

个人从公开发行和转让市场取得的上市公司股票包括：

① 通过证券交易所集中交易系统或大宗交易系统取得的股票；

② 通过协议转让取得的股票；

③ 因司法扣划取得的股票；

④ 因依法继承或家庭财产分割取得的股票；

⑤ 通过收购取得的股票；

⑥ 权证行权取得的股票；

⑦ 使用可转换公司债券转换的股票；

⑧ 取得发行的股票、配股、股份股利及公积金转增股本；

⑨ 持有从代办股份转让系统转到主板市场（或中小板、创业板市场）的股票；

⑩ 上市公司合并，个人持有的被合并公司股票转换的合并后公司股票；

⑪ 上市公司分立，个人持有的被分立公司股票转换的分立后公司股票；

⑫ 其他从公开发行和转让市场取得的股票。

（七）财产租赁所得

财产租赁所得，是指个人出租不动产、土地使用权、机器设备、车船以及其他财产取得的所得。

（1）个人取得的房屋转租收入，属于“财产租赁所得”项目。取得转租收入的个人向房屋出租方支付的租金，凭房屋租赁合同和合法支付凭据允许在计算个人所得税时，从该项转租收入中扣除。

（2）房地产开发企业与商店购买者个人签订协议，以优惠价格出售其商店给购买者个人，购买者个人在一定期限内必须将购买的商店无偿提供给房地产开发企业对外出租使用。该行为实质上是购买者个人以所购商店交由房地产开发企业出租而取得的房屋租赁收入支付了部分购房价款。对购买者个人少支出的购房价款，应视同个人财产租赁所得，按照“财产租赁所得”项目征收个人所得税。每次财产租赁所得的收入额，按照少支出的购房价款和协议规定的租赁月份数平均计算确定。

(八)财产转让所得

财产转让所得,是指个人转让有价证券、股权、合伙企业中的财产份额、不动产、机器设备、车船以及其他财产取得的所得。

(1)个人将投资于在中国境内成立的企业或组织(不包括个人独资企业和合伙企业)的股权或股份,转让给其他个人或法人的行为,按照“财产转让所得”项目,依法计算缴纳个人所得税,具体包括以下情形:

① 出售股权;

② 公司回购股权;

③ 发行人首次公开发行新股时,被投资企业股东将其持有的股份以公开发行方式一并向投资者发售;

④ 股权被司法或行政机关强制过户;

⑤ 以股权对外投资或进行其他非货币性交易;

⑥ 以股权抵偿债务;

⑦ 其他股权转移行为。

(2)个人因各种原因终止投资、联营、经营合作等行为,从被投资企业或合作项目、被投资企业的其他投资者以及合作项目的经营合作人取得股权转让收入、违约金、补偿金、赔偿金及以其他名目收回的款项等,均属于个人所得税应税收入,应按照“财产转让所得”项目适用的规定计算缴纳个人所得税。

(3)个人以非货币性资产投资,属于个人转让非货币性资产和投资同时发生。对个人转让非货币性资产的所得,应按照“财产转让所得”项目,依法计算缴纳个人所得税。

(4)纳税人收回转让的股权征收个人所得税的方法。

① 股权转让合同履行完毕、股权已作变更登记,且所得已经实现的,转让人取得的股权转让收入应当依法缴纳个人所得税。转让行为结束后,当事人双方签订并执行解除原股权转让合同、退回股权的协议,是另一次股权转让行为,对前次转让行为征收的个人所得税款不予退回。

② 股权转让合同未履行完毕,因执行仲裁委员会作出的解除股权转让合同及补充协议的裁决、停止执行原股权转让合同,并原价收回已转让股权的,由于其股权转让行为尚未完成、收入未完全实现,随着股权转让关系的解除,股权收益不复存在,纳税人不应缴纳个人所得税。

(5)自 2010 年 1 月 1 日起,对个人转让限售股取得的所得,按照“财产转让所得”项目征收个人所得税。

个人转让限售股,以每次限售股转让收入,减除股票原值和合理税费后的余额,为应纳税所得额。即:

应纳税所得额 = 限售股转让收入 -(限售股原值 + 合理税费)

应纳税额 = 应纳税所得额 ×20%

限售股转让收入,是指转让限售股股票实际取得的收入。限售股原值,是指限售股买入时的买入价及按照规定缴纳的有关费用。合理税费,是指转让限售股过程中发生的印花税、佣金、过户费等与交易相关的税费。

(6)个人通过招标、竞拍或其他方式购置债权以后,通过相关司法或行政程序主张债权而取得的所得，应按照"财产转让所得"项目缴纳个人所得税。

(7) 个人通过网络收购玩家的虚拟货币，加价后向他人出售取得的收入，应按照"财产转让所得"项目计算缴纳个人所得税。

(九) 偶然所得

偶然所得，是指个人得奖、中奖、中彩以及其他偶然性质的所得。得奖是指参加各种有奖竞赛活动，取得名次得到的奖金；中奖、中彩是指参加各种有奖活动，如有奖储蓄，或者购买彩票，经过规定程序，抽中、摇中号码而取得的奖金。

(1) 企业对累积消费达到一定额度的顾客，给予额外抽奖机会，个人的获奖所得，按照"偶然所得"项目，全额缴纳个人所得税。

(2) 个人取得单张有奖发票奖金所得超过 800 元的，应全额按照"偶然所得"项目征收个人所得税。税务机会或其指定的有奖发票兑奖机构，是有奖发票奖金所得个人所得税的扣缴义务人。

三、个人所得税税率

(一) 综合所得适用税率

综合所得适用七级超额累进税率，税率为 3% ~45%（见表 5-2-5）。

居民个人每一纳税年度内取得综合所得包括：工资、薪金所得，劳务报酬所得，稿酬所得和特许权使用费所得。

表 5-2-5　　综合所得个人所得税税率

级数	全年应纳所得额	税率(%)
1	不超过 36 000 元的	3
2	超过 36 000 元至 144 000 元的部分	10
3	超过 144 000 元至 300 000 元的部分	20
4	超过 300 000 元至 420 000 元的部分	25
5	超过 420 000 元至 660 000 元的部分	30
6	超过 660 000 元至 960 000 元的部分	35
7	超过 960 000 元的部分	45

点睛

注：① 表 5-2-5 所称全年应纳税所得额是指依照税法的规定，居民个人取得综合所得以每一纳税年度收入额减除费用 6 万元以及专项扣除、专项附加扣除和依法确定的其他扣除后的余额。

② 非居民个人取得工资、薪金所得，劳务报酬所得，稿酬所得和特许权使用费所得，依照本表按月换算后计算应纳税额。

（二）经营所得适用税率

经营所得适用于5% ~35%的超额累进税率。具体税率如表5-2-6所示。

表5-2-6　　个人所得税税率表

（经营所得适用）

级数	全年应纳税所得额	税率(%)	速算扣除数
1	不超过30 000元的	5	0
2	超过30 000元至90 000元的部分	10	1 500
3	超过90 000元至300 000元的部分	20	10 500
4	超过300 000元至500 000元的部分	30	40 500
5	超过500 000元的部分	35	65 500

注：本表所称全年应纳税所得额是指依照法律规定，以每一纳税年度的收入总额减除成本、费用以及损失后的余额。

（三）其他所得适用税率

利息、股息、红利所得，财产租赁所得，财产转让所得和偶然所得，适用税率为20%的比例税率。

四、个人所得税应纳税所得额的规定

点睛

《个人所得税法》对纳税义务人的征税方法有三种：一是按年计征，如经营所得，居民个人取得的综合所得；二是按月计征，如非居民个人取得的工资、薪金所得；三是按次计征，如利息、股息、红利所得，财产租赁所得，偶然所得和非居民个人取得的劳务报酬所得，稿酬所得，特许权使用费所得6项所得。

（一）每次收入的确定

在按次征收情况下，由于扣除费用依据每次应纳税所得额的大小，分别规定了定额和定率两种标准。具体包括：

非居民个人取得劳务报酬所得、稿酬所得、特许权使用费所得，根据不同所得项目的特点，分别规定为：

（1）劳务报酬所得。

① 属于只有一次性的收入，应以每次提供劳务取得的收入为一次。

② 如果一次性劳务报酬收入以分月支付方式取得的，以1个月内取得的收入为一次。

（2）稿酬所得（见表5-2-7）。

表 5-2-7　　　　　　　　　　每次稿酬所得的确定

情形	次的界定
（1）同一作品再版取得的所得	应视为另一次稿酬所得计征个税
（2）同一作品先在报刊上连载，然后再出版，或者先出版，再在报刊上连载的	应视为两次稿酬所得征税，即连载作为一次，出版作为另一次
（3）同一作品在报刊上连载取得收入的	以连载完成后取得的所有收入合并为一次，计征个税
（4）同一作品在出版和发表时，以预付稿酬或分次支付稿酬等形式取得稿酬收入	应合并计算为一次
（5）同一作品出版、发表后，因添加印数而追加稿酬的	应与以前出版、发表时取得的稿酬合并计算为一次计征个税
（6）在两处或两处以上出版、发表或再版同一作品而取得稿酬所得	可分别各处取得的所得或再版所得按分次所得计征个人所得税
（7）作者去世后，对取得其遗作稿酬的个人	按稿酬所得征收个人所得税

（3）特许权使用费所得。

① 以某项使用权的一次转让所取得的收入为一次。

② 如果该次转让取得的收入是分笔支付的，则应将各笔收入相加为一次的收入，计征个税。

（4）财产租赁所得，以 1 个月内取得的收入为一次。

（5）利息、股息、红利所得，以支付时取得的收入为一次。

（6）偶然所得，以每次收入为一次。

（二）应纳税所得额和费用减除标准

1. 居民纳税人“综合所得”应纳税额计算

居民个人取得综合所得，以每年收入额减除费用 60 000 元以及专项扣除、专项附加扣除和依法确定的其他扣除后的余额，为应纳税所得额。

（1）专项扣除，包括居民个人按照国家规定的范围和标准缴纳的基本养老保险、基本医疗保险、失业保险等社会保险费和住房公积金等。

（2）专项附加扣除，是指个人所得税法规定的子女教育、继续教育、大病医疗、住房贷款利息、住房租金和赡养老人 6 项专项附加扣除。

① 子女教育专项附加扣除。

纳税人的子女接受学前教育和学历教育的相关支出，按照每个子女每月 1 000 元的标准定额扣除。

学历教育包括义务教育（小学、初中教育）、高中阶段教育（普通高中、中等职业、技工教育）、高等教育（大学专科、大学本科、硕士研究生、博士研究生教育）。

年满 3 岁至小学入学前处于学前教育阶段的子女，按照每个子女每月 1 000 元的标准定额扣除。

父母可以选择由其中一方按扣除标准的100%扣除,也可以选择由双方分别按扣除标准的50%扣除,具体扣除方式在一个纳税年度内不能变更。

② 继续教育专项附加扣除。

纳税人在中国境内接受学历(学位)继续教育的支出,在学历(学位)教育期间按照每月400元定额扣除。同一学历(学位)继续教育的扣除期限不能超过48个月。纳税人接受技能人员职业资格继续教育、专业技术人员职业资格继续教育的支出,在取得相关证书的当年,按照3 600元定额扣除。

个人接受本科及以下学历(学位)继续教育,符合规定扣除条件的,可以选择由其父母扣除,也可以选择由本人扣除。

③ 大病医疗专项附加扣除。

在一个纳税年度内,纳税人发生的与基本医保相关的医药费用支出,扣除医保报销后个人负担(指医保目录范围内的自付部分)累计超过15 000元的部分,由纳税人在办理年度汇算清缴时,在80 000元限额内据实扣除。

纳税人发生的医药费用支出,可以选择由本人或者其配偶扣除;未成年子女发生的医药费用支出,可以选择由其父母一方扣除。

纳税人及其配偶、未成年子女发生的医药费用支出,按纳税人的规定分别计算扣除额。

④ 住房贷款利息专项附加扣除。

纳税人本人或者配偶单独或者共同使用商业银行或者住房公积金个人住房贷款为本人或者其配偶购买中国境内住房,发生的首套住房贷款利息支出,在实际发生贷款利息的年度,按照每月1 000元的标准定额扣除,扣除期限最长不超过240个月。纳税人只能享受一次首套住房贷款的利息扣除。

这里的"首套住房贷款",是指购买住房享受首套住房贷款利率的住房贷款。

经夫妻双方约定,可以选择由其中一方扣除,具体扣除方式在一个纳税年度内不能变更。

夫妻双方婚前分别购买住房发生的首套住房贷款,其贷款利息支出,婚后可以选择其中一套购买的住房,由购买方按扣除标准的100%扣除,也可以由夫妻双方对各自购买的住房分别按扣除标准的50%扣除,具体扣除方式在一个纳税年度内不能变更。

⑤ 住房租金专项附加扣除。

纳税人在主要工作城市没有自有住房而发生的住房租金支出,可以按照以下标准定额扣除:

a. 直辖市、省会(首府)城市、计划单列市以及国务院确定的其他城市,扣除标准为每月1 500元;

b. 除第一项所列城市以外,市辖区户籍人口超过100万的城市,扣除标准为每月1 100元;市辖区户籍人口不超过100万的城市,扣除标准为每月800元。

纳税人的配偶在纳税人的主要工作城市有自有住房的,视同纳税人在主要工作城市有自有住房。

夫妻双方主要工作城市相同的,只能由一方扣除住房租金支出。

住房租金支出由签订租赁住房合同的承租人扣除。

纳税人及其配偶在一个纳税年度内不能同时分别享受住房贷款利息和住房租金专项附

加扣除。

⑥ 赡养老人专项附加扣除。

纳税人赡养一位及以上被赡养人的赡养支出，统一按照以下标准定额扣除：

a. 纳税人为独生子女的，按照每月 2 000 元的标准定额扣除；

b. 纳税人为非独生子女的，由其与兄弟姐妹分摊每月 2 000 元的扣除额度，每人分摊的额度不能超过每月 1 000 元。可以由赡养人均摊或者约定分摊，也可以由被赡养人指定分摊。约定或者指定分摊的须签订书面分摊协议，指定分摊优先于约定分摊。具体分摊方式和额度在一个纳税年度内不能变更。

这里的“被赡养人”，是指年满 60 岁的父母，以及子女均已去世的年满 60 岁的祖父母、外祖父母。

【例题 5-2-6 · 单选题】 王某 2019 年 1 月从单位取得工资 10 000 元，个人负担的基本社会保险费用 1 800 元，住房公积金 960 元，王某考取了在职研究生，不考虑其他因素，则下列说法中正确的是（　　）。

A. 王某 1 月专项扣除金额为 3 160 元

B. 王某 1 月应预扣预缴税额为 55.2 元

C. 王某 1 月专项附加扣除金额为 2 760 元

D. 王某 1 月应预扣预缴税额为 124 元

【答案】B

【解析】(1) 选项 A：王某 1 月专项扣除金额为 2 760 元（1 800 + 960）。(2) 选项 B：王某 1 月应预扣预缴税额为 55.2 元[（10 000 − 5 000 − 1 800 − 960 − 400）× 3%]。选项 C：王某 1 月专项附加扣除金额为 400 元。故正确答案为 B。

点睛

专项扣除及专项附加扣除

<table>
<tr><th colspan="2"></th><th>扣除标准</th><th>扣除办法</th></tr>
<tr><td colspan="2">专项扣除</td><td colspan="2">包括居民个人按照国家规定的范围和标准缴纳的基本养老保险、基本医疗保险、失业保险等社会保险费和住房公积金等</td></tr>
<tr><td rowspan="2">专项附加扣除</td><td>子女教育专项附加扣除</td><td>纳税人的子女接受学前教育和学历教育的相关支出，按照每个子女每月 1 000 元的标准定额扣除。
年满 3 岁至小学入学前处于学前教育阶段的子女，按照每个子女每月 1 000 元的标准定额扣除。</td><td>父母可以选择由其中一方按扣除标准的 100% 扣除，也可以选择由双方分别按扣除标准的 50% 扣除，具体扣除方式在一个纳税年度内不能变更。</td></tr>
<tr><td>继续教育专项附加扣除</td><td>纳税人在中国境内接受学历（学位）继续教育的支出，在学历（学位）教育期间按照每月 400 元定额扣除。同一学历（学位）继续教育的扣除期限不能超过 48 个月。
纳税人接受技能人员职业资格继续教育、专业技术人员职业资格继续教育的支出，在取得相关证书的当年，按照 3 600 元定额扣除。</td><td>个人接受本科及以下学历（学位）继续教育，符合本办法规定扣除条件的，可以选择由其父母扣除，也可以选择由本人扣除。</td></tr>
</table>

（续表）

		扣除标准	扣除办法
专项附加扣除	大病医疗专项附加扣除	在一个纳税年度内，纳税人发生的与基本医保相关的医药费用支出，扣除医保报销后个人负担（指医保目录范围内的自付部分）累计超过15 000元的部分，由纳税人在办理年度汇算清缴时，在80 000元限额内据实扣除。	纳税人发生的医药费用支出可以选择由本人或者其配偶扣除；未成年子女发生的医药费用支出可以选择由其父母一方扣除。
	住房贷款利息专项附加扣除	纳税人本人或者配偶单独或者共同使用商业银行或者住房公积金个人住房贷款为本人或者其配偶购买中国境内住房，发生的首套住房贷款利息支出，在实际发生贷款利息的年度，按照每月1 000元的标准定额扣除，扣除期限最长不超过240个月。纳税人只能享受一次首套住房贷款的利息扣除。	纳税人只能享受一次首套住房贷款的利息扣除。 经夫妻双方约定，可以选择由其中一方扣除，具体扣除方式在一个纳税年度内不能变更。
	住房租金专项附加扣除	纳税人在主要工作城市没有自有住房而发生的住房租金支出，可以按照以下标准定额扣除： （1）直辖市、省会（首府）城市、计划单列市以及国务院确定的其他城市，扣除标准为每月1 500元； （2）除第一项所列城市以外，市辖区户籍人口超过100万的城市，扣除标准为每月1 100元；市辖区户籍人口不超过100万的城市，扣除标准为每月800元。	夫妻双方主要工作城市相同的，只能由一方扣除住房租金支出。 住房租金支出由签订租赁住房合同的承租人扣除。 纳税人及其配偶在一个纳税年度内不能同时分别享受住房贷款利息和住房租金专项附加扣除。
	赡养老人专项附加扣除	纳税人赡养一位及以上被赡养人的赡养支出，统一按照以下标准定额扣除： （1）纳税人为独生子女的，按照每月2 000元的标准定额扣除； （2）纳税人为非独生子女的，由其与兄弟姐妹分摊每月2 000元的扣除额度，每人分摊的额度不能超过每月1 000元。	可以由赡养人均摊或者约定分摊，也可以由被赡养人指定分摊。约定或者指定分摊的须签订书面分摊协议，指定分摊优先于约定分摊。具体分摊方式和额度在一个纳税年度内不能变更。

2. 居民纳税人“分类所得”应纳税额计算

（1）经营所得。

个体工商户的生产、经营所得应纳税额的计算公式为：

应纳税额＝应纳税所得额×适用税率－速算扣除数

＝（全年收入总额－成本、费用、税金、损失、其他支出及以前年度亏损）×适用税率－速算扣除数

对企事业单位的承包经营、承租经营所得应纳税额的计算公式为：

应纳税额＝应纳税所得额×适用税率－速算扣除数

＝（纳税年度收入总额－必要费用）×适用税率－速算扣除数

点睛

下列支出不得扣除：

（1）个人所得税税款；

（2）税收滞纳金；

（3）罚金、罚款和被没收财物的损失；

（4）不符合扣除规定的捐赠支出；

（5）赞助支出；

（6）用于个人和家庭的支出；

（7）与取得生产经营收入无关的其他支出；

（8）国家税务总局规定不准扣除的支出。

（2）利息、股息、红利所得和偶然所得，以每次收入额为应纳税所得额。

（3）财产租赁所得。

财产租赁所得应纳税额的计算公式为：

① 每次（月）收入不足4 000元的：

应纳税额＝[每次（月）收入额－财产租赁过程中缴纳的税费－由纳税人负担的租赁财产实际开支的修缮费用（800元为限）－800元]×20%

② 每次（月）收入在4 000元以上的：

应纳税额＝[每次（月）收入额－财产租赁过程中缴纳的税费－由纳税人负担的租赁财产实际开支的修缮费用（800元为限）]×（1－20%）×20%

个人出租房屋的个人所得税应税收入不含增值税，计算房屋出租所得可扣除的税费不包括本次出租缴纳的增值税。个人转租房屋的，其向房屋出租方支付的租金及增值税额，在计算转租所得时予以扣除。

点睛

直接出租与转租

		直接出租	转租
适用税目		财产租赁所得	
计税收入		不含增值税的租金收入	
扣除项目	共同之处	(1) 财产租赁过程中缴纳的税费，但不包括本次出租缴纳的增值税 (2)由纳税人负担的租赁财产实际开支的修缮费用（800元为限） (3)法定费用扣除标准（800元或20%）	(1)财产转租过程中缴纳的税费，但不包括本次转租缴纳的增值税 (2)由纳税人负担的租赁财产实际开支的修缮费用（800元为限） (3)法定费用扣除标准（800元或20%）
	差异之处		向房屋出租方支付的租金及增值税税额

【例题5-2-7 ·单选题】2019年7月,王某出租住房取得不含增值税租金收入3 000元,房屋租赁过程中缴纳可以税前扣除的相关税费120元,支付出租住房维修费1 000元,已知个人出租住房取得的所得按10%的税率征收个人所得税,每次收入不超过4 000元的,减除费用800元。王某当月出租住房应缴纳个人所得税税额的下列计算式中,正确的是(　　)。

A. (3 000－120－800－800)×10%＝128(元)

B. (3 000－120－800)×10%＝208(元)

C. (3 000－120－1 000)×10%＝188(元)

D. (3 000－120－1 000－800)×10%＝108(元)

【答案】A

【解析】(1)从2001年1月1日起,对个人出租住房取得的所得暂减按10%的税率征收个人所得税;(2)财产租赁所得,每次(月)收入不超过4 000元的,应纳税额＝[每次(月)收入额－财产租赁过程中缴纳的税费－由纳税人负担的租赁财产实际开支的修缮费用(800元为限)－800元]×10%;(3)王某当月出租住房应缴纳的个人所得税＝(3 000－120－800－800)×10%＝128(元)。

(4)财产转让所得。

财产转让所得应纳税额的计算公式为:

应纳税额＝应纳税所得额×适用税率

＝(收入总额－财产原值－合理费用)×20%

个人转让房屋的个人所得税应税收入不含增值税,其取得房屋时所支付价款中包含的增值税计入财产原值,计算转让所得时可扣除的税费不包括本次转让缴纳的增值税。

案例分析

【案例】

李某转让一处临街商铺(原值为200万元),取得不含增值税的转让收入450万元,支付可以税前扣除的各项合理税费合计5万元(均取得合法票据),李某应缴纳的个人所得税是多少?

【分析】

李某出售该商铺应缴纳个人所得税＝(450－200－5)×20%＝49(万元)

3. 非居民纳税人应纳税额的计算

(1)工资、薪金所得。

非居民个人工资、薪金所得应纳税额＝应纳税所得额×税率－速算扣除数

＝(每月收入额－费用5 000元)×税率－速算扣除数

(2)劳务报酬所得、稿酬所得、特许权使用费所得。

① 以收入减除20%的费用后的余额为收入额。

② 以每次收入额为应纳税所得额。

③ 稿酬所得的收入额减按70%计算。

劳务报酬所得、特许权使用费所得应纳税所得额＝每次所得×(1－20%)

稿酬所得应纳税所得额＝每次所得×(1－20%)×70%

五、预扣预缴个人所得税

扣缴义务人向居民个人支付工资、薪金所得,劳务报酬所得,稿酬所得,特许权使用费所得时,按相关办法预扣预缴个人所得税,并向主管税务机关报送《个人所得税扣缴申报表》。年度预扣预缴税额与年度应纳税额不一致的,由居民个人于次年3月1日至6月30日向主管税务机关办理综合所得年度汇算清缴,税款多退少补。

扣缴义务人向居民个人支付工资、薪金所得时,应当按照累计预扣法计算预扣税款,并按月办理全员全额扣缴申报。

具体计算公式如下:

本期应预扣预缴税额=(累计预扣预缴应纳税所得额×预扣率-速算扣除数)-累计减免税额-累计已预扣预缴税额

累计预扣预缴应纳税所得额=累计收入-累计免税收入-累计减除费用-累计专项扣除-累计专项附加扣除-累计依法确定的其他扣除

其中:

累计减除费用=5 000元/月×纳税人当年截至本月在本单位的任职受雇月份数计算

【例题5-2-8·单选题】 小李2019年1月工资收入6 000元,奖金收入2 000元,则小李1月应预扣预缴税额(　　)元。

A. (6 000-3 500)×10%+2 000×10%-105=345

B. (6 000-5 000)×3%+2 000×10%=230

C. (6 000+2 000-5 000)×3%=90

D. (6 000-5 000)×3%=30

【答案】C

【解析】奖金合并计入工资薪金所得计缴个人所得税,所以,当月应预扣预缴税额=(6 000+2 000-5 000)×3%=90(元),C正确。

六、个人所得税税收优惠

(一)免税项目

(1)省级人民政府、国务院部委和中国人民解放军军以上单位,以及外国组织、国际组织颁发的科学、教育、技术、文化、卫生、体育、环境保护等方面的奖金。

(2)国债和国家发行的金融债券的利息。

(3)按照国务院规定发给的政府特殊津贴、院士津贴、资深院士津贴,以及国务院规定免纳个人所得税的其他补贴、津贴。

(4)福利费、抚恤金、救济金。

(5)保险赔款。

(6)军人的转业费、复员费。

(7)按照国家统一规定发给干部、职工的安家费、退职费、退休工资、离休工资、离休生活补助费。

(8)个人取得的拆迁补偿款。

(9)按照国家规定,单位为个人缴付和个人缴付的住房公积金、基本医疗保险费、基本养老保险费、失业保险费，从纳税义务人的应纳税所得额中扣除。

（10）对外籍个人取得的探亲费，免征个人所得税。可以享受免征个人所得税优惠待遇的探亲费，仅限于外籍个人在我国的受雇地与其家庭所在地（包括配偶或父母居住地）之间搭乘交通工具且每年不超过2次的费用。

（11）中国政府参加的国际公约、签订的协议中规定免税的所得。

（12）依照我国有关法律规定应予免税的各国驻华使馆、领事馆的外交代表、领事馆员和其他人员的所得。

（13）经国务院财政部门批准免税的其他所得。

（二）减税项目

（1）残疾、孤老人员和烈属的所得。

（2）因严重自然灾害造成重大损失的。

（3）其他经国务院财政部门批准减免的。

上述减税项目的减税幅度和期限，由省、自治区、直辖市人民政府规定。

（三）暂免征税项目

根据《财政部、国家税务总局关于个人所得税若干政策问题的通知》和有关文件的规定，对下列所得暂免征收个人所得税：

（1）外籍个人。

① 外籍个人以非现金形式或实报实销形式取得的住房补贴、伙食补贴、搬迁费、洗衣费。

② 外籍个人按合理标准取得的境内、境外出差补贴。

③ 外籍个人取得的语言训练费、子女教育费等，经当地税务机关审核批准为合理的部分。

④ 外籍个人从外商投资企业取得的股息、红利所得。

（2）对股票所得暂不征收个人所得税。

（3）个人举报、协查各种违法、犯罪行为而获得的奖金。

（4）个人转让自用达5年以上，并且是唯一的家庭生活用房取得的所得。

（5）对个人购买福利彩票、赈灾彩票、体育彩票，一次中奖收入在1万元以下的（含1万元），暂免征收个人所得税；超过1万元的，全额征收个人所得税。

（6）个人取得单张有奖发票奖金所得不超过800元（含800元）的，暂免征收个人所得税。

（7）达到离休、退休年龄，但确因工作需要，适当延长离休、退休年龄的高级专家（指享受国家发放的政府特殊津贴的专家、学者），其在延长休假、退休期间的工资、薪金所得，视同离休、退休工资免征个人所得税。

【例题5-2-9 · 多选题】 根据个人所得税法律制度的规定，下列所得中，属于免税项目的有（　　）。

A. 保险赔款　　B. 军人的转业费

C. 国债利息　　D. 退休人员再任职取得的收入

【答案】ABC

【解析】选项D：退休人员再任职取得的收入，按照“工资、薪金所得”缴纳个人所得税。

(8) 对国有企业职工,因企业被依法宣告破产,从破产企业取得的一次性安置费收入,免予征收个人所得税。

(9) 职工因与用人单位解除劳动关系取得的一次性补偿收入(包括用人单位发放的经济补偿金、生活补助费和其他补助费用),在当地上年职工年平均工资3倍数额以内的部分,免征个人所得税。

(10) 对工伤职工及其近亲属按照《工伤保险条例》规定取得的工伤保险待遇,免征个人所得税。

(11) 房屋赠与。

自2009年5月25日起,以下情形的房屋产权无偿赠与,对当事双方不征收个人所得税:

① 房屋产权所有人将房屋产权无偿赠与配偶、父母、子女、祖父母、外祖父母、孙子女、外孙子女、兄弟姐妹;

② 房屋产权所有人将房屋产权无偿赠与对其承担直接抚养或者赡养义务的抚养人或者赡养人;

③ 房屋产权所有人死亡,依法取得房屋产权的法定继承人、遗嘱继承人或者受遗赠人。

除上述情形之外,房屋产权所有人将房屋产权无偿赠与他人的,受赠人因无偿受赠房屋取得的受赠所得,按照"其他所得"项目,全额适用20%的税率计征个人所得税。

【例题5-2-10·多选题】根据个人所得税法律制度的规定,下列各项中,暂免征收个人所得税的有(　　)。

A. 外籍个人以现金形式取得的住房补贴

B. 外籍个人从外商投资企业取得的股息、红利所得

C. 个人转让自用3年,并且是唯一的家庭生活用房取得的所得

D. 个人购买福利彩票,一次中奖收入1 000元的

【答案】BD

【解析】(1)选项A:外籍个人以非现金形式取得的住房补贴,暂免征收个人所得税。(2)选项C:个人转让自用达5年以上,并且是唯一的家庭生活用房取得的所得,暂免征收个人所得税。(3)选项D:对个人购买福利彩票、赈灾彩票、体育彩票,一次中奖收入在1万元以下的(含1万元)暂免征收个人所得税;超过1万元的,全额征收个人所得税。

七、个人所得税征收管理

(一) 征收方式

(1) 个人所得税以所得人为纳税人,以支付所得的单位或者个人为扣缴义务人。扣缴义务人向个人支付应税款项时,应当依照个人所得税法规定预扣或代扣税款,按时缴库,并专项记载备查。支付,包括现金支付、汇拨支付、转账支付和以有价证券、实物以及其他形式的支付。

税务机关对扣缴义务人按照所扣缴的税款,付给2%的手续费。

个人应当凭纳税人识别号实名办税。

个人首次取得应税所得或者首次办理纳税申报时,应当向扣缴义务人或者税务机关如实提供纳税人识别号及与纳税有关的信息。个人上述信息发生变化的,应当报告扣缴义务

人或者税务机关。

没有中国公民身份证号码的个人，应当在首次发生纳税义务时，按照税务机关规定报送与纳税有关的信息，由税务机关赋予其纳税人识别号。

国务院税务主管部门可以指定掌握所得信息并对所得取得过程有控制权的单位为扣缴义务人。

（2）有下列情形之一的，纳税人应当依法办理纳税申报：

① 取得综合所得需要办理汇算清缴。

需要办理汇算清缴的情形包括：

a. 在两处或者两处以上取得综合所得，且综合所得年收入额减去专项扣除的余额超过6万元；

b. 取得劳务报酬所得、稿酬所得、特许权使用费所得中一项或者多项所得，且综合所得年收入额减去专项扣除的余额超过6万元；

c. 纳税年度内预缴税额低于应纳税额的。

纳税人需要退税的，应当办理汇算清缴，申报退税。申报退税应当提供本人在中国境内开设的银行账户。

② 取得应税所得没有扣缴义务人。

③ 取得应税所得，扣缴义务人未扣缴税款。

④ 取得境外所得。

⑤ 因移居境外注销中国户籍。

⑥ 非居民个人在中国境内从两处以上取得工资、薪金所得。

⑦ 国务院规定的其他情形。

（3）居民个人取得工资、薪金所得时，可以向扣缴义务人提供专项附加扣除有关信息，由扣缴义务人扣缴税款时办理专项附加扣除。纳税人同时从两处以上取得工资、薪金所得，并有扣缴义务人办理专项附加扣除的，对同一专项附加扣除项目，纳税人只能选择从其中一处扣除。

居民个人取得劳务报酬所得、稿酬所得、特许权使用费所得，应当在汇算清缴时向税务机关提供有关信息，办理专项附加扣除。

暂不能确定纳税人为居民个人或者非居民个人的，应当按照非居民个人缴纳税款，年度终了确定纳税人为居民个人的，按照规定办理汇算清缴。

（4）对年收入超过国务院税务主管部门规定数额的个体工商户、个人独资企业、合伙企业，税务机关不得采取定期定额、事先核定应税所得率等方式征收个人所得税。

（5）纳税人可以委托扣缴义务人或者其他单位和个人办理汇算清缴。

纳税人发现扣缴义务人提供或者扣缴申报的个人信息、所得、扣缴税款等与实际情况不符的，有权要求扣缴义务人修改。扣缴义务人拒绝修改的，纳税人可以报告税务机关，税务机关应当及时处理。

扣缴义务人发现纳税人提供的信息与实际情况不符的，可以要求纳税人修改，纳税人拒绝修改的，扣缴义务人应当报告税务机关，税务机关应当及时处理。

（6）纳税人有下列情形之一的，税务机关可以不予办理退税：

① 纳税申报或者提供的汇算清缴信息，经税务机关核实为虚假信息，并拒不改正的；

② 法定汇算清缴期结束后申报退税的。

对不予办理退税的，税务机关应当及时告知纳税人。

（二）纳税期限

（1）居民个人取得综合所得，按年计算个人所得税；有扣缴义务人的，由扣缴义务人按月或者按次预扣预缴税款；需要办理汇算清缴的，应当在取得所得的次年 3 月 31 日内办理汇算清缴。预扣预缴办法由国务院税务主管部门制定。

（2）非居民个人取得工资、薪金所得，劳务报酬所得，稿酬所得和特许权使用费所得，有扣缴义务人的，由扣缴义务人按月或者按次代扣代缴税款，不办理汇算清缴。

（3）纳税人取得经营所得，按年计算个人所得税，由纳税人在月度或者季度终了后 15 日内向税务机关报送纳税申报表，并预缴税款；在取得所得的次年 3 月 31 日前办理汇算清缴。

（4）纳税人取得利息、股息、红利所得，财产租赁所得，财产转让所得和偶然所得，按月或者按次计算个人所得税，有扣缴义务人的由扣缴义务人按月或者按次代扣代缴税款。

（5）纳税人取得应税所得没有扣缴义务人的，应当在取得所得的次月 15 日内向税务机关报送纳税申报表，并缴纳税款。

（6）纳税人取得应税所得，扣缴义务人未扣缴税款的，纳税人应当在取得所得的次年 6 月 30 日前，缴纳税款；税务机关通知限期缴纳的，纳税人应当按照期限缴纳税款。

（7）居民个人从中国境外取得所得的，应当在取得所得的次年 3 月 1 日至 6 月 30 日内申报纳税。

（8）非居民个人在中国境内从两处以上取得工资、薪金所得的，应当在取得所得的次月 15 日内申报纳税。

（9）纳税人因移居境外注销中国户籍的，应当在注销中国户籍前办理税款清算。

（10）扣缴义务人每月或者每次预扣、代扣的税款，应当在次月 15 日内缴入国库，并向税务机关报送扣缴个人所得税申报表。

各项所得的计算，以人民币为单位。所得为人民币以外货币的，按照办理纳税申报或扣缴申报实务上一月最后一日人民币汇率中间价，折合成人民币计算应纳税所得额。年度终了后办理汇算清缴的，对已经按月、按季或者按次预缴税款的人民币以外货币所得，不再重新折算；对应当补缴税款的所得部分，按照上一纳税年度最后一日人民币汇率中间价，折合成人民币计算应纳税所得额。

【例题 5-2-11 · 多选题】 居民纳税人发生的下列情形中，应当按照规定向主管税务机关办理个人所得税自行纳税申报的有（　　）。

A. 王某从英国取得所得

B. 林某从出版社取得稿酬所得 1 万元

C. 李某从境内两家公司取得工资、薪金所得

D. 张某 2018 年度取得所得 15 万元

【答案】ACD

【解析】选项 B：应由支付稿酬的出版社代扣代缴个人所得税。

归纳总结

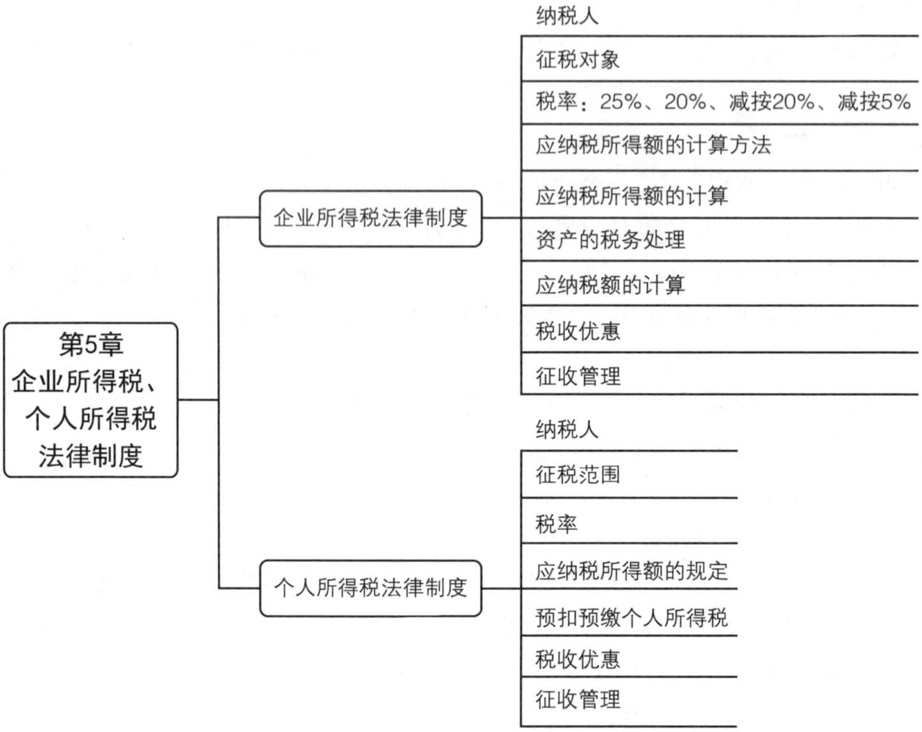

本章主要参考法规索引

1.《中华人民共和国企业所得税法》(2007 年 3 月 16 日,第十届全国人民代表大会第五次会议通过;2017 年 2 月 24 日,第十二届全国人民代表大会常务委员会第二十六次会议修正)

2.《中华人民共和国企业所得税法实施条例》(国务院 2007 年 11 月 28 日通过)

3.《国家税务总局关于贯彻落实企业所得税法若干税收问题的通知》(2010 年 2 月 22 日,国税函〔2010〕79 号)

4.《企业资产损失所得税税前扣除管理办法》(2011 年 3 月 31 日,国家税务总局公告 2011 年第 25 号)

5.《国家税务总局关于企业所得税应纳税所得额若干问题的公告》(2014 年 5 月 28 日,国家税务总局公告 2014 年第 29 号)

6.《国家税务总局关于企业工资薪金和职工福利费等支出税前扣除问题的公告》(2015 年 5 月 8 日,国家税务总局公告 2015 年第 34 号)

7.《财政部、国家税务总局关于进一步完善固定资产加速折旧企业所得税政策的通知》(2015 年 9 月 17 日,财税〔2015〕106 号)

8.《国家税务总局关于有限合伙制创业投资企业法人合伙人企业所得税有关问题的公告》(2015 年 11 月 16 日,国家税务总局公告 2015 年第 81 号)

9.《国家税务总局关于企业所得税有关问题的公告》(2016 年 12 月 9 日,国家税务总局公告 2016 年第 80 号)

10.《国家税务总局关于提高科技型中小企业研究开发费用税前加计扣除比例有关问题的公告》(2017 年 5 月 22 日,国家税务总局公告 2017 年第 18 号)

11.《财政部、国家税务总局关于广告费和业务宣传费支出税前扣除政策的通知》(2017 年 5 月 27 日,财税〔2017〕41 号)

12.《财政部、国家税务总局关于扩大小型微利企业所得税优惠政策范围的通知》(2017 年 6 月 6 日,财税〔2017〕43 号)

13.《中华人民共和国个人所得税法》(1980 年 9 月 10 日,第五届全国人民代表大会第三次会议通过;2018 年 8 月 31 日,第十三届全国人民代表大会常务委员会第五次会议第七次修正)

14.《中华人民共和国个人所得税法实施条例》(1994 年 1 月 28 日,国务院令第 142 号发布;2018 年 12 月 18 日,国务院令第 707 号第四次修订)

15.《国家税务总局关于境外所得征收个人所得税若干问题的通知》(1994 年 3 月 8 日,国税发〔1994〕044 号)

16.《国家税务总局关于印发〈征收个人所得税若干问题的规定〉的通知》(1994 年 3 月 31 日,国税发〔1994〕089 号)

17.《国家税务总局关于调整个人所得全年一次性奖金等计算征收个人所得税方法问题的通知》(2005 年 1 月 21 日,国税发〔2005〕9 号)

18.《财政部、国家税务总局关于个人无偿受赠房屋有关个人所得税问题的通知》(2009 年 5 月 25 日,财税〔2009〕78 号)

19.《国家税务总局关于个人转租房屋取得收入征收个人所得税问题的通知》(2009 年 11 月 18 日,国税函〔2009〕639 号)

20.《财政部、国家税务总局关于个人非货币性资产投资有关个人所得税政策的通知》(2015 年 3 月 30 日,财税〔2015〕41 号)

21.《财政部、国家税务总局,保监会关于将商业健康保险个人所得税试点政策推广到全国范围实施的通知》(2017 年 4 月 28 日,财税〔2017〕39 号)

22.《财政部、国家税务总局关于发布个人所得税专项附加扣除操作办法(试行)公告》(2018 年 12 月 21 日,国发〔2018〕41 号)

CHAPTER 6

第6章

其他税收法律制度

学习目标

Learning Objectives

通过本章你可以：

- 了解本章相关税种的税率（税目）、征收管理
- 熟悉本章相关税种的税收优惠
- 掌握本章相关税种应纳税额的计算
- 掌握本章相关税种的计税依据
- 掌握本章相关税种的征税范围
- 掌握本章相关税种的纳税人

学习导引 Learning Guidance

本章涉及14个税种的内容，通过相关税种的纳税人、征税范围、税率、计税依据、应纳税额的计算、税收优惠和征收管理等方面来学习。

本章的14个税种具体可以分为以下四大类：

第一大类为海关负责征收的1个小税种，为关税。

第二大类为与“车船”有关的3个小税种，分别是车辆购置税、车船税和船舶吨税。

第三大类为与利用本地资源有关的4个小税种，分别为烟叶税、城市维护建设税和教育费附加、资源税、环境保护税。

第四大类为与房地产相关的6个小税种，分别为耕地占有税、静态占有房地产类（包括房产税和城镇土地使用税）、流转房地产权属类（包括契税、土地增值税和印花税）。

第一节 房产税法律制度

房产税,是以房产为征税对象,按照房产的计税价值或房产租金收入向房产所有人或经营管理人等征收的一种税。

一、房产税纳税人

房产税的纳税人,是指在我国城市、县城、建制镇和工矿区内拥有房屋产权的单位和个人。

房产税的征税对象是房屋。

(1) 产权属于国家所有的,其经营管理的单位为纳税人;产权属于集体和个人的,集体单位和个人为纳税人。

点睛

所谓"单位",包括国有企业、集体企业、私营企业、股份制企业、外商投资企业、外国企业以及其他企业和事业单位、社会团体、国家机关、军队以及其他单位;所谓"个人",包括个体工商户以及其他个人。

(2) 产权出典的,承典人为纳税人。

拓展阅读

产权出典

产权出典,是指产权所有人为了某种需要,将自己房屋的产权,在一定期限内转让(出典)给他人使用而取得出典价款的一种融资行为。产权所有人(房主)称为房屋出典人;支付现金或实物取得房屋支配权的人称为房屋的承典人。承典人向出典人交付一定的典价后,在质典期内获取抵押物品的支配权,并可转典。产权的典价一般要低于卖价。出典人在规定期间内须归还典价的本金和利息,方可赎回出典房屋的产权。由于在房屋出典期间,产权所有人已无权支配房屋,因此,税法规定对房屋具有支配权的承典人为纳税人。

(3) 产权所有人、承典人均不在房产所在地的,房产代管人或者使用人为纳税人。

(4) 产权未确定以及租典纠纷未解决的,房产代管人或者使用人为纳税人。

拓展阅读

租典纠纷

租典纠纷,是指产权所有人在房产出典和租赁关系上,与承典人、租赁人发生各种争议,特别是有关权利和义务的争议悬而未决的。此外,还有一些产权归属不清的问题,也都属于租典纠纷。

(5) 纳税单位和个人无租使用房产管理部门、免税单位及纳税单位的房产,由使用人代为缴纳房产税。

【例题6-1-1·判断题】 张华将个人拥有产权的房屋出典给李刚,则李刚为该房屋房产税的纳税人。 ( )

【答案】√

【解析】房屋出典的,承典人(李刚)为房产税的纳税人。

二、房产税征税范围

房产税的征税范围为城市、县城、建制镇和工矿区的房屋。

独立于房屋之外的建筑物,如围墙、烟囱、水塔、菜窖、室外游泳池等不属于房产税的征税范围。

房地产开发企业建造的商品房,在出售前,不征收房产税,但对出售前房地开发企业已使用或出租、出借的商品房应按规定征收房产税。

三、房产税税率

我国现行房产税采用比例税率。从价计征和从租计征实行不同标准的比例税率。

(1) 从价计征的,税率为1.2%。

(2) 从租计征的,税率为12%。

对个人按市场价格出租的居民住房,用于居住的,可暂减按4%的税率征收房产税;对企事业单位、社会团体以及其他组织按市场价格向个人出租用于居住的住房,减按4%的税率征收房产税。

四、房产税计税依据

房产税以房产的计税价值或房产租金收入为计税依据。按房产计税价值征税的,称为从价计征;按房产租金收入征税的,称为从租计征。

(一) 从价计征的房产税的计税依据

从价计征的房产税,以房产余值为计税依据。房产税依照房产原值一次减除10%~30%后的余值计算缴纳。具体扣减比例由各省、自治区、直辖市人民政府确定。

房产原值,是指纳税人按照会计制度规定,在账簿固定资产科目中记载的房屋原价。

房产余值,是房产的原值减除规定比例后的剩余价值。

1. 房屋附属设备和配套设施的计税规定

房产原值应包括与房屋不可分割的各种附属设备或一般不单独计算价值的配套设施。

凡以房屋为载体,不可随意移动的附属设备和配套设施,如给排水、采暖、消防、中央空调、电气及智能化楼宇设备等,无论在会计核算中是否单独记账与核算,都应计入房产原值,计征房产税。

纳税人对原有房屋进行改建、扩建的,要相应增加房屋的原值。

点睛

对更换房屋附属设备和配套设施的，在将其价值计入房产原值时，可扣减原来相应设备和设施的价值；对附属设备和配套设施中易损坏、需要经常更换的零配件，更新后不再计入房产原值。

2. 以房产投资联营计税规定

（1）以房产投资联营，投资者参与投资利润分红、共担风险的，房产所有权已经转移给被投资方，由被投资方按照“房产余值”作为计税依据计征房产税。

（2）以房产投资收取固定收入、不承担经营风险的，视同出租，房产所有权未发生转移，由投资方按照“租金收入”作为计税依据计征房产税。

3. 融资租赁计税规定

融资租赁房屋的房产税，由承租人自融资租赁合同约定开始日的次月起依照房产余值缴纳房产税。合同未约定开始日的，由承租人自合同签订的次月起依照房产余值缴纳房产税。

4. 居民住宅区业内共有的经营性房产的计税规定

对居民住宅内业主共有的经营性房产，由实际经营（包括自营和出租）的代管人或使用人缴纳房产税。其中：自营的，依照房产税原值减除10% ~30%后的余值计征；没有房产原值或不能将业主共有房产与其他房产的原值准确划分开的，由房产所在地税务机关参照同类房产核定房产原值；出租房产的，按照租金收入计征。

（二）从租计征的房产税的计税依据

房产出租的，以房屋出租取得的租金收入为计税依据，计缴房产税。计征房产税的租金收入不含增值税。

拓展阅读

房产的租金收入

房产的租金收入，是指房屋产权所有人出租房产使用权所得的报酬，包括货币收入和实物收入。对以劳务或其他形式为报酬抵付房租收入的，应根据当地同类房产的租金水平，确定一个标准租金额从租计征。

纳税人对个人出租房屋的租金收入申报不实或申报数与同一地段同类房屋的租金收入相比明显不合理的，税务部门可以按照《中华人民共和国税收征收管理法》的有关规定，采取科学合理的方法核定其应纳税额。

五、房产税应纳税额的计算

1. 从价计征的计算公式

从价计征的计算公式为：

$$应纳税额 = 房产原值 \times (1 - 扣除比例) \times 1.2\%$$

公式中,扣除比例幅度为10% ~30%,具体减除幅度由省、自治区、直辖市人民政府规定。

2. 从租计征的计算公式

从租计征的计算公式为:

$$应纳税额 = 租金收入(包括货币收入和实物收入) \times 12\%(或4\%)$$

【例题6-1-2·单选题】 2019年甲公司房产原值1 000 000元,已提取折旧350 000元,已知从价计征房产税税率为1.2%,当地规定的房产税扣除比例为30%,甲公司当年应缴纳房产税税额的下列计算中,正确的是(　　)。

A. (1 000 000 - 350 000) × 1.2% = 7 800(元)

B. (1 000 000 - 350 000) × (1 - 30%) × 1.2% = 5 460(元)

C. 1 000 000 × (1 - 30%) × 1.2% = 8 400(元)

D. 1 000 000 × 1.2% = 12 000(元)

【答案】 C

【解析】 已经提取的折旧不得从房产原值中扣除。

六、房产税税收优惠

(1) 国家机关、人民团体、军队"自用"(不包括出租)的房产,免征房产税。但上述免税单位的出租房产以及非自身业务使用的生产、营业用房,不属于免税范围。自2004年8月1日起,对军队空余房产租赁收入暂免征收房产税。

(2) 由国家财政部门拨付事业经费(全额或者差额)的单位(学校、医疗卫生单位、托儿所、幼儿园、敬老院以及文化、体育、艺术类单位)所有的、本身业务范围内使用的房产,免征房产税。

(3) 宗教寺庙、公园、名胜古迹"自用"的房产,免征房产税。

(4) 个人所有"非营业用"的房产(居民住房),免征房产税。非营业用房主要是指居民住房,不分面积多少,一律免征。对个人拥有的营业用房或者出租的房产,不属于免税房产,应照章征税。

(5) 纳税人因房屋大修导致连续停用半年以上的,在房屋大修期间免征房产税。

(6) 对非营利性医疗机构、疾病控制机构和妇幼保健机构等卫生机构自用的房产,免征房产税。

(7) 老年服务机构自用的房产,免征房产税。

(8) 在基建工地为基建工地服务的各种工棚、材料棚、休息棚和办公室等临时性房屋,施工期间免征房产税。

(9) 对公共租赁住房免征房产税。

(10) 体育场馆的房产税优惠:

① 国家机关、军队、人民团体、财政补助事业单位、居民委员会、村民委员会拥有的体育场馆,用于体育活动的房产,免征房产税。

② 经费自理事业单位、体育社会团体、体育基金会、体育类民办非企业单位拥有并运营管理的体育场馆,符合相关条件的,其用于体育活动的房产,免征房产税。

③ 企业拥有并运营管理的大型体育场馆,其用于体育活动的房产,减半征收房产税。享受上述税收优惠体育场馆的运动场地用于体育活动的天数不得低于全年自然天数的70%。

七、房产税征收管理

（一）纳税义务发生时间

纳税义务发生时间具体如表6-1-1所示。

表6-1-1　　纳税义务发生时间

纳税人房产用途	纳税时间
纳税人将原有房产用于生产经营	生产经营之月起缴纳
纳税人自行新建房屋用于生产经营	建成之次月起缴纳
纳税人委托施工企业建设的房屋	办理验收手续之次月起缴纳
纳税人购置新建商品房	自房屋交付使用之次月起缴纳
纳税人购置存量房	自办理房屋权属转移、变更登记手续，房地产权属登记机关签发房屋权属证书之次月起缴纳
纳税人出租、出借房产	自交付出租、出借本企业房产之次月起缴纳
房地产开发企业自用、出租、出借本企业建造的商品房	自房屋使用或交付之次月起缴纳
纳税人因房产的实物或权利状态发生变化而依法终止房产税纳税义务的	应纳税款的计算截至房产的实物或权利状态发生变化的当月末

（二）纳税地点

房产税在房产所在地缴纳。房产不在同一地方的纳税人，应按房产的坐落地点分别向房产所在地的税务机关申报纳税。

（三）纳税期限

房产税实行按年计算、分期缴纳的征收方法，具体纳税期限由省、自治区、直辖市人民政府确定。

第二节　契税法律制度

契税，是指国家在土地、房屋权属转移时，按照当事人双方签订的合同（契约），以及所确定价格的一定比例，向权属承受人征收的一种税。

一、契税纳税人

契税的纳税人，是指在我国境内承受土地、房屋权属转移的单位和个人。

二、契税征税范围

契税以在我国境内转移土地、房屋权属的行为作为征税对象。土地、房屋权属未发生转移的，不征收契税。

契税的征税范围主要包括：国有土地使用权出让、土地使用权转让、房屋买卖、房屋赠与、房屋交换。

土地、房屋典当、继承、分拆（分割）、抵押以及出租等行为，不属于契税的征税范围。

【例题 6-2-1 · 多选题】 根据契税法律制度的规定，下列行为中，属于契税征税范围的有（　　）。

A. 房屋买卖　　B. 房屋交换　　C. 房屋租赁　　D. 房屋赠与

【答案】ABD

【解析】选项 C：房屋租赁，房屋产权权属没有发生转移，不属于契税征税范围。

三、契税税率

契税采用比例税率，并实行 3% ~5% 的幅度税率。

四、契税计税依据

按照土地、房屋权属转移的形式、定价方法的不同，契税的计税依据确定如下：

（1）国有土地使用权出让、土地使用权出售、房屋买卖，以成交价格作为计税依据。

（2）土地使用权赠与、房屋赠与，由征收机关参照土地使用权出售、房屋买卖的市场价格核定。

（3）土地使用权交换、房屋交换，以交换土地使用权、房屋的价格差额为计税依据。

（4）以划拨方式取得土地使用权，经批准转让房地产时应补交的契税，以补交的土地使用权出让费用或土地收益作为计税依据。

五、契税应纳税额的计算

契税应纳税额依照省、自治区、直辖市人民政府确定的适用税率和税法规定的计税依据计算征收。其计算公式为：

应纳税额 = 计税依据 × 税率

【例题 6-2-2 · 单选题】 老李拥有一套价值 72 万元的住房，老张拥有一套价值 52 万元的住房，双方交换住房，由老张补差价 20 万元（不含增值税）给老李。已知契税的税率为 3%，下列各项中，正确的是（　　）。

A. 老李应缴纳契税 2.16 万元　　B. 老张应缴纳契税 0.6 万元

C. 老李应缴纳契税 0.6 万元　　D. 老张应缴纳契税 2.16 万元

【答案】B

【解析】土地使用权交换、房屋交换，其计税依据为所交换土地使用权、房屋的“价格差额”，交换价格不相等的，由多交付货币、实物、无形资产或者其他经济利益的一方缴纳契税，老张应缴纳契税 0.6 万元（20 ×3%），老李不缴纳契税。

六、契税税收优惠

契税税收优惠主要包括：

（1）国家机关、事业单位、社会团体、军事单位承受土地、房屋，用于办公、教学、医疗、科研和军事设施的，免征契税。

（2）城镇职工按规定第一次购买公有住房的，免征契税。

(3) 纳税人承受荒山、荒沟、荒丘、荒滩土地使用权，用于农、林、牧、渔业生产的，免征契税。

(4) 因不可抗力灭失住房而重新购买住房的，酌情准予减征或者免征契税。

(5) 土地、房屋被县级以上人民政府征用、占用后，重新承受土地、房屋权属的，是否减征或者免征契税，由省级人民政府确定。

(6) 依照我国有关法律规定以及我国缔结或参加的多边和多边条约或协定的规定应当予以免税的外国驻华使馆、领事馆、联合国驻华机构及其外交代表、领事官员和其他外交人员承受土地、房屋权属的，经外交部确认，可以免征契税。

经批准减征、免征契税的纳税人，改变有关土地、房屋的用途的，就不再属于减征、免征契税范围，并且应当补缴已经减征、免征的税款。

【例题 6-2-3 · 多选题】 根据契税法律制度的规定，下列各项中，免征契税的有(　　)。

A. 军事单位承受土地用于军事设施

B. 国家机关承受房屋用于办公

C. 纳税人承受荒山土地使用权用于农业生产

D. 城镇居民购买商品房用于居住

【答案】ABC

【解析】城镇居民购买商品房用于居住须征收契税。

七、契税征收管理

(一) 纳税义务发生时间

契税的纳税义务发生时间是纳税人签订土地、房屋权属转移合同的当天，或者纳税人取得其他具有土地、房屋权属转移合同性质凭证的当天。

(二) 纳税地点

契税实行属地征收管理。纳税人发生契税纳税义务时，应向土地、房屋所在地的税务征收机关申报纳税。

(三) 纳税期限

纳税人应当自纳税义务发生之日起 10 日内，向土地、房屋所在地的税收征收机关办理纳税申报，并在税收征收机关核定的期限内缴纳税款。

【例题 6-2-4 · 单选题】 根据契税法律制度的规定，纳税人应当自契税纳税义务发生之日起(　　)日内，向土地、房屋所在地的税收征收机关办理纳税申报。

A. 5　　B. 10　　C. 7　　D. 15

【答案】B

【解析】纳税人应当自纳税义务发生之日起 10 日内，办理纳税申报并缴纳税款。

第三节　土地增值税法律制度

土地增值税是对转让国有土地使用权、地上建筑物及其附着物并取得收入的单位和个人，就其转让房地产所取得的增值额征收的一种税。

一、土地增值税纳税人

土地增值税的纳税人为转让国有土地使用权、地上建筑物及其附着物(以下简称“转让房地产”)并取得收入的单位和个人。

【例题 6-3-1 · 单选题】 下列各项中,不属于土地增值税纳税人的是(　　)。

A. 以房抵债的某工业企业

B. 出租写字楼的某外资房地产开发公司

C. 转让住房的某个人

D. 转让国有土地使用权的某高等学校

【答案】B

【解析】土地增值税征税范围规定,出租房地产,未发生房产产权、土地使用权的转让行为,不属于土地增值税征税范围,所以,出租写字楼的某外资房地产开发公司不是土地增值税的纳税人。

二、土地增值税征税范围

(一) 征税范围的一般规定

(1) 土地增值税只对转让国有土地使用权的行为征税,对出让国有土地的行为不征税。

(2) 土地增值税既对转让国有土地使用权的行为征税,也对转让地上建筑物及其他附着物产权的行为征税。

(3) 土地增值税只对有偿转让的房地产征税,对以继承、赠与等方式无偿转让的房地产,不予征税。

(二) 征税范围的特殊规定

1. 企业改制重组

(1) 一般企业整体改制、合并、分立,改制重组将国有土地、房屋权属转移、变更到改建后、合并后、分立后的企业,暂不征土地增值税。

(2) 房地产开发企业改制重组将国有土地、房屋权属转移、变更到改建后、合并后、分立后的企业,征收土地增值税。

2. 自用或出租

房地产开发企业将开发的部分房地产转为企业自用或用于出租等商业用途时,如果产权未发生转移,不征收土地增值税。

3. 房地产的交换

(1) 房地产交换属于土地增值税的征税范围。

(2) 对居民个人之间互换自有居住用房地产的,经当地税务机关核实,可以免征土地增值税。

4. 合作建房

(1) 双方合作建房,建成后按比例分房自用的,暂免征收土地增值税。

(2) 建成后转让的,应征收土地增值税。

5. 房地产的抵押与抵债

(1) 对于房地产的抵押,在抵押期间不征收土地增值税。

(2) 如果抵押期满以房地产抵债,发生房地产权属转移的,应列入土地增值税的征税范围。

6. 房地产的代建行为

代建行为对于房地产开发公司而言，虽然取得了收入，但没有发生房地产权属的转移，其收入属于劳务收入性质，不属于土地增值税的征税范围。

7. 房地产的重新评估

对房地产进行重新评估而产生的评估增值，因其既没有发生房地产权属的转移，房产产权人、土地使用权人也未取得收入，所以不属于土地增值税的征税范围。

【例题6-3-2·单选题】 根据土地增值税法律制度的规定，下列各项中，属于土地增值税征税范围的是(　　)。

A. 房地产的出租　　B. 企业间的房地产交换

C. 房地产的代建　　D. 房地产的抵押

【答案】B

【解析】房地产交换属于土地增值税的征税范围。

三、土地增值税税率

土地增值税实行四级超率累进税率，具体如表6-3-1所示。

表6-3-1　土地增值税四级超率累进税率

级数	增值税与扣除项目金额的比率	税率(%)	速算扣除系数
1	不超过50%的部分	30	0
2	超过50%至100%的部分	40	5
3	超过100%至200%的部分	50	15
4	超过200%的部分	60	35

四、土地增值税计税依据

土地增值税的计税依据是纳税人转让房地产所取得的增值额。

转让房地产的增值额，是纳税人转让房地产的收入减除税法规定的扣除项目金额后的余额。

(一) 应税收入的确定

应税收入包括货币收入、实物收入和其他收入。

1. 货币收入

货币收入，是指纳税人转让房地产而取得的现金、银行存款和国库券、金融债券、企业债券、股票等有价证券。

2. 实物收入

实物收入，是指纳税人转让房地产而取得的各种实物形态的收入。

3. 其他收入

其他收入，是指纳税人转让房地产而取得的无形资产收入或具有财产价值的权利。

【例题6-3-3·判断题】 某工业企业利用一块闲置的土地使用权换取某房地产公司的

新建商品房，作为本单位职工的居住用房，由于没有取得收入，所以，该企业不需要缴纳土地增值税。（　　）

【答案】×

【解析】该企业以地换房，虽然没有取得货币收入，但是取得了实物收入并且发生了土地使用权转移，所以，该企业应该缴纳土地增值税。

（二）扣除项目及其金额

依照《中华人民共和国土地增值税暂行条例》（以下简称《土地增值税暂行条例》）的规定，准予纳税人从房地产转让收入额减除的扣除项目金额具体包括以下内容。

1. 取得土地使用权所支付的金额

具体包括纳税人为取得土地使用权所支付的地价款和纳税人在取得土地使用权时按国家统一规定缴纳的有关费用（登记、过户手续费）和税金（契税）。

拓展阅读

地价款的确定有三种方式：以协议、招标、拍卖等出让方式取得土地使用权的，地价款为纳税人所支付的土地出让金；以行政划拨方式取得土地使用权的，地价款为按照国家有关规定补交的土地出让金；以转让方式取得土地使用权的，地价款为向原土地使用权人实际支付的地价款。

2. 房地产开发成本

房地产开发成本，是指纳税人开发房地产项目实际发生的成本，包括土地的征用及拆迁补偿费、前期工程费、建筑安装工程费、基础设施费、公共配套设施费、开发间接费用等。

3. 房地产开发费用

房地产开发费用，是指与房地产开发项目有关的销售费用、管理费用和财务费用。在计算土地增值税时，房地产开发费用并不是按照纳税人实际发生额进行扣除，应分别按以下两种情况扣除：

（1）财务费用中的利息支出，凡能够按转让房地产项目计算分摊并提供金融机构证明的，允许据实扣除，但最高不能超过按商业银行同类同期贷款利率计算的金额。其他房地产开发费用，按规定（即取得土地使用权所支付的金额和房地产开发成本，下同）计算的金额之和的5%以内计算扣除。计算公式为：

允许扣除的房地产开发费用＝利息＋（取得土地使用权所支付的金额＋房地产开发成本）×5%

（2）财务费用中的利息支出，凡不能按转让房地产项目计算分摊利息支出或不能提供金融机构证明的，房地产开发费用按规定计算的金额之和的10%以内计算扣除。计算扣除的具体比例，由各省、自治区、直辖市人民政府规定。计算公式为：

允许扣除的房地产开发费用＝（取得土地使用权所支付的金额＋房地产开发成本）×10%

财政部、国家税务总局对扣除项目金额中利息支出的计算问题做了两点专门规定：一是利息的上浮幅度按国家的有关规定执行，超过上浮幅度的部分不允许扣除；二是对于超过贷款期限的利息部分和加罚的利息不允许扣除。

4. 与转让房地产有关的税金

与转让房地产有关的税金是指在转让房地产时缴纳的城市维护建设税及教育费附加、印花税。《土地增值税暂行条例》等规定的土地增值税扣除项目涉及的增值税进项税额,允许在销项税额中抵扣的,不计入扣除项目;不允许在销项税额中抵扣的,可以计入扣除项目。

房地产开发企业在转让时缴纳的印花税已列入管理费用中,故不允许单独再扣除。其他纳税人缴纳的印花税允许再次扣除。

5. 财政部确定的其他扣除项目

此条优惠只适用于从事房地产开发的纳税人,具体允许扣除方法为:

加计扣除的房地产开发费用 =(取得土地使用权所支付的金额 + 房地产开发成本)×20%

6. 旧房及建筑物的扣除金额

(1) 按评估价格扣除。

① 旧房及建筑物的评估价格(重置成本价 × 成新度折扣率),经当地税务机关确认。

② 取得土地使用权所支付的地价款和按国家统一规定缴纳的有关费用。

③ 转让环节缴纳的税金。

对取得土地使用权时未支付地价款或不能提供已支付地价款凭据,在计征土地增值税时不允许扣除。

(2) 按购房发票金额计算扣除。

① 纳税人转让旧房及建筑物,凡不能取得评估价格,但能提供购房发票的,经当地税务部门确认,可以按发票所载金额并从购买年度起至转让年度止每年加计5%计算的金额扣除。

② 纳税人购房时缴纳的契税,凡能够提供契税完税凭证,准予作为"与转让房地产有关的税金"予以扣除,但不作为加计5%的基数。

7. 计税依据的特殊规定

(1) 隐瞒、虚报房地产成交价格的。隐瞒、虚报房地产成交价格,是指纳税人不报或有意低报转让土地使用权、地上建筑物及其附着物价款的行为。

对于纳税人隐瞒、虚报房地产成交价格的,应由评估机构参照同类房地产的市场交易价格进行评估,税务机关根据评估价格确定转让房地产的收入。

(2) 提供扣除项目金额不实的。提供扣除项目金额不实,是指纳税人在纳税申报时,不据实提供扣除项目金额,而是虚增被转让房地产扣除项目的内容或金额,使税务机关无法从纳税人方面了解计征土地增值税所需的正确的扣除项目金额,以达到虚增成本偷税的目的。

对于纳税人申报扣除项目金额不实的,应由评估机构对该房屋按照评估出的房屋重置成本价,乘以房屋的成新度折扣率,确定房产的扣除项目金额,并用该房产所坐落土地取得时的基准地价或标准地价来确定土地的扣除项目金额,房产和土地的扣除项目金额之和即为该房地产的扣除项目金额。

(3) 转让房地产的成交价格低于房地产评估价格,又无正当理由的。转让房地产的成交价格低于房地产评估价格且无正当理由,是指纳税人申报的转让房地产的成交价低于房地产评估机构通过市场比较法进行房地产评估时所确定的正常市场交易价,纳税人又不能提供有效凭据或无正当理由进行解释的行为。对于这种情况,应按评估的市场交易价确定其实际成交价,并以此作为转让房地产的收入计算征收土地增值税。

（4）非直接销售和自用房地产收入的确定。房地产开发企业将开发产品用于职工福利、奖励、对外投资、分配给股东或投资人、抵偿债务、换取其他单位和个人的非货币性资产等，发生所有权转移时应视同销售房地产，其收入按下列方法和顺序确认：一是按本企业在同一地区、同一年度销售的同类房地产的平均价格确定；二是由主管税务机关参照当地当年、同类房地产的市场价格或评估价值确定。

【例题6-3-4·多选题】纳税人转让旧房，在计算土地增值额时，允许扣除的项目有（　　）。

A．转让环节缴纳给国家的各项税费

B．经税务机关确认的房屋及建筑物的评估价格

C．当期发生的管理费用、财务费用和销售费用

D．取得土地使用权所支付的价款和按国家规定缴纳的有关税费

【答案】ABD

【解析】根据土地增值税法律制度的规定，纳税人转让旧房，不允许扣除管理费用等三项费用，只有转让新建商品房项目时，才允许按照房地产开发费用扣除。

五、土地增值税应纳税额的计算

（一）应纳税额的计算公式

土地增值税按照纳税人转让房地产所取得的增值额和规定的税率计算征收。土地增值税的计算公式为：

$$\text{应纳税额} = \sum \text{每级距的增值额} \times \text{适用税率}$$

由于分步计算比较烦琐，一般可以采用速算扣除法计算。

（二）应纳税额的计算步骤

根据上述计算公式，土地增值税应纳税额的计算可分为以下四步：

（1）计算增值额。

$$\text{增值额} = \text{房地产转让收入} - \text{扣除项目金额}$$

（2）计算增值率。

$$\text{增值率} = \text{增值额} \div \text{扣除项目金额} \times 100\%$$

（3）确定适用税率。按照计算出的增值率，从土地增值税税率表中确定适用税率。

（4）计算应纳税额。

$$\text{土地增值税应纳税额} = \text{增值额} \times \text{适用税率} - \text{扣除项目金额} \times \text{速算扣除系数}$$

【例题6-3-5·单选题】某企业销售房产取得不含增值税售价5 000万元，扣除项目金额合计为3 000万元，已知适用的土地增值税税率为40%，速算扣除系数为5%。则该企业应缴纳土地增值税（　　）万元。

A．650　　　　B．700

C．1 850　　　　D．1 900

【答案】A

【解析】该企业应缴纳土地增值税＝增值额×适用的土地增值税税率－扣除项目金额×适用的速算扣除系数＝(5 000－3 000)×40%－3 000×5%＝650（万元）。

六、土地增值税税收优惠

（1）纳税人建造普通标准住宅出售，增值额未超过扣除项目金额20%的，予以免税；超过20%的，应按全部增值额缴纳土地增值税。

（2）因国家建设需要依法征用、收回的房地产，免征土地增值税。

（3）企事业单位、社会团体以及其他组织转让旧房作为廉租住房、经济适用住房房源且增值额未超过扣除项目金额20%的，免征土地增值税。

（4）自2008年11月1日起，对居民个人转让住房一律免征土地增值税。

【例题6-3-6·多选题】根据土地增值税法律制度的规定，下列各项中，可以免征土地增值税的有（　　）。

A. 国家机关转让自用房产

B. 工业企业在改制重组时以不动产作价入股投资非房地产企业

C. 房地产公司以不动产作价入股进行投资

D. 某商场因城市实施规划、国家建设的需要而自行转让原房产

【答案】BD

【解析】对于以土地（房地产）作价入股进行投资或联营的，凡所投资、联营的企业从事房地产开发的，或者房地产开发企业以其建造的商品房进行投资和联营的，不免征土地增值税；工业企业以不动产作价入股进行投资和某商场因城市实施规划、国家建设的需要而自行转让原房产属于免征土地增值税的情形；国家机关转让自用房产属于土地增值税的征税范围。

七、土地增值税征收管理

（一）纳税申报

纳税人应在转让房地产合同签订后7日内，到房地产所在地主管税务机关办理纳税申报，并向税务机关提交房屋及建筑物产权、土地使用权证书，土地转让、房产买卖合同、房地产评估报告及其他与转让房地产有关的资料，然后在税务机关规定的期限内缴纳土地增值税。

（二）纳税清算

1. 土地增值税的清算单位

土地增值税以国家有关部门审批的房地产开发项目为单位进行清算，对于分期开发的项目，以分期项目为单位清算。

2. 土地增值税的清算条件

（1）应当清算：

① 房地产开发项目全部竣工、完成销售的。

② 整体转让未竣工决算房地产开发项目的。

③ 直接转让土地使用权的。

（2）可以要求清算：

① 已竣工验收的房地产开发项目，已转让的房地产建筑面积占整个项目可售建筑面积

的比例在85%以上,或该比例虽未超过85%,但剩余的可售建筑面积已经出租或自用的。

② 取得销售(预售)许可证满三年仍未销售完毕的。

③ 纳税人申请注销税务登记但未办理土地增值税清算手续的。

④ 省级税务机关规定的其他情况。

3. 土地增值税清算应报送的资料

(1) 房地产开发企业清算土地增值税书面申请、土地增值税纳税申报表。

(2) 项目竣工决算报表、取得土地使用权所支付的地价款凭证、国有土地使用权出让合同、银行贷款利息结算通知单、项目工程合同结算单、商品房购销合同统计表等与转让房地产的收入、成本和费用有关的证明资料。

(3) 主管税务机关要求报送的其他与土地增值税清算有关的证明资料等。纳税人委托税务中介机构审核鉴证的清算项目,还应报送中介机构出具的《土地增值税清算税款鉴证报告》。

4. 土地增值税的核定征收

房地产开发企业有下列情形之一的,税务机关按不低于预征率的征收率核定征收土地增值税:

(1) 依照法律、行政法规的规定应当设置但未设置账簿的。

(2) 擅自销毁账簿或者拒不提供纳税资料的。

(3) 虽设置账簿,但账目混乱或者成本资料、收入凭证、费用凭证残缺不全,难以确定转让收入或者扣除项目金额的。

(4) 符合土地增值税清算条件,未按照规定的期限办理清算手续,经税务机关责令限期清算,逾期仍不清算的。

(5) 申报的计税依据明显偏低,又无正当理由的。

5. 清算后再转让房地产的处理

在土地增值税清算时未转让的房地产,清算后销售或有偿转让的,纳税人应按规定进行土地增值税的纳税申报,扣除项目金额按清算时的单位建筑面积成本费用乘以销售或转让面积计算。

单位建筑面积成本费用 = 清算时的扣除项目总金额 ÷ 清算的总建筑面积

(三) 纳税地点

土地增值税纳税人发生应税行为应向房地产所在地主管税务机关缴纳税款。

这里所称的房地产所在地,是指房地产的坐落地。具体又可分为以下两种情况。

1. 纳税人是法人的

当转让的房地产坐落地与其机构所在地或经营所在地一致时,则在办理税务登记的原管辖税务机关申报纳税即可;如果转让的房地产坐落地与其机构所在地或经营所在地不一致时,则应在房地产坐落地所管辖的税务机关申报纳税。

2. 纳税人是自然人的

当转让的房地产坐落地与其居住所在地一致时,则在居住所在地税务机关申报纳税;当转让的房地产坐落地与其居住所在地不一致时,在办理过户手续所在地的税务机关申报纳税。

第四节 城镇土地使用税法律制度

城镇土地使用税是国家在城市、县城、建制镇和工矿区范围内,对使用土地的单位和个人,以其实际占用的土地面积为计税依据,按照规定的税额计算征收的一种税。

一、城镇土地使用税纳税人

城镇土地使用税的纳税人,是指在税法规定的征税范围内使用土地的单位和个人。

城镇土地使用税的纳税人,根据用地者的不同情况分别确定为:

(1)城镇土地使用税由拥有土地使用权的单位或个人缴纳。

(2)拥有土地使用权的纳税人不在土地所在地的,由代管人或实际使用人缴纳。

(3)土地使用权未确定或权属纠纷未解决的,由实际使用人纳税。

(4)土地使用权共有的,共有各方均为纳税人,由共有各方分别纳税。

土地使用权共有的,以共有各方实际使用土地的面积占总面积的比例,分别计算缴纳城镇土地使用税。

【例题6-4-1·多选题】根据城镇土地使用税法律制度的规定,下列各项中,属于城镇土地使用税纳税人的有( )。

A. 出租土地使用权的单位

B. 承租土地使用权的单位

C. 拥有土地使用权的个人

D. 土地使用权共有方

【答案】ACD

【解析】土地使用权的出租,由出租人缴纳城镇土地使用税。

二、城镇土地使用税征税范围

城镇土地使用税的征税范围是税法规定的纳税区域内的土地。凡在城市、县城、建制镇、工矿区范围内的土地,不论是属于国家所有的土地,还是集体所有的土地,都属于城镇土地使用税的征税范围。

建立在城市、县城、建制镇和工矿区以外的工矿企业则不需缴纳城镇土地使用税。

公园、名胜古迹内的索道公司经营用地,应按规定缴纳城镇土地使用税。

三、城镇土地使用税税率

城镇土地使用税采用定额税率,即采用有幅度的差别税额。

按大、中、小城市和县城、建制镇、工矿区分别规定每平方米城镇土地使用税年应纳税额。人口在50万人以上的为大城市;人口在20万~50万人的为中等城市;人口在20万人以下的为小城市。城镇土地使用税每平方米年税额标准具体规定如下:① 大城市1.5~30元;② 中等城市1.2~24元;③ 小城市0.9~18元;④ 县城、建制镇、工矿区0.6~12元。

四、城镇土地使用税计税依据

城镇土地使用税的计税依据是纳税人实际占用的土地面积。土地面积以平方米为计量标准。具体按以下办法确定：

(1) 凡由省级人民政府确定的单位组织测定土地面积的，以测定的土地面积为准。

(2) 尚未组织测定，但纳税人持有政府部门核发的土地使用证书的，以证书确定的土地面积为准。

(3) 尚未核发土地使用证书的，应由纳税人据实申报土地面积，并据以纳税，待核发土地使用证书后再作调整。

【例题 6-4-2 · 多选题】 下列关于城镇土地使用税的计税依据，描述正确的有(　　)。

A. 尚未组织测定，但纳税人持有政府部门核发的土地使用证书的，以证书确定的土地面积为准

B. 尚未核发土地使用证书的，应由纳税人据实申报土地面积，并据以纳税，待核发土地使用证书后再作调整

C. 凡由省级人民政府确定的单位组织测定土地面积的，以测定的土地面积为准

D. 城镇土地使用税以实际占用的应税土地面积为计税依据

【答案】ABCD

【解析】城镇土地使用税的计税依据是纳税人实际占用的土地面积。

五、城镇土地使用税应纳税额的计算

城镇土地使用税是以纳税人实际占用的土地面积为计税依据，按照规定的适用税额计算征收。其应纳税额计算公式为：

年应纳税额 = 实际占用应税土地面积(平方米) × 适用税额

【例题 6-4-3 · 多选题】 甲、乙两家企业共有一项土地使用权，土地面积为 1 500 平方米，甲、乙企业的实际占用比例为 3∶2。已知该土地适用的城镇土地使用税年税额为每平方米 5 元。关于甲、乙企业共用该土地应缴纳的城镇土地使用税，下列处理正确的有(　　)。

A. 甲企业全年应纳城镇土地使用税 = 1 500 × 3/5 × 5 = 4 500(元)

B. 甲企业全年应纳城镇土地使用税 = 1 500 × 5 = 7 500(元)

C. 乙企业全年应纳城镇土地使用税 = 1 500 × 2/5 × 5 = 3 000(元)

D. 乙企业全年应纳城镇土地使用税 = 1 500 × 5 = 7 500(元)

【答案】AC

【解析】土地使用权共有的，以共有各方实际使用土地的面积占总面积的比例，分别计算缴纳城镇土地使用税。

六、城镇土地使用税税收优惠

(一) 免征城镇土地使用税的用地

(1) 国家机关、人民团体、军队自用的土地。

(2) 由国家财政部门拨付事业经费的单位自用的土地。

(3) 宗教寺庙、公园、名胜古迹自用的土地。

(4) 市政街道、广场、绿化地带等公共用地。

(5) 直接用于农、林、牧、渔业的生产用地。

(6) 经批准开山填海整治的土地和改造的废弃土地,从使用的月份起免缴土地使用税5~10年。

(7) 由财政部另行规定免税的能源、交通、水利设施用地和其他用地。

【例题6-4-4·单选题】 根据城镇土地使用税法律制度的规定,下列用地中,免予缴纳城镇土地使用税的是(　　)。

A. 港口的码头用地　　B. 邮政部门坐落在县城内的土地

C. 水电站的发电厂房用地　　D. 火电厂厂区围墙内的用地

【答案】A

【解析】(1) 选项A:对港口的码头用地,免征城镇土地使用税;对港口的露天堆货场用地,原则上应征收城镇土地使用税。(2) 选项B:对邮政部门坐落在城市、县城、建制镇、工矿区范围内的土地,应当依法征收城镇土地使用税;对坐落在城市、县城、建制镇、工矿区范围以外的,尚在县邮局内核算的土地,在单位财务账中划分清楚的,不征收城镇土地使用税。(3) 选项C:水电站的发电厂房用地,生产、办公、生活用地,应征收城镇土地使用税;对其他用地给予免税照顾。(4) 选项D:火电厂厂区围墙内的用地均应征收城镇土地使用税;对厂区围墙外的灰场、输灰管、输油(气)管道、铁路专用线用地,免征城镇土地使用税;厂区围墙外的其他用地,应照章征税。

(二) 城镇土地使用税的特殊规定

1. 城镇土地使用税与耕地占有税的征税范围衔接

为避免对一块土地同时征收耕地占有税和城镇土地使用税,凡是缴纳了耕地占有税的,从批准征用之日起满1年后征收城镇土地使用税;征用非耕地因不需要缴纳耕地占有税,应从批准征用之次月起征收城镇土地使用税。

2. 免税单位与纳税单位之间无偿使用的土地

对免税单位无偿使用纳税单位的土地(如公安、海关等单位使用铁路、民航等单位的土地),免征城镇土地使用税;对纳税单位无偿使用免税单位的土地,纳税单位应照章缴纳城镇土地使用税。

3. 企业的铁路专用线、公路等用地

对企业的铁路专用线、公路等用地除另有规定者外,在企业厂区(包括生产、办公及生活区)以内的,应照章征收城镇土地使用税;在厂区以外、与社会公用地段未加隔离的,暂免征收城镇土地使用税。

4. 林业系统用地

(1) 对林区的育林地、运材道、防火道、防火设施用地,免征城镇土地使用税。

(2) 林业系统的森林公园、自然保护区可比照公园免征城镇土地使用税。

(3) 林业系统的林区贮木场、水运码头用地,暂予免征城镇土地使用税。

除上述列举免税的土地外,对林业系统的其他生产用地及办公、生活区用地,均应征收城镇土地使用税。

5. 盐场、盐矿用地

(1) 对盐场、盐矿的生产厂房、办公、生活区用地,应照章征收城镇土地使用税。

(2) 盐场的盐滩、盐矿的矿井用地,暂免征收城镇土地使用税。

(3) 对盐场、矿盐的其他用地,由各省、自治区、直辖市税务局根据实际情况,确定征收城镇土地使用税或给予定期减征、免征的照顾。

6. 电力行业用地

(1) 火电厂厂区围墙内的用地均应征收城镇土地使用税;对厂区围墙外的灰场、输灰管、输油(气)管道、铁路专用线用地,免征城镇土地使用税;厂区围墙外的其他用地,应照章征税。

(2) 水电站的发电厂房用地,生产、办公、生活用地,应征收城镇土地使用税。

(3) 对供电部门的输电线路用地、变电站用地,免征城镇土地使用税。

7. 水利设施用地

水利设施及其管护用地(如水库库区、大坝、堤防、灌渠、泵站等用地),免征城镇土地使用税;其他用地,如生产、办公、生活用地,应照章征税。

8. 交通部门港口用地

(1) 对港口的码头用地,免征城镇土地使用税。

(2) 对港口的露天堆货场用地,原则上应征收城镇土地使用税。企业纳税确有困难的,可由各省、自治区、直辖市税务局根据其实际情况,给予定期减征或免征城镇土地使用税的照顾。

除上述规定外,港口的其他用地,应按规定征收城镇土地使用税。

9. 民航机场用地

(1) 机场飞行区(包括跑道、滑行道、停机坪、安全带、夜航灯光区)用地、场内外通信导航设施用地和飞行区四周排水防洪设施用地,免征城镇土地使用税。

(2) 机场工作区(包括办公、生产和维修用地及候机楼、停车场)用地、生活区用地、绿化用地,均须按照规定征收城镇土地使用税。

(3) 在机场道路中,场外道路用地免征城镇土地使用税;场内道路用地依照规定征收城镇徒弟使用税。

10. 邮政部门的土地

(1) 对邮政部门坐落在城市、县城、建制镇、工矿区范围内的土地,应当依法征收城镇土地使用税。

(2) 对坐落在城市、县城、建制镇、工矿区范围以外的,尚在县邮政局内核算的土地,在单位财务账中划分清楚的,不征收城镇土地使用税。

11. 体育场馆的用地

(1) 国家机关、军队、人民团体、财政补助事业单位、居民委员会、村民委员会拥有的体育场馆,用于体育活动的土地,免征城镇土地使用税。

(2) 经费自理事业单位、体育社会团体、体育基金会、体育类民办非企业单位拥有并运营管理的体育场馆,符合相关条件的,其用于体育活动的土地,免征城镇土地使用税。

(3) 企业拥有并运营管理的大型体育场馆,其用于体育活动的土地,减半征收城镇土地使用税。

12. 老年服务机构自用的土地

老年服务机构是指专门为老年人提供生活照料、文化、护理、健身等多方面服务的福利性、非营利性的机构,主要包括老年社会福利院、敬老院(养老院)、老年服务中心、老年公寓(含老年护理院、康复中心、托老所)等老年服务机构自用土地免征城镇土地使用税。

13. 房地产开发公司开发建造商品房的用地

房地产开发公司开发建造商品房的用地,除经批准开发建设经济适用房的用地外,对各类房地产开发用地一律不得减免城镇土地使用税。

14. 基建项目在建期间的用地

对基建项目在建期间使用的土地,原则上应征收城镇土地使用税。但对有些基建项目,特别是国家产业政策扶持发展的大型基建项目占地面积大、建设周期长,在建期间又没有经营收入,纳税确有困难的,可由各省、自治区、直辖市税务局根据具体情况予以免征或减征城镇土地使用税;对已经完工或已经使用的建设项目,其用地应照章征收。

15. 城镇内的集贸市场(农贸市场)用地

城镇内的集贸市场(农贸市场)用地,按规定应征收城镇土地使用税。为了促进集贸市场的发展及照顾各地的不同情况,各省、自治区、直辖市税务局可根据具体情况,自行确定对集贸市场用地征收或者免征城镇土地使用税。

16. 防火、防爆、防毒等安全防范用地

对于各类危险品仓库、厂房所需的防火、防爆、防毒等安全防范用地,可由各省、自治区、直辖市税务局确定,暂免征收城镇土地使用税;对仓库库区、厂房本身用地,应依法征收城镇土地使用税。

17. 搬迁企业的用地

(1) 企业搬迁后原场地不使用的、企业范围内荒山等尚未利用的土地,免征城镇土地使用税。免征税额由企业在申报缴纳城镇土地使用税时自行计算扣除,并在申报表附表或备注栏中作相应说明。

(2) 对搬迁后原场地不使用的和企业范围内荒山等尚未利用的土地,凡企业申报暂免征收城镇土地使用税的,应事先向土地所在地的主管税务机关报送有关部门的批准文件或认定书等相关证明材料,以备税务机关查验。具体报送材料由各省、自治区、直辖市和计划单列市地方税务局确定。

(3) 企业按上述规定暂免征收城镇土地使用税的土地开始使用时,应从使用的次月起自行计算和申报缴纳城镇土地使用税。

18. 企业范围内的荒山,林地、湖泊等占地

对2014年以前已按规定免征城镇土地使用税的企业范围内荒山、林地、湖泊等占地,自2014年1月1日至2015年12月31日,按应纳税额减半征收城镇土地使用税;自2016年1月1日起,全额征收城镇土地使用税。

19. 石油天然气(含页岩气、煤层气)生产企业用地

(1) 下列石油天然气生产建设用地暂免征收城镇土地使用税:① 地质勘探、钻井、井下作业、油气田地面工程等施工临时用地;② 企业厂区以外的铁路专用线、公路及输油(气、水)管道用地;③ 油气长输管线用地。

(2) 在城市、县城、建制镇以外工矿区内的消防、防洪排涝、防风、防沙设施用地,暂免征收城镇土地使用税。

(3) 除上述列举免税的土地外,其他油气生产及办公、生活区用地,依照规定征收城镇土地使用税。享受上述税收优惠的用地,用于非税收优惠用途的,不得享受税收优惠。

20. 矿山企业用地

(1) 矿山的采矿场、排土场、尾矿库、炸药库的安全区,以及运矿运岩公路、尾矿输送管道及回水系统用地,免征城镇土地使用税。

(2) 对位于城镇土地使用税征税范围内的煤炭企业已取得土地使用权、未利用的塌陷地,征收城镇土地使用税。

除上述规定外,对矿山企业的其他生产用地及办公、生活区用地,均应征收城镇土地使用税。

21. 物流企业承租土地

自 2018 年 5 月 1 日起至 2019 年 12 月 31 日止,对物流企业承租用于大宗商品仓储设施的土地,减按所属土地等级适用税额标准的 50% 计征城镇土地使用税。

七、城镇土地使用税征收管理

(一) 纳税义务发生时间

(1) 纳税人购置新建商品房,自房屋交付使用之次月起,缴纳城镇土地使用税。

(2) 纳税人购置存量房,自办理房屋权属转移、变更登记手续,房地产权属登记机关签发房屋权属证书之次月起,缴纳城镇土地使用税。

(3) 纳税人出租、出借房产,自交付出租、出借房产之次月起,缴纳城镇土地使用税。

(4) 以出让或转让方式有偿取得土地使用权的,应由受让方从合同约定交付土地时间的次月起缴纳城镇土地使用税;合同未约定交付土地时间的,由受让方从合同签订的次月起缴纳城镇土地使用税。

(5) 纳税人新征用的耕地,自批准征用之日起满 1 年时开始缴纳土地使用税。

(6) 纳税人新征用的非耕地,自批准征用次月起缴纳城镇土地使用税。

(二) 纳税地点

城镇土地使用税在土地所在地缴纳。

纳税人使用的土地不属于同一省、自治区、直辖市管辖的,由纳税人分别向土地所在地税务机关缴纳城镇土地使用税;在同一省、自治区、直辖市管辖范围内,纳税人跨地区使用的土地,其纳税地点由各省、自治区、直辖市地方税务局确定。

(三) 纳税期限

城镇土地使用税按年计算、分期缴纳,具体纳税期限由省、自治区、直辖市人民政府确定。

点睛

房产税与城镇土地使用税

项目	房产税	城镇土地使用税
纳税人	房屋产权所有人、承典人、房产代管人或使用人	土地使用权拥有人、代管人或实际使用人
征税范围	城市、县城、建制镇、工矿区的房屋	城市、县城、建制镇、工矿区的土地
税率	比例税率	定额税率
计税依据	从价按房产余值计征;从租按租金计征	按实际占用的土地面积从量计征
税收优惠	公益性机构自用的房产	公益性机构使用的土地
纳税义务发生的时间	将原有房产用于生产经营,从生产经营之月起缴纳房产税,其他均从次月起	纳税人新征用的耕地,自批准征用之日起满1年时,缴纳城镇土地使用税,其他均从次月起

【例题6-4-5·单选题】甲企业2018年2月经批准新占用一块耕地建造办公楼,另占用一块非耕地建造企业仓库。下列关于甲企业城镇土地使用税和耕地占用税的有关处理,正确的是(　　)。

A. 甲企业建造办公楼占地,应征收耕地占用税,并自批准征用之次月起征收城镇土地使用税

B. 甲企业建造办公楼占地,应征收耕地占用税,并自批准征用之日起满1年时征收城镇土地使用税

C. 甲企业建造仓库用地,不征收耕地占用税,应自批准征用之月起征收城镇土地使用税

D. 甲企业建造仓库用地,不征收耕地占用税,应自批准征用之日起满1年时征收城镇土地使用税

【答案】B

【解析】(1) 选项A、B:纳税人新征用的耕地(应征收耕地占用税),自批准征用之日起满1年时开始缴纳城镇土地使用税;(2) 选项C、D:纳税人新征用的非耕地(不征收耕地占用税),自批准征用次月起缴纳城镇土地使用税。

第五节　耕地占用税与烟叶税法律制度

一、耕地占用税

耕地占用税,是为了合理利用土地资源、加强土地管理、保护耕地,对占用耕地建房或者从事非农业建设的单位或者个人征收的一种税。

(一) 纳税人

耕地占用税的纳税人为在我国境内占用耕地建房或者从事非农业建设的单位或者个人。

（二）征税范围

纳税人为建房或从事其他非农业建设而占用的国家所有和集体所有的耕地。建设直接为农业生产服务的生产设施占用耕地的，不征收耕地占有税。

（三）税率

耕地占用税实行定额税率。根据不同地区的人均耕地面积和经济发展情况实行有地区差别的幅度税额标准，税率标准如下：

（1）人均耕地不超过 1 亩的地区（以县级行政区域为单位，下同），每平方米为 10～50 元。

（2）人均耕地超过 1 亩但不超过 2 亩的地区，每平方米为 8～40 元。

（3）人均耕地超过 2 亩但不超过 3 亩的地区，每平方米为 6～30 元。

（4）人均耕地超过 3 亩的地区，每平方米为 5～25 元。

（四）计税依据

耕地占用税以纳税人实际占用的耕地面积为计税依据，按照适用税额标准计算应纳税额，一次性缴纳。

纳税人实际占用耕地面积的核定以农用地转用审批文件为主要依据，必要的时候应当实地勘测。

（五）应纳税额的计算

耕地占用税应纳税额的计算公式为：

$$应纳税额 = 实际占用耕地面积（平方米）\times 适用税率$$

（六）税收优惠

1．免税

占有耕地可以免征耕地占用税的项目包括军事设施、学校、幼儿园、养老院、医院。

2．减税

减税的铁路线路，减税的公路线路，减税的飞机场跑道、停机坪，减税的港口和减税的航道占用耕地，可以减按每平方米 2 元的税额标准征收耕地占有税。

拓展阅读

减税的铁路线路，具体范围限于铁路路基、桥梁、涵洞、隧道及其按照规定两侧留地。专用铁路和铁路专用线占用应税土地的，按照当地适用税额缴纳耕地占有税。

减税的公路线路，具体范围限于经批准建设的国道、省道、县道、乡道和属于农村公路的村道的主体工程以及两侧边沟或者截水沟。专用公路和城区内机动车道占用应税土地的，按照当地适用税额缴纳耕地占用税。

减税的飞机场跑道、停机坪，具体范围限于经批准建设的民用机场专门用于民用航空器起降、滑行、停放的场所。

减税的港口，具体范围限于经批准建设的港口内供船舶进出、停靠以及旅客上下、货物装卸的场所。

减税的航道，具体范围限于在江、河、湖泊、港湾等水域内供船舶安全航行的通道。

3. 减半征收

农村居民在规定标准内占用耕地新建自用住宅，按照当地适用税额减半征收耕地占用税。

农村居民经批准搬迁或者经批准的整体搬迁，原宅基地恢复耕种，凡新建住宅占用耕地不超过原宅基地面积的，免征耕地占用税；超过原宅基地面积的，对超过部分按照当地适用税额减半征收耕地占用税。

4. 免征或减征

农村烈士家属、残疾军人以及生活困难的农村居民，在规定用地标准以内新建住宅缴纳耕地占用税确有困难的，可以免征或者减征耕地占用税，具体办法由省、自治区、直辖市人民代表大会或者其常务委员会规定。

农村烈士家属，包括农村烈士的父母、配偶和子女。

5. 临时占用

纳税人临时占用耕地，应当按规定缴纳耕地占用税。纳税人在批准临时占用耕地期满之日起1年内恢复所占用耕地原状的，全额退还已经缴纳的耕地占用税。

因污染、取土、采矿塌陷等损毁耕地的，比照临时占用耕地的情况，由造成损毁的单位或者个人缴纳耕地占用税。纳税人自损毁耕地之日起3年内恢复所损毁耕地原状的，全额退还已经缴纳的耕地占用税。

6. 改变用途

按规定免征或者减征耕地占用税后，纳税人改变原占地用途，不再属于免征或者减征耕地占用税情形的，应当按照当地适用税额补缴耕地占用税。

【例题6-5-1·多选题】根据耕地占用税法律制度的规定，下列各项中，可以免征耕地占用税的有（　　）。

A. 军用机场占用的耕地

B. 养老院为老人提供生活照顾场所占用的耕地

C. 幼儿园用于幼儿保育、教育场所占用的耕地

D. 学校内教职工住房占用的耕地

【答案】ABC

【解析】学校内经营性场所和教职工住房占用耕地的，应当缴纳耕地占用税。

（七）征收管理

1. 纳税义务发生时间

纳税人自收到土地管理部门农用地转用批复文件之日起30日内申报缴纳耕地占用税。

单独选址项目占用耕地的，纳税人自收到土地管理部门建设用地批准书之日起30日内申报缴纳耕地占用税。

未经批准占用耕地的，纳税人应当自实际占用耕地之日起30日内申报缴纳耕地占用税。

2. 纳税地点和征收机构

纳税人占用耕地或其他农用地，应当在耕地或其他农用地所在地申报纳税。

土地管理部门应当在向纳税人发放农用地转用批复文件或者建设用地批准书的同时，通知同级税务机关。土地管理部门应当在核查耕地占用税纳税或者免税证明后，办理供应建设用地手续。

二、烟叶税

烟叶税是向收购烟叶的单位征收的一种税。2006年4月28日国务院颁布《中华人民共和国烟叶税暂行条例》，2006年5月18日财政部、国家税务总局印发《关于烟叶税若干具体问题的规定》。2017年12月27日第十二届全国人民代表大会常务委员会第三十一次会议通过了《中华人民共和国烟叶税法》，自2018年7月1日起施行。

（一）纳税人

烟叶税的纳税人为在中华人民共和国境内收购烟叶的单位。因为我国实行烟草专卖制度，因此烟叶税的纳税人具有特定性，一般是有权收购烟叶的烟草公司或者受其委托收购烟叶的单位。

（二）征税范围

烟叶税的征税范围包括晾晒烟叶、烤烟叶。晾晒烟叶包括列入晾晒烟名录的晾晒烟叶和未列入晾晒烟名录的其他晾晒烟叶。

（三）税率

烟叶税实行比例税率，税率为20%。

（四）计税依据

烟叶税的计税依据是纳税人收购烟叶实际支付的价款总额，包括纳税人支付给烟叶生产销售单位和个人的烟叶收购价款和价外补贴。其中，价外补贴统一按烟叶收购价款的10%计算。

价款总额的计算公式为：

$$收购金额 = 收购价款 \times (1 + 10\%)$$

（五）应纳税额的计算

烟叶税应纳税额的计算公式为：

$$应纳税额 = 烟叶收购金额 \times 税率 = 烟叶收购价款 \times (1 + 10\%) \times 税率$$

（六）征收管理

烟叶税的纳税义务发生时间为纳税人收购烟叶的当天，具体指纳税人向烟叶销售者付讫收购烟叶款项或者开具收购烟叶凭证的当天。烟叶税在烟叶收购环节征收。纳税人收购烟叶就发生纳税义务。

纳税人应当自纳税义务发生之日起15日内申报纳税。具体纳税期限由主管税务机关核定。

对依照《中华人民共和国烟草专卖法》查处没收的违法收购的烟叶，由收购罚没烟叶的单位按照购买金额计算缴纳烟叶税。应纳税额以人民币计算。

烟叶税由地方税务机关征收。纳税人收购烟叶，应当向烟叶收购地的主管税务机关（指县级地方税务局或者其所指定的税务分局、所）申报纳税。

第六节　车船税法律制度

车船税，是指对在中国境内车船管理部门登记的车辆、船舶依法征收的一种税。

一、车船税纳税人

车船税的纳税人，是指在中华人民共和国境内属于税法规定的车辆、船舶(以下简称“车船”)的所有人或者管理人。

从事机动车第三者责任强制保险业务的保险机构为机动车车船税的扣缴义务人。

【例题6-6-1·多选题】下列纳税主体中，属于车船税纳税人的有(　　)。

A. 在中国境内拥有并使用船舶的国有企业

B. 在中国境内拥有并使用车辆的外籍个人

C. 在中国境内拥有并使用船舶的内地居民

D. 在中国境内拥有并使用车辆的外国企业

【答案】ABCD

【解析】车船税纳税人是指在中国境内拥有或管理车辆、船舶的单位和个人。

二、车船税征收范围

(1) 依法应当在车船登记管理部门登记的机动车辆和船舶。

(2) 依法不需要在车船登记管理部门登记的在单位内部场所行驶或者作业的机动车辆和船舶。

(3) 具体税目。

载人：乘用车、客车。

载货：货车(包括挂车、半挂牵引车、客货两用汽车、三轮汽车和低速载货汽车等)。

其他车辆：包括专用作业车和轮式专用机械车(不包括拖拉机)。

摩托车。

船舶：包括机动船舶、非机动驳船、拖船、游艇。

【例题6-6-2·多选题】根据车船税法律制度的规定，以下车船需要缴纳车船税的有(　　)。

A. 小汽车　　B. 摩托车　　C. 火车　　D. 机动船舶

【答案】ABD

【解析】车船税的征税范围包括乘用车、商用车、其他车辆、摩托车和船舶，不包括火车。

三、车船税税率

车船税采用定额税率，又称固定税额。

车船税税目税额如表6-6-1所示。

表 6-6-1　　车船税税目税额

税目		计税单位	年基准税额（元）	备注
乘用车(按发动机汽缸容量排气量分档)	1.0 升(含)以下的	每辆	60 ~ 360	核定载客人数 9 人(含)以下
	1.0 升以上至 1.6 升		300 ~ 540	
	1.6 升以上至 2.0 升		360 ~ 660	
	2.0 升以上至 2.5 升		660 ~ 1 200	
	2.5 升以上至 3.0 升		1 200 ~ 2 400	
	3.0 升以上至 4.0 升		2 400 ~ 3 600	
	4.0 升以上的		3 600 ~ 5 400	
商用车	客车	每辆	480 ~ 1 440	核定载客人数 9 人以上(包括电车)
	货车	整备质量每吨	16 ~ 120	① 包括半挂牵引车、挂车、三轮汽车和低速载货汽车等 ② 挂车按照货车税额的 50% 计算
其他车辆	专用作业车	整备质量每吨	16 ~ 120	不包括拖拉机
	轮式专用机械车	整备质量每吨	16 ~ 120	
摩托车		每辆	36 ~ 180	
船舶	机动船舶	净吨位每吨	3 ~ 6	拖船、非机动驳船分别按照机动船舶税额的 50% 计算；游艇的税额另行规定
	游艇	艇身长度每米	600 ~ 2 000	

（1）机动船舶具体适用税额为：

① 净吨位不超过 200 吨的，每吨 3 元。

② 净吨位超过 200 吨但不超过 2 000 吨的，每吨 4 元。

③ 净吨位超过 2 000 吨但不超过 10 000 吨的，每吨 5 元。

④ 净吨位超过 10 000 吨的，每吨 6 元。拖船按照发动机功率每 1 千瓦折合净吨位0.67 吨计算征收车船税。

（2）游艇具体适用税额为：

① 艇身长度不超过 10 米的，每米 600 元。

② 艇身长度超过 10 米但不超过超过 18 米的，每米 900 元。

③ 艇身长度超过 18 米但不超过 30 米的，每米 1 300 元。

④ 艇身长度超过 30 米的，每米 2 000 元。

⑤ 辅助动力帆艇，每米 600 元。

（3）排气量、整备质量、核定载客人数、净吨位、千瓦、艇身长度，以车船登记管理部门核发的车船登记证书或者行驶证所载数据为准。

【例题 6-6-3 · 单选题】 我国车船税的税率形式是（　　）。

A. 地区差别比例税率　　B. 有幅度的比例税率

C. 有幅度的定额税率　　D. 全国统一的定额税率

【答案】C

【解析】车船税采用定额税率,又称固定税额。对应税车船实行有幅度的定额税率。车辆购置税采用10%的比例税率,注意区分。

四、车船税计税依据

车船税以车船的计税单位数量为计税依据。《中华人民共和国车船税法》(以下简称《车船税法》)按车船的种类和性能,分别确定每辆、整备质量、净吨位每吨和艇身长度每米为计税单位。具体如下:

(1) 载人(乘用车、商用客车和摩托车):以“辆数”为计税单位。

(2) 载货(商用货车、专用作业车和轮式专用机械车):以“整备质量吨位数”为计税单位。

(3) 机动船舶、非机动驳船、拖船:以“净吨位数”为计税单位。

(4) 游艇:以“艇身长度”为计税单位。

【例题6-6-4·多选题】根据车船税法律制度的规定,下列有关车船税计税依据的表述中,正确的有(　　)。

A. 商用客车以辆数为计税依据

B. 机动船舶以整备质量吨位数为计税依据

C. 游艇以艇身长度为计税依据

D. 商用货车以净吨位数为计税依据

【答案】AC

【解析】(1) 选项B:机动船舶以净吨位数为计税依据;(2) 选项D:商用货车以整备质量吨位数为计税依据。

五、车船税应纳税额的计算

1. 一般情形

$$应纳税额=辆数(整备质量吨位数、净吨位、艇身长度)\times 年基准税额$$

2. 购置的新车船

$$应纳税额=\frac{年基准税额}{12}\times 应纳税月份数$$

3. 保险机构代收代缴车船税和滞纳金的计算

(1) 购买短期交强险的车辆。

对于境外机动车临时入境、机动车临时上道路行驶、机动车距规定的报废期限不足1年而购买短期交强险的车辆,保单中“当年应缴”项目的计算公式为:

$$当年应缴=计税单位\times 年单位税额\times \frac{应纳税月份数}{12}$$

其中,应纳税月份数为交强险有效期起始日期的当月至截止日期当月的月份数。

(2) 已向税务机关缴税的车辆或税务机关已批准减免税的车辆。

对于已向税务机关缴税或税务机关已经批准免税的车辆,保单中“当年应缴”项目应为零。对于税务机关已批准减税的机动车,保单中“当年应缴”项目应根据减税前的应纳税额扣除依据减税证明中注明的减税幅度计算的减税额确定,计算公式为:

$$减税车辆应纳税额=减税前应纳税额\times(1-减税幅度)$$

（3）对于2007年1月1日前购置的车辆或者曾经缴纳过车船税的车辆，保单中“往年补缴”项目的计算公式为：

往年补缴 = 计税单位 × 年单位税额 ×（本次缴税年度 − 前次缴税年度 − 1）

其中，对于2007年1月1日前购置的车辆，纳税人从未缴纳车船税的，前次缴税年度设定为2006年。

（4）对于2007年1月1日以后购置的车辆，纳税人从购置时起一直未缴纳车船税的，保单中“往年补缴”项目的计算公式为：

往年补缴 = 购置当年欠缴的税款 + 购置年度以后欠缴税款

其中，购置当年欠缴的税款 = 计税单位 × 年单位税额 × $\frac{\text{应纳税月份数}}{12}$。应纳税月份数为车辆登记日期的当月起至该年度终了的月份数。若车辆尚未到车船管理部门登记，则应纳税月份数为购置日期的当月起至该年度终了的月份数。

购置年度以后欠缴税款 = 计税单位年单位税额 ×（本次缴税年度 − 车辆登记年度 − 1）

（5）滞纳金计算。

对于纳税人在应购买交强险截止日期以后购买交强险的，或以前年度没有缴纳车船税的，保险机构在代收代缴税款的同时，还应代收代缴欠缴税收款的滞纳金。

保单中“滞纳金”项目为各年度欠税应加收滞纳金之和。

每一年度欠税应加收的滞纳金 = 欠税金额 × 纳税天数 × 0.5‰

滞纳天数的计算自应购买交强险截止日期的次日起到纳税人购买交强险当日止。纳税人连续两年以上欠缴车船税的，应分别计算每一年度欠税应加收的滞纳金。

【例题6-6-5·单选题】 赵某2019年5月12日购买了1艘净吨位为200吨的拖船，已知机动船舶净吨位每吨的年基准税额为6元，则赵某2019年应缴纳车船税税额为（　　）元。

A. 400　　B. 450　　C. 800　　D. 900

【答案】B

【解析】购置的新车船，购置当年的应纳税额自纳税义务发生的当月起按月计算。拖船按机动船舶年基准税额的50%计算，赵某2019年应缴纳车船税 = 200 × 6 × 50% × 9 ÷ 12 = 450（元）。

六、车船税税收优惠

（1）捕捞、养殖渔船，免征车船税。

（2）军队、武装警察部队专用的车船，免征车船税。

（3）警用车船，免征车船税。

（4）依照法律规定应当予以免税的外国驻华使领馆、国际组织驻华代表机构及其有关人员的车船。

（5）对使用新能源的车船，免征车船税。

（6）临时入境的外国车船和香港特别行政区、澳门特别行政区、台湾地区的车船，不征收车船税。

（7）按照规定缴纳船舶吨税的机动船舶，自《车船税法》实施之日起5年内免征车船税。

（8）依法不需要在车船登记管理部门登记的机场、港口、铁路站场内部行驶或者作业的车船，自车船税法实施之日起5年内免征车船税。

(9)对节约能源车船,减半征收车船税。

(10)对受地震、洪涝等严重自然灾害影响纳税困难以及其他特殊原因确需减免税的车船,可以在一定期限内减征或者免征车船税。

(11)省、自治区、直辖市人民政府根据当地实际情况,可以对公共交通车船,农村居民拥有并主要在农村地区使用的摩托车、三轮汽车和低速载货汽车定期减征或者免征车船税。

【例题6-6-6·单选题】 根据车船税法律制度的规定,下列车船中,应征收车船税的是(　　)。

A. 捕捞渔船　　B. 符合国家有关标准的纯电动商用车

C. 军队专用车船　　D. 观光游艇

【答案】D

【解析】选项A、B、C:免征车船税。

七、车船税征收管理

(一)纳税义务发生时间

车船税纳税义务发生时间为取得车船所有权或者管理权的当月。以购买车船的发票或其他证明文件所载日期的当月为准。

(二)纳税地点

车船税的纳税地点为车船的登记地或者车船税扣缴义务人所在地。

扣缴义务人代收代缴车船税的,纳税地点为扣缴义务人所在地。

纳税人自行申报缴纳车船税的,纳税地点为车船登记地的主管税务机关所在地。

依法不需要办理登记的车船,其车船税的纳税地点为车船的所有人或者管理人所在地。

(三)纳税申报

车船税按年申报,分月计算,一次性缴纳。纳税年度为公历1月1日至12月31日。

点睛

车辆购置税与车船税

项　目		车辆购置税	车船税
纳税人		在我国境内购置应税车辆的单位和个人	我国境内应税车船的所有人或者管理人
征税范围	汽车	√	√
	摩托车	√	√
	电车	√	√
	挂车/半挂车	√	√
	农用运输车	√	√(不包括拖拉机)
	船舶	×	√

续表

项　目	车辆购置税	车船税
税率	比例税率	定额税率
征收频率	一次性征收	每年一次
征收税务机关	国家税务局	地方税务局

第七节　印花税法律制度

印花税是对经济活动和经济交往中书立、领受、使用的应税经济凭证征收的一种税。

扫码看资源

一、印花税纳税人

印花税的纳税人，是指订立、领受在中华人民共和国境内具有法律效力的应税凭证，或者在中华人民共和国境内进行证券交易的单位和个人。

根据书立、领受、使用应税凭证的不同，纳税人可分为立合同人、立账簿人、立据人、领受人和使用人等。

1．立合同人

立合同人是指合同的当事人，即对凭证有直接权利义务关系的单位和个人，但不包括合同的担保人、证人、鉴定人。

2．立账簿人

立账簿人是指开立并使用营业账簿的单位和个人。

3．立据人

立据人是指书立产权转移书据的单位和个人。

4．领受人

领受人是指领取并持有权利、许可证照的单位和个人。

5．使用人

使用人是指在国外书立、领受，但在国内使用应税凭证的单位和个人。

二、印花税征税范围

我国经济活动中发生的经济凭证种类繁多、数量巨大，现行印花税采取正列举形式，只对《印花税暂行条例》列举的凭证征收，没有列举的凭证不征税。列举凭证分为五类，即经济合同，产权转移书据，营业账簿，权利、许可证照和证券交易。具体征税范围如下：

1. 经济合同

合同是指平等主体的自然人、法人、其他组织之间设立、变更、终止民事权利义务关系的协议。具体包括买卖、借款、融资租赁、租赁、承揽、建设工程、运输、技术、保管、仓储、财产保险共11类合同。

（1）买卖合同，包括供应、预购、采购、购销结合及协作、调剂、补偿、易货等合同，还包括各出版单位与发行单位（不包括订阅单位和个人）之间订立的图书、报刊、音像制品征订凭证。

对纳税人以电子形式签订的各类应税凭证按规定征收印花税。

（2）借款合同，包括银行及其他金融组织与借款人（不包括银行同业拆借）所签订的借款合同。

（3）融资租赁合同。

（4）租赁合同，包括租赁房屋、船舶、飞机、机动车辆、机械、器具、设备等合同，还包括企业、个人出租门店、柜台等所签订的合同，但不包括企业与主管部门签订的租赁承包合同。

（5）承揽合同，包括加工、定做、修缮、修理、印刷、广告、测绘、测试等合同。

（6）建设工程合同，包括勘察、设计、建筑、安装工程合同的总包合同、分包合同和转包合同。

（7）运输合同，包括民用航空运输、铁路运输、海上运输、内河运输、公路运输和联运合同。

（8）技术合同，包括技术开发、转让、咨询、服务等合同。其中：

技术转让合同包括专利申请转让、非专利技术转让所书立的合同，但不包括专利权转让、专利实施许可所书立的合同。后者适用“产权转移书据”合同。

技术咨询合同是合同当事人就有关项目的分析、论证、评价、预测和调查订立的技术合同，而一般的法律、会计、审计等方面的咨询不属于技术咨询，其所立合同不贴印花。

技术服务合同的征税范围包括技术服务合同、技术培训合同和技术中介合同。

（9）保管合同，包括保管合同或作为合同使用的仓单、栈单（或称入库单）。对某些使用不规范的凭证不便计税的，可将其结算单据作为计税贴花的凭证。

（10）仓储合同。

（11）财产保险合同，包括财产、责任、保证、信用等保险合同。

2. 产权转移书据

产权转移，即财产权利关系的变更行为，表现为产权主体发生变更。产权转移书据是在产权的买卖、交换、继承、赠与、分割等产权主体变更过程中，由产权出让人与受让人之间所订立的民事法律文书。

我国印花税税目中的产权转移书据包括土地使用权出让和转让书据;房屋等建筑物、构筑物所有权,股权(不包括上市和挂牌公司股票),商标专用权,著作权,专利权,专有技术使用权转让书据。

3. 营业账簿

印花税税目中的营业账簿归属于财务会计账簿,是按照财务会计制度的要求设置的,反映生产经营活动的账册。按照营业账簿反映的内容不同,在税目中分为记载资金的账簿(简称资金账簿)和其他营业账簿两类,对记载资金的营业账簿征收印花税,对其他营业账簿不征收印花税。

4. 权利、许可证照

权利、许可证照是政府授予单位、个人某种法定权利和准予从事特定经济活动的各种证照的统称。我国印花税税目中的权利、许可证照包括政府部门发放的不动产权证书、营业执照、商标注册证、专利证书等。

5. 证券交易

证券交易是指在依法设立的证券交易所上市交易或者在国务院批准的其他证券交易场所转让公司股票和以股票为基础发行的存托凭证。

【例题 6-7-1 · 多选题】 下列合同,属于印花税征税范围的有(　　)。

A. 人身保险合同

B. 财产保险合同

C. 买卖合同

D. 委托代理合同

【答案】BC

【解析】选项 A、D 未在列举的 11 类合同中,不属于印花税征税范围。

三、印花税税率

印花税的税率有比例税率和定额税率两种形式。

(一)比例税率

对载有金额的凭证,如各类合同以及具有合同性质的凭证(包括电子形式)、产权转移书据、资金账簿等,采用比例税率。在印花税 15 个税目中,各类合同以及具有合同性质的凭证、产权转移书据、营业账簿、证券交易适用比例税率。

(二)定额税率

为了简化征管手续,便于操作,对无法计算金额的凭证,或虽载有金额,但作为计税依据不合理的凭证,采用定额税率,以件为单位缴纳一定数额的税款。不动产权证书、营业执照、商标注册证、专利证书均为按件贴花。

具体印花税税目税率如表 6-7-1 所示。

表 6-7-1　　　　印花税税目税率

税目		税率	说明
合同	买卖合同	按支付价款的 0.3‰贴花	(1) 指动产买卖合同 (2) 包括各出版单位与发行单位(不包括订阅单位和个人)之间订立的图书、报刊、音像制品征订凭证 (3) 电网与用户之间签订的供用电合同不征印花税
	借款合同	按借款金额的 0.5‰贴花	指银行业金融机构与借款人(不包括银行同业拆借)订立的借款合同
	融资租赁合同	按租金的 0.5‰贴花	
	租赁合同	按租金的 1‰贴花	不包括企业与主管部门签订的租赁承包合同
	承揽合同	按支付报酬的 3‰贴花	
	建设工程合同	按支付价款的 3‰贴花	包括总包合同、分包合同和转包合同
	运输合同	按运输费用的 3‰贴花	指货运合同和多式联运合同,不包括管道运输合同
	技术合同	按支付价款、报酬或者使用费的 3‰贴花	
	保管合同	按保管费的 1‰贴花	包括作为合同使用的仓单、栈单(或称入库单)
	仓储合同	按仓储费的 1‰贴花	
	财产保险合同	按保险费的 1‰贴花	不包括再保险合同
产权转移书据	土地使用权出让和转让书据;房屋等建筑物、构筑物所有权,股权(不包括上市和挂牌公司股票),商标专用权,著作权,专利权,专有技术使用权转让书据	按支付价款的 5‰贴花	
权利、许可证照	不动产权证书、营业执照、商标注册证、专利证书	按件贴花 5 元	
营业账簿		按实收资本(股本)、资本公积合计金额的 2.5‰贴花	
证券交易		按成交金额的 1‰贴花	对证券交易的出让方征收,不对证券交易的受让方征收

四、印花税计税依据

印花税的计税依据，按照下列方法确定：

(1) 应税合同的计税依据，为合同列明的价款或者报酬，不包括增值税税款；合同中价款或者报酬与增值税税款未分开列明的，按照合计金额确定。

(2) 应税产权转移书据的计税依据，为产权转移书据列明的价款，不包括增值税税款；产权转移书据中价款与增值税税款未分开列明的，按照合计金额确定。

应税合同、产权转移书据未列明价款或者报酬的，按照下列方法确定计税依据：

① 按照订立合同、产权转移书据时的市场价格确定；依法应当执行政府定价的，按照其规定确定。

② 不能按照上述规定的方法确定的，按照实际结算的价款或者报酬确定。

(3) 应税营业账簿的计税依据，为营业账簿记载的实收资本(股本)、资本公积合计金额。

(4) 应税权利、许可证照的计税依据，按件确定。

(5) 证券交易的计税依据，为成交金额。

(6) 纳税人有以下情形的，地方税务机关可以核定纳税人印花税计税依据：

① 未按规定建立印花税应税凭证登记簿，或未如实登记和完整保存应税凭证的。

② 拒不提供应税凭证或不如实提供应税凭证致使计税依据明显偏低的。

③ 采用按期汇总缴纳办法的，未按地方税务机关规定的期限报送汇总缴纳印花税情况报告，经地方税务机关责令限期报告，逾期仍不报告的或者地方税务机关在检查中发现纳税人有未按规定汇总缴纳印花税情况的。

五、印花税应纳税额的计算

印花税应纳税额按照下列方法计算：

(1) 应税合同的应纳税额的计算公式为：

应纳税额 = 价款或者报酬 × 适用税率

(2) 应税产权转移书据的应纳税额的计算公式为：

应纳税额 = 价款 × 适用税率

(3) 应税营业账簿的应纳税额为实收资本(股本)、资本公积合计金额乘以适用税率，其计算公式为：

应纳税额 = 实收资本(股本)、资本公积合计金额 × 适用税率

(4) 证券交易的应纳税额为成交金额或者依照法律规定计算确定的计税依据乘以适用税率，其计算公式为：

应纳税额 = 成交金额或者依法确定的计税依据 × 适用税率

(5) 应税权利、许可证照的应纳税额的计算公式为：

应纳税额 = 应税凭证件数 × 定额税率

六、印花税税收优惠

1. 法定凭证免税

(1) 应税凭证的副本或者抄本，免征印花税。

(2) 农民、农民专业合作社、农村集体经济组织、村民委员会购买农业生产资料或者销售自产农产品订立的买卖合同和农业保险合同,免征印花税。

(3) 无息或者贴息借款合同、国际金融组织向我国提供优惠贷款订立的借款合同、金融机构与小型微型企业订立的借款合同,免征印花税。

(4) 财产所有权人将财产赠与政府、学校、社会福利机构订立的产权转移书据,免征印花税。

(5) 军队、武警部队订立、领受的应税凭证,免征印花税。

(6) 转让、租赁住房订立的应税凭证,免征个人(不包括个体工商户)应当缴纳的印花税。

(7) 国务院规定免征或者减征印花税的其他情形。

2. 免税额

应纳税额不足1角的,免征印花税。

3. 特定情形免税

有下列情形之一的,免征印花税:

(1) 对商店、门市部的零星加工修理业务开具的修理单,不贴印花。

(2) 对铁路、公路、航运、水路承运快件行李、包裹开具的托运单据,暂免贴花。

(3) 对房地产管理部门与个人订立的租房合同,凡用于生活居住的,暂免贴花;用于生产经营的,按规定贴花。

(4) 对企业车间、门市部、仓库设置的不属于会计核算范围的账簿,不贴印花。

4. 单据免税

对运输、仓储、保管、财产保险、银行借款等,办理一项业务,既书立合同,又开立单据的,只就合同贴花。所开立的各类单据,不再贴花。

5. 企业兼并并入资金免税

对企业兼并的并入资金,凡已按资金总额贴花的,接收单位对并入的资金,不再补贴印花。

6. 租赁承包经营合同免税

企业与主管部门等签订的租赁承包经营合同,不属于财产租赁合同,不征收印花税。

7. 特殊情形免税

纳税人已履行并贴花的合同,发现实际结算金额与合同所载金额不一致的,一般不再补贴印花。

8. 书、报、刊合同免税

书、报、刊发行单位之间,发行单位与订阅单位或个人之间书立的凭证,免征印花税。

9. 外国运输企业免税

由外国运输企业运输进口货物的,外国运输企业所持有的一份结算凭证,免征印花税。

10. 特殊货运凭证免税

下列特殊货运凭证,免征印花税:

（1）抢险救灾物资运输结算凭证。

（2）为新建铁路运输施工所属物料，使用工程临管线专用运费结算凭证。

11．物资调拨单免税

对工业、商业、物资、外贸等部门调拨商品物资，作为内部执行计划使用的调拨单，不作为结算凭证，不属于合同性质的凭证，不征收印花税。

12．同业拆借合同免税

银行、非银行金融机构之间相互融通短期资金，按照规定的同业拆借期限和利率签订的同业拆借合同，不征收印花税。

13．借款展期合同免税

对办理借款展期业务使用借款展期合同或其他凭证，按规定仅载明延期还款事项的，可暂不贴花。

14．合同、书据免税

出版合同，不属于印花税列举征税的凭证，免征印花税。

15．国库业务账簿免税

人民银行各级机构经理国库业务及委托各专业银行各级机构代理国库业务设置的账簿，免征印花税。

16．委托代理合同免税

代理单位与委托单位之间签订的委托代理合同，不征收印花税。

17．日拆性贷款合同免税

对人民银行向各商业银行提供的日拆性贷款（20 日以内的贷款）所签订的合同或借据，暂免征收印花税。

18．铁道企业特定凭证免税

铁道部所属单位的下列凭证，不征收印花税：

（1）铁道部层层下达的基建计划，不贴花。

（2）企业内部签订的有关铁路生产经营设施基建、更新改造、大修、维修的协议或责任书，不贴花。

（3）在铁路内部无偿调拨固定资产的调拨单据，不贴花。

（4）由铁道部全额拨付事业费的单位，其营业账簿，不贴花。

19．电话和联网购货免税

对在供需经济活动中使用电话、计算机联网订货，没有开具书面凭证的，暂不贴花。

20．股权转让免税

对国务院和省级人民政府批准进行政企脱钩、对企业进行改组和改变管理体制、变更企业隶属关系，以及国有企业改制、盘活国有资产，而发生的国有股权无偿转让划转行为，暂不征收证券交易印花税；对上市公司国有股权无偿转让，需要免征证券交易印花税的，须由企业提出申请，报证券交易所所在地国家税务局审批，并报国家税务总局备案。

七、印花税征收管理

（一）纳税义务发生时间

印花税纳税义务发生时间为纳税人订立、领受应税凭证或者完成证券交易的当日。如果合同是在国外签订，并且不便在国外贴花的，应在将合同带入境时办理贴花纳税手续。

证券交易印花税扣缴义务发生时间为证券交易完成的当日。证券登记结算机构为证券交易印花税的扣缴义务人。

（二）纳税地点

单位纳税人应当向其机构所在地的主管税务机关申报缴纳印花税；个人纳税人应当向应税凭证订立、领受地或者居住地的税务机关申报缴纳印花税。

纳税人出让或者转让不动产产权的，应当向不动产所在地的税务机关申报缴纳印花税。

证券交易印花税的扣缴义务人应当向其机构所在地的主管税务机关申报缴纳扣缴的税款。

（三）纳税期限

（1）一般情况。

① 印花税按季、按年或者按次计征。

② 按季、按年计征的，纳税人应当于季度、年度终了之日起15日内申报并缴纳税款。

③ 按次计征的，纳税人应当于纳税义务发生之日起15日内申报并缴纳税款。

（2）证券交易印花税按周解缴。证券交易印花税的扣缴义务人应当于每周终了之日起5日内申报解缴税款及孳息。

（3）已缴纳印花税的凭证所载价款或者报酬增加的，纳税人应当补缴印花税；已缴纳印花税的凭证所载价款或者报酬减少的，纳税人可以向主管税务机关申请退还印花税税款。

（四）缴纳方法

根据税额大小、应税项目纳税次数多少以及税源控管的需要，印花税分别采用自行贴花、汇贴汇缴和委托代征三种缴纳方法。

（1）自行贴花。即实行“三自”纳税，纳税人在书立、领受应税凭证时，自行计算应纳印花税额，向当地纳税机关或印花税票代售点购买印花税票，自行在应税凭证上一次贴足印花并自行注销，这是缴纳印花税的基本方法。

（2）汇贴汇缴。一份凭证应纳税额超过500元的，纳税人应当向当地税务机关申请填写缴款书或完税证，将其中一联粘贴在凭证上或者税务机关在凭证上加注完税标记代替贴花。

（3）委托代征。为加强征收管理，简化手续，印花税可以委托有关部门代征，实行源泉控管。

第八节　资源税法律制度

资源税是对在我国境内从事应税矿产品开采或生产盐的单位和个人征收的一种税。

一、资源税纳税人

资源税的纳税人,是指在中华人民共和国领域及管辖海域开采《资源税暂行条例》规定的矿产品或者生产盐(以下称开采或者生产应税产品)的单位和个人。

收购未税矿产品的单位为资源税的扣缴义务人。收购未税矿产品的单位,是指独立矿山、联合企业和其他单位。

【例题 6-8-1・多选题】 根据资源税法律制度的规定,下列单位和个人的生产经营行为应缴纳资源税的有(　　)。

A. 冶炼企业进口铁矿石　　B. 个体经营者开采煤矿

C. 军事单位开采石油　　D. 中外合作开采天然气

【答案】BCD

【解析】根据资源税纳税人的规定,在境内开采应税矿产品的单位和个人征收资源税,进口资源产品不征收资源税;中外合作开采石油、天然气,按照现行规定征收资源税。

二、资源税征税范围

我国目前资源税的征税范围仅涉及矿产品和盐两大类,具体如表 6-8-1 所示。

表 6-8-1　　资源税征税范围

类别	征税	相关提示
矿产品	原油	① 天然原油征税 ② 人造石油不征税 ③ 开采原油过程中用于加热、修井的原油免税
	天然气	① 专门开采的天然气征税 ② 与原油同时开采的天然气征税 ③ 煤层(成)气征税
	煤炭	包括原煤和以未税原煤加工的洗选煤
	非金属矿 (包括原矿与精矿)	包括石墨、硅藻土、高岭土、萤石、石灰石、硫铁矿、磷矿、氯化钾、硫酸钾、煤层(成)气、黏土、砂石、井矿盐、湖盐原盐、提取地下卤水晒制的盐等
	金属矿 (包括原矿与精矿)	包括铁矿、金矿、铜矿、铝土矿、铅锌矿、镍矿、锡矿、稀土、钨矿、钼矿等
海盐		海水晒制的盐,不包括提取地下卤水晒制的盐

三、资源税税率

资源税采用比例税率和定额税率两种形式。

1. 资源税的税目、税率

资源税税目、税率如表 6-8-2 所示。

表 6-8-2 资源税税目、税率

税目		征税对象	税率幅度
(1) 原油		原油	5% ~10%
(2) 天然气		原矿	5% ~10%
(3) 煤炭		煤炭或洗选煤	2% ~10%
(4) 其他非金属矿	石墨	精矿	3% ~10%
	硅藻土	精矿	1% ~6%
	高岭土	精矿	1% ~6%
	萤石	精矿	1% ~6%
	石灰石	原矿	1% ~6%
	硫铁矿	精矿	1% ~6%
	磷矿	原矿	3% ~8%
	氯化钾	精矿	3% ~8%
	硫酸钾	精矿	6% ~12%
	井矿盐	氯化钠初级产品	1% ~6%
	湖盐	氯化钠初级产品	1% ~6%
	提取地下卤水晒制的盐	氯化钠初级产品	3% ~15%
	煤层(成)气	原矿	1% ~2%
	黏土、砂石	原矿	每吨或立方米 0.1 ~5 元
	未列举名称的其他非金属矿产品	原矿或精矿	从量税率每吨或立方米不超过 30 元;从价税率不超过 20%
(5) 金属矿	稀土	精矿	7.5% ~27%
	坞	精矿	6.5%
	钼	精矿	11%
	铁矿	精矿	1% ~6%
	金矿	金锭	1% ~4%
	铜矿	精矿	2% ~8%
	铝土矿	原矿	3% ~9%
	铅锌矿	精矿	2% ~6%
	镍矿	精矿	2% ~6%
	锡矿	精矿	2% ~6%
	未列举名称的其他金属矿产品	原矿或精矿	税率不超过 20%
(6) 海盐		氯化钠初级产品	1% ~5%

注:

(1) 铝土矿包括耐火级矾土、研磨级矾土等高铝黏土。

(2) 氯化钠初级产品是指井矿盐、湖盐原盐、提取地下卤水晒制的盐和海盐原盐,包括固体和液体形态的初级产品。

(3) 海盐是指海水晒制的盐,不包括提取地下卤水晒制的盐。

(4) 自 2018 年 4 月 1 日至 2021 年 3 月 31 日,对页岩气资源、税(按 6% 的规定税率)减征 30%。

2. 分别核算

(1) 纳税人开采或者生产不同税目应税产品的,应当分别核算不同税目应税产品的销售额,未分别核算的,从高适用税率。

(2) 纳税人开采销售共伴生矿,共伴生矿与主矿产品销售额分开核算的,对共伴生矿暂不计征资源税;未分别核算的,全部销售额一并按主矿产品适用税目、税率计征资源税。

3. 收购未税矿产品

(1) 独立矿山、联合企业收购未税矿产品的,按照本单位应税产品税额标准,依据收购的数量代扣代缴资源税。

(2) 其他单位收购未税矿产品,按税务机关核定的应税产品税额标准,依据收购的数量代扣代缴资源税。

四、资源税计税依据

资源税以纳税人开采或者生产应税矿产品的销售额或者销售数量为计税依据。

(一) 销售额

(1) 销售额是指纳税人销售应税矿产品向购买方收取的全部价款和价外费用,但不包括收取的增值税销项税额和运杂费用。运杂费应与销售额分别核算,凡未取得相应凭据或不能与销售额分别核算的,应当一并计征资源税。但下列项目不包括在内:

① 同时符合下列条件的代垫运输费用:承运部门的运输费用发票开具给购买方的;纳税人将该项发票转交给购买方的。

② 同时符合以下条件代为收取的政府性基金或者行政事业性收费:由国务院或者财政部批准设立的政府性基金;由国务院或者省级人民政府及其财政、价格主管部门批准设立的行政事业性收费;收取时开具省级以上财政部门印制的财政票据;所收款项全额上缴财政。

(2) 纳税人将其开采的原煤,自用于连续生产洗选煤的,在原煤移送使用环节不缴纳资源税;将开采的原煤加工为洗选煤销售的,以洗选煤销售额乘以折算率作为应税煤炭销售额,计算缴纳资源税。折算率由省、自治区、直辖市财税部门或者授权地市级财税部门确定。

$$煤炭销售额 = 洗选煤销售额 \times 折算率$$

(3) 征税对象为精矿的,纳税人销售原矿时,应将原矿销售额换算为精矿销售额缴纳资源税;征税对象为原矿的,纳税人销售自采原矿加工的精矿,应将精矿销售额折算为原矿销售额缴纳资源税。换算比或折算率原则上应通过原矿售价、精矿售价和选矿比计算,也可通过原矿销售额、加工环节平均成本和利润计算。

金矿以标准金锭为征税对象,纳税人销售金原矿、金精矿的,应比照上述规定将其销售额换算为金锭销售额缴纳资源税。

换算比或折算率应按简便可行、公平合理的原则,由省级财税部门确定,并报财政部、国家税务总局备案。

纳税人销售其自采原矿的,可采用成本法或市场法将原矿销售额换算为精矿销售额计

算缴纳资源税。其中,成本法公式为:

精矿销售额 = 原矿销售额 + 原矿加工为精矿的成本 ×(1 + 成本利润率)

市场法公式为:

精矿销售额 = 原矿销售额 × 换算比

换算比 = 同类精矿单位价格 ÷(原矿单位价格 × 选矿比)

选矿比 = 加工精矿耗用的原矿数量 ÷ 精矿数量

(4) 纳税人申报的应税产品销售额明显偏低并且无正当理由的、有视同销售应税产品行为而无销售额的,除财政部、国家税务总局另有规定外,按下列顺序确定销售额:

① 按纳税人最近同期同类产品的平均销售价格确定。

② 按其他纳税人最近同期同类产品的平均售价确定。

③ 按组成计税价格确定。组成计税价格为:

组成计税价格 = 成本 ×(1 + 成本利润率)÷(1 - 税率)

(5) 纳税人以人民币以外的货币结算销售额的,应当折合成人民币计算。

【例题6-8-2·单选题】 某矿业公司本月计划开采砂石6 500吨,实际开采5 500吨,本月计划销售6 000吨,实际销售5 000吨。根据资源税法律制度的规定,该矿业公司本月应缴纳资源税的计税依据是(　　)吨。

A. 6 500　　B. 5 500

C. 6 000　　D. 5 000

【答案】D

【解析】纳税人开采或者生产应税产品销售的,以实际销售数量(5 000吨)为课税数量。

(二) 销售数量

(1) 纳税人开采或者生产应税产品销售的,以实际销售数量为销售数量。

(2) 纳税人开采或者生产应税产品自用的,以移送时的自用数量为销售数量。

(3) 纳税人不能准确提供应税产品销售数量或移送使用数量的,以应税产品的产量或按主管税务机关确定的折算比换算成的数量为计征资源税的销售数量。

(4) 纳税人的减税、免税项目,应当单独核算销售额和销售数量;未单独核算或者不能准确提供销售额和销售数量的,不予减税或者免税。

五、资源税应纳税额的计算

1. 实行从价定率计征的应纳税额计算

应纳税额 = 应税产品的销售额 × 适用的比例税率

2. 实行从量定额计征的应纳税额计算

应纳税额 = 应税产品的销售数量 × 适用的定额税率

3. 扣缴义务人代扣代缴资源税应纳税额的计算

代扣代缴应纳税额 = 收购未税矿产品的数量 × 适用的定额税率

【例题6-8-3·单选题】2019年10月,甲矿场销售锡矿原矿取得销售收入900万元。已知锡矿精矿换算比为1.6,资源税适用税率为4%。计算甲矿场当月应缴纳资源税税额的下列算式中,正确的是(　　)。

A. 900×(1.6－1)×4%＝21.6(万元)　　B. 900÷1.6×4%＝22.5(万元)

C. 900×1.6×4%＝57.6(万元)　　D. 900×4%＝36(万元)

【答案】C

【解析】精矿销售额＝原矿销售额×换算比,应纳税额＝应税产品的销售额×适用的比例税率,选项C正确。

六、资源税税收优惠

(1)开采原油过程中用于加热、修井的原油免税。

(2)对依法在建筑物下、铁路下、水体下通过充填开采方式采出的矿产资源,资源税减征50%。充填开采是指随着回采工作面的推进,向采空区或向层带等空间充填废石、尾矿、废渣、建筑废料以及专用充填合格材料等采出矿产品的开采方法。

(3)对实际开采年限在15年以上的衰竭期矿山开采的矿产资源,资源税减征30%。

衰竭期矿山是指剩余可采储量下降到原设计可采储量的20%(含)以下或剩余服务年限不超过5年的矿山,以开采企业下属的单个矿山为单位确定。

(4)纳税人开采或者生产应税产品过程中,因意外事故或者自然灾害等原因遭受重大损失的,由省、自治区、直辖市人民政府酌情决定减税或者免税。

(5)我国油气田稠油、高凝油和高含硫天然气资源税减征40%;三次采油资源税减征30%;低丰度油气田资源税暂减征20%;深水油气田减征30%;油田范围内运输稠油过程中用于加热的原油天然气免征资源税。纳税人开采的原油、天然气同时符合上述两项及两项以上减税规定的,只能选择其中一项执行,不能叠加适用。

(6)纳税人开采销售共伴生矿,共伴生矿与主矿产品销售额分开核算的,对共伴生矿暂不计征资源税;没有分开核算的,共伴生矿按主矿产品的税目和适用税率计征资源税。

(7)国务院规定的其他减税、免税项目。

七、资源税征收管理

(一)纳税义务发生时间

(1)纳税人销售应税产品采取分期收款结算方式的,其纳税义务发生时间为销售合同规定的收款日期的当天。

(2)纳税人销售应税产品采取预收货款结算方式的,其纳税义务发生时间为发出应税产品的当天。

(3)纳税人销售应税产品采取其他结算方式的,其纳税义务发生时间为收讫销售款或者取得索取销售款凭据的当天。

(4)纳税人自产自用应税产品的纳税义务发生时间,为移送使用应税产品的当天。

(5)扣缴义务人代扣代缴税款的纳税义务发生时间,为支付首笔货款或者开具应支付货款凭据的当天。

（二）纳税地点

（1）凡是缴纳资源税的纳税人，都应当向应税产品的开采或者盐生产所在地主管税务机关缴纳税款。

（2）纳税人在本省、自治区、直辖市范围内开采或者生产应税产品，其纳税地点需要调整的，由所在省、自治区、直辖市税务机关决定。

（3）扣缴义务人代扣代缴的资源税，应当向收购地主管税务机关缴纳。

（三）纳税期限

资源税的纳税期限为1日、3日、5日、10日、15日或者1个月。

纳税人以1个月为一期纳税的，自期满之日起10日内申报纳税；以1日、3日、5日、10日、15日为一期纳税的，自期满之日起5日内预缴税款，于次月1日起10日内申报纳税并结清上月税款。

【例题6-8-4·多选题】根据资源税法律制度的规定，关于资源税纳税义务发生时间的下列表述中，正确的有（　　）。

A. 采用分期收款结算方式销售应税产品的，为销售合同规定的收款日期的当天

B. 采用预收货款结算方式销售应税产品的，为发出应税产品的当天

C. 自产自用应税产品的，为移送使用应税产品的当天

D. 扣缴义务人代扣代缴税款的纳税义务发生时间，为支付首笔货款或者首次开具应支付货款凭据的当天

【答案】CD

【解析】（1）A选项是采用分期收款结算方式销售应税产品的，为销售合同规定的收款日期的当天。（2）B选项是采用预收货款结算方式销售应税产品的，为发出应税产品的当天。

第九节　城市维护建设税与教育费附加法律制度

城市维护建设税是以纳税人实际缴纳的增值税、消费税税额为计税依据所征收的一种税，主要目的是筹集城镇设施建设和维护资金。

教育费附加是以各单位和个人实际缴纳的增值税、消费税的税额为计征依据而征收的一种费用，其目的是加快发展地方教育事业，扩大地方教育经费资金来源。

一、城市维护建设税

（一）纳税人

城市维护建设税的纳税人，是指实际缴纳增值税、消费税的单位和个人，包括各类企业、行政单位、事业单位、军事单位、社会团体及其他单位，以及个体工商户和其他个人。自2010年12月1日起，对外商投资企业、外国企业及外籍个人征收城市维护建设税。

（二）征税范围

城市维护建设税的征税范围从地域上看分布很广，具体包括城市、县城、建制镇，以及税法规定征收增值税、消费税的其他地区。

（三）税率

1. 税率的具体规定

城市维护建设税实行差别比例税率。按照纳税人所在地区的不同，设置了三档比例税率，即：

（1）纳税人所在地区为市区的，税率为7%。

（2）纳税人所在地区为县城、镇的，税率为5%。

2. 适用税率的确定

（1）由受托方代扣代缴、代收代缴增值税、消费税的单位和个人，其代扣代缴、代收代缴的城市维护建设税按受托方所在地适用税率执行。

（2）流动经营等无固定纳税地点的单位和个人，在经营地缴纳增值税、消费税的，其城市维护建设税的缴纳按经营地适用税率执行。

（四）计税依据

城市维护建设税的计税依据，是纳税人实际缴纳的增值税、消费税税额，以及出口货物、劳务或者跨境销售服务、无形资产增值税免抵税额。

（五）应纳税额的计算

城市维护建设税的应纳税额按照纳税人实际缴纳的增值税、消费税税额和出口货物、劳务或者跨境销售服务、无形资产增值税免抵税额乘以税率计算。其计算公式为：

应纳税额 = 实际缴纳的增值税、消费税税额和出口货物、劳务或者跨境销售服务、无形资产增值税免抵税额 × 适用税率

对实行增值税期末留抵退税的纳税人，允许其从城市维护建设税的计税依据中扣除退还的增值税税额。

【例题 6-9-1 · 单选题】 甲公司为国有企业，位于某市东城区，2019年11月应缴增值税90 000元，实际缴纳增值税80 000元；应缴消费税70 000元，实际缴纳消费税60 000元。已知适用的城市维护建设税税率为7%，计算该公司当月应纳城市维护建设税税额为（　　）元。

A. 9 800　　B. 11 200　　C. 14 000　　D. 16 000

【答案】A

【解析】根据城市维护建设税法律制度规定，城市维护建设税以纳税人实际缴纳的增值税、消费税为计税依据。应纳城市维护建设税税额 =（80 000 + 60 000）× 7% = 140 000 × 7% = 9 800（元）。

（六）税收优惠

城市维护建设税属于增值税、消费税的一种附加税，原则上不单独规定税收减免条款。如果税法规定减免增值税、消费税，也就相应地减免了城市维护建设税。现行城市维护建设税的减免规定主要有：

（1）对进口货物或者境外单位和个人向境内销售劳务、服务、无形资产缴纳的增值税、消费税税额，不征收城市维护建设税。

（2）对出口货物、劳务和跨境销售服务、无形资产以及因优惠政策退还增值税、消费税

的，不退还已缴纳的城市维护建设税。

（3）对增值税、消费税实行先征后返、先征后退、即征即退办法的，除另有规定外，对随增值税、消费税附征的城市维护建设税，一律不予退（返）还。

（七）征收管理

1. 纳税义务发生时间

城市维护建设税纳税义务发生时间为缴纳增值税、消费税的当日。城市维护建设税扣缴义务发生时间为扣缴增值税、消费税的当日。

2. 纳税地点

纳税人缴纳增值税、消费税的地点，就是该纳税人缴纳城市维护建设税的地点。有特殊情况的，按下列原则和办法确定纳税地点：

（1）代扣代缴、代收代缴增值税、消费税的单位和个人，同时也是城市维护建设税的代扣代缴、代收代缴义务人，其纳税地点为代扣代收地。

（2）对流动经营等无固定纳税地点的单位和个人，应随同增值税、消费税在经营地纳税。

3. 纳税期限

城市维护建设税按月或者按季计征。不能按固定期限计征的，可以按次计征。

实行按月或者按季计征的，纳税人应当于月度或者季度终了之日起15日内申报并缴纳税款。实行按次计征的，纳税人应当于纳税义务发生之日起15日内申报并缴纳税款。

扣缴义务人解缴税款的期限，依照上述规定执行。

二、教育费附加

（一）征收范围

教育费附加的征收范围为税法规定征收增值税、消费税的单位和个人。自2010年12月1日起，对外商投资企业、外国企业及外籍个人征收教育费附加。

（二）计征依据

教育费附加以纳税人实际缴纳的增值税、消费税税额之和为计征依据。

（三）征收比率

按照1994年2月7日《国务院关于教育费附加征收问题的紧急通知》的规定，现行教育费附加征收比率为3%。

（四）计算与缴纳

1. 计算公式

应纳教育费附加 = 实际缴纳增值税、消费税税额之和 × 征收比率

【例题6-9-2·单选题】 某大型国有商场2019年12月应缴纳增值税260 000元，实际缴纳增值税200 000元；实际缴纳消费税100 000元。该商场当月应纳教育费附加为（　　）元。

A. 300 000　　B. 9 000　　C. 360 000　　D. 10 800

【答案】B

【解析】应纳教育费附加 =（200 000 + 100 000）× 3% = 300 000 × 3% = 9 000（元）。

2. 费用缴纳

教育费附加分别与增值税、消费税税款同时缴纳。

（五）减免规定

教育费附加的减免，原则上比照增值税、消费税的减免规定。如果税法规定增值税、消费税减免，则教育费附加也就相应地减免。主要的减免规定有：

（1）对海关进口产品征收的增值税、消费税，不征收教育费附加。

（2）对由于减免增值税、消费税而发生退税的，可同时退还已征收的教育费附加。但对出口产品退还增值税、消费税的，不退还已征的教育费附加。

第十节　关税法律制度

关税是对进出国境或关境的货物、物品征收的一种税。

关税一般分为进口关税、出口关税和过境关税。我国目前对进出境货物征收的关税分为进口关税和出口关税两类。

一、关税纳税人

1. 贸易性商品的纳税人

贸易性商品的纳税人是经营进出口货物的收、发货人。具体包括：

（1）外贸进出口公司。

（2）工贸或农贸结合的进出口公司。

（3）其他经批准经营进出口商品的企业。

2. 物品的纳税人

（1）入境旅客随身携带的行李、物品的持有人。

（2）各种运输工具上服务人员入境时携带自用物品的持有人。

（3）馈赠物品以及其他方式入境个人物品的所有人。

（4）个人邮递物品的收件人。

接受纳税人委托办理货物报关等有关手续的代理人，可以代办纳税手续。

二、关税的征税范围

关税的课税对象是进出境的货物、物品。

凡准许进出口的货物，除国家另有规定的以外，均应由海关征收进口关税或出口关税。对从境外采购进口的原产于中国境内的货物，也应按规定征收进口关税。

三、关税税率

（一）进口税率的种类

进口税率分为普通税率、最惠国税率、协定税率、特惠税率、关税配额税率和暂定税率。

1. 普通税率

对原产于未与我国共同适用最惠国条款的世界贸易组织成员国或地区，未与我国订有相互给予最惠国待遇、关税优惠条款贸易协定和特殊关税优惠条款贸易协定的国家或者地区的进口货物，以及原产地不明的货物，按照普通税率征税。

2. 最惠国税率

对原产于与我国共同适用最惠国条款的世界贸易组织成员国或者地区的进口货物、原产于与我国签订含有相互给予最惠国待遇的双边贸易协定的国家或者地区的进口货物、原产于我国的进口货物，按照最惠国税率征收关税。

3. 协定税率

对原产于与我国签订含有关税优惠条款的区域性贸易协定的国家或者地区的进口货物，按协定税率征收关税。

4. 特惠税率

对原产于与我国签订含有特殊关税优惠条款的贸易协定的国家或者地区的进口货物，按特惠税率征税。

5. 关税配额税率

关税配额是进口国限制进口货物数量的措施，把征收关税和进口配额相结合以限制进口。对于在配额内进口的货物可以适用较低的关税配额税率，对于配额之外的则适用较高税率。

6. 暂定税率

暂定税率是指在最惠国税率的基础上，对于一些国内需要降低进口关税的货物，以及出于国际双边关系的考虑需要个别安排的进口货物，可以实行暂定税率。

【例题6-10-1·单选题】根据关税法律制度的规定，对原产于与我国签订含有关税优惠条款的区域性贸易协定的国家或者地区的进口货物，适用的税率是(　　)。

A. 最惠国税率

B. 协定税率

C. 特惠税率

D. 普通税率

【答案】A

【解析】对原产于与我国共同适用最惠国条款的世界贸易组织成员国或者地区的进口货物、原产于与我国签订含有相互给予最惠国待遇的双边贸易协定的国家或者地区的进口货物、原产于我国的进口货物，按照最惠国税率征收关税。

(二) 税率的确定

进出口货物，应当按照收发货人或其代理人申报进口或者出口之日实施的税率征税。进口货物到达前，经海关核准先行申报的，应当按照装载此货物的运输工具申报进境之日实施的税率征税。

除法律另有规定外，进出口货物的补税和退税，适用该进出口货物“原申报”进口或者出口之日所实施的税率。

四、关税计税依据

1. 一般贸易项下进口货物的完税价格

一般贸易项下进口货物的完税价格如表 6-10-1 所示。

表 6-10-1　进口货物的完税价格

应计入成交价格	不计入成交价格
货价	向境外采购代理人支付的买方佣金(购货佣金)
起卸前的包装费、运费、保险费和其他劳务费	起卸之后的运输及其相关费用、保险费
支付给卖方的佣金	卖方付给进口人的正常回扣,应从成交价格中扣除。但是卖方延期交货的罚款,不得从成交价格中扣除
与进口货物有关的专利、商标、著作权,以及专有技术、计算机软件和资料等费用	

【例题 6-10-2 · 单选题】 根据关税法律制度的规定,一般贸易项下进口的货物以海关审定的成交价格为基础的到岸价格作为完税价格。下列关于成交价格的表述中,正确的是(　　)。

A. 在货物成交过程中,向境外采购代理人支付的买方佣金,应计入成交价格

B. 在货物成交过程中,进口人在成交价格外另支付给卖方的佣金,应计入成交价格

C. 卖方付给进口人的正常回扣,应计入成交价格

D. 卖方违反合同规定延期交货的罚款,可以从成交价格中扣除

【答案】B

【答案】(1) A 选项为在货物成交过程中,向境外采购代理人支付的买方佣金,不应计入成交价格;(2) C 选项为卖方付给进口人的正常回扣,不应计入成交价格;(3) D 选项为卖方违反合同规定延期交货的罚款,不可以从成交价格中扣除。

2. 出口货物的完税价格

出口货物应当以海关审定的货物售予境外的离岸价格,扣除出口关税后作为完税价格。其计算公式为:

$$出口货物完税价格 = 离岸价格 \div (1 + 出口税率)$$

3. 进口关税的计征方法

(1) 进口关税一般采用比例税率,实行从价计征的办法。

(2) 对啤酒、原油等少数货物实行从量计征的办法。

(3) 对广播用录像机、放像机、摄像机等实行从价加从量的复合计征办法。

(4) 滑准税。滑准税是指关税的税率随着进口商品价格的变动而反方向变动的一种税率形式,即价格越高,税率越低,税率为比例税率。

五、关税应纳税额的计算

1. 从价税计算方法

从价税是最普遍的关税计征方法,它以进(出)口货物的完税价格作为计税依据。

进（出）口货物应纳关税税额的计算公式为：

应纳税额＝应税进（出）口货物数量×单位完税价格×适用税率

2. 从量税计算方法

从量税是以进口商品的数量为计税依据的一种关税计征方法。

其应纳关税税额的计算公式为：

应纳税额＝应税进口货物数量×关税单位税额

3. 复合税计算方法

复合税是对某种进口货物同时使用从价和从量计征的一种关税计征方法。

其应纳关税税额的计算公式为：

应纳税额＝应税进口货物数量×关税单位税额＋应税进口货物数量×单位完税价格×适用税率

4. 滑准税计算方法

滑准税是指关税的税率随着进口商品价格的变动而反方向变动的一种税率形式，即价格越高，税率越低，税率为比例税率。因此，对实行滑准税率的进口商品应纳关税税额的计算方法与从价税的计算方法相同。

六、关税税收优惠

关税的减税、免税分为法定性减免税、政策性减免税和临时性减免税。

1. 法定性减免税的主要情形

（1）一票货物关税税额、进口环节增值税或者消费税税额在人民币50元以下的。

（2）无商业价值的广告品及货样。

（3）国际组织、外国政府无偿赠送的物资。

（4）进出境运输工具装载的途中必需的燃料、物料和饮食用品。

（5）因故退还的中国出口货物，可以免征进口关税，但已征收的出口关税不予退还。

（6）因故退还的境外进口货物，可以免征出口关税，但已征收的进口关税不予退还。

对有上述情况的货物，经海关审查无误后可以免税。

2. 海关可以酌情减免税的情形

（1）在境外运输途中或者在起卸时，遭受到损坏或者损失的。

（2）起卸后海关放行前，因不可抗力遭受损坏或者损失的。

（3）海关查验时已经破漏、损坏或者腐烂，经证明不是保管不慎造成的。

【例题6-10-3·单选题】根据关税法律制度的规定，下列各项中，经海关审查无误后可以免征关税的是（　　）。

A. 关税税额为人民币200元的一票货物

B. 广告品和货样

C. 外国公司无偿赠送的物资

D. 进出境运输工具装载的途中必需的燃料、物料和饮食用品

【答案】D

【解析】(1)选项 A:关税税额为人民币 50 元以下的一票货物,经海关审查无误后,免征关税;(2)选项 B:只有无商业价值的广告品及货样,经海关审查无误后才免征关税;(3)选项 C:国际组织、外国政府(不包括"外国公司")无偿赠送的物资,经海关审查无误后免征关税。

七、关税征收管理

(1) 旅客携运进出境的行李物品有下列情形之一的,海关暂不予放行:

① 旅客不能当场缴纳进境物品税款的。

② 进出境的物品属于许可证件管理的范围,但旅客不能当场提交的。

③ 进出境的物品超出自用合理数量,按规定应当办理货物报关手续或其他海关手续,其尚未办理的。

④ 进出境物品的属性、内容存疑,需要由有关主管部门进行认定、鉴定、验核的。

⑤ 按规定暂不予以放行的其他行李物品。

(2)关税是在货物实际进出境时,即在纳税人按进出口货物通关规定向海关申报后,海关放行前一次性缴纳。进出口货物的收发货人或者其代理人应当在海关填发税款缴款凭证之日起 15 日内,向指定银行缴纳税款。逾期不缴的,除依法追缴外,由海关自到期"次日"起至缴清税款之日止,按日征收欠缴税额 0.5‰的滞纳金。

(3) 由于海关误征,多缴纳税款的,纳税人可以从缴纳税款之日起 1 年内,书面声明理由,连同纳税收据向海关申请退税,逾期不予受理。

(4) 进出口货物完税后,如发现少征或者漏征税款,海关有权在 1 年内予以补征;如因收发货人或其代理人违反规定而造成少征或者漏征税款的,海关在 3 年内可以追缴。

【例题 6-10-4 · 单选题】 2019 年 6 月,甲公司进口一批货物。海关核定的货价为 90 万元,货物运抵我国关境内输入地点起卸前的包装费 2 万元,运费 5 万元,保险费 0.3 万元。已知关税税率为 10%。甲公司当月进口该批货物应缴纳关税税额的下列计算式中,正确的是(　　)。

A. (90 + 2 + 5) × 10% = 9.7(万元)　　B. (90 + 5 + 0.3) × 10% = 9.53(万元)

C. (90 + 2) × 10% = 9.2(万元)　　D. (90 + 2 + 5 + 0.3) × 10% = 9.73(万元)

【答案】D

【解析】一般贸易项下进口货物以海关审定的成交价格为基础的到岸价格作为完税价格。到岸价格是指包括货价以及货物运抵我国关境内输入地点起卸前的包装费、运费、保险费和其他劳务费等费用构成的一种价格。

第十一节　车辆购置税与船舶吨税法律制度

一、车辆购置税

车辆购置税,是对在中国境内购置规定车辆的单位和个人征收的一种税。

（一）车辆购置税纳税人

在我国境内购置规定的车辆的单位和个人，为车辆购置税的纳税人。

购置，包括购买、进口、自产、受赠、获奖或者以其他方式取得并自用应税车辆的行为。

【例题6-11-1·单选题】甲汽车专卖店购入小汽车12辆，根据车辆购置税法律制度的规定，下列行为中，应当由甲汽车专卖店作为纳税人缴纳车辆购置税的是（　　）。

A. 将其中6辆销售给客户

B. 将其中2辆作为董事长、总经理的专用轿车

C. 将其中1辆赠送给乙企业

D. 库存3辆尚未售出

【答案】B

【解析】（1）选项A、C：都不是自己最终使用，而应该是客户和受赠方缴纳车辆购置税。（2）选项D：购入待售车辆不需要缴纳车辆购置税，待进一步处置时再行确定纳税人、缴纳车辆购置税。

（二）车辆购置税征收范围

车辆购置税的征税对象包括汽车、摩托车、电车、挂车、农用运输车。具体征收范围如表6-11-1所示。

表6-11-1　车辆购置税征收范围

应税车辆	具体范围	注　释
汽车	各类汽车	
摩托车	轻便摩托车	最高设计时速不大于50 km/h，发动机汽缸总排量不大于50 cm^2 的两个或者三个车轮的机动车
	二轮摩托车	最高设计车速大于50 km/h，或者发动机汽缸总排量大于50 cm^2 的两个车轮的机动车
	三轮摩托车	最高设计车速大于50 km/h，或者发动机汽缸总排量大于50 cm^2，空车重量不大于400 kg的三个车轮的机动车
电车	无轨电车	以电能为动力，由专用输电电缆线供电的轮式公共车辆
	有轨电车	以电能为动力，在轨道上行驶的公共车辆
挂车	挂车	无动力设备，独立承载，由牵引车辆牵引行驶的车辆
	半挂车	无动力设备，与牵引车辆共同承载，由牵引车辆牵引行驶的车辆
农用运输车	三轮农用运输车	柴油发动机，功率不大于7.4 kW，载重量不大于500 kg，最高车速不大于40 km/h的三个车轮的机动车
	四轮农用运输车	柴油发动机，功率不大于28 kW，载重量不大于1 500 kg，最高车速不大于50 km/h的四个车轮的机动车

【例题6-11-2·单选题】根据车辆购置税法律制度的规定，下列各项中，不属于车辆购置税征税范围的是（　　）。

A. 农用运输车　　B. 摩托车

C. 汽车　　D. 火车

【答案】D

【解析】火车不属于车辆购置税的征税范围。

（三）车辆购置税税率

车辆购置税采用10%的比例税率。

（四）车辆购置税计税依据

车辆购置税的计税依据为应税车辆的计税价格。计税价格根据不同情况，按照下列规定确定：

（1）纳税人购买自用的应税车辆的计税价格，为纳税人购买应税车辆而支付给销售者的全部价款和价外费用，不包括增值税税款。

（2）纳税人进口自用的应税车辆的计税价格的计算公式为：

计税价格 = 关税完税价格 + 关税 + 消费税

（3）纳税人自产、受赠、获奖或者以其他方式取得并自用的应税车辆的计税价格，由主管税务机关参照国家税务总局规定的最低计税价格核定。

最低计税价格是指国家税务总局依据机动车生产企业或者经销商提供的车辆价格信息，参照市场平均交易价格核定的车辆购置税计税价格。

（4）纳税人购买自用或者进口自用应税车辆，申报的计税价格低于同类型应税车辆的最低计税价格，又无正当理由的，计税价格为国家税务总局核定的最低计税价格。

（5）国家税务总局未核定最低计税价格的车辆，计税价格为纳税人提供的有效价格证明注明的价格。有效价格证明注明的价格明显偏低的，主管税务机关有权核定应税车辆的计税价格。

（五）车辆购置税应纳税额的计算

1. 购买自用

应纳税额 = 计税依据 × 税率

2. 进口自用

进口应税车辆应纳税额 =（关税完税价格 + 关税 + 消费税）× 税率

3. 自产、受赠、获奖或者以其他方式取得并自用

由主管税务机关参照国家税务总局规定的最低计税价格核定。

【例题6-11-3·单选题】 某汽车贸易公司2019年8月进口10辆小轿车（非新能源或节约能源车辆），海关审定的关税完税价格为25万元/辆，当月销售8辆，取得含税销售收入200万元；2辆公司自用。已知：小轿车关税税率28%，消费税税率为9%，车辆购置税税率为10%。该公司应纳车辆购置税（　　）万元。

A. $25 \times 2 \times (1 + 28\%) \div (1 - 9\%) \times 10\% = 7.03$

B. $25 \times 10 \times (1 + 28\%) \div (1 - 9\%) \times 10\% = 35.16$

C. $200 \div 8 \times 2 \div (1 + 16\%) \times 10\% = 4.31$

D. $200 \div 8 \times 10 \div (1 + 16\%) \times 10\% = 21.55$

【答案】A

【解析】本题考核车辆购置税应纳税额的计算。本题中，只有公司自用的2辆车需要由

该公司缴纳车辆购置税。组成计税价格 = 25 × 2 × (1 + 28%) ÷ (1 − 9%) = 70.33(万元),车辆购置税 = 70.33 × 10% = 7.03(万元)。

（六）车辆购置税税收优惠

(1) 外国驻华使馆、领事馆和国际组织驻华代表机构及其外交人员自用的车辆,免税。

(2) 中国人民解放军和中国人民武装警察部队列入军队武器装备订货计划的车辆,免税。

(3) 设有固定装置的非运输车辆,免税。

(4) 自2016年1月1日起至2020年12月31日止,对城市公交企业购置的公共汽电车免征车辆购置税。

(5) 自2018年1月1日至2020年12月31日,对购置的新能源汽车免征车辆购置税。

(6) 由国务院规定予以减税或者免税的其他情形的,按照规定免税或者减税。

（七）车辆购置税征收管理

1. 纳税申报

(1) 一次性课征。

① 车辆购置税实行一次性征收制度,税款应当一次性缴清。

② 购置已征车辆购置税的车辆,不再征收车辆购置税。

(2) 征税机关。

车辆购置税由国家税务局征收。

(3) 纳税期限。

① 纳税人购买自用应税车辆的,应当自购买之日起60日内申报纳税。

② 进口自用应税车辆的,应当自进口之日起60日内申报纳税。

③ 自产、受赠、获奖或者以其他方式取得并自用应税车辆的,应当自取得之日起60日内申报纳税。

(4) 退税。

已缴纳车辆购置税的车辆,发生下列情形之一的,准予纳税人申请退税:

① 车辆退回生产企业或者经销商的。

② 符合免税条件的设有固定装置的非运输车辆但已征税的。

③ 其他依据法律法规规定应予退税的情形。

2. 纳税环节

纳税人应当在向公安机关车辆管理机构办理车辆登记注册前,缴纳车辆购置税。

纳税人应当持主管税务机关出具的完税证明或者免税证明,向公安机关车辆管理机构办理车辆登记注册手续;没有完税证明或者免税证明的,公安机关车辆管理机构不得办理车辆登记注册手续。

税务机关应当及时向公安机关车辆管理机构通报纳税人缴纳车辆购置税的情况。公安机关车辆管理机构应当定期向税务机关通报车辆登记注册的情况。

税务机关发现纳税人未按照规定缴纳车辆购置税的,有权责令其补缴;纳税人拒绝缴纳的,税务机关可以通知公安机关车辆管理机构暂扣纳税人的车辆牌照。

免税、减税车辆因转让、改变用途等原因不再属于免税、减税范围的,应当在办理车辆过户手续前或者办理变更车辆登记注册手续前缴纳车辆购置税。

3. 纳税地点

（1）应当向车辆登记注册地的主管税务机关申报缴纳。

（2）不需要办理登记注册手续的应税车辆，应当向纳税人所在地的主管税务机关申报缴纳。

二、船舶吨税

船舶吨税是对中国境外港口进入境内港口的船舶征收的一种税。

（一）船舶吨税纳税人

对自中国境外港口进入中国境内港口的船舶（简称应税船舶）征收船舶吨税（简称吨税），以应税船舶负责人为纳税人。

（二）船舶吨税税目税率

吨税税目按船舶净吨位的大小分等级设置为4个税目。税率采用定额税率，具体分为两类：普通税率和优惠税率。我国现行吨税税率如表6-11-2所示。

表6-11-2　　我国现行吨税税率

税目（按船舶净吨位划分）	税率（元/净吨）						备注
	普通税率（按执照期限划分）			优惠税率（按执照期限划分）			
	1年	90日	30日	1年	90日	30日	
不超过2 000净吨	12.6	4.2	2.1	9.0	3.0	1.5	（1）拖船和非机动驳船分别按相同净吨位船舶税率的50%计征税款 （2）拖船按照发动机功率每千瓦折合净吨位0.67吨
超过2 000净吨，但不超过10 000净吨	24.0	8.0	4.0	17.4	5.8	2.9	
超过10 000净吨，但不超过50 000净吨	27.6	9.2	4.6	19.8	6.6	3.3	
超过50 000净吨	31.8	10.6	5.3	22.8	7.6	3.8	

（三）船舶吨税计税依据

吨税以船舶净吨为计税依据。

（四）船舶吨税应纳税额的计算

吨税按照船舶净吨位和吨税执照期限征收，应税船舶负责人在每次申报纳税时，可以按照《吨税税目税率表》选择申领一种期限的吨税执照。应纳税额的计算公式为：

应纳税额＝应税船舶净吨位×适用税率

海关根据船舶负责人的申报，审核其申报吨位与其提供的船舶吨位证明和船舶国籍证书或者海事部门签发的船舶国籍证书收存证明相符后，按其申报执照的期限计征吨税，并填发缴款凭证交船舶负责人缴纳税款。

（五）船舶吨税税收优惠

下列船舶免征吨税：

（1）应纳税额在人民币50元以下的船舶；

（2）自境外以购买、受赠、继承等方式取得船舶所有权的初次进口到港的空载船舶；

（3）吨税执照期满后24小时内不上下客货的船舶；

（4）非机动船舶（不包括非机动驳船）；

（5）捕捞、养殖渔船；

（6）避难、防疫隔离、修理、终止运营或者拆解，并不上下客货的船舶；

（7）军队、武装警察部队专用或者征用的船舶；

（8）警用船舶；

（9）依照法律规定应当予以免税的外国驻华使领馆、国际组织驻华代表机构及其有关人员的船舶；

（10）国务院规定的其他船舶。

（六）船舶吨税征收管理

1. 纳税义务发生时间

吨税纳税义务发生时间为应税船舶进入境内港口的当日，应税船舶在吨税执照期满后尚未离开港口的，应当申领新的吨税执照，自上一执照期满的次日起续缴吨税。

应税船舶负责人申领吨税执照时，应当向海关提供下列文件：

（1）船舶国籍证书或者海事部门签发的船舶国籍证书收存证明；

（2）船舶吨位证明。

2. 纳税期限

应税船舶负责人应当自海关填发吨税缴款凭证之日起15日内缴清税款。未按期缴清税款的，自滞纳税款之日起至缴清税款之日止，按日加收滞纳税款万分之五的税款滞纳金。

3. 其他相关规定

（1）纳税担保。

应税船舶到达港口前，经海关核准先行申报并办结出入境手续的，应税船舶负责人应当向海关提供与其依法履行吨税缴纳义务相适应的担保；应税船舶到达港口后，按规定向海关申报纳税。下列财产、权利可以用于担保：

① 人民币、可自由兑换货币。

② 汇票、本票、支票、债券、存单。

③ 银行、非银行金融机构的保函和海关依法认可的其他财产、权利，可以用于担保。

（2）补征、追征与退还。

海关发现少征或者漏征税款的，应当自应税船舶应当缴纳税款之日起1年内，补征税款。但因应税船舶违反规定造成少征或者漏征税款的，海关可以自应当缴纳税款之日起3年内追征税款，并自应当缴纳税款之日起按日加征少征或者漏征税款万分之五的税款滞纳金。

海关发现多征税款的，应当在24小时内通知应税船舶办理退还手续，并加算银行同期活期存款利息。

应税船舶发现多缴税款的，可以自缴纳税款之日起3年内以书面形式要求海关退还多缴的税款并加算银行同期活期存款利息；海关应当自受理退税申请之日起30日内查实并通知应税船舶办理退还手续。

（3）船舶吨税由海关负责征收。海关征收吨税应当制发缴款凭证。

第十二节　环境保护税法律制度

一、环境保护税纳税人

扫码看资源

环境保护税的纳税人为在中华人民共和国领域和中华人民共和国管辖的其他海域，直接向环境排放应税污染物的企业事业单位和其他生产经营者。按照规定征收环境保护税，不再征收排污费。

二、环境保护税征税范围

（1）环境保护税的征税范围是法律规定的大气污染物、水污染物、固体废物和噪声等应税污染物。

（2）有下列情形之一的，不属于直接向环境排放污染物，不缴纳相应污染物的环境保护税：

① 企业事业单位和其他生产经营者向依法设立的污水集中处理、生活垃圾集中处理场所排放应税污染物的。

② 企业事业单位和其他生产经营者在符合国家和地方环境保护标准的设施、场所贮存或者处置固体废物的。

（3）依法设立的城乡污水集中处理、生活垃圾集中处理场所超过国家和地方规定的排放标准向环境排放应税污染物的，应当缴纳环境保护税。

（4）企业事业单位和其他生产经营者贮存或者处置固体废物不符合国家和地方环境保护标准的，应当缴纳环境保护税。

三、环境保护税税率

环境保护税实行定额税率。其税目、税额如表 6-12-1 所示。

表 6-12-1　环境保护税税目、税额

税　目		计税单位	税　额	备　注
大气污染物		每污染当量	1.2～12 元	
水污染物		每污染当量	1.4～14 元	
固体废弃物	煤矸石	每吨	5 元	
	尾矿	每吨	15 元	
	危险废物	每吨	1 000 元	
	冶炼渣、粉煤灰、炉渣、其他固体废物（含半固态、液态废物）	每吨	25 元	

续表

<table>
<tr><th colspan="2">税　目</th><th>计税单位</th><th>税　额</th><th>备　注</th></tr>
<tr><td rowspan="6">噪声</td><td rowspan="6">工业噪声</td><td>超标 1 ~ 3 分贝</td><td>每月 250 元</td><td rowspan="6">① 一个单位边界上有多处噪声超标，根据最高一处超标声级计算应纳税额；当沿边界长度超过 100 米有两个以上噪声超标，按照两个单位计算应纳税额
② 一个单位有不同地点作业场所的，应当分别计算应纳税额，合并计征
③ 昼、夜均超标的环境噪声，昼、夜分别计算应纳税额，累计计征
④ 声源一个月内超标不足 15 天的，减半计算应纳税额
⑤ 夜间频繁突发和夜间偶然突发厂界超标噪声，按等效声级和峰值噪声两种指标中超标分贝值高的一项计算应纳税额</td></tr>
<tr><td>超标 4 ~ 6 分贝</td><td>每月 700 元</td></tr>
<tr><td>超标 7 ~ 9 分贝</td><td>每月 1 400 元</td></tr>
<tr><td>超标 10 ~ 12 分贝</td><td>每月 2 800 元</td></tr>
<tr><td>超标 13 ~ 15 分贝</td><td>每月 5 600 元</td></tr>
<tr><td>超标 16 分贝以上</td><td>每月 11 200 元</td></tr>
</table>

四、环境保护税应纳税额的计算

（1）环境保护税实行定额税率。

（2）计税依据。

① 应税大气污染物按照污染物排放量折合的污染当量数确定。

② 应税水污染物按照污染物排放量折合的污染当量数确定。

③ 应税固体废物按照固体废物的排放量确定。

④ 应税噪声按照超过国家规定标准的分贝数确定。

（3）应纳税额的计算。

应税大气污染物的应纳税额 = 污染当量数 × 具体适用税额

应税水污染物的应纳税额 = 污染当量数 × 具体适用税额

应税固体废物的应纳税额 = 固体废物排放量 × 具体适用税额

应税噪声的应纳税额 = 超过国家规定标准的分贝数对应的具体适用税额

案例分析

【案例】

甲企业 2019 年 1 月排放炉渣 100 吨，炉渣适用税额为 25 元/吨，计算甲企业应缴纳的环境保护税。

【分析】

甲企业应缴纳环境保护税 = 25 × 100 = 2 500（元）。

五、环境保护税的税收优惠

下列情形，暂予免征环境保护税：

（1）农业生产（不包括规模化养殖）排放应税污染物的。

（2）机动车、铁路机车、非道路移动机械、船舶和航空器等流动污染源排放应税污染物的。

（3）依法设立的城乡污水集中处理、生活垃圾集中处理场所排放相应应税污染物，不超过国家和地方规定的排放标准的。

（4）纳税人综合利用的固体废物，符合国家和地方环境保护标准的。

（5）国务院批准免税的其他情形。

纳税人排放应税大气污染物或者水污染物的浓度值低于国家和地方规定的污染物排放标准30%的，减按75%征收环境保护税。纳税人排放应税大气污染物或者水污染物的浓度值低于国家和地方规定的污染物排放标准50%的，减按50%征收环境保护税。

六、环境保护税的征收管理

环境保护税的纳税义务发生时间为纳税人排放应税污染物的当日。纳税人应当向应税污染物排放地的税务机关申报缴纳环境保护税。

环境保护税按月计算，按季申报缴纳。不能按固定期限计算缴纳的，可以按次申报缴纳。纳税人按季申报缴纳的，应当自季度终了之日起15日内，向税务机关办理纳税申报并缴纳税款。纳税人按次申报缴纳的，应当自纳税义务发生之日起15日内，向税务机关办理纳税申报并缴纳税款。

归纳总结

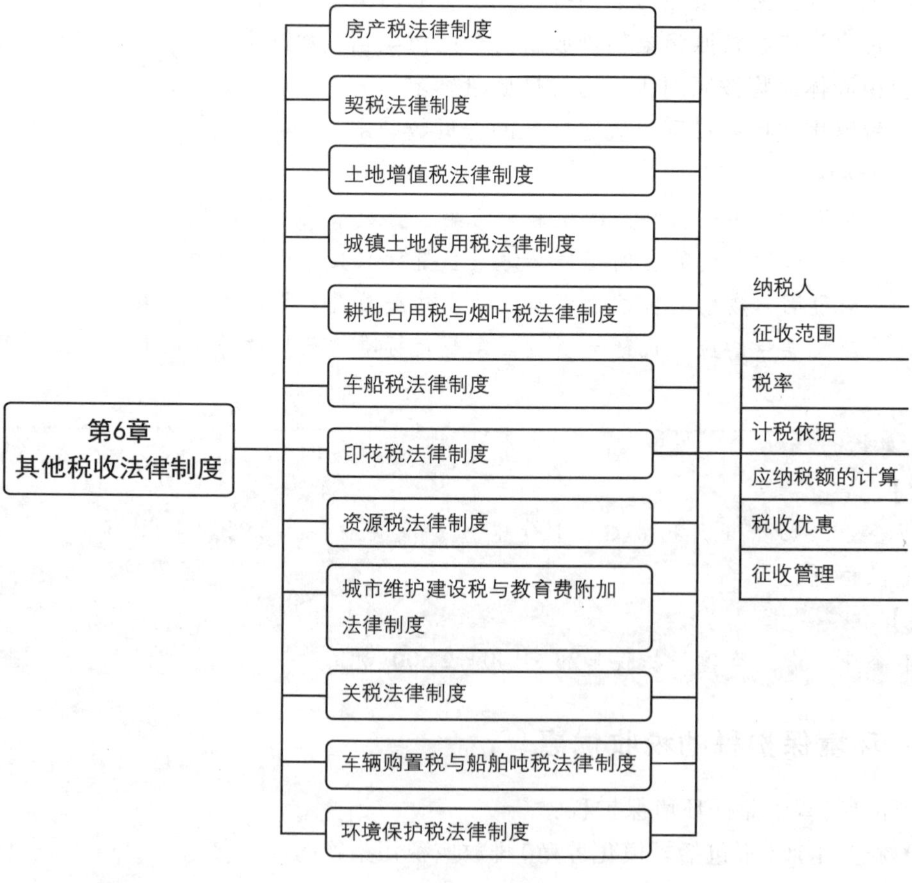

本章主要参考法规索引

1.《中华人民共和国房产税暂行条例》(1986 年 9 月 15 日,国发〔1986〕90 号)

2.《财政部、国家税务总局关于房产税若干具体问题的解释和暂行规定》(1986 年 9 月 25 日,财税地字〔1986〕008 号)

3.《财政部、国家税务总局关于房产税、城镇土地使用税有关问题的通知》(2008 年 12 月 18 日,财税〔2008〕152 号)

4.《中华人民共和国契税暂行条例》(1997 年 7 月 7 日,国务院令第 224 号)

5.《中华人民共和国契税暂行条例实施细则》(1997 年 10 月 28 日,财政部财法字〔1997〕52 号)

6.《中华人民共和国土地增值税暂行条例》(1993 年 12 月 13 日,国务院令第 138 号)

7.《中华人民共和国土地增值税暂行条例实施细则》(1995 年 1 月 27 日,财法字〔1995〕006 号)

8.《财政部、国家税务总局关于调整房地产市场若干税收政策的通知》(1999 年 7 月 29 日,财税字〔1999〕210 号)

9.《中华人民共和国城镇土地使用税暂行条例》(1988 年 9 月 27 日,国务院令第 17 号自 1988 年 11 月 1 日起实施;2006 年 12 月 30 日,国务院令第 483 号修订)

10.《中华人民共和国车船税法》(2012 年 2 月 25 日,第十一届全国人民代表大会常务委员会第十九次会议通过)

11.《中华人民共和国车船税法实施条例》(2011 年 11 月 23 日,国务院令第 611 号)

12.《中华人民共和国印花税暂行条例》(1988 年 8 月 6 日,国务院令第 11 号)

13.《中华人民共和国印花税暂行条例实施细则》(1988 年 9 月 29 日,财税〔1988〕255 号)

14.《国家税务总局关于印花税若干具体问题的规定》(1988 年 12 月 12 日,国税地字〔1988〕25 号)

15.《国家税务总局关于印花税若干具体问题的解释和规定》(1991 年 9 月 18 日,国税〔1991〕155 号)

16.《国家税务总局关于进一步加强印花税征收管理有关问题的通知》(2004 年 1 月 30 日,国税函〔2004〕150 号)

17.《国务院关于修改〈中华人民共和国资源税暂行条例〉的决定》(2011 年 9 月 30 日,国务院令第 605 号)

18.《国务院关于修改〈中华人民共和国对外合作开采陆上石油资源条例〉的决定》(2011 年 9 月 30 日,国务院令第 606 号)

19.《国务院关于修改〈中华人民共和国对外合作开采海洋石油资源条例〉的决定》(2011 年 9 月 30 日,国务院令第 607 号)

20.《中华人民共和国资源税暂行条例实施细则》(2011 年 10 月 28 日,财政部 国家税务总局令第 66 号)

21.《财政部、国家税务总局关于实施煤炭资源税改革的通知》(2014 年 10 月 9 日,财税〔2014〕72 号)

22.《中华人民共和国海关法》(1987 年 1 月 22 日,第六届全国人民代表大会常务委员会第 19 次会议通过;2000 年 7 月 8 日,第九届全国人民代表大会常务委员会第十六次会议修正)

23.《中华人民共和国进出口关税条例》(2003 年 11 月 23 日,国务院令第 392 号)

24.《中华人民共和国城市维护建设税暂行条例》(1985 年 2 月 8 日,国发〔1985〕19 号)

25.《国务院关于统一内外资企业和个人城市维护建设税和教育费附加制度的通知》(2010 年 10 月 18 日,国发〔2010〕35 号)

26.《中华人民共和国车辆购置税暂行条例》(2000 年 10 月 22 日,国务院令第 294 号)

27.《车辆购置税征收管理办法》(2014 年 12 月 2 日,国家税务总局令第 33 号)

28.《中华人民共和国船舶吨税法》(2017 年 12 月 27 日,第十二届全国人民代表大会常务委员会第三十一次会议通过)

29.《中华人民共和国耕地占用税暂行条例》(2007 年 12 月 1 日,国务院令第 511 号)

30.《中华人民共和国烟叶税暂行条例》(2017 年 12 月 27 日,第十二届全国人民代表大会常务委员会第三十一次会议通过)

31.《中华人民共和国环境保护税法》(2016 年 12 月 25 日,第十二届全国人民代表大会常务委员会第二十五次会议通过)

CHAPTER 7

第 7 章

税收征收管理法律制度

学习目标 Learning Objectives

通过本章你可以：

- 了解税务管理相对人实施税收违法行为、税务行政主体实施税收违法行为的法律责任
- 了解税务行政复议的概念
- 了解税务管理的概念、涉税专业服务
- 熟悉税务行政复议申请与受理、税务行政复议审查和决定
- 熟悉税务行政复议范围、税务行政复议管辖
- 掌握税款征收、税务检查
- 掌握税务登记、账簿和凭证管理、发票管理、纳税申报

学习导引 Learning Guidance

《中华人民共和国税收征收管理法》

《中华人民共和国税收征收管理法》（以下简称《税收征管法》）是为了加强税收征收管理、规范税收征收和缴纳行为、保障国家税收收入、保护纳税人的合法权益、促进经济和社会发展而制定的法律。

《税收征管法》由第七届全国人民代表大会常务委员会第二十七次会议于1992年9月4日通过，自1993年1月1日起施行。根据1995年2月28日第八届全国人民代表大会常务委员会第十二次会议《关于修改〈中华人民共和国税收征收管理法〉的决定》第一次修正；2001年4月28日第九届全国人民代表大会常务委员会第二十一次会议修订；根据2013年6月29日第十二届全国人民代表大会常务委员会第三次会议《关于修改〈中华人民共和国文物保护法〉等十二部法律的决定》第二次修正；根据2015年4月24日第十二届全国人民代表大会常务委员会第十四次会议《关于修改〈中华人民共和国港口法〉等七部法律的决定》第三次修正，为现行版本。

《税收征管法》全文共分六章，具体为：

第一章　总则

第二章　税务管理

　　第一节　税务登记

　　第二节　账簿、凭证管理

　　第三节　纳税申报

第三章　税款征收

第四章　税务检查

第五章　法律责任

第六章　附则

第一节　税务管理

一、税务管理的概念

税务管理，是指税收征收管理机关为了贯彻执行国家税收法律制度、加强税收工作、协调征税关系而对纳税人和扣缴义务人实施的基础性的管理制度和管理行为。税务管理是税收征收管理的重要内容，是税款征收的前提和基础。

税务管理主要包括税务登记管理、账簿和凭证管理、发票管理、纳税申报管理和涉税专业服务管理等。

二、税务登记管理

税务登记是整个税收征收管理的起点。税务登记的作用在于掌握纳税人的基本情况和税源分布情况。

（一）税务登记申请人

企业，企业在外地设立的分支机构和从事生产、经营的场所，个体工商户和从事生产、经营的事业单位，都应当办理税务登记。

案例分析

【案例】

2019年6月，下岗职工老王开办了一个商品经销部，按规定享受一定期限内的免税优惠。他认为，既然免税就不需要办理税务登记。分析老王的观点是否正确。

【分析】

老王的观点不正确。根据税收征收管理法律制度的规定，凡是从事生产经营的单位和个体工商户均应办理税务登记。

（二）税务登记主管机关

县以上（含本级，下同）国家税务局（分局）、地方税务局（分局）是税务登记的主管机关，负责税务登记的设立登记、变更登记、注销登记和税务登记证验证、换证以及非正常户处理、报验登记等有关事项。

县以上税务局（分局）按照国务院规定的税收征收管理范围，实施属地管理，办理税务登记。有条件的城市，可以按照“各区分散受理、全市集中处理”的原则办理税务登记。

（三）“多证合一”登记制度改革

（1）在全面实施企业、农民专业合作社工商营业执照、组织机构代码证、税务登记证、社会保险登记证、统计登记证“五证合一、一照一码”登记制度改革和个体工商户工商营业执照、税务登记证“两证整合”的基础上，将涉及企业、个体工商户和农民专业合作社（以下统称企业）登记、备案等有关事项和各类证照进一步整合到营业执照上，实现“多证合一、一照一码”。

（2）营业执照成为企业唯一“身份证”，统一社会信用代码成为企业唯一身份代码，实现企业“一照一码”走天下。

【例题 7-1-1 · 多选题】 根据企业登记制度改革相关规定，下列执照和证件中，属于"五证合一，一照一码"登记制度改革范围的有(　　)。

A. 税务登记证　B. 组织机构代码证　C. 工商营业执照　D. 安全生产许可证

【答案】ABC

【解析】改革范围为工商营业执照、组织机构代码证、税务登记证、社会保险登记证、统计登记证，安全生产许可证不包含在内。

三、账簿和凭证管理

账簿和凭证是纳税人进行生产经营活动和核算财务收支的重要资料，也是税务机关对纳税人进行征税、管理、核查的重要依据。账簿、凭证管理是税收管理的基础性工作。

(1) 从事生产、经营的纳税人应自领取营业执照或者发生纳税义务之日起 15 日内，按规定设置账簿。

拓展阅读

生产、经营规模小又确无建账能力的纳税人，可以聘请经批准从事会计代理记账业务的专业机构或者经税务机关认可的财会人员代为建账和办理账务。聘请上述机构或者人员有实际困难的，经县以上税务机关批准，可以按照税务机关的规定，建立收支凭证粘贴簿、进货销货登记簿或者使用税控装置。

【例题 7-1-2 · 单选题】 根据税收征收管理法律制度的规定，从事生产、经营的纳税人应当自领取营业执照或者发生纳税义务之日起一定期限内，按照国家有关规定设置账簿，该期限是(　　)日。

A. 10　B. 15　C. 7　D. 30

【答案】B

【解析】从事生产、经营的纳税人应当自领取营业执照或者发生纳税义务之日起 15 日内，按照国家有关规定设置账簿。

(2) 扣缴义务人应当在法定扣缴义务发生之日起 10 日内，按照所代扣、代收的税种，分别设置代扣代缴、代收代缴税款账簿。

(3) 纳税人使用计算机记账的，应当在使用前将会计电算化系统的会计核算软件、使用说明书及有关资料报送主管税务机关备案。

(4) 账簿、会计凭证和报表，应当使用中文。民族自治地方可以同时使用当地通用的一种民族文字。外商投资企业和外国企业可以同时使用一种外国文字。

(5) 账簿、记账凭证、报表、完税凭证、发票、出口凭证以及其他涉税资料应当保存 10 年，但是法律、行政法规另有规定的除外。

【例题 7-1-3 · 单选题】 扣缴义务人应当在法定扣缴义务发生之日起(　　)日内，按所代扣、代收的税种，分别设置代扣代缴、代收代缴税款账簿。

A. 15　B. 10　C. 30　D. 60

【答案】B

【解析】扣缴义务人应当自税收法律、行政法规规定的扣缴义务发生之日起 10 日内，按照所代扣、代收的税种，分别设置代扣代缴、代收代缴税款账簿。

四、发票管理

发票是指在购销商品、提供或者接受服务以及从事其他经营活动中，开具、收取的收付款凭证。

（一）发票的类型

全国范围内全面推行“营改增”试点后，发票的类型主要是增值税专用发票和增值税普通发票，还有特定范围继续使用的其他发票。

（1）增值税专用发票，包括增值税专用发票和机动车销售统一发票，增值税专用发票如图 7-1-1 所示。

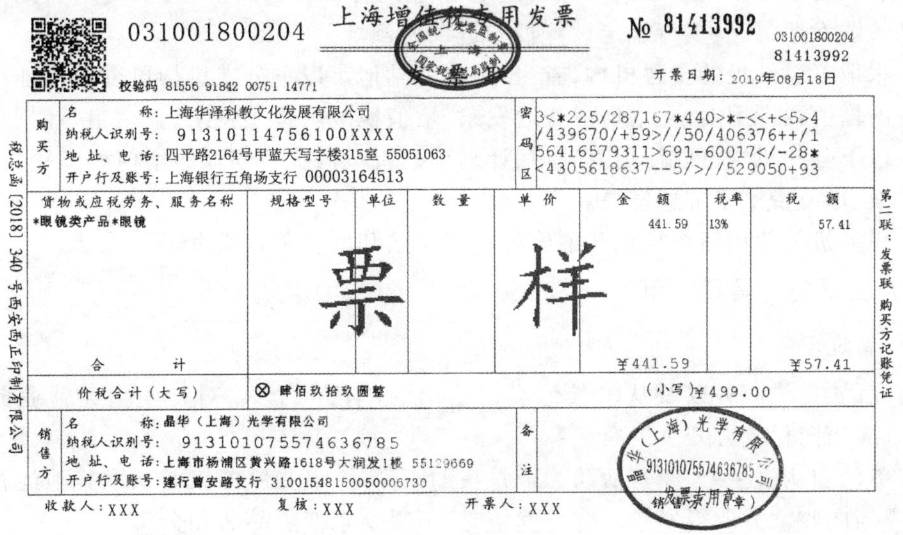
031001800204　上海增值税专用发票　№ 81413992　031001800204　81413992
发票联　开票日期：2019年08月18日
校验码 81556 91842 00751 14771

购买方	名　　称：上海华泽科教文化发展有限公司 纳税人识别号：91310114756100XXXX 地 址、电 话：四平路2164号甲蓝天写字楼315室 55051063 开户行及账号：上海银行五角场支行 00003164513	密码区	3<*225/287167*440>*-<<+<5>4 /439670/+59>//50/406376++/1 5641657931 1>691-60017</-28* <4305618637--5/>//529050+93

货物或应税劳务、服务名称	规格型号	单位	数量	单价	金额	税率	税额
*眼镜类产品*眼镜					441.59	13%	57.41
合　　计					¥441.59		¥57.41
价税合计（大写）	⊗ 肆佰玖拾玖圆整				（小写）¥499.00		

销售方	名　　称：晶华（上海）光学有限公司 纳税人识别号：91310107557463678 5 地 址、电 话：上海市杨浦区黄兴路1618号大润发1楼 55129669 开户行及账号：建行营安路支行 31001548150050006730	备注	

收款人：XXX　复核：XXX　开票人：XXX　销售方：（章）

税总函[2018]340号西安西正印制有限公司
第二联：发票联　购买方记账凭证
票样

图 7-1-1　增值税专用发票

（2）增值税普通发票，包括增值税普通发票（折叠票）、增值税电子普通发票和增值税普通发票（卷票）。

拓展阅读

增值税普通发票（卷票）由纳税人自愿选择使用，重点在生活性服务业纳税人中推广。纳税人可依法书面向国税机关要求使用印有本单位名称的增值税普通发票（卷票），国税机关按规定确定印有该单位名称发票的种类和数量。纳税人通过新系统开具印有本单位名称的增值税普通发票（卷票）。

（3）其他发票，包括农产品收购发票、农产品销售发票、门票、过路（过桥）费发票、定额发票、客运发票和二手车销售统一发票等。

（二）发票适用的范围

（1）增值税一般纳税人销售货物、提供加工修理修配劳务和发生应税行为，使用增值税发票管理新系统（以下简称新系统）开具增值税专用发票、增值税普通发票、机动车销售统一发票、增值税电子普通发票。自 2018 年 4 月 1 日起，二手车交易市场，二手车经销企业、经纪机构和拍卖企业应当通过新系统开具二手车销售统一发票。通过新系统开具的二手车销售统一发票与现行二手车销售统一发票票样保持一致。

(2)增值税小规模纳税人销售货物、提供加工修理修配劳务月销售额超过3万元(按季纳税为9万元),或者销售服务、无形资产月销售额超过3万元(按季纳税为9万元),使用新系统开具增值税普通发票、机动车销售统一发票、增值税电子普通发票。自2018年2月1日起,月销售额超过3万元(或季销售额超过9万元)的工业以及信息传输、软件和信息技术服务业增值税小规模纳税人发生增值税应税行为,需要开具增值税专用发票的,可以通过新系统自行开具。上述纳税人销售其取得的不动产,需要开具增值税专用发票的,应当按照有关规定向税务机关申请代开。

(3)门票、过路(过桥)费发票、定额发票、客运发票和二手车销售统一发票继续使用。

(4)餐饮行业增值税一般纳税人购进农业生产者自产农产品,可以使用国税机关监制的农产品收购发票,按照现行规定计算抵扣进项税额。

(5)采取汇总纳税的金融机构,省、自治区所辖地市以下分支机构可以使用地市级机构统一领取的增值税专用发票、增值税普通发票、增值税电子普通发票;直辖市、计划单列市所辖区县及以下分支机构可以使用直辖市、计划单列市机构统一领取的增值税专用发票、增值税普通发票、增值税电子普通发票。

(6)税务机关使用新系统代开增值税专用发票和增值税普通发票。

(三)发票的开具和使用

1. 发票的开具

销售商品、提供服务以及从事其他经营活动的单位和个人,对外发生经营业务收取款项,收款方应当向付款方开具发票。

所有单位和从事生产、经营活动的个人在购买商品、接受服务以及从事其他经营活动支付款项,应当向收款方取得发票。取得发票时,不得要求变更品名和金额。

开具发票应当按照规定的时限、顺序、栏目,全部联次一次性如实开具,并加盖发票专用章。不符合规定的发票,不得作为财务报销凭证,任何单位和个人有权拒收。

任何单位和个人不得有下列虚开发票行为:

(1)为他人、为自己开具与实际经营业务情况不符的发票。

(2)让他人为自己开具与实际经营业务情况不符的发票。

(3)介绍他人开具与实际经营业务情况不符的发票。

2. 发票的使用和保管

任何单位和个人应当按照发票管理规定使用发票,不得有下列行为:

(1)转借、转让、介绍他人转让发票、发票监制章和发票防伪专用品。

(2)知道或者应当知道是私自印制、伪造、变造、非法取得或者废止的发票而受让、开具、存放、携带、邮寄、运输。

(3)拆本使用发票。

(4)扩大发票使用范围。

(5)以其他凭证代替发票使用。

开具发票的单位和个人应当建立发票使用登记制度,设置发票登记簿,并定期向主管税务机关报告发票使用情况。已经开具的发票存根联和发票登记簿,应当保存5年。保存期满,报经税务机关查验后销毁。

【例题7-1-4·多选题】 根据税收征收管理法律制度的规定，下列行为中，属于未按照规定使用发票的有(　　)。

A. 扩大发票使用范围　　B. 拆本使用发票

C. 以其他凭证代替发票使用　　D. 转借发票

【答案】ABCD

【解析】任何单位和个人应当按照发票管理规定使用发票，不得有下列行为：(1) 转借、转让、介绍他人转让发票、发票监制章和发票防伪专用品(选项D)；(2) 知道或者应当知道是私自印制、伪造、变造、非法取得或者废止的发票而受让、开具、存放、携带、邮寄、运输；(3) 拆本使用发票(选项B)；(4) 扩大发票使用范围(选项A)；(5) 以其他凭证代替发票使用(选项C)。

3. 购买方纳税人识别号的填写

自2017年7月1日起，购买方为企业(包括公司、非公司制企业法人、企业分支机构、个人独资企业、合伙企业和其他企业)的，索取增值税普通发票时，应向销售方提供纳税人识别号或统一社会信用代码；销售方为其开具增值税普通发票时，应在"购买方纳税人识别号"栏填写购买方的纳税人识别号或统一社会信用代码。不符合规定的发票，不得作为税收凭证。

(四) 发票的检查

税务机关在发票管理中有权进行下列检查：

(1) 检查印制、领购、开具、取得、保管和缴销发票的情况。

(2) 调出发票查验。

(3) 查阅、复制与发票有关的凭证、资料。

(4) 向当事各方询问与发票有关的问题和情况。

(5) 在查处发票案件时，对与案件有关的情况和资料，可以记录、录音、录像、照相和复制。

印制、使用发票的单位和个人，必须接受税务机关依法检查，如实反映情况，提供有关资料，不得拒绝、隐瞒。税务人员进行检查时，应当出示税务检查证。

税务机关需要将已开具的发票调出查验时，应当向被查验的单位和个人开具发票换票证。

五、纳税申报管理

纳税申报，是指纳税人按照税法规定，定期就计算缴纳税款的有关事项向税务机关提交书面报告的法定手续。

(一) 纳税申报的内容

纳税人办理纳税申报时，应当如实填写纳税申报表并根据不同的情况相应报送有关证件、资料。

拓展阅读

纳税申报表主要内容

纳税申报表主要内容包括：税种、税目；应纳税项目或者应代扣代缴、代收代缴税款项目；计税依据；扣除项目及标准；适用税率或者单位税额；应退税项目及税额、应减免税项目及税额；应纳税额或者代扣代缴、代收代缴税额；税款所属期限、延期缴纳税款、欠税、滞纳金等。

有关证件和资料包括：财务会计报表及其说明材料；与纳税有关的合同、协议书及凭证；税控装置的电子报税资料；外出经营活动税收管理证明和异地完税凭证；境内或者境外公证机构出具的有关证明文件；税务机关规定应当报送的其他有关证件、资料。

（二）纳税申报的方式

纳税申报方式是指纳税人和扣缴义务人在纳税申报期限内，依照规定到指定税务机关进行申报纳税的形式。纳税申报的方式主要有以下几种：

1. 自行申报

自行申报也称直接申报，是指纳税人、扣缴义务人在规定的申报期限内，自行直接到主管税务机关指定的办税服务场所办理纳税申报手续。这是一种传统的申报方式。

2. 邮寄申报

邮寄申报，是指经税务机关批准，纳税人、扣缴义务人使用统一的纳税申报专用信封，通过邮政部门办理交寄手续，并以邮政部门收据作为申报凭证的纳税申报方式。邮寄申报以寄出的邮戳日期为实际申报日期。

3. 数据电文申报

数据电文申报，是指经税务机关批准，纳税人、扣缴义务人以税务机关确定的电话语音、电子数据交换和网络传输等电子方式进行纳税申报。申报日期以税务机关计算机网络系统收到该数据电文的时间为准。

4. 其他方式

实行定期定额缴纳税款的纳税人，可以实行简易申报、简并征期等方式申报纳税。

【例题 7-1-5 · 单选题】根据税收征收管理法律制度的规定，下列关于纳税申报方式的表述中，不正确的是（　　）。

A. 邮寄申报以税务机关收到的日期为实际申报日期

B. 数据电文申报方式的申报日期以税务机关计算机网络系统收到该数据电文的时间为准

C. 实行定期定额缴纳税款的纳税人，可以实行简易申报、简并征期等方式申报纳税

D. 自行申报是指纳税人、扣缴义务人按照规定的期限自行直接到主管税务机关办理纳税申报手续

【答案】A

【解析】邮寄申报以寄出的邮戳日期为实际申报日期。

（三）纳税申报的其他要求

（1）纳税人在纳税期内没有应纳税款的，也应当按照规定办理纳税申报。

（2）纳税人享受减税、免税待遇的，在减税、免税期间应当按照规定办理纳税申报。

（3）纳税人、扣缴义务人按照规定的期限办理纳税申报或者报送代扣代缴、代收代缴税款报告表确有困难，需要延期的，应当在规定的期限内向税务机关提出书面延期申请，经税务机关核准，在核准的期限内办理。

拓展阅读

延期办理纳税申报

1. 因自身原因需要延期:事前申请

(1) 纳税人、扣缴义务人按照规定的期限办理纳税申报或者报送代扣代缴、代收代缴税款报告表确有困难,需要延期的,应当在规定的期限内向税务机关提出书面延期申请,经税务机关核准,在核准的期限内办理。

(2) 经核准延期办理纳税申报、报送事项的,应当在纳税期内按照上期实际缴纳的税额或者税务机关核定的税额预缴税款,并在核准的延期内办理税款结算。

2. 因不可抗力需要延期:事后报告

纳税人、扣缴义务人因不可抗力,不能按期办理纳税申报或者报送代扣代缴、代收代缴税款报告表的,可以延期办理;但是,应当在不可抗力情形消除后立即向税务机关报告。

案例分析

【案例】

华泽公司按照规定享受2年免缴纳企业所得税的优惠。会计小李因此认为,本企业既然享受免税待遇,就不用办理企业所得税纳税申报了,请分析小李的想法是否正确。

【分析】

小李的想法不正确,根据税收征收管理法律制度规定,纳税人享受减税、免税待遇的,在减税、免税期间仍应当按照规定办理纳税申报。

六、涉税专业服务管理

涉税专业服务是指涉税专业服务机构接受委托,利用专业知识和技能,就涉税事项向委托人提供的税务代理等服务。

(一) 涉税专业服务机构

涉税专业服务机构是指税务师事务所和从事涉税专业服务的会计师事务所、律师事务所、代理记账机构、税务代理公司、财税类咨询公司等机构。

税务机关对税务师事务所实施行政登记管理。未经行政登记不得使用“税务师事务所”名称,不能享有税务师事务所的合法权益。税务师事务所合伙人或者股东由税务师、注册会计师、律师担任,税务师占比应高于50%,国家税务总局另有规定的除外。

从事涉税专业服务的会计师事务所和律师事务所,依法取得会计师事务所执业证书或者律师事务所执业许可证,视同行政登记。

(二) 涉税专业服务的业务范围

涉税专业服务机构可以从事下列涉税业务:① 纳税申报代理;② 一般税务咨询;③ 专业税务顾问;④ 税收策划;⑤ 涉税鉴证;⑥ 纳税情况审查;⑦ 其他税务事项代理(接受纳税人、扣缴义务人的委托,代理建账记账、发票领用、减免退税申请等税务事项);⑧ 其他涉税服务。

点睛

上述第③~⑥项涉税业务，应当由具有税务师事务所、会计师事务所、律师事务所资质的涉税专业服务机构从事，相关文书应由税务师、注册会计师、律师签字，并承担相应的责任。

税务机关所需的涉税专业服务，应当通过政府采购方式购买。

【例题 7-1-6 · 多选题】 根据税收征收管理法律制度的规定，下列各项中，属于涉税专业服务机构可以接受委托从事的涉税业务有（　　）。

A. 涉税鉴证　　B. 专业税务顾问　　C. 纳税申报代理　　D. 纳税情况审查

【答案】ABCD

【解析】以上四项均属于涉税专业服务机构可以接受委托从事的涉税业务。

（三）税务代理委托协议

税务代理委托协议应当包括以下内容：① 委托人及涉税专业服务机构名称和住址；② 委托代理项目和范围；③ 委托代理的方式；④ 委托代理的期限；⑤ 双方的义务及责任；⑥ 委托代理费用、付款方式及付款期限；⑦ 违约责任及赔偿方式；⑧ 争议解决方式；⑨ 其他需要载明的事项。税务代理委托协议自双方签字、盖章时起即具有法律效力。

税务代理委托协议中的当事人一方必须是涉税专业服务机构，税务代理执业人员不得以个人名义直接接受委托。税务代理执业人员承办税务代理业务由涉税专业服务机构委派。

凡是由于委托方未及时提供真实的、完整的、合法的生产经营情况、财务报表及有关纳税资料造成代理工作失误的，由委托方承担责任。

执业人员违反国家法律、法规进行代理或者未按协议约定进行代理，给委托人造成损失的，由涉税专业服务机构和执业人员个人承担相应的赔偿责任。

（四）税务代理档案管理

涉税专业服务机构所承办代理业务必须建立档案管理制度，保证税务代理档案的真实、完整。税务代理业务档案保存应不少于 5 年。

【例题 7-1-7 · 单选题】 根据税收征收管理法律制度的规定，税务代理业务档案保存应不少于（　　）年。

A. 1　　B. 3　　C. 5　　D. 10

【答案】C

【解析】税务代理业务档案保存应不少于 5 年。

（五）税务机关对涉税专业服务机构的监管

税务机关对涉税专业服务机构在中华人民共和国境内从事涉税专业服务进行监管。税务机关通过建立行政登记、实名制管理、业务信息采集、检查和调查、信用评价、公告与推送等制度，同时加强对税务师行业协会的监督指导，形成较为完整的涉税专业服务机构监管体系。

对违反法律法规及相关规定的涉税专业服务机构及其涉税服务人员，税务机关可以视情节采取下列措施：责令限期改正或予以约谈；列为重点监管对象；降低信用等级或纳入信用记录；暂停受理其所代理的涉税业务；纳入涉税服务失信名录，予以公告并向社会信用平台推送，不受理其所代理的涉税业务；提请其他行业主管部门及行业协会予以相应处理。

对违反法律法规及相关规定的税务师事务所，省税务机关还可以视情节宣布《税务师事务所行政登记证书》无效;提请工商部门吊销其营业执照;提请全国税务师行业协会取消税务师职业资格证书登记、收回其职业资格证书并向社会公告。

第二节　税款征收与税务检查

一、税款征收

税款征收是税务机关依照税收法律、法规的规定,将纳税人依法应当缴纳的税款组织入库的一系列活动的总称。它是税收征管工作的中心环节,是全部税收征管工作的目的和归宿。

(一)税款征收的方式

税款征收方式,是指税务机关根据各税种的不同特点和纳税人的具体情况而确定的计算、征收税款的形式和方法,具体如表7-2-1所示。

表7-2-1　　税款征收方式

征收方式	适用情形
查账征收	适用于财务会计制度健全、能够如实核算和提供生产经营情况,并能正确计算应纳税款和如实履行纳税义务的纳税人
查定征收	适用于生产经营规模较小、产品零星、税源分散、会计账册不健全,但能控制原材料或进销货的小型厂矿和作坊
查验征收	适用于纳税人财务制度不健全,生产经营不固定、零星分散、流动性大的税源
定期定额征收	适用于经主管税务机关认定和县以上税务机关(含县级)批准的生产、经营规模小,达不到规定设置账簿标准,难以查账征收,不能准确计算计税依据的个体工商户(包括个人独资企业,简称定期定额户)

【例题7-2-1·单选题】 税务机关针对纳税人的不同情况可以采取不同的税款征收方式。对于账册不健全,但能控制原材料、产量或进销货物的单位,适用的税款征收方式是(　　)。

A. 查账征收　　B. 查定征收　　C. 查验征收　　D. 定期定额征收

【答案】B

【解析】根据税收征收管理法律制度的规定,对账务不全,但能控制其材料、产量或进销货物的纳税单位或个人,税务机关可依据正常条件下的生产能力对其生产的应税产品查定产量、销售额并据以征收税款。

(二)应纳税额的核定与调整

1. 核定应纳税额的情形

纳税人有下列情形之一的,税务机关有权核定其应纳税额:

(1)依照法律、行政法规的规定可以不设置账簿的。

(2)依照法律、行政法规的规定应当设置但未设置账簿的。

(3)擅自销毁账簿或者拒不提供纳税资料的。

(4)虽设置账簿,但账目混乱或者成本资料、收入凭证、费用凭证残缺不全,难以查账的。

(5) 发生纳税义务，未按照规定的期限办理纳税申报，经税务机关责令限期申报，逾期仍不申报的。

(6) 纳税人申报的计税依据明显偏低，又无正当理由的。

【例题 7-2-2 · 多选题】 根据税收征收管理法律制度的规定，纳税人存在下列情形，税务机关有权核定其应纳税额的有(　　)。

A. 依照法律、行政法规的规定可以不设置账簿的

B. 依照法律、行政法规的规定应当设置但未设置账簿的

C. 擅自销毁账簿或者拒不提供纳税资料的

D. 纳税人申报的计税依据明显偏低，又无正当理由的

【答案】ABCD

【解析】除选项 A、B、C、D 所述情形外，税务机关有权核定其应纳税额的情形还有：(1) 虽设置账簿，但账目混乱或者成本资料、收入凭证、费用凭证残缺不全，难以查账的；(2) 发生纳税义务，未按照规定的期限办理纳税申报，经税务机关责令限期申报，逾期仍不申报的。

2. 核定应纳税额的方法

(1) 参照当地同类行业或者类似行业中经营规模和收入水平相近的纳税人的税负水平核定。

(2) 按照营业收入或者成本加合理的费用和利润的方法核定。

(3) 按照耗用的原材料、燃料、动力等推算或者测算核定。

(4) 按照其他合理方法核定。

当其中一种方法不足以正确核定应纳税额时，可以同时采用两种以上的方法核定。

(三) 税款征收措施

1. 责令缴纳

(1) 纳税人未按照规定期限缴纳税款的，扣缴义务人未按照规定期限解缴税款的，税务机关可责令限期缴纳，并从滞纳税款之日起，按日加收滞纳金。

拓展阅读

滞纳金的加收标准：从滞纳税款之日起，按日加收滞纳税款万分之五的滞纳金。

加收滞纳金的起止时间：自税款法定缴纳期限届满次日起至纳税人、扣缴义务人实际缴纳或者解缴税款之日。

(2) 对未按照规定办理税务登记的从事生产、经营的纳税人，以及临时从事经营的纳税人，税务机关核定其应纳税额，责令其缴纳应纳税款。

(3) 税务机关有根据认为从事生产、经营的纳税人有逃避纳税义务行为，可在规定的纳税期之前责令其限期缴纳应纳税款。逾期仍未缴纳的，税务机关有权采取其他税款征收措施。

(4) 纳税担保人未按照规定的期限缴纳所担保的税款，税务机关可责令其限期缴纳应纳税款。逾期仍未缴纳的，税务机关有权采取其他税款征收措施。

【例题7-2-3·单选题】 甲公司按照规定,最晚应于2019年1月15日缴纳应纳税款30万元,该公司却迟迟未缴。主管税务机关责令其于当年2月28日前缴纳,并加收滞纳金。但直到3月15日,该公司才缴纳税款。甲公司应缴纳的滞纳金金额是(　　)元。

A. 8 850　　B. 8 700　　D. 6 600　　C. 9 000

【答案】A

【解析】该企业应缴纳税款期限是1月15日,即从1月16日滞纳税款,从1月16日至3月15日,共计:16+28+15=59(天),缴纳的滞纳金为:300 000×59×0.5‰=8 850(元)。

2. 责令提供纳税担保

纳税担保,是指经税务机关同意或确认,纳税人或其他自然人、法人、经济组织以保证、抵押、质押的方式,为纳税人应当缴纳的税款及滞纳金提供担保的行为。

(1) 适用纳税担保的情形:

① 税务机关有根据认为从事生产、经营的纳税人有逃避纳税义务行为,在规定的纳税期之前经责令其限期缴纳应纳税款,在限期内发现纳税人有明显的转移、隐匿其应纳税的商品、货物,以及其他财产或者应纳税收入的迹象,责成纳税人提供纳税担保的。

② 欠缴税款、滞纳金的纳税人或者其法定代表人需要出境的。

③ 纳税人同税务机关在纳税上发生争议而未缴清税款,需要申请行政复议的。

④ 税收法律、行政法规规定可以提供纳税担保的其他情形。

(2) 纳税担保的范围:

① 纳税担保范围包括税款、滞纳金和实现税款、滞纳金的费用。

② 费用包括抵押、质押登记费用,质押保管费用,以及保管、拍卖、变卖担保财产等相关费用支出。

【例题7-2-4·单选题】 根据税收征收管理法律制度的规定,下列各项中,不适用纳税担保的情形有(　　)。

A. 纳税人同税务机关在纳税上发生争议而未缴清税款,需要申请行政复议的

B. 欠缴税款、滞纳金的纳税人或者其法定代表人需要出境的

C. 纳税人在税务机关责令缴纳应纳税款限期内,有明显转移、隐匿其应纳税商品、货物及应纳税收入迹象的

D. 从事生产、经营的纳税人未按规定期限缴纳税款,税务机关责令限期缴纳,逾期未缴纳的

【答案】D

【解析】选项D:在此情形下,经县以上税务局(分局)局长批准,税务机关可以采取强制执行措施。

3. 采取税收保全措施

(1) 适用税收保全的情形及措施。

税务机关责令具有税法规定情形的纳税人提供纳税担保而纳税人拒绝提供纳税担保或无力提供纳税担保的,经县以上税务局(分局)局长批准,税务机关可以采取税收保全措施。

(2) 税收保全措施。

① 冻结账户。书面通知纳税人开户银行或者其他金融机构冻结纳税人的金额相当于

应纳税款的存款。

② 扣押、查封财产。扣押、查封纳税人的价值相当于应纳税款的商品、货物或者其他财产。

（3）不适用税收保全的财产。

个人及其所扶养家属维持生活必需的住房和用品（不包括机动车辆、金银饰品、古玩字画、豪华住宅或者一处以外的住房）不在税收保全范围之内。

税务机关对单价5 000元以下的其他生活用品，不采取税收保全措施。

【例题7-2-5·多选题】 根据税收征收管理法律制度的规定，下列各项中，属于税收保全措施的有（　　）。

A. 拍卖纳税的价值相当于应纳税款的财产

B. 扣押纳税人的价值相当于应纳税款的商品

C. 责令纳税人提供纳税担保

D. 书面通知纳税人开户银行冻结纳税人的金额相当于应纳税款的存款

【答案】BD

【解析】税务机关责令纳税人提供纳税担保而纳税人拒绝提供纳税担保或无力提供纳税担保的，经县级以上税务局（分局）局长批准，税务机关可以采取下列税收保全措施：（1）书面通知纳税人开户银行或者其他金融机构冻结纳税人的金额相当于应纳税款的存款。（2）扣押、查封纳税人的价值相当于应纳税款的商品、货物或者其他财产。所以，选项B、D正确。选项A属于强制执行措施，选项C属于纳税担保。

4. 采取强制执行措施

（1）适用强制执行的情形。

从事生产、经营的纳税人、扣缴义务人未按照规定的期限缴纳或者解缴税款，纳税担保人未按照规定的期限缴纳所担保的税款，由税务机关责令限期缴纳，逾期仍未缴纳的，经县以上税务局（分局）局长批准，税务机关可以采取强制执行措施。

（2）强制执行措施。

① 扣缴税款。书面通知其开户银行或者其他金融机构从其存款中扣缴税款。

② 拍卖、变卖财产抵缴税款。扣押、查封、依法拍卖或者变卖其价值相当于应纳税款的商品、货物或者其他财产，以拍卖或者变卖所得抵缴税款。

（3）强制执行范围。

① 强制执行的对象。税务机关采取强制执行措施时，对上述纳税人、扣缴义务人、纳税担保人未缴纳的滞纳金同时强制执行。

② 强制执行的例外。个人及其所扶养家属维持生活必需的住房和用品（不包括机动车辆、金银饰品、古玩字画、豪华住宅或者一处以外的住房）不在强制执行措施的范围之内。

税务机关对单价5 000元以下的其他生活用品，不采取强制执行措施。

5. 阻止出境

欠缴税款的纳税人或者其法定代表人在出境前未按规定结清应纳税款、滞纳金或者提供纳税担保的，税务机关可以通知出境管理机关阻止其出境。

【例题7-2-6·多选题】根据税收征收管理法律制度的规定，纳税担保范围包括（　）。

A. 税款　　　　B. 罚款

C. 滞纳金　　　　D. 实现税款的费用

【答案】ACD

【解析】纳税担保范围包括税款、滞纳金和实现税款、滞纳金的费用。

二、税务检查

税务检查，又称纳税检查，是指税务机关根据税收法律、行政法规的规定，对纳税人、扣缴义务人履行纳税义务、扣缴义务及其他有关税务事项进行审查、核实、监督活动的总称。

（一）税务机关在税务检查中的职权和职责

（1）税务机关有权进行下列税务检查：

① 检查纳税人的账簿、记账凭证、报表和有关资料，检查扣缴义务人代扣代缴、代收代缴税款账簿、记账凭证和有关资料。

② 到纳税人的生产、经营场所和货物存放地检查纳税人应纳税的商品、货物或者其他财产，检查扣缴义务人与代扣代缴、代收代缴税款有关的经营情况。

③ 责成纳税人、扣缴义务人提供与纳税或者代扣代缴、代收代缴税款有关的文件、证明材料和有关资料。

④ 询问纳税人、扣缴义务人与纳税或者代扣代缴、代收代缴税款有关的问题和情况。

⑤ 到车站、码头、机场、邮政企业及其分支机构检查纳税人托运、邮寄应纳税商品、货物或者其他财产的有关单据、凭证和有关资料。

⑥ 经县以上税务局（分局）局长批准，指定专人负责，凭全国统一格式的检查存款账户许可证明，查询从事生产、经营的纳税人、扣缴义务人在银行或者其他金融机构的存款账户，并有责任为被检查人保守秘密。

【例题7-2-7·多选题】根据税收征收管理法律制度的规定，税务机关在实施税务检查时，可以采取的措施有（　）。

A. 检查纳税人的会计资料

B. 检查纳税人货物存放地的应纳税商品

C. 检查纳税人托运、邮寄应纳税商品的单据、凭证

D. 到车站检查旅客自带物品

【答案】ABC

【解析】选项D：税务机关有权到车站、码头、机场、邮政企业及其分支机构检查纳税人托运、邮寄应纳税商品、货物或者其他财产的有关单据、凭证和有关资料（不包括自带物品）。

（2）税务机关对从事生产、经营的纳税人以前纳税期的纳税情况依法进行税务检查时，发现纳税人有逃避纳税义务行为，并有明显的转移、隐匿其应纳税的商品、货物以及其他财产或者应纳税的收入的迹象的，可以按照《税收征管法》规定的批准权限采取税收保全措施或者强制执行措施。

税务机关采取税收保全措施的期限一般不得超过6个月；重大案件需要延长的，应当报

国家税务总局批准。

(3) 税务机关调查税务违法案件时,对与案件有关的情况和资料,可以记录、录音、录像、照相和复制。

(4) 税务机关依法进行税务检查时,有权向有关单位和个人调查纳税人、扣缴义务人和其他当事人与纳税或者代扣代缴、代收代缴税款有关的情况。

(5) 税务机关派出的人员进行税务检查时,应当出示税务检查证和税务检查通知书,并有责任为被检查人保守秘密;未出示税务检查证和税务检查通知书的,被检查人有权拒绝检查。

【例题 7-2-8 · 多选题】 根据税收征收管理法律制度的规定,下列各项中,属于税务机关派出人员在税务检查中应履行的职责有(　　)。

A. 出示税务检查通知书

B. 出示税务机关组织机构代码证

C. 为被检查人保守秘密

D. 出示税务检查证

【答案】 ACD

【解析】 税务机关派出的人员进行税务检查时,应当出示税务检查证和税务检查通知书,并有责任为被检查人保守秘密。

(二) 被检查人的义务

(1) 纳税人、扣缴义务人必须接受税务机关依法进行的税务检查,如实反映情况,提供有关资料,不得拒绝、隐瞒。

(2) 税务机关依法进行税务检查,向有关单位和个人调查纳税人、扣缴义务人和其他当事人与纳税或者代扣代缴、代收代缴税款有关的情况时,有关单位和个人有义务向税务机关如实提供有关资料及证明材料。

第三节　税务行政复议

一、税务行政复议概述

税务行政复议,是指纳税人和其他税务当事人对税务机关的税务行政行为不服,依法向上级税务机关提出申诉,请求上一级税务机关对原具体行政行为的合理性、合法性作出审议;复议机关依法对原行政行为的合理性、合法性作出裁决的行政司法活动。

二、税务行政复议范围

(一) 先议后诉

申请人对税务机关作出的征税行为不服的,应当先向行政复议机关申请行政复议;对行政复议决定不服的,才可以向人民法院提起行政诉讼。

(二) 或议或诉

申请人对下列具体行政行为不服的,可以申请行政复议,也可以直接向人民法院提起行政诉讼：

（1）行政许可、行政审批行为。

（2）发票管理行为，包括发售、收缴、代开发票等。

（3）税收保全措施、强制执行措施。

（4）税务机关作出的行政处罚行为：① 罚款；② 没收财物和违法所得；③ 停止出口退税权。

（5）税务机关不依法履行下列职责的行为：① 开具、出具完税凭证、外出经营活动税收管理证明；② 行政赔偿；③ 行政奖励；④ 其他不依法履行职责的行为。

（6）资格认定行为。

（7）不依法确认纳税担保行为。

（8）政府公开信息工作中的具体行政行为。

（9）纳税信用等级评定行为。

（10）税务机关通知出入境管理机关阻止出境行为。

（11）税务机关作出的其他具体行政行为。

【例题 7-3-1 · 多选题】 纳税人对税务机关的下列行为不服时，可以申请行政复议的有（　　）。

A. 税务机关为其确认征税范围

B. 税务机关对其作出征收税款的决定

C. 税务机关关于具体贯彻落实税收法规的规定

D. 税务机关责令其提供纳税担保

【答案】ABD

【解析】根据税务行政复议规则的规定，复议机关只受理对具体行政行为不服提出的行政复议申请，换言之，即对抽象行政行为（规章、规定等）不服，不属于行政复议的受理范围。纳税人如果认为税务机关的具体行政行为所依据的规定不合法，可以向有关机关进行反映，或者在对具体行政行为申请行政复议时，一并向复议机关提出对该规定的审查申请，但不包括规章。

三、税务行政复议管辖

（一）复议管辖的一般规定

对行政机关行政行为不服的，可申请行政复议的机关具体如表 7-3-1 所示。

表 7-3-1　　复议管辖的一般规定

行政机关	复议机关
各级税务局	上一级税务局
计划单列市税务局	国家税务总局
税务所（分局）、各级税务局的稽查局	所属税务局
国家税务总局	国家税务总局

（二）复议管辖的特殊规定

对行政机关行政行为不服的，可申请行政复议的机关的特殊规定具体如表 7-3-2 所示。

表 7-3-2 复议管辖的特殊规定

行政机关	复议机关
两个以上税务机关	共同上一级税务机关
被撤销的税务机关	继续行使其职权的税务机关的上一级税务机关
税务机关作出逾期不缴纳罚款加处罚款的决定	作出行政处罚决定的税务机关或上一级税务机关

申请人向具体行政行为发生地的县级地方人民政府提交行政复议申请的，由接受申请的县级地方人民政府依法予以转送。

四、税务行政复议申请与受理

（一）税务行政复议申请

申请人可以在知道税务机关作出具体行政行为之日起60日内提出行政复议申请。因不可抗力或者被申请人设置障碍等原因耽误法定申请期限的，申请期限的计算应当扣除被耽误时间。

申请人申请行政复议，可以书面申请，也可以口头申请。书面申请的，可以采取当面递交、邮寄、传真或者电子邮件等方式提出行政复议申请。口头申请的，复议机关应当当场制作行政复议申请笔录，交申请人核对或者向申请人宣读，并由申请人确认。

（二）税务行政复议受理

复议机关收到行政复议申请后，应当在5日内进行审查，决定是否受理。对不符合规定的行政复议申请，决定不予受理，并书面告知申请人；对不属于本机关受理的行政复议申请，应当告知申请人向有关行政复议机关提出。行政复议机关收到行政复议申请以后未按照规定期限审查并作出不予受理决定的，视为受理。

对符合规定的行政复议申请，自复议机关收到之日起即为受理。受理行政复议申请，应当书面告知申请人。

申请人向复议机关申请行政复议，复议机关已经受理的，在法定行政复议期限内申请人不得向人民法院提起行政诉讼；申请人向人民法院提起行政诉讼，人民法院已经依法受理的，不得申请行政复议。

行政复议期间具体行政行为不停止执行。但有下列情形之一的，可以停止执行：① 被申请人认为需要停止执行的；② 复议机关认为需要停止执行的；③ 申请人申请停止执行的，复议机关认为其要求合理，决定停止执行的；④ 法律规定停止执行的。

五、税务行政复议审查与决定

（一）税务行政复议审查

行政复议机构审理行政复议案件，应当由2名以上行政复议工作人员参加。

行政复议工作人员应当具备与履行行政复议职责相适应的品行、专业知识和业务能力。税务机关中初次从事行政复议的人员，应当通过国家统一法律职业资格考试取得法律职业资格。

行政复议原则上采用书面审查的办法，但是申请人提出要求或者行政复议机关认为有必要时,应当听取申请人、被申请人和第三人的意见,并可以向有关组织和人员调查了解情况。

对重大、复杂的案件,申请人提出要求或者行政复议机关认为必要时,可以采取听证的方式审理。

行政复议机关应当全面审查被申请人的具体行政行为所依据的事实证据、法律程序、法律依据和设定的权利义务内容的合法性、适当性。

申请人在行政复议决定作出以前撤回行政复议申请的,经行政复议机构同意,可以撤回;申请人撤回行政复议申请的,不得再以同一事实和理由提出行政复议申请,但是,申请人能够证明撤回行政复议申请违背其真实意思表示的除外。

行政复议期间被申请人改变原具体行政行为的,不影响行政复议案件的审理。但是,申请人依法撤回行政复议申请的除外。

行政复议机关审查被申请人的具体行政行为时,认为其依据不合法,本机关有权处理的,应当在30日内依法处理;无权处理的,应当在7个工作日内按照法定程序逐级转送有权处理的国家机关依法处理。处理期间,中止对具体行政行为的审查。

（二）税务行政复议决定

（1）具体行政行为认定事实清楚、证据确凿、适用依据正确、程序合法、内容适当的,决定维持。

（2）被申请人不履行法定职责的,决定其在一定期限内履行。

（3）具体行政行为有下列情形之一的,行政复议机关应决定予以撤销、变更或者确认其违法:① 主要事实不清、证据不足的;② 适用依据错误的;③ 违反法定程序的;④ 超越或者滥用职权的;⑤ 具体行政行为明显不当的。

决定撤销或者确认该具体行政行为违法的,可以责令被申请人在一定期限内重新作出具体行政行为。复议机关责令被申请人重新作出具体行政行为的,被申请人不得以同一事实和理由作出与原具体行政行为相同或者基本相同的具体行政行为;但复议机关以原具体行政行为违反法定程序而决定撤销的,被申请人重新作出具体行政行为的除外。

复议机关责令被申请人重新作出具体行政行为的,被申请人不得作出对申请人更为不利的决定;但是,复议机关以原具体行政行为主要事实不清、证据不足或适用依据错误决定撤销的,被申请人重新作出具体行政行为的除外。

复议机关责令被申请人重新作出具体行政行为的,被申请人应当在60日内重新作出具体行政行为;情况复杂,不能在规定期限内重新作出具体行政行为的,经复议机关批准,可以适当延期,但是延期不得超过30日。

申请人对被申请人重新作出的具体行政行为不服,可以依法申请行政复议,或者提起行政诉讼。

（4）被申请人不按照规定提出书面答复,提交当初作出具体行政行为的证据、依据和其他有关材料的,视为该具体行政行为没有证据、依据,决定撤销该具体行政行为。

复议机关应当自受理申请之日起60日内作出行政复议决定。情况复杂,不能在规定期限内作出行政复议决定的,经复议机关负责人批准,可以适当延期,并告知申请人和被申请人;但延长期限最多不超过30日。

复议机关作出行政复议决定,应当制作行政复议决定书,并加盖印章。行政复议决定书一经送达，即发生法律效力。

【例题7-3-2·单选题】根据税收征收管理法律制度的规定，下列关于税务行政复议决定的表述中，不正确的是（　　）。

A. 复议机关应当自受理申请之日起180日内作出行政复议决定

B. 具体行政行为认定事实清楚、证据确凿、适用依据正确、程序合法、内容适当的，行政复议机构作出维持的复议决定

C. 具体行政行为适用依据错误的，行政复议机构作出撤销、变更该具体行政行为或者确认该具体行政行为违法的复议决定

D. 被申请人不履行法定职责的，行政复议机构作出要求被申请人在一定期限内履行的复议决定

【答案】A

【解析】行政复议机关应当自受理申请之日起60日内作出行政复议决定，但是法律规定的行政复议期限少于60日的除外。

第四节　税收法律责任

一、税务管理相对人实施税收违法行为的法律责任

（一）违反税务管理规定的法律责任

（1）纳税人未按照规定设置、保管账簿或者保管记账凭证和有关资料的，由税务机关责令限期改正，可以处2 000元以下的罚款；情节严重的，处2 000元以上1万元以下的罚款。

（2）扣缴义务人未按照规定设置、保管代扣代缴、代收代缴税款账簿或者保管代扣代缴、代收代缴税款记账凭证及有关资料的，由税务机关责令限期改正，可以处2 000元以下的罚款；情节严重的，处2 000元以上5 000元以下的罚款。

（3）纳税人未按照规定期限办理纳税申报和报送纳税资料，由税务机关责令限期改正，可以处2 000元以下的罚款；情节严重的，处2 000元以上1万元以下的罚款。

（4）非法印制、转借、倒卖、变造或者伪造完税凭证的，由税务机关责令改正，处2 000元以上1万元以下的罚款；情节严重的，处1万元以上5万元以下的罚款；构成犯罪的，依法追究刑事责任。

（5）银行和其他金融机构未依照税收征管法的规定在从事生产、经营的纳税人的账户中登录税务登记证件号码，或者未按规定在税务登记证件中登入从事生产、经营的纳税人的账户账号的，由税务机关责令其限期改正，处2 000元以上2万元以下的罚款；情节严重的，处2万元以上5万元以下的罚款。

（6）税务代理人违反税收法律、行政法规，造成纳税人未缴或者少缴税款的，除由纳税人缴纳或者补缴应纳税款、滞纳金外，对税务代理人处纳税人未缴或者少缴税款50%以上3倍以下的罚款。

（二）逃避税务机关追缴欠税行为的法律责任

纳税人欠缴应纳税款，采取转移或者隐匿财产的手段，妨碍税务机关追缴欠缴的税款

的，由税务机关追缴欠缴的税款、滞纳金，并处罚款；构成犯罪的，依法追究刑事责任。

扣缴义务人应扣未扣、应收而不收税款的，由税务机关向纳税人追缴税款，对扣缴义务人处以应扣未扣、应收而未收税款50%以上3倍以下的罚款。

（三）偷税、抗税和骗税行为的法律责任

1．偷税行为

（1）偷税是指纳税人采取伪造、变造、隐匿、擅自销毁账簿、记账凭证，或者在账簿上多列支出或者不列、少列收入，或者经税务机关通知申报而拒不申报或者进行虚假的纳税申报的手段，不缴或者少缴应纳税款的行为。

（2）偷税行为的法律责任：

① 对于纳税人的偷税行为，由税务机关追缴其不缴或少缴的税款、滞纳金，并处以罚款；构成犯罪的，依法追究刑事责任。

② 纳税人、扣缴义务人编造虚假计税依据的，由税务机关责令限期改正，并处罚款。

③ 为纳税人、扣缴义务人非法提供银行账户、发票、证明或者其他方便，导致未缴、少缴税款的，税务机关除没收其违法所得外，可处以罚款。

2．抗税行为

（1）抗税是指纳税人、扣缴义务人以“暴力、威胁”方法拒不缴纳税款的行为。

（2）对抗税行为，除由税务机关追缴其拒缴的税款、滞纳金外，还可依法追究刑事责任。情节轻微、未构成犯罪的，由税务机关追缴其拒缴的税款、滞纳金，并处罚款。

3．骗税行为

（1）骗税行为是指纳税人以假报出口或者其他欺骗手段，骗取国家出口退税款的行为。

（2）骗税行为的法律责任：

① 纳税人有骗税行为，由税务机关追缴其骗取的退税款，并处骗取税款1倍以上5倍以下的罚款；构成犯罪的，依法追究刑事责任。

② 对骗取国家出口退税款的，税务机关可以在规定期间内停止为其办理出口退税。

③ 为纳税人、扣缴义务人非法提供银行账户、发票、证明或者其他方便，骗取国家出口退税款的，税务机关除没收其违法所得外，可以处未缴、少缴或者骗取的税款1倍以下的罚款。

（四）纳税人、扣缴义务人不配合税务检查的法律责任

税务检查期间，纳税人、扣缴义务人发生不配合税务机关进行税务检查的下列行为，由税务机关责令改正，可以处1万元以下的罚款；情节严重的，处1万元以上5万元以下的罚款：

（1）逃避、拒绝或者以其他方式阻挠税务机关检查的。

（2）提供虚假资料，不如实反映情况，或者拒绝提供有关资料的。

（3）拒绝或者阻止税务机关记录、录音、录像、照相和复制与案件有关的情况和资料的。

（4）转移、隐匿、销毁有关资料的。

（5）有不依法接受税务检查的其他情形的。

【例题7-4-1·多选题】下列各项中,属于税法界定的偷税手段的有(　　)。

A. 伪造变造账簿、记账凭证

B. 以暴力拒不缴纳税款

C. 隐匿、擅自销毁账簿和记账凭证

D. 转移或者隐匿财产

【答案】AC

【解析】(1)选项B:属于抗税行为;(2)选项D:属于逃税行为。

二、税务行政主体实施税收违法行为的法律责任

(一)渎职行为的法律责任

(1)税务人员徇私舞弊,对依法应当移交司法机关追究刑事责任的不移交,情节严重的,依法追究刑事责任。

(2)税务人员利用职务上的便利,收受或者索取纳税人、扣缴义务人财物或者牟取其他不正当利益,构成犯罪的,依法追究刑事责任:未构成犯罪的,依法给予行政处分。

(3)税务人员徇私舞弊或者玩忽职守,不征或者少征应征税款,致使国家税收遭受重大损失,构成犯罪的,依法追究刑事责任;未构成犯罪的,依法给予行政处分。

(4)税务人员滥用职权,故意刁难纳税人,扣缴义务人的,调离税收工作岗位,并依法给予行政处分。

(5)税务人员对控告、检举税收违法行为的纳税人、扣缴义务人以及其他检举人进行打击报复的,依法给予行政处分;构成犯罪的,依法追究刑事责任。

(二)其他违法行为的法律责任

(1)税务机关违反规定擅自改变税收征收管理范围和税款入库预算级次的,责令限期改正,对直接负责的主管人员和其他直接责任人员依法给予降级或者撤职的行政处分。

(2)税务人员在征收税款或者查处税收违法案件时,未按照《税收征管法》的规定进行回避的,对直接负责的主管人员和其他直接责任人员,依法给予行政处分。未按照《税收征管法》的规定为纳税人、扣缴义务人、检举人保密的,对直接负责的主管人员和其他直接责任人员,由所在单位或者有关单位依法给予行政处分。

(3)税务人员与纳税人、扣缴义务人勾结、唆使或者协助纳税人、扣缴义务人实施税收违法行为,构成犯罪的,依法追究刑事责任;未构成犯罪的,依法给予行政处分。

(4)税务人员私分扣押、查封的商品、货物或者其他财产,情节严重,构成犯罪的,依法追究刑事责任;未构成犯罪的,依法给予行政处分。

(5)违反法律、行政法规的规定提前征收、延缓征收或者摊派税款的,由其上级机关或者行政监察机关责令改正,对直接负责的主管人员和其他直接责任人员依法给予行政处分。

(6)违反法律、行政法规的规定,擅自作出税收的开征、停征或者减税、免税、退税、补税以及其他同税收法律、行政法规相抵触的决定的,除按《税收征管法》的规定撤销其擅自作出的决定外,补征应征未征税款,退还不应征收而征收的税款,并由上级机关追究直接负责的主管人员和其他直接责任人员的行政责任;构成犯罪的,依法追究刑事责任。

归纳总结

- 第7章 税收征收管理法律制度
  - 税务管理
    - 税务管理的概念
    - 税务登记管理
    - 账簿和凭证管理
    - 发票管理
    - 纳税申报管理
    - 涉税专业服务管理
  - 税款征收与税务检查
    - 税款征收
      - 方式：查账征收、查定征收、查验征收、定期定额征收
      - 应纳税额的核定与调整
      - 税款征收措施
    - 税务检查
  - 税务行政复议
    - 概述
    - 范围
    - 管辖
    - 申请与受理
    - 审查与决定
  - 税收法律责任
    - 税务管理相对人实施税收违法行为的法律责任
    - 税务行政主体实施税收违法行为的法律责任

本章主要参考法规索引

1.《中华人民共和国税收征收管理法》(1992 年 9 月 4 日,第七届全国人民代表大会常务委员会第二十七次会议通过;1995 年 2 月 28 日,第八届全国人民代表大会常务委员会第十二次会议第一次修正;2001 年 4 月 28 日,第九届全国人民代表大会常务委员会第二十一次会议修订;2013 年 6 月 29 日,第十二届全国人民代表大会常务委员会第三次会议第二次修正;2015 年 4 月 24 日,第十二届全国人民代表大会常务委员会第十四次会议第三次修正)

2.《中华人民共和国税收征收管理法实施细则》(2002 年 9 月 7 日,国务院令第 362 号公布;2012 年 11 月 9 日,国务院令第 628 号第一次修正;2013 年 7 月 18 日,国务院令第 638 号第二次修正;2016 年 2 月 6 日,国务院令第 666 号第三次修正)

3.《税务登记管理办法》(2003 年 12 月 17 日,国家税务总局令第 7 号公布;2014 年 12 月 27 日,国家税务总局令第 36 号修正)

4.《中华人民共和国发票管理办法》(1993 年 12 月 23 日,财政部令第 6 号发布;2010 年 12 月 20 日,国务院令第 587 号修订)

5.《中华人民共和国发票管理办法实施细则》(2011 年 2 月 14 日,国家税务总局令第 25 号公布;2014 年 12 月 27 日,国家税务总局令第 37 号修正)

6.《税务行政复议规则》(2010 年 2 月 10 日,国家税务总局令第 21 号公布;2015 年 12 月 28 日,国家税务总局令第 39 号修正)

7.《抵税财物拍卖、变卖试行办法》(2005 年 5 月 24 日,国家税务总局令第 12 号)

8.《国务院办公厅关于加快推进"多证合一"改革的指导意见》(2017 年 5 月 5 日,国办发〔2017〕41 号)

9.《国家税务总局关于印发〈税务代理业务规程(试行)〉的通知》(2001 年 10 月 8 日,国税发〔2001〕117 号)

10.《国家税务总局关于发布〈涉税专业服务监管办法(试行)〉的公告》(2017 年 5 月 5 日,国家税务总局公告 2017 年第 13 号)

11.《国家税务总局关于全面推开营业税改征增值税试点有关税收征收管理事项的公告》(2016 年 4 月 19 日,国家税务总局公告 2016 年第 23 号)

12.《国家税务总局关于启用增值税普通发票(卷票)有关事项的公告》(2016 年 12 月 13 日,国家税务总局公告 2016 年第 82 号)

13.《国家税务总局关于增值税发票开具有关问题的公告》(2017 年 5 月 19 日,国家税务总局公告 2017 年第 16 号)

CHAPTER 8

第8章

劳动合同与社会保险法律制度

学习目标 Learning Objectives

◎ **通过本章你可以：**

- 了解社会保险费征缴、社会保险基金管理运营和违反社会保险法的法律责任
- 了解社会保险的种类与基本原则
- 了解违反劳动合同法的法律责任
- 了解劳动关系与劳动合同
- 熟悉基本养老保险、基本医疗保险、工伤保险、失业保险和生育保险的主要内容
- 熟悉劳动争议的解决
- 熟悉集体合同和劳务派遣
- 熟悉劳动合同的履行和变更
- 熟悉劳动合同的主要内容
- 掌握劳动合同解除和终止时的经济补偿
- 掌握劳动合同的解除和终止
- 掌握劳动合同的订立

学习导引 Learning Guidance

根据《中华人民共和国劳动法》（以下简称《劳动法》）第十六条第一款的规定，劳动合同是劳动者与用工单位之间确立劳动关系，明确双方权利和义务的协议。根据该协议，劳动者加入企业、个体经济组织、事业组织、国家机关、社会团体等用人单位，成为该单位的一员，承担一定的工种、岗位或职务工作，并遵守所在单位的内部劳动规则和其他规章制度；用人单位应及时安排被录用的劳动者工作，按照劳动者提供劳动的数量和质量支付劳动报酬，并且根据劳动法律、法规的规定和劳动合同的约定提供必要的劳动条件，保证劳动者享有劳动保护及社会保险、福利等权利和待遇。

社会保险是一种为丧失劳动能力、暂时失去劳动岗位或因健康原因而造成损失的人口提供收入或补偿的一种社会和经济制度。社会保险计划由政府举办，强制某一群体将其收入的一部分作为社会保险税（费）形成社会保险基金，在满足一定条件的情况下，被保险人可从基金获得固定的收入或损失的补偿，它是一种再分配制度，目标是保证物质及劳动力的再生产和社会的稳定。社会保险的主要项目包括养老保险、医疗保险、失业保险、工伤保险和生育保险。

第一节　劳动合同法律制度

一、劳动关系与劳动合同

（一）劳动关系与劳动合同的概念与特征

1. 劳动关系与劳动合同的概念

劳动关系是指劳动者与用人单位依法签订劳动合同而在劳动者与用人单位之间产生的法律关系。

劳动合同是劳动者与用人单位之间依法确立劳动关系，明确双方权利义务的书面协议。

2. 劳动关系的特征

（1）劳动关系的主体具有特定性。劳动关系主体的一方是劳动者，另一方是用人单位。

（2）劳动关系的内容具有较强的法定性。为保护处于弱势的劳动者的权益，法律规定了较多的强制性规范，当事人签订劳动合同不得违反强制性规定，否则无效。

（3）劳动者在签订和履行劳动合同时的地位是不同的。劳动者与用人单位在签订劳动合同时，遵循平等、自愿、协商一致的原则，双方法律地位是平等的；一旦双方签订了劳动合同，在履行劳动合同的过程中，用人单位和劳动者就具有了支配与被支配、管理与服从的从属关系。

（二）劳动合同法的适用范围

根据《中华人民共和国劳动合同法》（以下简称《劳动合同法》）及其实施条例的有关规定，中华人民共和国境内的企业、个体经济组织、民办非企业单位与劳动者建立劳动关系，订立、履行、变更、解除或者终止劳动合同，适用《劳动合同法》。

依法成立的会计师事务所、律师事务所等合伙组织和基金会，属于《劳动合同法》规定的用人单位。

国家机关、事业单位、社会团体和与其建立劳动关系的劳动者，订立、履行、变更、解除或者终止劳动合同，依照《劳动合同法》执行。

地方各级人民政府及县级以上人民政府有关部门为安置就业困难人员提供的给予岗位补贴和社会保险补贴的公益性岗位，其劳动合同不适用《劳动合同法》有关无固定期限劳动合同的规定以及支付经济补偿的规定。

二、劳动合同的订立

（一）劳动合同订立的概念和原则

劳动合同的订立是指劳动者和用人单位经过相互选择与平等协商，就劳动合同的各项条款达成一致意见，并以书面形式明确规定双方权利、义务的内容，从而确立劳动关系的法律行为。

订立劳动合同，应当遵循合法、公平、平等自愿、协商一致、诚实信用的原则。

【例题8-1-1·多选题】 下列各项中，属于劳动合同订立原则的有（　　）。

A. 公平原则　　B. 平等自愿原则　　C. 协商一致原则　　D. 诚实信用原则

【答案】ABCD

【解析】订立劳动合同应遵循合法、公平、平等自愿、协商一致、诚实信用的原则。

（二）劳动合同订立的主体

1. 劳动合同订立主体的资格要求

劳动合同订立主体的资格要求如表 8-1-1 所示。

表 8-1-1　订立主体的资格

订立主体	资格要求
劳动者	① 禁止用人单位招用未满 16 周岁的未成年人 ② "文艺、体育和特种工艺单位"招用未满 16 周岁的未成年人，必须依照国家有关规定，履行审批手续，并保障其接受义务教育的权利
用人单位分支机构	① 依法取得营业执照或者登记证书的，可以作为用人单位与劳动者订立劳动合同 ② 未依法取得营业执照或者登记证书的，受用人单位委托可以与劳动者订立劳动合同

2. 劳动合同订立主体的义务

劳动合同订立主体的义务如表 8-1-2 所示。

表 8-1-2　订立主体的义务

主体	订立主体的义务	
劳动者	如实说明	用人单位有权了解劳动者与劳动合同"直接相关"的基本情况，劳动者应当如实说明
用人单位	如实告知	用人单位招用劳动者时，应当如实告知劳动者工作内容、工作条件、工作地点、职业危害、安全生产状况、劳动报酬，以及劳动者要求了解的其他情况
	"两个不得"	用人单位招用劳动者： ① 不得扣押劳动者的居民身份证和其他证件，违反规定由劳动行政部门责令限期退还劳动者本人，并依照有关法律规定给予处罚 ② 不得要求劳动者提供担保或者以其他名义向劳动者收取财物，违反规定由劳动行政部门责令限期退还劳动者本人，并以每人 500 元以上 2 000 元以下的标准处以罚款；给劳动者造成损害的，应当承担赔偿责任

【例题 8-1-2 · 多选题】 根据劳动合同法律制度的规定，用人单位需承担的义务有（　　）。

A. 告知劳动者工作内容、工作条件、工作地点、职业危害、安全生产状况、劳动报酬等

B. 不得扣押劳动者相关证件

C. 不得向劳动者索取财物

D. 不得要求劳动者提供担保

【答案】ABCD

【解析】本题考核劳动合同订立主体的义务。用人单位招用劳动者时，应当如实告知劳动者工作内容、工作条件、工作地点、职业危害、安全生产状况、劳动报酬，以及劳动者要求了解的其他情况。用人单位招用劳动者，不得扣押劳动者的居民身份证和其他证件，不得要求劳动者提供担保或者以其他名义向劳动者收取财物。

（三）劳动关系建立的时间

用人单位自用工之日起即与劳动者建立劳动关系。用人单位与劳动者在用工前订立劳

动合同的，劳动关系自用工之日起建立。

拓展阅读

用人单位应当建立职工名册备查。职工名册应当包括劳动者姓名、性别、公民身份证号码、户籍地址及现住址、联系方式、用工形式、用工起始时间、劳动合同期限等内容。用人单位违反《劳动合同法》有关建立职工名册规定的，由劳动行政部门责令限期改正；逾期不改正的，由劳动行政部门处 2 000 元以上 2 万元以下的罚款。

【例题 8-1-3 · 单选题】 2019 年 4 月 5 日，华泽公司与王某签订劳动合同，约定合同期 1 年，试用期 1 个月，每月 15 日发放工资。王某 4 月 9 日上岗工作。华泽公司与王某建立劳动关系的起始时间是（　　）。

A. 4 月 5 日　　B. 4 月 9 日　　C. 4 月 15 日　　D. 5 月 9 日

【答案】B

【解析】华泽公司与王某建立劳动关系的起始时间是 4 月 9 日。根据劳动合同法律制度的规定，劳动关系建立的唯一标准是用工，劳动者与用人单位建立劳动关系的时间不是订立合同之日，也不是试用期满之日，更非发工资之日，而是用工之日。

（四）劳动合同订立的形式

1. 书面形式

建立劳动关系，应当订立书面劳动合同。已建立劳动关系、未同时订立书面劳动合同的，应当自用工之日起 1 个月内订立书面劳动合同。

实践中，有的用人单位和劳动者虽已建立劳动关系，但却迟迟未能订立书面劳动合同，非常不利于劳动关系的法律保护。为此，劳动合同法区分不同情况进行了较为严格的规范，具体如表 8-1-3 所示。

表 8-1-3　　劳动合同具体处理

情形	是否订立合同	用人单位的处理
自用工之日起 1 个月内	订立书面劳动合同	合法，双方依法依约继续履行劳动合同即可
	经用人单位书面通知，劳动者不与用人单位订立书面劳动合同	用人单位： ① 应当书面通知劳动者终止劳动关系 ② 无须向劳动者支付经济补偿金 ③ 但应当依法向劳动者支付其实际工作时间的劳动报酬
自用工之日起超过 1 个月不满 1 年	用人单位与劳动者补订了书面劳动合同	应当依法向劳动者每月支付 2 倍的工资（1 倍正常工资 +1 倍工资补偿）； 起算时间为用工之日起满 1 个月的次日，截止时间为补订书面劳动合同的前 1 日
	劳动者不与用人单位订立书面劳动合同	用人单位： ① 应当书面通知劳动者终止劳动关系 ② 应向劳动者支付经济补偿金

续表

情形	是否订立合同	用人单位的处理
用工之日起满 1 年	用人单位仍未与劳动者订立书面劳动合同	① 视为自用工之日起满 1 年的当日已经与劳动者订立无固定期限劳动合同，应立即与劳动者补订书面劳动合同 ② 应当依法向劳动者每月支付 2 倍的工资；支付时限为自用工之日起满 1 个月的次日至满 1 年的前 1 日（共计 11 个月）
不与劳动者订立无固定期限劳动合同	应当订立无固定期限劳动合同	自应当订立无固定期限劳动合同之日起向劳动者每月支付 2 倍的工资

【例题 8-1-4 · 多选题】 吴某 2019 年 8 月进入甲公司工作，公司按月支付工资。至年底公司尚未与吴某签订劳动合同。关于甲公司与吴某劳动关系的下列表述中，正确的有（　　）。

A. 公司与吴某之间可视为不存在劳动关系

B. 公司与吴某之间可视为已订立无固定期限劳动合同

C. 公司应与吴某补订书面劳动合同，并支付工资补偿

D. 吴某可与公司终止劳动关系，公司应支付经济补偿

【答案】CD

【解析】根据劳动合同法律制度的规定，用人单位自用工之日起超过 1 个月不满 1 年未与劳动者订立书面劳动合同的，应当向劳动者每月支付 2 倍的工资，并与劳动者补订书面劳动合同；劳动者不与用人单位订立书面劳动合同的，用人单位应当书面通知劳动者终止劳动关系，并支付经济补偿。本例中，公司已按月（8～12 月）向吴某支付工资，应再向其支付 9～12 月的 1 倍工资补偿。若吴某不肯与公司签订劳动合同，公司应书面通知吴某终止劳动关系，并按照劳动合同法的规定，支付相应的经济补偿。

2. 口头形式

非全日制用工双方当事人可以订立口头协议。

非全日制用工，是指以小时计酬为主，劳动者在同一用人单位一般平均每日工作时间不超过 4 小时，每周工作时间累计不超过 24 小时的用工形式。

非全日制的其他要求如表 8-1-4 所示。

表 8-1-4　　非全日制其他要求

内　容	具体要求
劳动关系	从事非全日制用工的劳动者"可以"与一个或者一个以上用人单位订立劳动合同。但是，后订立的劳动合同不得影响先订立的劳动合同的履行
试用期	非全日制用工双方当事人"不得"约定试用期
合同终止	任何一方都可以随时通知对方终止用工
经济补偿	用人单位不向劳动者支付经济补偿
报酬支付	① 小时计酬标准不得低于用人单位所在地人民政府规定的最低小时工资标准 ② 用人单位可以按小时、日或周为单位结算工资，但非全日制用工劳动报酬结算支付周期最长不得超过 15 日

【例题 8-1-5 · 单选题】 根据劳动合同法律制度的规定，下列情形中，用人单位与劳动者可以不签订书面劳动合同的是(　　)。

A. 试用期用工　B. 非全日制用工　C. 固定期限用工　D. 无固定期限用工

【答案】B

【解析】劳动合同必须采取书面形式，只有非全日制用工可以采取口头形式。

（五）劳动合同的效力

1. 劳动合同的生效

劳动合同由用人单位与劳动者协商一致，并经用人单位与劳动者在劳动合同文本上签字或者盖章生效。劳动合同文本由用人单位和劳动者各执一份。

2. 无效劳动合同

无效劳动合同是指由用人单位和劳动者签订成立，而国家不予承认其法律效力的劳动合同。劳动合同虽然已经成立，但因违反了平等自愿、协商一致、诚实信用、公平等原则和法律、行政法规的强制性规定，可使其全部或者部分条款归于无效。

下列劳动合同无效或者部分无效：

（1）以欺诈、胁迫的手段或者乘人之危，使对方在违背真实意思的情况下订立或者变更劳动合同的。

（2）用人单位免除自己的法定责任、排除劳动者权利的。

（3）违反法律、行政法规强制性规定的。

对劳动合同的无效或者部分无效有争议的，由劳动争议仲裁机构或者人民法院确认。

3. 无效劳动合同的法律后果

（1）无效劳动合同，从订立时起就没有法律约束力。

（2）劳动合同部分无效，不影响其他部分效力的，其他部分仍然有效。

（3）劳动者已付出劳动的，用人单位应当向劳动者支付劳动报酬。

（4）给对方造成损害的，有过错的一方应当承担赔偿责任。

案例分析

【案例】

某公司招聘，吴某凭借伪造的毕业证书及其他与岗位要求相关的资料，骗得公司的信任，与其签订了为期三年的劳动合同。半年后，公司发现吴某伪造学历证书及其他资料的事实，提出劳动合同无效，吴某应退还公司所发工资，并支付经济赔偿，吴某认为公司违反劳动合同法规定，擅自解除劳动合同，应承担违约责任。分析该案件应如何处理。

【分析】

吴某伪造毕业证书及其与岗位要求相关的资料骗取公司与其签订劳动合同，属于劳动合同法律制度规定的以欺诈手段，使对方在违背真实意思的情况下订立劳动合同的情形，应为无效劳动合同。无效劳动合同，从订立时起就没有法律约束力，因此不存在擅自解除劳动合同的情况。但对吴某付出的劳动，公司应当参照本单位相同或相近岗位劳动者的劳动报酬支付工资。如果能证明吴某的欺诈行为给公司造成了损害，公司可以要求吴某承担赔偿责任。

三、劳动合同的主要内容

（一）劳动合同必备条款

劳动合同必备条款是指劳动合同必须具备的内容。劳动合同应当具备以下条款：

1. 用人单位的名称、住所和法定代表人或者主要负责人

略。

2. 劳动者的姓名、住址和居民身份证或者其他有效身份证件号码

略。

3. 劳动合同期限

劳动合同分为固定期限劳动合同、以完成一定工作任务为期限的劳动合同和无固定期限劳动合同。

（1）固定期限劳动合同。

固定期限劳动合同是指用人单位与劳动者明确约定合同终止时间的劳动合同。劳动合同期限届满，劳动关系即告终止。如果双方协商一致，还可以续订劳动合同。

（2）以完成一定工作任务为期限的劳动合同。

以完成一定工作任务为期限的劳动合同是指用人单位与劳动者约定以某项工作的完成为合同期限的劳动合同。一般在以下几种情况下，用人单位与劳动者可以签订以完成一定工作任务为期限的劳动合同：

① 以完成单项工作任务为期限的劳动合同。

② 以项目承包方式完成承包任务的劳动合同。

③ 因季节原因用工的劳动合同。

④ 其他双方约定的以完成一定工作任务为期限的劳动合同。

（3）无固定期限劳动合同。

无固定期限劳动合同是指用人单位与劳动者约定无确定终止时间的劳动合同。

无确定终止时间，是指劳动合同没有一个确切的终止时间，劳动合同的期限长短不能确定，只要没有出现法定解除情形或者双方协商一致解除的，双方当事人就要继续履行劳动合同。但并不是没有终止时间，一旦出现了法定情形或者双方协商一致解除的，无固定期限劳动合同同样也能够解除。

有下列情形之一，劳动者提出或者同意续订劳动合同的，除劳动者提出订立固定期限劳动合同外，应当订立无固定期限劳动合同：

① 劳动者在该用人单位连续工作满 10 年的。

② 用人单位初次实行劳动合同制度或者国有企业改制重新订立劳动合同时，劳动者在该用人单位连续工作满 10 年且距法定退休年龄不足 10 年的。

③ 连续订立 2 次固定期限劳动合同，且劳动者没有下述情形，续订劳动合同的：a. 严重违反用人单位的规章制度的；b. 严重失职，营私舞弊，给用人单位造成重大损害的；c. 劳动者同时与其他用人单位建立劳动关系，对完成本单位的工作任务造成严重影响，或者经用人单位提出，拒不改正的；d. 劳动者以欺诈、胁迫的手段或者乘人之危，使用人单位在违背真实意思的情况下订立或者变更劳动合同，致使劳动合同无效的；e. 被依法追究刑事责任的；f. 劳动者患病

或者非因工负伤,在规定的医疗期满后不能从事原工作,也不能从事由用人单位另行安排的工作的;g. 劳动者不能胜任工作,经过培训或者调整工作岗位,仍不能胜任工作的。

4. 工作内容和工作地点

工作内容包括劳动者从事劳动的工种、岗位和劳动定额、产品质量标准的要求等。工作地点是指劳动者可能从事工作的具体地理位置。

5. 工作时间和休息休假

(1) 工作时间。

工作时间通常是指劳动者在一昼夜或一周内从事生产或工作的时间。目前我国实行的工时制度主要有标准工时制、不定时工作制和综合计算工时制三种类型。

① 标准工时制,是指国家法律统一规定的劳动者从事工作或劳动的时间,具体如表 8-1-5 所示。

表 8-1-5　　标准工时制

工时制	详细情形	
标准工时制	每日工作 8 小时、每周工作 40 小时	
	特殊情形:每天工作≤8 小时,每周工作≤40 小时,每周休息≥1 天	
延长工作时间	程序	用人单位由于生产经营需要,经与工会和劳动者协商后可以延长工作时间
	一般情况	每日不得超过 1 小时
	特殊情况	每日不得超过 3 小时,每月不得超过 36 小时
		有下列情形之一的,延长工作时间不受上述规定的限制: (1) 发生自然灾害、事故或者因其他原因,威胁劳动者生命健康和财产安全,需要紧急处理的 (2) 生产设备、交通运输线路、公共设施发生故障,影响生产和公众利益,必须及时抢修的

② 不定时工作制,是指没有固定工作时间限制的工作制度,主要适用于一些因工作性质或工作条件不受标准工作时间限制的工作岗位。

③ 综合计算工时制,是指用人单位根据生产和工作的特点,分别以周、月、季、年等为周期,综合计算劳动者工作时间,但其平均日工作时间和平均周工作时间仍与法定标准工作时间基本相同的一种工时形式。

(2) 休息、休假。

休息是指劳动者在任职期间,在国家规定的法定工作时间以外,无须履行劳动义务而自行支配的时间,包括工作日内的间歇时间、工作日之间的休息时间和公休假日。

休假是指劳动者无须履行劳动义务且一般有工资保障的法定休息时间。一般包括法定假日和年休假:① 法定假日,是指由国家法律统一规定的用以开展纪念、庆祝活动的休息时间,包括元旦、春节、清明节、劳动节、端午节、中秋节、国庆节等。② 年休假,是指职工工作满一定年限,每年可享有的保留工作岗位、带薪连续休息的时间。

为维护职工休息、休假权利,调动职工工作积极性,国务院于 2007 年 12 月 14 日以国务院令第514号公布《职工带薪年休假条例》，自2008年1月1日起施行。该条例规定年休假适用条件、年休假待遇、年休假假期等。

① 适用条件。

职工是否享有年休假的具体适用条件如表8-1-6所示。

表8-1-6　适用条件

具体条件		是否享有年休假
机关、团体、企业、事业单位、民办非企业单位、有雇工的个体工商户等单位的职工连续工作1年以上的。		享有
寒暑假	职工依法享受寒暑假，其休假天数多于年休假天数的	不享有
请事假	职工请事假累计20天以上且单位按照规定不扣工资的	
请病假	① 累计工作≥1年～<10年的职工，请病假累计2个月以上的	
	② 累计工作≥10年～<20年的职工，请病假累计3个月以上的	
	③ 累计工作≥20年的职工，请病假累计4个月以上的	

② 年休假待遇。

职工在年休假期间享受与正常工作期间相同的工资收入。

③ 年休假假期。

年休假具体规定如表8-1-7所示。

表8-1-7　年休假假期

累计工龄	年休假假期	备注
≥1年～<10年	5天	国家法定休假日、休息日不计入年休假的假期，年休假在1个年度内可以集中安排，也可以分段安排，一般不跨年度安排
≥10年～<20年	10天	
≥20年	15天	

【例题8-1-6·单选题】吴某工作已满15年，2018年上半年结婚，享受婚假15天；下半年母亲去世，按公司规定享受丧假3天，同期因悲伤过度而生病请病假2个月，则吴某2018年可以享受的带薪年休假为（　　）天。

A. 0　　B. 5　　C. 10　　D. 15

【答案】C

【解析】职工累计工作已满1年不满10年的，年休假5天；已满10年不满20年的，年休假10天；已满20年的，年休假15天。

根据《企业职工带薪年休假实施办法》的规定，职工新进用人单位且符合享受带薪年休假条件的，当年度年休假天数按照在本单位剩余日历天数折算确定，折算后不足1整天的部分不享受年休假。

【例题8-1-7·单选题】李某工作已满9年，2019年5月1日调到乙公司工作，提出补休年休假的申请，则赵某可以享受的年休假是（　　）天。

A. 0　　B. 3　　C. 10　　D. 15

【答案】B

【解析】职工累计工作已满1年不满10年的，年休假5天。赵某工作已满9年，可享受年休假5天。赵某5月1日调到乙公司，还可在新单位享受的年休假是：（当年度在本单位剩余日历天数÷365天）×职工本人全年应当享受的年休假天数＝245÷365×5＝3（天）。

6. 劳动报酬

（1）劳动报酬。

劳动报酬是指用人单位根据劳动者劳动的数量和质量，以货币形式支付给劳动者的工资。

（2）工资的支付：

① 工资应当以法定货币支付，不得以实物及有价证券替代货币支付。

② 工资必须在用人单位与劳动者约定的日期支付，如遇节假日或休息日，则应提前在最近的工作日支付。

③ 工资至少每月支付一次，实行周、日、小时工资制的可按周、日、小时支付工资。

④ 对完成一次性临时劳动或某项具体工作的劳动者，用人单位应按有关协议或合同规定在其完成劳动任务后即支付工资。

（3）加班工资：

① 劳动者在法定休假日和婚丧假期间以及依法参加社会活动期间，用人单位应当依法支付工资。

② 在“部分公民放假”的节日期间，对参加社会活动或者单位组织庆祝活动和照常工作的职工，单位应支付工资报酬，但不支付加班工资。除非该节日恰逢周六、周日。

③ 加班费具体支付标准如表8-1-8所示。

表8-1-8　加班费支付标准

加班时段	是否补休	加班费用
工作日加班	无论是否补休	本人小时工资标准的150%
休息日（周六、周日）加班	不安排补休	本人日或小时工资标准的200%
节假日加班	无论是否补休	本人日或小时工资标准的300%

用人单位未按照劳动合同的约定或者国家规定及时足额支付劳动者劳动报酬的（或加班费用的），由劳动行政部门责令限期支付；逾期不支付的，责令用人单位按应付金额50%以上100%以下的标准向劳动者加付赔偿金。

案例分析

【案例】

张某的工作为标准工时制，日工资为160元，由于工作需要，单位安排她在2019年“五一”放假期间加班3天，其中占用法定劳动节假期1天，占用周末休息日2天，没有安排补休。计算张某2019年5月可以得到多少加班工资。如果公司拒绝支付加班工资，张某可以获得什么救济？

【分析】

张某法定假日加班至少应获得3倍工资：160×3×1＝480（元）；休息日加班，至少应获得2倍工资：160×2×2=640（元）；一共是：480+640=1 120（元）。如果公司不同意支付，张某可向劳动行政部门反映，由劳动行政部门责令用人单位限期支付；公司逾期仍不支付的，由劳动行政部门责令公司支付，并按应付金额的50%以上100%以下的标准向张某加付赔偿金。

（4）最低工资制度。

最低工资标准是指劳动者在法定工作时间或依法签订的劳动合同约定的工作时间内提供了正常劳动的前提下，用人单位依法应支付的最低劳动报酬。

最低工资不包括：① 延长工作时间的工资报酬；② 以货币形式支付的住房和用人单位支付的伙食补贴；③ 中班、夜班、高温、低温、井下、有毒、有害等特殊工作环境和劳动条件下的津贴；④ 国家法律、法规、规章规定的社会保险福利待遇。

劳动合同履行地与用人单位注册地不一致的，有关劳动者的最低工资标准、劳动保护、劳动条件、职业危害防护和本地区上年度职工月平均工资标准等事项，按照劳动合同履行地的有关规定执行；用人单位注册地的有关标准高于劳动合同履行地的有关标准，且用人单位与劳动者约定按照用人单位注册地的有关规定执行的，从其约定。

因劳动者本人原因给用人单位造成经济损失的，用人单位可按照劳动合同的约定要求其赔偿经济损失。经济损失的赔偿，可从劳动者本人的工资中扣除。但每月扣除的部分不得超过劳动者当月工资的20%。若扣除后的剩余工资部分低于当地月最低工资标准，则按最低工资标准支付。

用人单位低于当地最低工资标准支付劳动者工资的，由劳动行政部门责令限期支付其差额部分；逾期不支付的，责令用人单位按应付金额50%以上100%以下的标准向劳动者加付赔偿金。

【例题8-1-8·多选题】赵某日工资300元，2019年5月1日至3日公司安排其加班，未支付加班费，但安排其节后休息3天，根据劳动合同法的有关规定，下列说法中正确的有（　　）。

A. 由于公司已经安排其调休，则可以不支付加班费

B. 虽然公司安排其调休，但仍应支付相应的加班费

C. 若公司不支付加班费，经主管部门责令限期支付，逾期仍不支付，则主管部门可以要求单位加付900元的赔偿金

D. 若公司不支付加班费，经主管部门责令限期支付，逾期仍不支付，则主管部门可以要求单位加付2 100元的赔偿金

【答案】BC

【解析】5月1日为法定节假日，加班费是3倍工资900元，5月2日与5月3日是占用周末休息2天，但安排了补休，就不再支付加班费。因此，单位应当支付的加班费就是900元。公司不支付加班费，经主管部门责令限期支付；逾期仍不支付，则主管部门可以要求单位加付应付金额50%以上100%以下的赔偿金。

7. 社会保险

社会保险包括基本养老保险、基本医疗保险、失业保险、工伤保险等。具体内容见本章第二节。

8. 劳动保护、劳动条件和职业危害防护

略。

9. 法律、法规规定应当纳入劳动合同的其他事项

略。

（二）劳动合同约定条款

1. 试用期期限

试用期是指用人单位和劳动者双方为了相互了解、确定对方是否符合自己的招聘条件或求职意愿而约定的考察期间。试用期属于劳动合同的约定条款，双方可以约定，也可以不约定试用期。

拓展阅读

在劳动合同中约定试用期，一方面，可以维护用人单位的利益，使用人单位有时间考察劳动者是否与录用要求相一致，是否适合其工作岗位，避免用人单位遭受不必要的损失；另一方面，可以维护新招收职工的利益，使被录用的职工能够通过具体的工作来考察感受用人单位的工作内容、劳动条件、劳动报酬等是否符合劳动合同的规定。

（1）试用期期限。

具体试用期期限如表 8-1-9 所示。

表 8-1-9　　试用期期限

劳动合同情形		试用期期限
非全日制用工		不得约定试用期
以完成一定工作任务为期限的劳动合同		
劳动合同期限 <3 个月的		
劳动合同期限	① ≥3 个月 ~ <1 年	≤1 个月
	② ≥1 年 ~ <3 年	≤2 个月
	③ ≥3 年、无固定期限合同	≤6 个月

试用期包含在劳动合同期限内。劳动合同仅约定试用期的，试用期不成立，该期限为劳动合同期限。同一用人单位与同一劳动者只能约定一次试用期。

（2）试用期工资。

劳动者在试用期的工资不得低于本单位相同岗位最低档工资或者劳动合同约定工资的80%，并不得低于用人单位所在地的最低工资标准。劳动合同约定工资，是指该劳动者与用人单位在劳动合同中约定的劳动者试用期满后的工资。

案例分析

【案例】

黔南公司与孙某签订劳动合同，签订合同有效期 1 年，月工资 2 000 元，试用期 3 个月，试用期工资为月工资的 60%。该地最低工资标准为 1 500 元/月。分析该劳动合同是否有效。

【分析】

该劳动合同中关于试用期与试用期工资的条款无效。根据劳动合同法规定,1年期的劳动合同试用期不能超过2个月。劳动者在试用期的工资不得低于本单位相同岗位最低档工资或者劳动合同约定工资的80%(1 600元),并不得低于用人单位所在地的最低工资标准(1 500元)。

2. 服务期

(1) 服务期的适用范围。

服务期是指劳动者因享受用人单位给予的特殊待遇而作出的关于劳动履行期限的承诺。《劳动合同法》规定,用人单位为劳动者提供专项培训费用,对其进行专业技术培训的,可以与该劳动者订立协议,约定服务期。

用人单位与劳动者约定服务期的,不影响按照正常的工资调整机制提高劳动者在服务期期间的劳动报酬。

劳动合同期满,但是用人单位与劳动者约定的服务期尚未到期的,劳动合同应当续延至服务期;双方另有约定的,从其约定。

(2) 违约金。

劳动者违反服务期约定的,应当按照约定向用人单位支付违约金。违约金的数额不得超过用人单位提供的培训费用。用人单位要求劳动者支付的违约金不得超过服务期尚未履行部分所应分摊的培训费用。

(3) 劳动合同解除与违约金具体形式如表8-1-10所示。

表8-1-10　劳动合同解除与违约金

劳动合同解除	违约金	
劳动者存在法定过错,被用人单位解除劳动合同	① 劳动者严重违反用人单位的规章制度的 ② 劳动者严重失职,营私舞弊,给用人单位造成重大损害的 ③ 劳动者同时与其他用人单位建立劳动关系,对完成本单位的工作任务造成严重影响,或者经用人单位提出,拒不改正的 ④ 劳动者以欺诈、胁迫的手段或者乘人之危,使用人单位在违背真实意思的情况下订立或者变更劳动合同的 ⑤ 劳动者被依法追究刑事责任的	劳动者应支付违约金
单位存在法定过错,被劳动者解除劳动合同	① 用人单位未按照劳动合同约定提供劳动保护或者劳动条件的 ② 用人单位未及时足额支付劳动报酬的 ③ 用人单位未依法为劳动者缴纳社会保险费的 ④ 用人单位的规章制度违反法律、法规的规定,损害劳动者权益的 ⑤ 用人单位以欺诈、胁迫的手段或者乘人之危,使劳动者在违背真实意思的情况下订立或者变更劳动合同的 ⑥ 用人单位在劳动合同中免除自己的法定责任、排除劳动者权益的 ⑦ 用人单位违反法律、行政法规强制性规定的	用人单位不得要求劳动者支付违约金

【例题8-1-9·单选题】 吴某与甲公司签订了劳动合同,公司对吴某进行了专业技术培训,支付了培训费30 000元,公司与吴某约定服务期为3年,违约金12 000元。2年后,吴某与甲公司签订的劳动合同期满。吴某以劳动合同期满为由离开了公司,公司要求其支付违

约金。下列各项中,符合规定的是( )。

A. 吴某可以离开公司,应支付 10 000 元违约金

B. 吴某可以离开公司,应支付 30 000 元违约金

C. 吴某可以离开公司,应支付 12 000 元违约金

D. 吴某可以离开公司,应支付 4 000 元违约金

【答案】A

【解析】本题考核服务期的规定。对已经履行部分服务期限的,用人单位要求劳动者支付的违约金不得超过服务期尚未履行部分所应分摊的培训费用。本题中吴某服务期为 3 年,培训费为 30 000 元,每年扣减 10 000 元。因为已经履行劳动合同 2 年,还有 1 年没有履行,所以吴某应支付的违约金数额不得超过 10 000 元,因约定的违约金 12 000 超过 10 000 元,应按 10 000 元支付违约金。

3. 保守商业秘密和竞业限制

(1) 保守商业秘密和竞业限制的概念。

商业秘密,是指不为公众所知悉、能为权利人带来经济利益、具有实用性并经权利人采取保密措施的技术信息和经营信息,包括非专利技术和经营信息两部分。

竞业限制又称竞业禁止,是对与权利人有特定关系的义务人的特定竞争行为的禁止,在用人单位和劳动者劳动关系解除和终止后,限制劳动者一定时期的择业权,对因此约定给劳动者造成的损害,用人单位给予劳动者相应的经济补偿。

拓展阅读

> 竞业限制的人员限于用人单位的高级管理人员、高级技术人员和其他负有保密义务的人员,而不是所有的劳动者。

(2) 关于保守商业秘密和竞业限制的相关规定。

① 用人单位与劳动者可以在劳动合同中约定保守用人单位的商业秘密和与知识产权相关的保密事项。

② 当事人在劳动合同或者保密协议中约定了竞业限制,但未约定解除或者终止劳动合同后给予劳动者经济补偿,劳动者履行了竞业限制义务,要求用人单位按照劳动者在劳动合同解除或者终止前 12 个月平均工资的 30% 按月支付经济补偿的,人民法院应予支持。上述规定的月平均工资的 30% 低于劳动合同履行地最低工资标准的,按照劳动合同履行地最低工资标准支付。

③ 在解除或者终止劳动合同后,竞业限制人员到与本单位生产或者经营同类产品、从事同类业务的有竞争关系的其他用人单位工作,或者自己开业生产或者经营同类产品、从事同类业务的竞业限制期限,不得超过 2 年。

④ 当事人在劳动合同或者保密协议中约定了竞业限制和经济补偿,劳动合同解除或者终止后,因用人单位的原因导致 3 个月未支付经济补偿,劳动者请求解除竞业限制约定的,人民法院应予支持。

⑤ 在竞业限制期限内,用人单位请求解除竞业限制协议时,人民法院应予支持。在解

除竞业限制协议时，劳动者请求用人单位额外支付劳动者3个月的竞业限制经济补偿的，人民法院应予支持。

【例题8-1-10·多选题】 吴某原是A公司的技术总监，公司与他签订竞业限制协议，约定合同解除或终止后3年内，吴某不得在本行业从事相关业务，公司每月支付其补偿金2万元。在吴某离职后，公司只在第一年按时给予了补偿金，此后一直没有支付，刘遂在离职1年零两个月后到A公司的竞争对手乙公司上班。A公司得知后要求吴某支付违约金。则下列说法中正确的有(　　)。

A. 双方约定的竞业限制期限不符合法律规定

B. 吴某可以提出请求解除竞业限制约定，人民法院应予支持

C. 吴某可以要求A公司支付竞业限制期间内未支付的补偿金，人民法院应予支持

D. 对A公司要求吴某支付违约金的请求，人民法院应予支持

【答案】ACD

【解析】用人单位未按协议约定支付经济补偿金，不符合规定超过3个月，劳动者请求解除竞业限制约定的，人民法院应予支持，A公司不按协议约定按月支付吴某经济补偿时间为2个月，未达到标准，B表述不正确。

四、劳动合同的履行和变更

(一) 劳动合同的履行

劳动合同的履行是指劳动合同生效后，当事人双方按照劳动合同的约定，完成各自承担的义务和实现各自享受的权利，使当事人双方订立合同的目的得以实现的法律行为。

1. 用人单位与劳动者应当按照劳动合同的约定，全面履行各自的义务

(1) 用人单位应当按照劳动合同约定和国家规定，向劳动者及时足额支付劳动报酬。用人单位未按照劳动合同的约定或者国家规定及时足额支付劳动者劳动报酬的，由劳动行政部门责令限期支付；逾期不支付的，责令用人单位按应付金额50%以上100%以下的标准向劳动者加付赔偿金。

(2) 用人单位应当严格执行劳动定额标准，不得强迫或者变相强迫劳动者加班。用人单位安排加班的，应当按照国家有关规定向劳动者支付加班费。

(3) 劳动者拒绝用人单位管理人员违章指挥、强令冒险作业的，不视为违反劳动合同。劳动者对危害生命安全和身体健康的劳动条件，有权对用人单位提出批评、检举和控告。

(4) 用人单位变更名称、法定代表人、主要负责人或者投资人等事项，不影响劳动合同的履行。

(5) 用人单位发生合并或者分立等情况，原劳动合同继续有效，劳动合同由承继其权利和义务的用人单位继续履行。

2. 用人单位应当依法建立和完善劳动规章制度，保障劳动者享有劳动权利、履行劳动义务

劳动规章制度是用人单位制定的组织劳动过程和进行劳动管理的规则和制度的总称，主要包括劳动合同管理、工资管理、社会保险福利待遇、工时休假、职工奖惩，以及其他劳动管理规定。合法有效的劳动规章制度是劳动合同的组成部分，对用人单位和劳动者均具有法律约束力。

用人单位在制定、修改或者决定有关劳动报酬、工作时间、休息休假、劳动安全卫生、保险福利、职工培训、劳动纪律以及劳动定额管理等直接涉及劳动者切身利益的规章制度和重大事项时，应当经职工代表大会或者全体职工讨论，提出方案和意见，与工会或者职工代表平等协商确定。

在规章制度和重大事项决定实施过程中，工会或者职工认为不适当的，有权向用人单位提出，通过协商予以修改完善。

用人单位应当将直接涉及劳动者切身利益的规章制度和重大事项决定公示，或者告知劳动者。如果用人单位的规章制度未经公示或者未对劳动者告知，该规章制度对劳动者不生效。

用人单位直接涉及劳动者切身利益的规章制度违反法律、法规规定的，由劳动行政部门责令改正，给予警告；给劳动者造成损害的，应当承担赔偿责任。

（二）劳动合同的变更

劳动合同的变更是指劳动合同依法订立后，在合同尚未履行或者尚未履行完毕之前，经用人单位和劳动者双方当事人协商同意，对劳动合同内容做部分修改、补充或者删减的法律行为。

1. 采取书面形式

用人单位与劳动者协商一致，可以变更劳动合同约定的内容。未对变更劳动合同达成一致意见的，任何一方都不得擅自变更劳动合同，变更劳动合同，应当采用书面形式。

2. 采取口头形式

变更劳动合同未采用书面形式，但“已经实际履行了”口头变更的劳动合同“超过 1 个月”，且变更后的劳动合同内容不违反法律、行政法规、国家政策以及公序良俗，当事人以未采用书面形式为由主张劳动合同变更无效的，人民法院不予支持。

【例题 8-1-11·单选题】 2018 年 10 月，张某到甲公司工作。2019 年 11 月，甲公司与张某口头商定将其月工资由原来的 4 500 元提高至 5 400 元。双方实际履行 3 个月后，甲公司法定代表人变更。新任法定代表人认为该劳动合同内容变更未采用书面形式，变更无效，决定仍按原每月 4 500 元的标准向张某支付工资；张某表示异议，并最终提起诉讼。关于双方口头变更劳动合同效力的下列表述中，正确的是（　　）。

A. 双方口头变更劳动合同且实际履行已超过 1 个月，该劳动合同变更有效

B. 劳动合同变更在实际履行 3 个月期间有效，此后无效

C. 因双方未采取书面形式，该劳动合同变更无效

D. 双方口头变更劳动合同但实际履行未超过 6 个月，该劳动合同变更无效

【答案】A

【解析】变更劳动合同未采用书面形式，但已经实际履行了口头变更的劳动合同超过 1 个月，且变更后的劳动合同内容不违反法律、行政法规、国家政策以及公序良俗，当事人以未采用书面形式为由主张劳动合同变更无效的，人民法院不予支持。

五、劳动合同的解除和终止

扫码看资源

（一）劳动合同的解除

1. 劳动合同解除的概念

劳动合同解除是指在劳动合同订立后、劳动合同期限届满之前，因双方协商提前结束劳

动关系，或因出现法定的情形，一方单方通知对方结束劳动关系的法律行为。

劳动合同解除分为协商解除和法定解除。

2．协商解除

协商解除是指劳动合同订立后，双方当事人因某种原因，在完全自愿的基础上协商一致，提前终止劳动合同，结束劳动关系。

在协商解除中，当事人双方具有平等的解除合同请求权，劳动者或用人单位都可主动向对方提出终止劳动合同关系的请求；合同经双方协商一致，达成协议，就可解除，不受合同终止条件的约束。

劳动合同法规定，用人单位与劳动者协商一致，可以解除劳动合同，具体如表 8-1-11 所示。

表 8-1-11　　解除劳动合同情形

类　型	适用情形	用人单位是否支付经济补偿金
用人单位提出解除劳动合同	双方平等自愿协商一致	是
劳动者主动辞职		否

3．法定解除

法定解除是指在出现国家法律、法规或劳动合同规定的可以解除劳动合同的情形时，不需当事人协商一致，一方当事人即可决定解除劳动合同，劳动合同效力可以自然终止或由单方提前终止。在这种情况下，主动解除劳动合同的一方一般负有主动通知对方的义务。

法定解除又可分为劳动者的单方解除和用人单位的单方解除。

(1) 劳动者可单方面解除劳动合同的情形如表 8-1-12 所示。

表 8-1-12　　劳动者单方解除的情形

类型	适用情形	用人单位是否支付经济补偿金
提前通知解除	① 劳动者提前 30 日以书面形式通知用人单位 ② 劳动者在试用期内提前 3 日通知用人单位	否
随时通知解除	① 用人单位未按照劳动合同约定提供劳动保护或者劳动条件 ② 用人单位未及时足额支付劳动报酬 ③ 用人单位未依法为劳动者缴纳社会保险费 ④ 用人单位的规章制度违反法律、法规的规定，损害劳动者权益 ⑤ 用人单位以欺诈、胁迫的手段或者乘人之危，使劳动者在违背真实意思的情况下订立或者变更劳动合同 ⑥ 用人单位在劳动合同中免除自己的法定责任、排除劳动者权利 ⑦ 用人单位违反法律、行政法规强制性规定	是
不需事先告知解除	① 用人单位以暴力、威胁或者非法限制人身自由的手段强迫劳动者劳动的 ② 用人单位违章指挥、强令冒险作业危及劳动者人身安全的	是

（2）用人单位可单方面解除劳动合同的情形如表 8-1-13 所示。

表 8-1-13　　用人单位单方解除的情形

类型	适用情形	是否支付经济补偿金
随时通知解除	① 劳动者在试用期间被证明不符合录用条件 ② 劳动者严重违反用人单位的规章制度的 ③ 劳动者严重失职，营私舞弊，给用人单位造成重大损害的 ④ 劳动者同时与其他用人单位建立劳动关系，对完成本单位的工作任务造成严重影响，或者经用人单位提出，拒不改正的 ⑤ 劳动者以欺诈、胁迫的手段或者乘人之危，使用人单位在违背真实意思的情况下，订立或者变更劳动合同 ⑥ 劳动者被依法追究刑事责任	否
无过失性辞退	有下列情形之一的，用人单位提前 30 日以书面形式通知劳动者本人或者额外支付劳动者 1 个月工资后，可以解除劳动合同： ① 劳动者患病或者非因工负伤，在规定的医疗期满后不能从事原工作，也不能从事由用人单位另行安排的工作 ② 劳动者不能胜任工作，经过培训或者调整工作岗位，仍不能胜任工作 ③ 劳动合同订立时所依据的客观情况发生重大变化，致使劳动合同无法履行，经用人单位与劳动者协商，未能就变更劳动合同内容达成协议	是
经济性裁员	（1）经济性裁员的适用情形： ① 依照《企业破产法》规定进行重整 ② 生产经营发生严重困难 ③ 企业转产、重大技术革新或者经营方式调整，经变更劳动合同后，仍需裁减人员 ④ 其他因劳动合同订立时所依据的客观经济情况发生重大变化，致使劳动合同无法履行 （2）特别程序： ① 需要裁减人员 20 人以上或者裁减不足 20 人但占企业职工总数 10% 以上的，用人单位提前 30 日向工会或者全体职工说明情况，听取工会或者职工的意见后，裁减人员方案经向劳动行政部门报告，可以裁减人员 ② 裁减人员不足 20 人且占企业职工总数不足 10% 的，无须执行上述程序 （3）裁减人员时，应当优先留用下列人员： ① 与本单位订立较长期限的固定期限劳动合同的 ② 与本单位订立无固定期限劳动合同的 ③ 家庭无其他就业人员，有需要扶养的老人或者未成年人的 （4）用人单位裁减人员后，在 6 个月内重新招用人员的，应当通知被裁减的人员，并在同等条件下优先招用被裁减的人员	是

（3）工会在解除劳动合同中的监督作用。

用人单位单方解除劳动合同，应当事先将理由通知工会。用人单位违反法律、行政法规规定或者劳动合同约定的，工会有权要求用人单位纠正。用人单位应当研究工会的意见，并将处理结果书面通知工会。

【例题 8-1-12 · 多选题】 吴某在 A 公司做销售员，签订有 1 年期劳动合同。公司对销售员每月订有销售指标，规定 3 个月完不成指标属于不能胜任工作。吴某已连续 3 个月没有完成指标。下列分析判断中，正确的有（　　）。

A. A 公司可以以不能胜任为理由通知解除与吴某的劳动合同关系，不需向其支付经济补偿

B. 如果 A 公司和吴某协商解除劳动合同，吴某表示同意，则双方可以解除劳动合同，但 A 公司应支付吴某经济补偿

C. 如果A公司和吴某协商解除劳动合同，吴某不同意，则A公司应对吴某进行培训或者调整工作岗位，如吴某仍不能胜任工作，则A公司可以提前30日书面通知吴某解除劳动合同，并向吴某支付经济补偿

D. 如果A公司和吴某协商解除劳动合同，吴某不同意，则A公司应对吴某进行培训或者调整工作岗位，如吴某仍不能胜任工作，则A公司在额外支付吴某1个月工资的情况下可以通知吴某解除劳动合同，并向吴某支付经济补偿

【答案】BCD

【解析】劳动者不能胜任工作，经过培训或者调整工作岗位，仍不能胜任工作的，用人单位提前30日以书面形式通知劳动者本人或者额外支付劳动者1个月工资后，可以解除劳动合同。用人单位选择额外支付劳动者1个月工资解除劳动合同的，其额外支付的工资应当按照该劳动者上1个月的工资标准确定。用人单位还应当向劳动者支付经济补偿。

（二）劳动合同的终止

1. 劳动合同终止的概念

劳动合同终止是指用人单位与劳动者之间的劳动关系因某种法律事实的出现而自动归于消灭，或导致劳动关系的继续履行成为不可能而不得不消灭的情形。

劳动合同终止一般不涉及用人单位与劳动者的意思表示，只要法定事实出现，一般情况下都会导致双方劳动关系的消灭。

2. 劳动合同终止的情形

（1）劳动合同期满的。
（2）劳动者开始依法享受基本养老保险待遇的。
（3）劳动者达到法定退休年龄的。
（4）劳动者死亡，或者被人民法院宣告死亡或者宣告失踪的。
（5）用人单位被依法宣告破产的。
（6）用人单位被吊销营业执照、责令关闭、撤销或者用人单位决定提前解散的。
（7）法律、行政法规规定的其他情形。

用人单位与劳动者不得约定上述情形之外的其他劳动合同终止条件。

点睛

终止情形及是否支付经济补偿

劳动合同终止情形				经济补偿
“到期”	劳动合同期满的	用人单位不续签		应该支付
		用人单位续签	降低标准劳动者不同意续签	应该支付
			维持或提高待遇劳动者不同意续签	无须支付
“老了”	劳动者开始依法享受基本养老保险待遇的			无须支付
	劳动者达到法定退休年龄的			无须支付
“去世”	劳动者死亡，或者被人民法院宣告死亡或者宣告失踪的			无须支付
	用人单位被依法宣告破产的、被吊销营业执照、责令关闭、撤销或者用人单位决定提前解散的			应当支付

【例题8-1-13·多选题】根据劳动合同法律制度的规定,下列各项中,可导致劳动合同终止的情形有(　　)。

A. 劳动合同期满　　B. 用人单位决定提前解散

C. 用人单位被依法宣告破产　　D. 劳动者达到法定退休年龄

【答案】ABCD

【解析】选项A、B、C、D项均表述正确。

(三)对劳动合同解除和终止的限制性规定

一般劳动合同期满,劳动合同就终止,但也有例外。根据劳动合同法的规定,劳动者有下列情形之一的,用人单位既不得解除劳动合同,也不得终止劳动合同,劳动合同应当续延至相应的情形消失时终止:

(1)从事接触职业病危害作业的劳动者未进行离岗前职业健康检查,或者疑似职业病病人在诊断或者医学观察期间的。

(2)在本单位患职业病或者因工负伤并被确认丧失或者部分丧失劳动能力的。

(3)患病或者非因工负伤,在规定的医疗期内的。

(4)女职工在孕期、产期、哺乳期的。

(5)在本单位连续工作满15年,且距法定退休年龄不足5年的。

(6)法律、行政法规规定的其他情形。

(四)劳动合同解除和终止的经济补偿

1. 经济补偿的概念

经济补偿是指按照劳动合同法的规定,在劳动者无过错的情况下,用人单位与劳动者解除或者终止劳动合同时,应给予劳动者的经济上的补助。

2. 支付经济补偿的情形

用人单位应当向劳动者支付经济补偿的情形如下所示:

(1)劳动者符合随时通知解除和不需事先通知即可解除劳动合同规定情形而解除劳动合同的。

(2)由用人单位提出解除劳动合同并与劳动者协商一致而解除劳动合同的。

(3)用人单位符合提前30日以书面形式通知劳动者本人或者额外支付劳动者1个月工资后,可以解除劳动合同规定情形而解除劳动合同的。

(4)用人单位符合可裁减人员规定而解除劳动合同的。

(5)除用人单位维持或者提高劳动合同约定条件续订劳动合同,劳动者不同意续订的情形外,劳动合同期满终止固定期限劳动合同的。

(6)用人单位被依法宣告破产或者用人单位被吊销营业执照、责令关闭、撤销或者用人单位决定提前解散而终止劳动合同的。

(7)以完成一定工作任务为期限的劳动合同因任务完成而终止的。

(8)法律、行政法规规定的其他情形。

【例题8-1-14·多选题】根据劳动合同法律制度的规定,下列情形中,用人单位应当向劳动者支付经济补偿的有(　　)。

A. 由用人单位提出并与劳动者协商一致而解除劳动合同的

B. 固定期限劳动合同期满，用人单位维持或者提高劳动合同约定条件续订劳动合同，劳动者不同意续订的

C. 用人单位被依法宣告破产而终止劳动合同的

D. 以完成一定工作任务为期限的劳动合同因任务完成而终止的

【答案】ACD

【解析】双方都无过错时，不管是解除还是终止，只要不是劳动者主动的，用人单位都要支付经济补偿。只要用人单位有过错，无论什么情况都要支付经济补偿。选项A、C、D都不是劳动者主动的，用人单位就都要支付经济补偿。选项B是劳动者自己不同意续订的，属于劳动者主动，而且用人单位并无过错，所以用人单位不需要支付经济补偿。

3. 经济补偿的支付

经济补偿，根据劳动者在用人单位的工作年限和工资标准来计算具体金额，并以货币形式支付给劳动者。

经济补偿金的计算公式为：

经济补偿金＝劳动合同解除或终止前劳动者在本单位的工作年限×每工作1年应得的经济补偿

或者简写为：

经济补偿金＝工作年限×月工资

点睛

经济补偿金、违约金与赔偿金

"三金"	适用条件	性质	支付主体
经济补偿金	① 劳动关系的解除和终止 ② 劳动者无过错	法定(无过错无惩罚性)	用人单位
违约金	劳动者违反了服务期和竞业限制的规定(单位不得约定其他违约金情形)	约定(有过错有惩罚性和赔偿性)	劳动者
赔偿金	用人单位和劳动者由于自己的过错给对方造成损害	法定或约定(有过错，具有惩罚性和赔偿性)	二者之一

(1) 关于补偿年限的计算标准。

经济补偿按劳动者在本单位工作的年限，每满1年支付1个月工资的标准向劳动者支付。6个月以上不满1年的，按1年计算；不满6个月的，向劳动者支付半个月工资的经济补偿。

(2) 关于补偿基数的计算标准。

① 月工资是指劳动者在劳动合同解除或者终止前12个月的平均工资。月工资按照劳动者应得工资计算，包括计时工资或者计件工资以及奖金、津贴和补贴等货币性收入。劳动者工作不满12个月的，按照实际工作的月数计算平均工资。

② 劳动者在劳动合同解除或者终止前12个月的平均工资低于当地最低工资标准的，按照当地最低工资标准计算。即：

经济补偿金＝工作年限×月最低工资标准

③ 劳动者月工资高于用人单位所在直辖市、设区的市级人民政府公布的本地区上年度

职工月平均工资3倍的，向其支付经济补偿的标准按职工月平均工资3倍的数额支付，向其支付经济补偿的年限最高不超过12年。即：

经济补偿金 = 工作年限（最高不超过12年）× 当地上年度职工月平均工资3倍

【例题8-1-15·单选题】 王某于2014年7月1日到甲公司工作。2019年4月30日，公司与其协商解除劳动合同。已知王某劳动合同解除前12个月的月平均工资为3 000元。公司应支付经济补偿（　　）元。

A. 10 000　　B. 15 000　　C. 14 000　　D. 16 000

【答案】B

【解析】从2014年7月1日至2019年4月30日，王某的工作年限为4年10个月，按5年计算，公司应当支付的经济补偿为：3 000 × 5 = 15 000（元）。

（五）劳动合同解除和终止的法律后果和双方义务

（1）劳动合同解除和终止后，用人单位和劳动者双方不再履行劳动合同，劳动关系消灭。

（2）劳动合同解除或终止的，用人单位应当在解除或者终止劳动合同时出具解除或者终止劳动合同的证明，并在15日内为劳动者办理档案和社会保险关系转移手续。用人单位出具的解除、终止劳动合同的证明，应当写明劳动合同期限、解除或者终止劳动合同的日期、工作岗位、在本单位的工作年限。

（3）用人单位对已经解除或者终止的劳动合同的文本，至少保存2年备查。

（4）劳动者应当按照双方约定，办理工作交接。

（5）用人单位未向劳动者出具解除或者终止劳动合同的书面证明，由劳动行政部门责令改正；给劳动者造成损害的，应当承担赔偿责任。

（6）劳动者依法解除或者终止劳动合同，用人单位扣押劳动者档案或者其他物品的，由劳动行政部门责令限期退还劳动者本人，并以每人500元以上2 000元以下的标准处以罚款；给劳动者造成损害的，应当承担赔偿责任。

（7）用人单位应当在解除或者终止劳动合同时向劳动者支付经济补偿的，在办结工作交接时支付。

（8）用人单位违反规定解除或者终止劳动合同，劳动者要求继续履行劳动合同的，用人单位应当继续履行；劳动者不要求继续履行劳动合同或者劳动合同已经不能继续履行的，用人单位应当依照劳动合同法规定的经济补偿标准的2倍向劳动者支付赔偿金。用人单位支付了赔偿金的，不再支付经济补偿。赔偿金的计算年限自用工之日起计算。

（9）劳动者违反劳动合同法规定解除劳动合同，给用人单位造成损失的，应当承担赔偿责任。

六、集体合同与劳务派遣

（一）集体合同

扫码看资源

1. 集体合同的概念

集体合同是工会代表企业职工一方与企业签订的以劳动报酬、工作时间、休息休假、劳动安全卫生、保险福利等为主要内容的书面协议。尚未建立工会的用人单位，可以由上级工会指导劳动者推举的代表与用人单位订立集体合同。

2. 集体合同的订立

集体合同内容由用人单位和职工各自派出代表通过集体协商的方式协商确定。集体协商双方的代表人数应当对等,每方至少3人,并各确定1名首席代表。

经双方协商代表协商一致的集体合同草案应当提交职工代表大会或者全体职工讨论。职工代表大会或者全体职工讨论集体合同草案,应当有2/3以上职工代表或者职工出席,且须经全体职工代表半数以上或者全体职工半数以上同意,方获通过。

集体合同订立后,应当报送劳动行政部门;劳动行政部门自收到集体合同文本之日起15日内未提出异议的,集体合同即行生效。

集体合同中劳动报酬和劳动条件等标准不得低于当地人民政府规定的最低标准;用人单位与劳动者订立的劳动合同中劳动报酬和劳动条件等标准不得低于集体合同规定的标准。

3. 集体合同纠纷和法律救济。

用人单位违反集体合同,侵犯职工劳动权益的,工会可以依法要求用人单位承担责任;因履行集体合同发生争议,经协商解决不成的,工会可以依法申请仲裁、提起诉讼。

(二)劳务派遣

1. 劳务派遣的特征和适用范围

(1)劳务派遣的概念。

劳务派遣是指由劳务派遣单位与劳动者订立劳动合同,与用工单位订立劳务派遣协议,将被派遣劳动者派往用工单位给付劳务。

(2)劳务派遣的特征。

在劳务派遣关系中,劳动合同关系存在于劳务派遣单位与被派遣劳动者之间,但劳动力给付的事实则发生于被派遣员工与用工单位之间,也即劳动力的雇佣与劳动力使用分离,被派遣劳动者不与用工单位签订劳动合同、发生劳动关系,而是与派遣单位存在劳动关系。

(3)劳务派遣的适用范围。

劳动合同用工是我国企业的基本用工形式。劳务派遣用工是补充形式,只能在临时性、辅助性或者替代性的工作岗位上实施。

临时性工作岗位是指存续时间不超过6个月的岗位;辅助性工作岗位是指为主营业务岗位提供服务的非主营业务岗位;替代性工作岗位是指用工单位的劳动者因脱产学习、休假等原因无法工作的一定期间内,可以由其他劳动者替代工作的岗位。

用人单位不得设立劳务派遣单位向本单位或者所属单位派遣劳动者。用工单位不得将被派遣劳动者再派遣到其他用人单位。劳务派遣单位不得以非全日制用工形式招用被派遣劳动者。

用工单位应当严格控制劳务派遣用工数量,使用的被派遣劳动者数量不得超过其用工总量的10%。该用工总量是指用工单位订立劳动合同人数与使用的被派遣劳动者人数之和。

2. 劳务派遣单位、用工单位与劳动者的权利和义务

劳务派遣单位是劳动合同法所称的用人单位,接受以劳务派遣形式用工的单位是用工

单位，以从事劳动获取合法收入作为生活资料来源的公民为劳动者。

（1）劳务派遣单位的权利及义务：

① 劳务派遣单位与被派遣劳动者订立的劳动合同，除应当载明劳动合同必备的条款外，还应当载明被派遣劳动者的用工单位以及派遣期限、工作岗位等情况。

② 劳务派遣单位应当与被派遣劳动者订立 2 年以上的固定期限劳动合同，按月支付劳动报酬。

③ 被派遣劳动者在无工作期间，劳务派遣单位应当按照所在地人民政府规定的最低工资标准，向其按月支付报酬。

④ 劳务派遣单位应当将劳务派遣协议的内容告知被派遣劳动者，不得克扣用工单位按照劳务派遣协议支付给被派遣劳动者的劳动报酬。

⑤ 劳务派遣单位不得向被派遣劳动者收取费用。

（2）用工单位的权利及义务：

① 劳务派遣单位派遣劳动者应当与用工单位订立劳务派遣协议。劳务派遣协议应当约定派遣岗位和人员数量、派遣期限、劳动报酬和社会保险费的数额与支付方式以及违反协议的责任。

② 用工单位应当根据工作岗位的实际需要与劳务派遣单位确定派遣期限，不得将连续用工期限分割订立数个短期劳务派遣协议。

③ 用工单位不得向被派遣劳动者收取费用。

④ 用工单位应当按照同工同酬原则，对被派遣劳动者与本单位同类岗位的劳动者实行相同的劳动报酬分配办法。用工单位无同类岗位劳动者的，参照用工单位所在地相同或者相近岗位劳动者的劳动报酬确定。

（3）劳动者的权利及义务：

① 被派遣劳动者享有与用工单位的劳动者同工同酬的权利。

② 被派遣劳动者有权在劳务派遣单位或者用工单位依法参加或者组织工会，维护自身的合法权益。

七、劳动争议的解决

（一）劳动争议及解决方法

1. 劳动争议的概念

劳动争议是指劳动关系当事人之间在执行劳动方面的法律法规和劳动合同、集体合同的过程中，就劳动权利义务发生分歧而引起的争议。

2. 劳动争议的适用范围

（1）因确认劳动关系发生的争议。

（2）因订立、履行、变更、解除和终止劳动合同发生的争议。

（3）因除名、辞退和辞职、离职发生的争议。

（4）因工作时间、休息休假、社会保险、福利、培训以及劳动保护发生的争议。

（5）因劳动报酬、工伤医疗费、经济补偿或者赔偿金等发生的争议。

（6）法律、法规规定的其他劳动争议。

3．劳动争议的解决原则和方法

（1）劳动争议解决的基本原则。

劳动争议的解决应当根据事实，遵循合法、公正、及时、着重调解的原则，依法保护当事人的合法权益。

（2）劳动争议解决的基本方法。

劳动争议解决的方法有协商、调解、仲裁和诉讼。

发生劳动争议，劳动者可以与用人单位协商，也可以请工会或者第三方共同与用人单位协商，达成和解协议；当事人不愿协商、协商不成或者达成和解协议后不履行的，可以向调解组织申请调解；不愿调解、调解不成或者达成调解协议后不履行的，可以向劳动争议仲裁委员会申请仲裁；对仲裁裁决不服的，除劳动争议调解仲裁法另有规定的以外，可以向人民法院提起诉讼。

拓展阅读

劳动争议的调解是指在劳动争议调解组织的主持下，在双方当事人自愿的基础上，通过宣传法律、法规、规章和政策，劝导当事人化解矛盾，自愿就争议事项达成协议，使劳动争议及时得到解决的一种活动。劳动仲裁是指劳动争议仲裁机构对劳动争议当事人争议的事项，根据劳动方面的法律、法规、规章和政策等的规定，依法作出裁决，从而解决劳动争议的一项劳动法律制度。

（3）举证责任。

发生劳动争议，当事人对自己提出的主张，有责任提供证据。与争议事项有关的证据属于用人单位掌握管理的，用人单位应当提供；用人单位不提供的，应当承担不利后果。

【例题 8-1-16 · 多选题】根据劳动合同法律制度的规定，下列劳动争议中，劳动者可以向劳动争议仲裁部门申请劳动仲裁的有（　　）。

A．确认劳动关系　　B．工伤医疗费争议

C．劳动保护条件争议　　D．社会保险争议

【答案】ABCD

【解析】选项 A、B、C、D 项均可以向劳动争议仲裁部门申请劳动仲裁。

（二）劳动调解

1．劳动争议调解组织

可受理劳动争议的调解组织有：

（1）企业劳动争议调解委员会。企业劳动争议调解委员会由职工代表和企业代表组成。职工代表由工会成员担任或者由全体职工推举产生，企业代表由企业负责人指定。企业劳动争议调解委员会主任由工会成员或者双方推举的人员担任。

（2）依法设立的基层人民调解组织。

（3）在乡镇、街道设立的具有劳动争议调解职能的组织。

2．调解员

劳动争议调解组织的调解员应当由公道正派、联系群众、热心调解工作，并具有一定法

律知识、政策水平和文化水平的成年公民担任。

3. 劳动调解程序

(1) 当事人申请劳动争议调解可以书面申请,也可以口头申请。口头申请的,调解组织应当当场记录申请人基本情况,申请调解的争议事项、理由和时间。

(2) 调解劳动争议,应当充分听取双方当事人对事实和理由的陈述,耐心疏导,帮助其达成协议。

(3) 经调解达成协议的,应当制作调解协议书。调解协议书由双方当事人签名或者盖章,经调解员签名并加盖调解组织印章后生效,对双方当事人具有约束力,当事人应当履行。

自劳动争议调解组织收到调解申请之日起15日内未达成调解协议的,当事人可以依法申请仲裁。

(4) 达成调解协议后,一方当事人在协议约定期限内不履行调解协议的,另一方当事人可以依法申请仲裁。因支付拖欠劳动报酬、工伤医疗费、经济补偿或者赔偿金事项达成调解协议,用人单位在协议约定期限内不履行的,劳动者可以持调解协议书依法向人民法院申请支付令。人民法院应当依法发出支付令。

(三) 劳动仲裁

1. 劳动仲裁参加人、劳动仲裁机构和劳动仲裁管辖

(1) 劳动仲裁参加人。

① 当事人。发生劳动争议的劳动者和用人单位为劳动争议仲裁案件的双方当事人。

劳务派遣单位或者用工单位与劳动者发生劳动争议的,劳务派遣单位和用工单位为共同当事人。

劳动者与个人承包经营者发生争议,依法向仲裁委员会申请仲裁的,应当将发包的组织和个人承包经营者作为当事人。

发生争议的用人单位被吊销营业执照、责令关闭、撤销以及用人单位决定提前解散、歇业,不能承担相关责任的,依法将其出资人、开办单位或主管部门作为共同当事人。

② 当事人代表。发生争议的劳动者一方在10人以上,并有共同请求的,劳动者可以推举3~5名代表人参加仲裁活动。

③ 第三人。与劳动争议案件的处理结果有利害关系的第三人,可以申请参加仲裁活动或者由劳动争议仲裁委员会通知其参加仲裁活动。

④ 代理人。当事人可以委托代理人参加仲裁活动。委托他人参加仲裁活动,应当向劳动争议仲裁委员会提交有委托人签名或者盖章的委托书,委托书应当载明委托事项和权限。

丧失或者部分丧失民事行为能力的劳动者,由其法定代理人代为参加仲裁活动;无法定代理人的,由劳动争议仲裁委员会为其指定代理人。劳动者死亡的,由其近亲属或者代理人参加仲裁活动。

(2) 劳动仲裁机构。

劳动仲裁机构是劳动争议仲裁委员会。劳动争议仲裁委员会按照统筹规划、合理布局和适应实际需要的原则设立,不按行政区划层层设立。

劳动争议仲裁委员会由劳动行政部门代表、工会代表和企业方面代表组成。劳动争议仲裁委员会组成人员应当是单数。劳动争议仲裁委员会应当设仲裁员名册。

劳动争议仲裁不收费。劳动争议仲裁委员会的经费由财政予以保障。

（3）劳动仲裁管辖。

劳动争议仲裁委员会负责管辖本区域内发生的劳动争议。劳动争议由劳动合同履行地或者用人单位所在地的劳动争议仲裁委员会管辖。双方当事人分别向劳动合同履行地和用人单位所在地的劳动争议仲裁委员会申请仲裁的，由劳动合同履行地的劳动争议仲裁委员会管辖。

案件受理后，劳动合同履行地和用人单位所在地发生变化的，不改变争议仲裁的管辖。多个仲裁委员会都有管辖权的，由先受理的仲裁委员会管辖。

2．申请和受理

（1）仲裁时效。

① 劳动争议申请仲裁的时效期间为1年。

仲裁时效期间从当事人知道或者应当知道其权利被侵害之日起计算。

劳动关系存续期间因拖欠劳动报酬发生争议的，劳动者申请仲裁不受1年仲裁时效期间的限制；但是，劳动关系终止的，应当自劳动关系终止之日起1年内提出。

② 仲裁时效的中断。劳动仲裁时效，因当事人一方向对方当事人主张权利，或者向有关部门请求权利救济，或者对方当事人同意履行义务而中断。从中断时起，仲裁时效期间重新计算。

③ 仲裁时效的中止。因不可抗力或者有其他正当理由，当事人不能在仲裁时效期间申请仲裁的，仲裁时效中止。从中止时效的原因消除之日起，仲裁时效期间继续计算。

（2）仲裁申请。

申请人申请仲裁应当提交书面仲裁申请，并按照被申请人人数提交副本。仲裁申请书应当载明下列事项：

① 劳动者的姓名、性别、年龄、职业、工作单位和住所，用人单位的名称、住所和法定代表人或者主要负责人的姓名、职务。

② 仲裁请求和所根据的事实、理由。

③ 证据和证据来源、证人姓名和住所。

书写仲裁申请确有困难的，可以口头申请，由劳动争议仲裁委员会记入笔录，并告知对方当事人。

（3）仲裁受理。

劳动争议仲裁委员会收到仲裁申请之日起5日内，认为符合受理条件的，应当受理，并通知申请人；认为不符合受理条件的，应当书面通知申请人不予受理，并说明理由。

对劳动争议仲裁委员会不予受理或者逾期未作出决定的，申请人可以就该劳动争议事项向人民法院提起诉讼。

劳动争议仲裁委员会受理仲裁申请后，应当在5日内将仲裁申请书副本送达被申请人。被申请人收到仲裁申请书副本后，应当在10日内向劳动争议仲裁委员会提交答辩书。劳动争议仲裁委员会收到答辩书后，应当在5日内将答辩书副本送达申请人。被申请人未提交答辩书的，不影响仲裁程序的进行。

3．开庭和裁决

（1）基本制度。

① 仲裁公开原则。

劳动争议仲裁公开进行，但当事人协议不公开进行或者涉及国家秘密、商业秘密和个人隐私的除外。

② 仲裁庭制。

劳动争议仲裁委员会裁决劳动争议案件实行仲裁庭制。仲裁庭由3名仲裁员组成，设首席仲裁员。简单劳动争议案件可以由1名仲裁员独任仲裁。

③ 回避制度。

仲裁员有下列情形之一的，应当回避：a. 是本案当事人或者当事人、代理人的近亲属的；b. 与本案有利害关系的；c. 与本案当事人、代理人有其他关系，可能影响公正裁决的；d. 私自会见当事人、代理人，或者接受当事人、代理人请客送礼的。

（2）开庭程序。

① 劳动争议仲裁委员会应当在受理仲裁申请之日起5日内将仲裁庭的组成情况书面通知当事人。仲裁庭应当在开庭5日前，将开庭日期、地点书面通知双方当事人。当事人有正当理由的，可以在开庭3日前请求延期开庭。是否延期，由劳动争议仲裁委员会决定。

② 申请人收到书面通知，无正当理由拒不到庭或者未经仲裁庭同意中途退庭的，可以视为撤回仲裁申请；申请人重新申请仲裁的，仲裁委员会不予受理。

被申请人收到书面通知，无正当理由拒不到庭或者未经仲裁庭同意中途退庭的，仲裁庭可以继续开庭审理，并缺席裁决。

③ 开庭审理时，仲裁员应当听取申请人的陈述和被申请人的答辩，主持庭审调查、质证和辩论，征询当事人最后意见，并进行调解。

④ 当事人申请劳动争议仲裁后，可以自行和解。达成和解协议的，可以撤回仲裁申请，也可以请求仲裁庭根据和解协议制作调解书。

⑤ 仲裁庭裁决劳动争议案件，应当自仲裁委员会受理仲裁申请之日起45日内结束。案情复杂需要延期的，经仲裁委员会主任批准，可以延期并书面通知当事人，但是延长期限不得超过15日。预期未作出仲裁裁决的，当事人可以就该劳动争议事项向人民法院提起诉讼。

上述规定中的“3日”“5日”“10日”指工作日，“15日”“45日”指自然日。

（3）裁决。

① 裁决的原则。

裁决应当按照多数仲裁员的意见作出，少数仲裁员的不同意见应当记入笔录。仲裁庭不能形成多数意见时，裁决应当按照首席仲裁员的意见作出。

裁决书应当载明仲裁请求、争议事实、裁决理由、裁决结果和裁决日期。裁决书由仲裁员签名，加盖劳动争议仲裁委员会印章。对裁决持不同意见的仲裁员，可以签名，也可以不签名。

② 一裁终局的案件。

下列劳动争议，除劳动争议调解仲裁法另有规定的外，仲裁裁决为终局裁决，裁决书自作出之日起发生法律效力：a. 追索劳动报酬、工伤医疗费、经济补偿或者赔偿金，不超过当地月最低工资标准12个月金额的争议；b. 因执行国家的劳动标准在工作时间、休息休假、社会保险等方面发生的争议。

（4）不服仲裁裁决提起诉讼的期限和条件。

劳动者对上述一裁终局的裁决不服的，可以自收到仲裁裁决书之日起15日内向人民法院提起诉讼。

用人单位有证据证明上述一裁终局的裁决有下列情形之一，可以自收到仲裁裁决书之日起30日内向劳动争议仲裁委员会所在地的中级人民法院申请撤销裁决：

① 适用法律、法规确有错误的。

② 劳动争议仲裁委员会无管辖权的。

③ 违反法定程序的。

④ 裁决所根据的证据是伪造的。

⑤ 对方当事人隐瞒了足以影响公正裁决的证据的。

⑥ 仲裁员在仲裁该案时有索贿受贿、徇私舞弊、枉法裁决行为的。

人民法院经组成合议庭审查核实裁决有上述规定情形之一的，应当裁定撤销。

点睛

各类法律文书生效时间

法律文书		生效时间
仲裁(商事)	裁决书	自作出之日起发生法律效力
	调解书	经双方当事人签收后，即发生法律效力
民事诉讼 行政诉讼	一审判决	判决书送达之日起15日内不上诉即生效
	二审判决	自送达之日起发生法律效力
行政复议	行政复议决定书	自送达之日起发生法律效力
劳动仲裁	终局裁决	自作出之日起发生法律效力
	非终局裁决	自收到裁决书之日起15日内不提起诉讼即发生法律效力

4. 执行

(1) 仲裁庭对追索劳动报酬、工伤医疗费、经济补偿或者赔偿金的案件，根据当事人的申请，可以裁决先予执行，移送人民法院执行。

仲裁庭裁决先予执行的，应当符合下列条件：① 当事人之间权利义务关系明确；② 不先予执行将严重影响申请人的生活。

劳动者申请先予执行的，可以不提供担保。

(2) 当事人对发生法律效力的调解书、裁决书，应当依照规定的期限履行。一方当事人逾期不履行的，另一方当事人可以依照民事诉讼法的有关规定向人民法院申请执行。受理申请的人民法院应当依法执行。

(四) 劳动诉讼

1. 劳动诉讼申请范围

(1) 对劳动争议仲裁委员会不予受理或者逾期未作出决定的，申请人可以就该劳动争议事项向人民法院提起诉讼。

(2) 劳动者对劳动争议的终局裁决不服的，可以自收到仲裁裁决书之日起15日内向人民法院提起诉讼。

(3) 当事人对终局裁决情形之外的其他劳动争议案件的仲裁裁决不服的,可以自收到仲裁裁决书之日起15日内提起诉讼。

(4) 终局裁决被人民法院裁定撤销的,当事人可以自收到裁定书之日起15日内就该劳动争议事项向人民法院提起诉讼。

2. 劳动诉讼程序

劳动诉讼依照民事诉讼法的规定执行。

点睛

(经济)仲裁与劳动仲裁

项　目	(经济)仲裁	劳动仲裁
是否有仲裁协议	√	×
与民诉关系	或裁或诉(一裁终局)	先裁后诉
地域管辖	×	√(合同履行地或单位所在地)
收费	√	×
仲裁机构	不按行政区划层层设立	不按行政区划层层设立
申请	书面仲裁协议	书面或口头申请
开庭	√	√
公开	×(以不公开为原则)	√(以公开为原则)
回避	√	√
裁定生效	一裁终局,自作出之日起生效	①终局裁决:自作出之日起生效 ②非终局裁决:自收到裁决书之日起15日内不起诉
强制执行	人民法院	人民法院

【例题8-1-17·多选题】劳动者因用人单位拖欠劳动报酬发生劳动争议申请仲裁的,应当在仲裁时效期间内提出。关于仲裁时效期间的下列表述中,正确的有(　　)。

A. 从用人单位拖欠劳动报酬之日起1年

B. 从用人单位拖欠劳动报酬之日起2年

C. 劳动关系存续期间无仲裁时效期间限制

D. 劳动关系终止的自劳动关系终止之日起1年

【答案】CD

【解析】仲裁时效期间从当事人知道或者应当知道其权利被侵害之日起计算。劳动争议申请仲裁的时效期间为1年。劳动关系存续期间因拖欠劳动报酬发生争议的,劳动者申请仲裁不受1年仲裁时效期间的限制;但是,劳动关系终止的,应当自劳动关系终止之日起1年内提出。

八、违反劳动合同法的法律责任

（一）用人单位违反劳动合同法的法律责任

1. 用人单位规章制度违法的法律责任

（1）用人单位直接涉及劳动者切身利益的规章制度违反法律、法规规定的，由劳动行政部门责令改正，给予警告；给劳动者造成损害的，应当承担赔偿责任。

（2）用人单位违反劳动合同法有关建立职工名册规定的，由劳动行政部门责令限期改正；逾期不改正的，由劳动行政部门处 2 000 元以上 2 万元以下的罚款。

2. 用人单位订立劳动合同违法的法律责任

（1）用人单位提供的劳动合同文本未载明劳动合同必备条款或者用人单位未将劳动合同文本交付劳动者的，由劳动行政部门责令改正；给劳动者造成损害的，应当承担赔偿责任。

（2）用人单位自用工之日起超过 1 个月不满 1 年未与劳动者订立书面劳动合同的，应当向劳动者每月支付 2 倍的工资。

（3）用人单位违反劳动合同法规定不与劳动者订立无固定期限劳动合同的，自应当订立无固定期限劳动合同之日起向劳动者每月支付 2 倍的工资。

（4）用人单位违反劳动合同法规定与劳动者约定试用期的，由劳动行政部门责令改正；违法约定的试用期已经履行的，由用人单位以劳动者试用期满月工资为标准，按已经履行的超过法定试用期的期间向劳动者支付赔偿金。

（5）用人单位违反劳动合同法规定，扣押劳动者居民身份证等证件的，由劳动行政部门责令限期退还劳动者本人，并依照有关法律规定给予处罚。

（6）用人单位违反劳动合同法规定，以担保或者其他名义向劳动者收取财物的，由劳动行政部门责令限期退还劳动者本人，并以每人 500 元以上 2 000 元以下的标准处以罚款；给劳动者造成损害的，应当承担赔偿责任。

（7）劳动合同依照法律规定被确认无效，给劳动者造成损害的，用人单位应当承担赔偿责任。

3. 用人单位履行劳动合同违法的法律责任

（1）用人单位有下列情形之一的，依法给予行政处罚；构成犯罪的，依法追究刑事责任；给劳动者造成损害的，应当承担赔偿责任：

① 以暴力、威胁或者非法限制人身自由的手段强迫劳动的。

② 违章指挥或者强令冒险作业危及劳动者人身安全的。

③ 侮辱、体罚、殴打、非法搜查或者拘禁劳动者的。

④ 劳动条件恶劣、环境污染严重，给劳动者身心健康造成严重损害的。

（2）用人单位有下列情形之一的，由劳动行政部门责令限期支付劳动报酬、加班费；劳动报酬低于当地最低工资标准的，应当支付其差额部分；逾期不支付的，责令用人单位按应付金额 50% 以上 100% 以下的标准向劳动者加付赔偿金：

① 未按照劳动合同的约定或者国家规定及时足额支付劳动者劳动报酬的。

② 低于当地最低工资标准支付劳动者工资的。

③ 安排加班不支付加班费的。

（3）用人单位依照劳动合同法的规定应当向劳动者每月支付 2 倍的工资或者应当向劳动者支付赔偿金而未支付的，劳动行政部门应当责令用人单位支付。

4．用人单位违法解除和终止劳动合同的法律责任

（1）用人单位违反劳动合同法规定解除或者终止劳动合同的，应当依照劳动合同法规定的经济补偿标准的2倍向劳动者支付赔偿金。

（2）用人单位解除或者终止劳动合同，未依照劳动合同法规定向劳动者支付经济补偿的，由劳动行政部门责令限期支付经济补偿；逾期不支付的，责令用人单位按应付金额50%以上100%以下的标准向劳动者加付赔偿金。

（3）用人单位违反劳动合同法规定未向劳动者出具解除或者终止劳动合同的书面证明，由劳动行政部门责令改正；给劳动者造成损害的，应当承担赔偿责任。

（4）劳动者依法解除或者终止劳动合同，用人单位扣押劳动者档案或者其他物品的，由劳动行政部门责令限期退还劳动者本人，并以每人500元以上2 000元以下的标准处以罚款；给劳动者造成损害的，应当承担赔偿责任。

5．其他法律责任

（1）用人单位招用与其他用人单位尚未解除或者终止劳动合同的劳动者，给其他用人单位造成损失的，应当承担连带赔偿责任。

（2）用工单位和劳务派遣单位违反劳动合同法有关劳务派遣规定的，由劳动行政部门和其他有关主管部门责令改正；情节严重的，以每位被派遣劳动者1 000元以上5 000元以下的标准处以罚款（劳务派遣单位并由工商行政管理部门吊销营业执照）；给被派遣劳动者造成损害的，劳务派遣单位和用工单位承担连带赔偿责任。

（3）对不具备合法经营资格的用人单位的违法犯罪行为，依法追究法律责任；劳动者已经付出劳动的，该单位或者其出资人应当依照劳动合同法的有关规定向劳动者支付劳动报酬、经济补偿、赔偿金；给劳动者造成损害的，应当承担赔偿责任。

（4）个人承包经营违反劳动合同法规定招用劳动者，给劳动者造成损害的，发包的组织与个人承包经营者承担连带赔偿责任。

（二）劳动者违反劳动合同法的法律责任

（1）劳动合同被确认无效，给用人单位造成损失的，有过错的劳动者应当承担赔偿责任。

（2）劳动者违反劳动合同法规定解除劳动合同，给用人单位造成损失的，应当承担赔偿责任。

（3）劳动者违反劳动合同中约定的保密义务或者竞业限制，劳动者应当按照劳动合同的约定，向用人单位支付违约金。给用人单位造成损失的，应当承担赔偿责任。

（4）劳动者违反培训协议，未满服务期解除或者终止劳动合同的，或者因劳动者严重违纪，用人单位与劳动者解除约定服务期的劳动合同的，劳动者应当按照劳动合同的约定，向用人单位支付违约金。

案例分析

【案例】

金顺公司员工钱某医疗期满后，不能从事原来的工作。单位对其重新安排了工作，但钱某仍不能适应新的岗位。单位决定额外支付给钱某1个月的工资以解决与钱某的劳动合同。但在办理工作交接时没有给予钱某经济补偿。分析用人单位的做法是否符合法律规定，应承担何种法律责任。

【分析】

劳动合同法规定,劳动者患病或者非因工负伤,在规定的医疗期满后不能从事原工作,也不能从事由用人单位另行安排的工作的,用人单位提前30日以书面形式通知劳动者本人或者额外支付劳动者1个月工资后,可以解除劳动合同。用人单位解除或者终止劳动合同,未依照劳动合同法律规定向劳动者支付经济补偿的,由劳动行政部门责令限期支付经济补偿;逾期不支付的,责令用人单位按应付金额50%以上100%以下的标准向劳动者加付赔偿金。本例中,用人单位以额外支付1个月工资作为解除合同的条件而即时解除合同是可以的,但用人单位没有在解除劳动合同的同时支付经济补偿,属于延迟支付,应当限期支付,否则应按经济补偿金额50%以上100%以下的标准向钱某加付赔偿金。

第二节 社会保险法律制度

扫码看资源

一、社会保险的概念与基本原则

(一)社会保险的概念

社会保险,是指国家依法建立的,由国家、用人单位和个人共同筹集资金、建立基金,使个人在年老(退休)、患病、工伤(因工伤残或者患职业病)、失业、生育等情况下获得物质帮助和补偿的一种社会保障制度。这种保障是依靠国家立法强制实行的社会化保险。所谓“社会化保险”:一是指资金来源的社会化,社会保险基金中既有用人单位和个人缴纳的保险费,也有国家财政给予的补助;二是指管理的社会化,国家设置专门机构,实行统一规划和管理,统一承担保险金的发放等。

目前,我国社会保险项目主要有基本养老保险、基本医疗保险、工伤保险、失业保险和生育保险。2017年1月19日,国务院办公厅印发了《生育保险和职工基本医疗保险合并实施试点方案》,在2017年6月底前启动生育保险和职工基本医疗保险合并实施试点工作,试点在12个试点城市行政区域开展,期限为1年左右。

(二)社会保险制度的基本原则

1. 社会保险范围“广覆盖”

“广覆盖”,就是社会保险制度的覆盖面要广,使尽可能多的人纳入社会保险制度。广覆盖原则体现了社会保险制度的公平性和全面性,维护了公民参加社会保险和享受社会保险待遇的合法权益。

2. 社会保险“保基本”

“保基本”,即社会保险以保障公民基本生活和需要为主,这是由我国现阶段经济发展水平决定的,社会保险水平应当与经济社会发展水平相适应。“保基本”具备两个功能:一方面可以防止超出现实可能的过高标准造成国家财政、用人单位和个人负担过重;另一方面就某些保险而言,如失业保险,可以避免有劳动能力的人过分依赖社会保险,而放弃以劳动为本的生存方式。

3．社会保险体系“多层次”

社会保险体系“多层次”，是指责任主体和制度结构的多元化。除了建立并完善基本养老保险、基本医疗保险等基本保险外，还可建立补充保险，包括补充养老保险、补充医疗保险，以及补充性的商业保险等。

4．社会保险制度运行“可持续”

“可持续”，即建立社会保险可持续发展的长效机制，实现社会保险制度稳定运行。保证社会保险基金收支平衡，促进自身良性运行，特别是在人口老龄化来临时基本养老保险制度、基本医疗保险制度能够持续，不给政府财政、企业和个人造成太大负担。

二、基本养老保险

（一）基本养老保险的含义

基本养老保险，是指缴费达到法定期限并且个人达到法定退休年龄后，国家和社会提供物质帮助以保证因年老而退出劳动领域者稳定、可靠的生活来源的社会保险制度。基本养老保险是社会保险体系中最重要、实施最广泛的一项制度。

（二）基本养老保险的覆盖范围

职工基本养老保险费的征缴范围：国有企业、城镇集体企业、外商投资企业、城镇私营企业和其他城镇企业及其职工，实行企业化管理的事业单位及其职工。这是基本养老保险的主体部分。由用人单位和职工共同缴纳基本养老保险费。

无雇工的个体工商户、未在用人单位参加基本养老保险的非全日制从业人员以及其他灵活就业人员可以参加基本养老保险，由个人缴纳基本养老保险费。

公务员和参照公务员管理的工作人员养老保险的办法由国务院规定。

（三）职工基本养老保险基金的组成和来源

基本养老保险基金由用人单位和个人缴费以及政府补贴等组成。基本养老保险实行社会统筹与个人账户相结合。

养老保险社会统筹，是指统收养老保险缴费和统支养老金，确保收支平衡的公共财务系统。用人单位应当按照国家规定的本单位职工工资总额的比例缴纳基本养老保险费，记入基本养老保险统筹基金。职工按照国家规定的本人工资的比例缴纳基本养老保险费，记入个人账户。基本养老保险基金出现支付不足时，政府给予补贴。

无雇工的个体工商户、未在用人单位参加基本养老保险的非全日制从业人员以及其他灵活就业人员参加基本养老保险的，应当按照国家规定缴纳基本养老保险费，分别记入基本养老保险统筹基金和个人账户。

个人账户不得提前支取，记账利率不得低于银行定期存款利率，免征利息税。

（四）职工基本养老保险费的缴纳与计算

1．单位缴费

按照现行政策，自2018年5月1日起，企业职工基本养老保险单位缴费比例超过19%的省（区、市），以及按照人力资源和社会保障部、财政部《关于阶段性降低社会保险费率的通知》（人社部发〔2016〕36号）单位缴费比例降至19%的省（区、市），基金累计结余可支付月数(截至2017年底)高于9个月的,可阶段性执行19%的单位缴费比例至2019年4月30日。具体方案由各省(区、市)研究确定。

2. 个人缴费

按照现行政策,职工个人按照本人缴费工资的8%缴费,记入个人账户。

缴费工资,也称缴费工资基数,一般为职工本人上一年度月平均工资。月平均工资按照国家统计局规定列入工资总额统计的项目计算,包括工资、奖金、津贴、补贴等收入,不包括用人单位承担或者支付给员工的社会保险费、劳动保护费、福利费、用人单位与员工解除劳动关系时支付的一次性补偿以及计划生育费用等其他不属于工资的费用。新招职工(包括研究生、大学生、大中专毕业生等)以起薪当月工资收入作为缴费工资基数;从第二年起,按上一年实发工资的月平均工资作为缴费工资基数。即:

$$\text{个人养老账户月存储额}=\text{本人月缴费工资}\times 8\%$$

本人月平均工资低于当地职工月平均工资60%的,按当地职工月平均工资的60%作为缴费基数。本人月平均工资高于当地职工月工资300%的,按当地职工月平均工资的300%作为缴费基数,超过部分不计入缴费工资基数,也不计入计发养老金的基数。

个人缴费不计征个人所得税,在计算个人所得税的应税收入时,应当扣除个人缴纳的养老保险费。

城镇个体工商户和灵活就业人员的缴费基数为当地上年度在岗职工月平均工资,缴费比例为20%,其中8%记入个人账户。

【例题8-2-1·单选题】某企业职工王某的月工资为8 500元,当地职工月平均工资为2 400元,已知职工基本养老保险个人缴费的比例为工资的8%,根据社会保险法的有关规定,王某每月应由个人缴纳的基本养老保险费为(　　)元。

A. 192　　B. 576　　C. 680　　D. 1 700

【答案】B

【解析】王某的月工资为8 500元,已经超过当地职工月平均工资为2 400元的3倍,只能按照3倍工资计算:王某每月应由个人缴纳的基本养老保险费 $=2\,400\times 3\times 8\%=576$(元)。

(五)职工基本养老保险享受条件与待遇

1. 职工基本养老保险享受条件

(1)年龄条件:达到法定退休年龄。

目前国家实行的法定的企业职工退休年龄是:男年满60周岁,女工人年满50周岁,女干部年满55周岁;从事井下、高温、高空、特别繁重体力劳动或其他有害身体健康工作的,退休年龄男年满55周岁,女年满45周岁;因病或非因工致残,由医院证明并经劳动鉴定委员会确认完全丧失劳动能力的,退休年龄为男年满50周岁,女年满45周岁。

(2)缴费条件:累计缴费满15年。

参加职工基本养老保险的个人,达到法定退休年龄时累计缴费满15年的,按月领取基本养老金。

2. 职工基本养老保险待遇

(1)支付职工基本养老金。对符合基本养老保险享受条件的人员,国家按月支付基本养老金。基本养老金由统筹养老金和个人账户养老金组成。

（2）丧葬补助金和遗属抚恤金。参加基本养老保险的个人，因病或者非因工死亡的，其遗属可以领取丧葬补助金和抚恤金，所需资金从基本养老保险基金中支付。但如果个人死亡同时符合领取基本养老保险丧葬补助金、工伤保险丧葬补助金和失业保险丧葬补助金条件的，其遗属只能选择领取其中的一项。

（3）病残津贴。参加基本养老保险的个人，在未达到法定退休年龄时因病或者非因工致残完全丧失劳动能力的，可以领取病残津贴。所需资金从基本养老保险基金中支付。

三、基本医疗保险

（一）基本医疗保险的含义

基本医疗保险，是指按照国家规定缴纳一定比例的医疗保险费，在参保人因患病和意外伤害而就医诊疗时，由医疗保险基金支付其一定医疗费用的社会保险制度。

（二）基本医疗保险的覆盖范围

1. 职工基本医疗保险

职工应当参加职工基本医疗保险，由用人单位和职工按照国家规定共同缴纳基本医疗保险费。职工基本医疗保险费的征缴范围：国有企业、城镇集体企业、外商投资企业、城镇私营企业和其他城镇企业及其职工，国家机关及其工作人员，事业单位及其职工，民办非企业单位及其职工，社会团体及其专职人员。

无雇工的个体工商户、未在用人单位参加基本医疗保险的非全日制从业人员以及其他灵活就业人员可以参加职工基本医疗保险，由个人按照国家规定缴纳基本医疗保险费。

2. 城乡居民基本医疗保险

整合城镇居民基本医疗保险和新型农村合作医疗两项制度，建立统一的城乡居民基本医疗保险制度。城乡居民基本医疗保险制度覆盖范围包括现有城镇居民基本医疗保险制度和新型农村合作医疗所有应参保（合）人员，即覆盖除职工基本医疗保险应参保人员以外的其他所有城乡居民，统一保障待遇。

（三）职工基本医疗保险费的缴纳

1. 单位缴费

由统筹地区统一确定适合当地经济发展水平的基本医疗保险单位缴费率，一般为职工工资总额的6%左右。用人单位缴纳的基本医疗保险费分为两部分：一部分用于建立统筹基金，另一部分划入个人账户。

2. 基本医疗保险个人账户的资金来源

（1）个人缴费部分。

由统筹地区统一确定适合当地职工负担水平的基本医疗保险个人缴费率，一般为本人工资收入的2%。

（2）用人单位缴费的划入部分。

由统筹地区根据个人医疗账户的支付范围和职工年龄等因素确定用人单位所缴医疗保险费划入个人医疗账户的具体比例，一般为30%左右。

【例题8-2-2·单选题】 某企业员工王某的月工资为5 000元。计算王某个人医疗保险账户每月的储存额。已知当地规定的基本医疗保险单位缴费率为6%，个人缴费率为2%，单位缴费划入个人医疗保险账户的比例为30%。王某个人医疗保险账户每月的储存额为(　　)元。

A. 190　　B. 200　　C. 210　　D. 220

【答案】A

【解析】王某每月从工资中扣除：5 000×2% =100(元)，存入医疗保险个人账户；单位每月缴费中转入王某个人账户额 =5 000×6% ×30% =90(元)；王某个人医疗保险账户每月的储存额 =100 +90 =190(元)。统筹地区就业的，其基本医疗保险关系随本人转移，缴费年限累计计算。

3. 基本医疗保险关系转移接续制度

个人跨统筹地区就业的，其基本医疗保险关系随本人转移，缴费年限累计计算。

拓展阅读

目前对最低缴费年限没有全国统一的规定，由各统筹地区根据本地情况确定。

（四）职工基本医疗费用的结算

参保人员符合基本医疗保险药品目录、诊疗项目、医疗服务设施标准以及急诊、抢救的医疗费用，按照国家规定从基本医疗保险基金中支付。参保人员医疗费用中应当由基本医疗保险基金支付的部分，由社会保险经办机构与医疗机构、药品经营单位直接结算。目前各地对职工基本医疗保险费用结算的方式并不一致。要享受基本医疗保险待遇一般要符合以下条件：

（1）参保人员必须到基本医疗保险的定点医疗机构就医、购药或定点零售药店购买药品。

（2）参保人员在看病就医过程中所发生的医疗费用必须符合基本医疗保险药品目录、诊疗项目、医疗服务设施标准的范围和给付标准。

参保人员符合基本医疗保险支付范围的医疗费用中，在社会医疗统筹基金起付标准以上与最高支付限额以下的费用部分，由社会医疗统筹基金按一定比例支付。

起付标准，又称起付线，一般为当地职工年平均工资的10%左右。最高支付限额，又称封顶线，一般为当地职工年平均工资的6倍左右。支付比例一般为90%。

参保人员符合基本医疗保险支付范围的医疗费用中，在社会医疗统筹基金起付标准以下的费用部分，由个人账户资金支付或个人自付；统筹基金起付线以上至封顶线以下的费用部分，个人也要承担一定比例的费用，一般为10%，可由个人账户支付也可自付。参保人员在封顶线以上的医疗费用部分，可以通过单位补充医疗保险或参加商业保险等途径解决。

（五）基本医疗保险基金不支付的医疗费用

下列医疗费用不纳入基本医疗保险基金支付范围：① 应当从工伤保险基金中支付的；② 应当由第三人负担的；③ 应当由公共卫生负担的；④ 在境外就医的。

医疗费用应当由第三人负担，第三人不支付或者无法确定第三人的，由基本医疗保险基金先行支付。基本医疗保险基金先行支付后，有权向第三人追偿。

案例分析

【案例】

唐某在定点医院做外科手术，共发生医疗费用 18 万元，其中在规定医疗目录内的费用为 15 万元，目录以外费用为 3 万元。已知：当地职工平均工资水平为 2 000 元/月，起付标准为当地职工年平均工资的 10%，最高支付限额为当地职工年平均工资的 6 倍，报销比例为 90%。分析计算哪些费用可以从统筹账户中报销，哪些费用需由唐某自理。

【分析】

医疗报销起付标准（起付线）为：2 000 × 12 × 10% = 2 400（元）。

最高支付限额（封顶线）为：2 000 × 12 × 6 = 144 000（元）。

唐某医疗费用中在 2 400 元以上、144 000 元以下部分可以从统筹账户予以报销。

报销比例为 90%。唐某可以报销的费用为：(144 000 − 2 400) × 90% = 127 440（元）。

本人负担：180 000 − 127 440 = 52 560（元）。

其中，起付线以下部分为 2 400 元。

起付线以上封顶线以下自费部分为：(144 000 − 2 400) × 10% = 14 160（元）。

目录内封顶线以上部分为：150 000 − 144 000 = 6 000（元）；

目录外部分为 30 000 元。

（六）医疗期

医疗期是指企业职工因患病或非因工负伤停止工作，治病休息，但不得解除劳动合同的期限。

1. 医疗期期间

企业职工因患病或非因工负伤，需要停止工作，进行医疗时，根据本人实际参加工作年限和在本单位工作年限，给予 3 个月到 24 个月的医疗期，具体规定如表 8-2-1 所示。

表 8-2-1　医疗期期间

实际工作年限	在本单位工作年限	可享受医疗期
实际工作年限 10 年以下	5 年以下	3 个月
	5 年以上	6 个月
实际工作年限 10 年以上	5 年以下	6 个月
	5 年以上 10 年以下	9 个月
	10 年以上 15 年以下	12 个月
	15 年以上 20 年以下	18 个月
	20 年以上	24 个月

2. 医疗期的计算方法

医疗期 3 个月，按 6 个月内累计病休时间计算。

6 个月，按 12 个月内累计病休时间计算。

9 个月，按 15 个月内累计病休时间计算。

12 个月，按 18 个月内累计病休时间计算。

18个月，按24个月内累计病休时间计算。

24个月，按30个月内累计病休时间计算。

病休期间，公休、假日和法定节日包括在内。对某些患特殊疾病（如癌症、精神病、瘫痪等）的职工，在24个月内尚不能痊愈的，经企业和劳动主管部门批准，可以适当延长医疗期。

【例题8-2-3·单选题】甲公司王某实际工作8年，在甲公司工作3年。因患病住院治疗，王某可享受的医疗期期间为（　　）。

A. 12个月　　B. 3个月

C. 6个月　　D. 9个月

【答案】B

【解析】实际工作年限10年以下，在本地单位工作年限5年以下可享受3个月的医疗期。

3. 医疗期内的待遇

企业职工在医疗期内，其病假工资、疾病救济费和医疗待遇按照有关规定执行。

病假工资或疾病救济费可以低于当地最低工资标准支付，但最低不能低于最低工资标准的80%。医疗期内不得解除劳动合同。如医疗期内遇合同期满，则合同必须续延至医疗期满，职工在此期间仍然享受医疗期内待遇。对医疗期满尚未痊愈者，或者医疗期满后，不能从事原工作，也不能从事用人单位另行安排的工作，被解除劳动合同的，用人单位需按经济补偿规定给予其经济补偿。

【例题8-2-4·多选题】根据社会保险法律制度的有关规定，下列关于医疗期待遇的说法中正确的有（　　）。

A. 医疗期内工资标准最低为个人上年度平均工资的80%

B. 医疗期内不得解除劳动合同

C. 对医疗期满后不能从事原工作，也不能从事用人单位另行安排的工作的劳动者，用人单位可以与其解除劳动合同

D. 医疗期满解除或终止劳动关系的，由用人单位向劳动者支付一次性伤残就业补助金

【答案】BC

【解析】职工在医疗期内，病假工资或疾病救济费可以低于当地最低工资标准，但最低不得低于最低工资标准的80%。选项A错误。七级至十级伤残，劳动合同期满终止，由工伤保险基金支付一次性工伤医疗补助金。由用人单位向劳动者支付一次性伤残就业补助金。

四、工伤保险

（一）工伤保险的含义

工伤保险，是指劳动者在职业工作中或规定的特殊情况下遭遇意外伤害或职业病，导致暂时或永久丧失劳动能力以及死亡时，劳动者或其遗属能够从国家和社会获得物质帮助的社会保险制度。

（二）工伤保险费的缴纳和工伤保险基金

1. 工伤保险费的缴纳

职工应当参加工伤保险，由用人单位缴纳工伤保险费，职工不缴纳工伤保险费。

中华人民共和国境内的企业、事业单位、社会团体、民办非企业单位、基金会、律师事务所、会计师事务所等组织和有雇工的个体工商户应当依照《工伤保险条例》的规定参加工伤保险，为本单位全部职工或者雇工缴纳工伤保险费。中华人民共和国境内的企业、事业单位、社会团体、民办非企业单位、基金会、律师事务所、会计师事务所等组织的职工和个体工商户的雇工，均有依照规定享受工伤保险待遇的权利。

用人单位应当按照本单位职工工资总额，根据社会保险经办机构确定的费率按时足额缴纳工伤保险费。用人单位缴纳工伤保险费的数额为本单位职工工资总额乘以单位缴费费率之积。工资总额，是指用人单位直接支付给本单位全部职工的劳动报酬总额。

对难以按照工资总额缴纳工伤保险费的行业，其缴纳工伤保险费的具体方式，由国务院社会保险行政部门规定。

【例题8-2-5·多选题】根据社会保险法律制度的规定，下列人员中，属于工伤保险覆盖范围的有(　　)。

A. 国有企业职工　　B. 民办非企业单位职工

C. 个体工商户的雇工　　D. 事业单位职工

【答案】ABCD

【解析】中华人民共和国境内的企业、事业单位、社会团体、民办非企业单位、基金会、律师事务所、会计师事务所等组织的职工和个体工商户的雇工，均有依照规定享受工伤保险待遇的权利。

2. 工伤保险基金

工伤保险基金由用人单位缴纳的工伤保险费、工伤保险基金的利息和依法纳入工伤保险基金的其他资金构成。任何单位或者个人不得将工伤保险基金用于投资运营、兴建或者改建办公场所、发放奖金，或者挪作其他用途。

(三) 工伤认定与劳动能力鉴定

1. 工伤认定

(1) 应当认定工伤的情形：

① 在工作时间和工作场所内，因工作原因受到事故伤害的。

② 工作时间前后在工作场所内，从事与工作有关的预备性或收尾性工作受到事故伤害的。

③ 在工作时间和工作场所内，因履行工作职责受到暴力等意外伤害的。

④ 患职业病的。

⑤ 因工外出期间，由于工作原因受到伤害或者发生事故下落不明的。

⑥ 在上下班途中，受到非本人主要责任的交通事故或者城市轨道交通、客运轮渡、火车事故伤害的。

⑦ 法律、行政法规规定应当认定为工伤的其他情形。

(2) 视同工伤的情形：

① 在工作时间和工作岗位，突发疾病死亡或者在48小时内经抢救无效死亡的。

② 在抢险救灾等维护国家利益、公共利益活动中受到伤害的。

③ 原在军队服役，因战、因公负伤致残，已取得革命伤残军人证，到用人单位后旧伤复发的。

(3) 不认定为工伤的情形：

① 故意犯罪。

② 醉酒或者吸毒。

③ 自残或者自杀。

④ 法律、行政法规规定的其他情形。

2. 劳动能力鉴定

职工发生工伤，经治疗伤情相对稳定后存在残疾、影响劳动能力的，应当进行劳动能力鉴定。劳动能力鉴定是指劳动功能障碍程度和生活自理障碍程度的等级鉴定。

劳动功能障碍分为十个伤残等级，最重的为一级，最轻的为十级。生活自理障碍分为三个等级：生活完全不能自理、生活大部分不能自理和生活部分不能自理。劳动能力鉴定标准由国务院社会保险行政部门会同国务院卫生行政部门等部门制定。

(四) 工伤保险待遇

职工因工作原因受到事故伤害或者患职业病，且经工伤认定的，享受工伤保险待遇。其中，经劳动能力鉴定丧失劳动能力的，享受伤残待遇。

1. 工伤医疗待遇

职工因工作遭受事故伤害或者患职业病进行治疗，享受工伤医疗待遇，包括：治疗工伤的医疗费用（诊疗费、药费、住院费）、住院伙食补助费、交通食宿费、康复性治疗费、停工留薪期工资福利待遇。

但工伤职工治疗非工伤引发的疾病，不享受工伤医疗待遇，按照基本医疗保险办法处理。

2. 辅助器具装配费

工伤职工因日常生活或者就业需要，经劳动能力鉴定委员会确认，可以安装假肢、矫形器、假眼、假牙和配置轮椅等辅助器具，所需费用按照国家规定的标准从工伤保险基金支付。

3. 伤残待遇

经劳动能力鉴定委员会鉴定，评定伤残等级的工伤职工，享受伤残待遇，包括：

(1) 生活护理费。工伤职工已经评定伤残等级并经劳动能力鉴定委员会确认需要生活护理的，从工伤保险基金按月支付生活护理费。

(2) 一次性伤残补助金。职工因工致残被鉴定为一级至十级伤残的，从工伤保险基金按伤残等级支付一次性伤残补助金。

(3) 伤残津贴。职工因工致残被鉴定为一级至四级伤残的，保留劳动关系，退出工作岗位，从工伤保险基金中按月支付伤残津贴，伤残津贴实际金额低于当地最低工资标准的，由工伤保险基金补足差额。职工因工致残被鉴定为五级、六级伤残的，保留与用人单位的劳动关系，由用人单位安排适当工作；难以安排工作的，由用人单位按月发给伤残津贴。伤残津贴实际金额低于当地最低工资标准的，由用人单位补足差额。

(4) 一次性工伤医疗补助金和一次性伤残就业补助金。五级、六级伤残，经工伤职工本人提出，可以与用人单位解除或者终止劳动关系；七级至十级伤残，劳动、聘用合同期满终止，或者职工本人提出解除劳动、聘用合同的，由工伤保险基金支付一次性工伤医疗补助金，由用人单位支付一次性伤残就业补助金。一次性工伤医疗补助金和一次性伤残就业补助金的具体标准由省、自治区、直辖市人民政府规定。

4. 工亡待遇

职工因工死亡，或者伤残职工在停工留薪期内因工伤导致死亡的，其近亲属按照规定从工伤保险基金领取丧葬补助金、供养亲属抚恤金和一次性工亡补助金。

（1）丧葬补助金，为6个月的统筹地区上年度职工月平均工资。

（2）供养亲属抚恤金，按照职工本人工资的一定比例发给由因工死亡职工生前提供主要生活来源、无劳动能力的亲属。供养亲属的具体范围由国务院社会保险行政部门规定。

（3）一次性工亡补助金，标准为上一年度全国城镇居民人均可支配收入的20倍。

一至四级伤残职工在停工留薪期满后死亡的，其近亲属可以享受丧葬补助金、供养亲属抚恤金待遇，不享受一次性工亡补助金待遇。

（五）工伤保险待遇负担

（1）由工伤保险基金支付的费用：① 治疗工伤的医疗费用和康复费用；② 住院伙食补助费；③ 到统筹地区以外就医的交通食宿费；④ 安装配置伤残辅助器具所需费用；⑤ 生活不能自理的，经劳动能力鉴定委员会确认的生活护理费；⑥ 一次性伤残补助金和一至四级伤残职工按月领取的伤残津贴；⑦ 终止或者解除劳动合同时，应当享受的一次性医疗补助金；⑧ 因工死亡的，其遗属领取的丧葬补助金、供养亲属抚恤金和因工死亡补助金；⑨ 劳动能力鉴定费。

（2）由用人单位支付的费用：① 治疗工伤期间的工资福利；② 五级、六级伤残职工按月领取的伤残津贴；③ 终止或者解除劳动合同时，应当享受的一次性伤残就业补助金。

（六）特别规定

（1）工伤保险中所称的本人工资的计算：工伤职工因工作遭受事故伤害或者患职业病前12个月平均月缴费工资；本人工资高于统筹地区职工平均工资300%的，按照统筹地区职工平均工资的300%计算；本人工资低于统筹地区职工平均工资60%的，按照统筹地区职工平均工资的60%计算。

（2）工伤职工有下列情形之一的，停止享受工伤保险待遇：① 丧失享受待遇条件的；② 拒不接受劳动能力鉴定的；③ 拒绝治疗的。

（3）工伤职工符合领取基本养老金条件的，停发伤残津贴，按照国家有关规定享受基本养老保险待遇。被鉴定为一级至四级伤残的职工，基本养老保险待遇低于伤残津贴的，由工伤保险基金补足差额。

（4）职工所在用人单位未依法缴纳工伤保险费，发生工伤事故的，由用人单位支付工伤保险待遇。用人单位不支付的，从工伤保险基金中先行支付，由用人单位偿还。用人单位不偿还的，社会保险经办机构可以追偿。

（5）由于第三人的原因造成工伤，第三人不支付工伤医疗费用或者无法确定第三人的，由工伤保险基金先行支付。工伤保险基金先行支付后，有权向第三人追偿。

（6）职工在两个或者两个以上用人单位同时就业的，各用人单位应当分别为职工缴纳工伤保险费。职工发生工伤，由职工受到伤害时工作的单位依法承担工伤保险责任。

案例分析

【案例】

苏某与A公司签订了为期3年的劳动合同，2019年6月合同期满后，双方未续订，但公司继续安排苏某在原岗位工作，并向其支付相应的劳动报酬。2019年8月10日，苏某上班时因履行工作职责不慎受伤，经当地社会保险行政部门认定为工伤，七级伤残。公司认为与苏某的劳动合同已期满终止，公司不用再为其缴纳工伤保险费，也无须支付工伤保险待遇。苏某则要求公司支付工伤保险待遇，并继续保持劳动关系。分析双方的观点是否符合法律规定。

【分析】

苏某与A公司的劳动合同虽期满后未续订，但公司让苏某继续原来的工作，并向其支付相应劳动报酬，已构成事实上的劳动关系，同样受劳动法律保护。苏某在此期间发生工伤，享受工伤保险待遇，A公司应支付工伤保险待遇。A公司不支付，应从工伤保险基金中先行支付，由A公司偿还。

五、失业保险

（一）失业保险的含义

失业是指处于法定劳动年龄阶段的劳动者，有劳动能力和劳动愿望，但却没有劳动岗位的一种状态。失业保险是指国家通过立法强制实行的，由社会集中建立基金，保障因失业而暂时中断生活来源的劳动者的基本生活，并通过职业培训、职业介绍等措施促进其再就业的社会保险制度。

（二）失业保险费的缴纳

失业保险费的征缴范围：国有企业、城镇集体企业、外商投资企业、城镇私营企业和其他城镇企业及其职工，事业单位及其职工。

根据《失业保险条例》的规定，城镇企业事业单位按照本单位工资总额的2%缴纳失业保险费，职工按照本人工资的1%缴纳失业保险费。为减轻企业负担，促进扩大就业，人力资源和社会保障部、财政部数次发文降低失业保险费率，将用人单位和职工失业保险缴费比例总和从3%阶段性降至1%，个人费率不得超过单位费率。

职工跨统筹地区就业的，其失业保险关系随本人转移，缴费年限累计计算。

（三）失业保险待遇

1. 失业保险待遇的享受条件

失业人员符合下列条件的，可以申请领取失业保险金并享受其他失业保险待遇：

（1）失业前用人单位和本人已经缴纳失业保险费满1年的。

（2）非因本人意愿中断就业的，包括劳动合同终止；用人单位解除劳动合同；被用人单位开除、除名和辞退；因用人单位过错由劳动者解除劳动合同；法律、法规、规章规定的其他情形。

（3）已经进行失业登记，并有求职要求的。

2. 失业保险金的领取期限

用人单位应当及时为失业人员出具终止或者解除劳动关系的证明，并将失业人员的名单自终止或者解除劳动关系之日起15日内告知社会保险经办机构。失业人员应当持本单位为其出具的终止或者解除劳动关系的证明，及时到指定的公共就业服务机构办理失业登记。失业人员凭失业登记证明和个人身份证明，到社会保险经办机构办理领取失业保险金的手续。失业保险金领取期限自办理失业登记之日起计算。

失业人员失业前用人单位和本人累计缴费满1年不足5年的，领取失业保险金的期限最长为12个月；累计缴费满5年不足10年的，领取失业保险金的期限最长为18个月；累计缴费10年以上的，领取失业保险金的期限最长为24个月。重新就业后，再次失业的，缴费时间重新计算，领取失业保险金的期限与前次失业应当领取而尚未领取的失业保险金的期限合并计算，最长不超过24个月。失业人员因当期不符合失业保险金领取条件的，原有缴费时间予以保留，重新就业并参保的，缴费时间累计计算。

3. 失业保险金的发放标准

失业保险金的标准，不得低于城市居民最低生活保障标准。一般也不高于当地最低工资标准，具体数额由省、自治区、直辖市人民政府确定。

4. 失业保险待遇

（1）领取失业保险金。

（2）领取失业保险金期间享受基本医疗保险待遇。

失业人员在领取失业保险金期间，参加职工基本医疗保险，享受基本医疗保险待遇。失业人员应当缴纳的基本医疗保险费从失业保险基金中支付，个人不缴纳基本医疗保险费。

（3）领取失业保险金期间的死亡补助。

失业人员在领取失业保险金期间死亡的，参照当地对在职职工死亡的规定，向其遗属发给一次性丧葬补助金和抚恤金，所需资金从失业保险基金中支付。

个人死亡同时符合领取基本养老保险丧葬补助金、工伤保险丧葬补助金和失业保险丧葬补助金条件的，其遗属只能选择领取其中的一项。

（4）职业介绍与职业培训补贴。

失业人员在领取失业保险金期间，应当积极求职，接受职业介绍和职业培训。失业人员接受职业介绍、职业培训的补贴由失业保险基金按照规定支付。补贴的办法和标准由省、自治区、直辖市人民政府规定。

（5）国务院规定或者批准的与失业保险有关的其他费用。

（四）停止领取失业保险金及其他失业保险待遇的情形

失业人员在领取失业保险金期间有下列情形之一的，停止领取失业保险金，并同时停止享受其他失业保险待遇：① 重新就业的；② 应征服兵役的；③ 移居境外的；④ 享受基本养老保险待遇的；⑤ 无正当理由，拒不接受当地人民政府指定部门或者机构介绍的适当工作或者提供的培训的。

【例题8-2-6·多选题】 根据社会保险法的规定，下列选项中属于享受失业保险必须满足的条件的有(　　)。

A. 因本人意愿中断就业

B. 失业前用人单位和本人已经缴纳失业保险费满1年

C. 已经进行失业登记

D. 有求职要求

【答案】BCD

【解析】失业人员符合下列条件的，可以申请领取失业保险金并享受其他失业保险待遇：(1) 失业前用人单位和本人已经缴纳失业保险费满1年；(2) 非因本人意愿中断就业的，包括劳动合同终止等；(3) 已经进行失业登记，并有求职要求的。

六、社会保险费征缴与管理

（一）社会保险登记

1. 用人单位的社会保险登记

根据国务院办公厅《关于加快推进"多证合一"改革的指导意见》的规定，在全面实施企业、农民专业合作社工商营业执照、组织机构代码证、税务登记证、社会保险登记证、统计登记证"五证合一、一照一码"登记制度改革和个体工商户工商营业执照、税务登记证"两证整合"的基础上，将涉及企业（包括个体工商户、农民专业合作社）登记、备案等有关事项和各类证照（以下统称涉企证照事项）进一步整合到营业执照上，被整合证照不再发放，实现"多证合一、一照一码"。申请人办理企业注册登记时只需填写"一张表格"，向"一个窗口"提交"一套材料"，登记部门直接核发加载统一社会信用代码的营业执照。根据国家工商行政管理总局等十三部门《关于推进全国统一"多证合一"改革的意见》，在"五证合一"基础上，将19项涉企证照事项进一步整合到营业执照上，首批实行"二十四证合一"。

2. 个人的社会保险登记

用人单位应当自用工之日起30日内为其职工向社会保险经办机构申请办理社会保险登记。未办理社会保险登记的，由社会保险经办机构核定其应当缴纳的社会保险费。

自愿参加社会保险的无雇工的个体工商户、未在用人单位参加社会保险的非全日制从业人员以及其他灵活就业人员，应当向社会保险经办机构申请办理社会保险登记。

国家建立全国统一的个人社会保障号码。个人社会保障号码为公民身份号码。

（二）社会保险费缴纳

用人单位应当自行申报、按时足额缴纳社会保险费，非因不可抗力等法定事由不得缓缴、减免。

职工应当缴纳的社会保险费由用人单位代扣代缴，用人单位应当按月将缴纳社会保险费的明细情况告知本人。

无雇工的个体工商户、未在用人单位参加社会保险的非全日制从业人员以及其他灵活就业人员，可以直接向社会保险费征收机构缴纳社会保险费。

根据中共中央《深化党和国家机构改革方案》，为提高社会保险资金征管效率，将基本养老保险费、基本医疗保险费、失业保险费等各项社会保险费交由税务部门统一征收。按照改革相关部署，自2019年1月1日起由税务部门统一征收各项社会保险费和先行划转的非税收入。

【例题8-2-7·多选题】下列关于社会保费法缴纳的表述中，正确的有(　　)。

A. 用人单位应当自行申报、按时足额缴纳社会保险费

B. 职工应当缴纳的社会保险费由用人单位代扣代缴

C. 无雇工的个体工商户可以直接向社会保险费征收机构缴纳社会保险费

D. 自2019年1月1日起社会保险费由行政部门统一征收

【答案】ABC

【解析】自2019年1月1日起由税务部门统一征收各项社会保险费和先行划转的非税收入。

（三）社会保险基金管理运营

社会保险基金按照社会保险险种分别建账、分账核算，执行国家统一的会计制度。社会保险基金专款专用，任何组织和个人不得侵占或者挪用。

社会保险基金存入财政专户，按照统筹层次设立预算，通过预算实现收支平衡。社会保险基金预算按照社会保险项目分别编制。县级以上人民政府在社会保险基金出现支付不足时，给予补贴。社会保险经办机构应当定期向社会公布参加社会保险情况以及社会保险基金的收入、支出、结余和收益情况。

社会保险基金在保证安全的前提下，按照国务院规定投资运营实现保值增值。不得违规投资运营，不得用于平衡其他政府预算，不得用于兴建、改建办公场所和支付人员经费、运行费用、管理费用，或者违反法律、行政法规规定挪作其他用途。

七、违反社会保险法的法律责任

（一）用人单位违反社会保险法的法律责任

(1) 用人单位不办理社会保险登记的，由社会保险行政部门责令限期改正；逾期不改正的，对用人单位处应缴社会保险费数额1倍以上3倍以下的罚款，对其直接负责的主管人员和其他直接责任人员处500元以上3 000元以下的罚款。

(2) 用人单位未按时足额缴纳社会保险费的，由社会保险费征收机构责令限期缴纳或者补足，并自欠缴之日起，按日加收0.05%的滞纳金；逾期仍不缴纳的，由有关行政部门处欠缴数额1倍以上3倍以下的罚款。

(3) 用人单位拒不出具终止或者解除劳动关系证明的，由劳动行政部门责令改正；给劳动者造成损害的，应当承担赔偿责任。

（二）骗保行为的法律责任

(1) 以欺诈、伪造证明材料或者其他手段骗取社会保险待遇的，由社会保险行政部门责令退回骗取的社会保险金，处骗取金额2倍以上5倍以下的罚款。

(2) 社会保险经办机构以及医疗机构、药品经营单位等社会保险服务机构以欺诈、伪造证明材料或者其他手段骗取社会保险基金支出的，由社会保险行政部门责令退回骗取的社会保险金，处骗取金额2倍以上5倍以下的罚款；属于社会保险服务机构的，解除服务协议；直接负责的主管人员和其他直接责任人员有执业资格的，依法吊销其执业资格。

案例分析

【案例】

某公司为减轻经济负担，通过更改职工档案、编造证明材料等手段，为部分愿意提前退休的职工以特殊工种为由办理了退休手续。后该市社保机构在进行年度资格审查时发现了该公司有20名员工的材料存在伪造痕迹，而这20名员工已领取基本养老金6个月，共计24万元。分析该案应如何处理。

【分析】

该公司和部分职工伪造证明材料骗取社会保险待遇，社会保险行政部门应责令这些员工退回骗取的社会保险金24万元，对该公司和员工可以处48万元(2倍)以上120万元(5倍)以下的罚款(此案中该公司是骗保行为的主要实施者和责任人，职工是服从者，故主要由该公司承担被罚款责任)。

(三)社会保险经办机构、社会保险费征收机构、社会保险服务机构等机构的法律责任

(1)社会保险经办机构及其工作人员有下列行为之一的，由社会保险行政部门责令改正；给社会保险基金、用人单位或者个人造成损失的，依法承担赔偿责任；对直接负责的主管人员和其他直接责任人员依法给予处分：

① 未履行社会保险法定职责的。

② 未将社会保险基金存入财政专户的。

③ 克扣或者拒不按时支付社会保险待遇的。

④ 丢失或者篡改缴费记录、享受社会保险待遇记录等社会保险数据、个人权益记录的。

⑤ 有违反社会保险法律、法规的其他行为的。

(2)社会保险费征收机构擅自更改社会保险费缴费基数、费率，导致少收或者多收社会保险费的，由有关行政部门责令其追缴应当缴纳的社会保险费或者退还不应当缴纳的社会保险费；对直接负责的主管人员和其他直接责任人员依法给予处分。

(3)违反社会保险法规定，隐匿、转移、侵占、挪用社会保险基金或者违规投资运营的，由社会保险行政部门、财政部门、审计机关责令追回；有违法所得的，没收违法所得；对直接负责的主管人员和其他直接责任人员依法给予处分。

(4)社会保险行政部门和其他有关行政部门、社会保险经办机构、社会保险费征收机构及其工作人员泄露用人单位和个人信息的，对直接负责的主管人员和其他直接责任人员依法给予处分；给用人单位或者个人造成损失的，应当承担赔偿责任。

(5)国家工作人员在社会保险管理、监督工作中滥用职权、玩忽职守、徇私舞弊的，依法给予处分。

(6)违反社会保险法规定，构成犯罪的，依法追究刑事责任。

【例题8-2-8·多选题】 某公司为减轻经济负担，通过更改职工档案、编造证明材料等手段，为部分愿意提前退休的职工以特殊工种为由办理了退休手续。后该市社保机构在进行年度资格审查时发现了该公司有20名员工的材料存在伪造痕迹，而这20名员工已领取基本养老金6个月，共计24万元，则社会保险行政部门可以(　　)。

A. 责令限期改正

B. 责令退回已领取的 24 万元养老金

C. 对该单位处 48 万元罚金

D. 对该单位处 120 万元罚款

【答案】BD

【解析】以欺诈、伪造证明材料或者其他手段骗取社会保险待遇的，由社会保险行政部门责令退回骗取的社会保险金，处骗取金额 2 倍以上 5 倍以下的罚款。

归纳总结

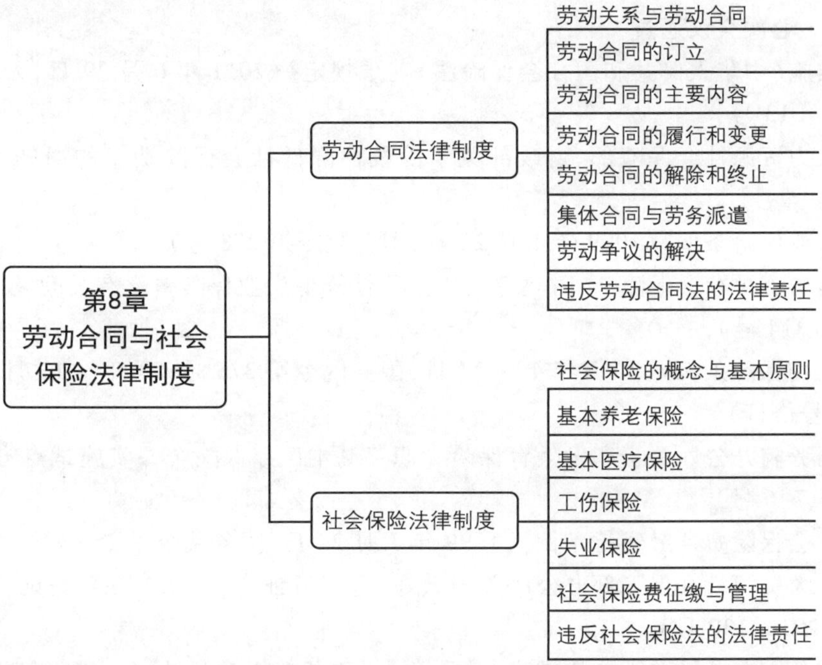

本章主要参考法规索引

1.《中华人民共和国劳动法》(1994 年 7 月 5 日，第八届全国人民代表大会常务委员会第八次会议通过；2009 年 8 月 27 日，第十一届全国人民代表大会常务委员会第十次会议修正)

2.《中华人民共和国劳动合同法》(2007 年 6 月 29 日，第十届全国人民代表大会常务委员会第二十八次会议通过；2012 年 12 月 28 日，第十一届全国人民代表大会常务委员会第三十次会议修正)

3.《中华人民共和国劳动合同法实施条例》(2008 年 9 月 18 日，国务院令第 535 号)

4.《职工带薪年休假条例》(2007 年 12 月 14 日，国务院令第 514 号)

5.《全国年节及纪念日放假办法》(2013 年 12 月 11 日，国务院令第 644 号)

6.《工资支付暂行规定》(1994 年 12 月 6 日，劳部发〔1994〕489 号)

7.《对〈工资支付暂行规定〉有关问题的补充规定》(1995 年 5 月 12 日，劳部发〔1995〕226 号)

8.《集体合同规定》(2004 年 1 月 14 日,劳动和社会保障部令第 22 号)

9.《劳务派遣暂行规定》(2014 年 1 月 24 日,人力资源和社会保障部令第 22 号)

10.《中华人民共和国劳动争议调解仲裁法》(2007 年 12 月 29 日,中华人民共和国第十届全国人民代表大会常务委员会第三十一次会议通过)

11.《劳动人事争议仲裁办案规则》(2017 年 4 月 24 日,人力资源和社会保障部令第 33 号)

12.《最高人民法院关于审理劳动争议案件适用法律若干问题的解释(四)》(2013 年 1 月 18 日,法释〔2013〕4 号)

13.《中华人民共和国社会保险法》(2010 年 10 月 28 日,第十一届全国人民代表大会常务委员会第十七次会议通过)

14.《实施〈中华人民共和国社会保险法〉若干规定》(2011 年 6 月 29 日,人力资源和社会保障部令第 13 号)

15.《人力资源社会保障部、财政部关于阶段性降低社会保险费率的通知》(人社部发〔2016〕36 号)

16.《失业保险条例》(1999 年 1 月 22 日,国务院令第 258 号)

17.《人力资源社会保障部、财政部关于阶段性降低失业保险费率有关问题的通知》(人社部发〔2017〕14 号)

18.《工伤保险条例》(2003 年 4 月 27 日,国务院令第 375 号;2010 年 12 月 20 日,国务院令第 586 号修订)

19.《国务院办公厅关于印发生育保险和职工基本医疗保险合并实施试点方案的通知》(国办发〔2017〕6 号)

20.《社会保险费征缴暂行条例》(1999 年 1 月 22 日,国务院令第 259 号)

21.《人力资源社会保障部办公厅关于做好企业"五证合一"社会保险登记工作的通知》(人社厅发〔2016〕130 号)

22.《国务院办公厅关于加快推进"多证合一"改革的指导意见》(国办发〔2017〕41 号)

APPENDIX

附录　增值税税率表

学习目标 Learning Objectives

◎ **本书附录共有：**

- 表001　简易计税税率
- 表002　一般纳税人税率
- 表003　出口税率
- 表004　出口退税税率

表 001　　简易计税税率

	简易计税	征收率
小规模纳税人以及允许适用简易计税方式计税的一般纳税人	① 小规模纳税人销售货物或者加工、修理修配劳务，销售应税服务、无形资产 ② 一般纳税人发生按规定适用或者可以选择适用简易计税方法计税的特定应税行为，但适用5%征收率的除外	3%
	① 销售不动产 ② 经营租赁不动产（土地使用权） ③ 转让营改增前取得的土地使用权 ④ 房地产开发企业销售、出租自行开发的房地产老项目 ⑤ 一级二级公路、桥、闸（老项目）通行费 ⑥ 特定的不动产融资租赁；选择差额纳税的劳务派遣、安全保护服务 ⑦ 一般纳税人提供人力资源外包服务 ⑧ 中外合作油（气）田开采的原油、天然气	5%
	个人出租住房，按照5%的征收率减按1.5%计算应纳税额 纳税人销售旧货；小规模纳税人（不含其他个人）以及符合规定情形的一般纳税人销售自己使用过的固定资产，可依3%征收率减按2%征收增值税	

表 002　　一般纳税人税率

	原增值税项目		税率
一般纳税人	销售或者进口货物（另有列举的货物除外）；销售劳务		13%
	销售或者进口： ① 粮食等农产品、食用植物油、食用盐 ② 自来水、暖气、冷气、热水、煤气、石油液化气、天然气、二甲醚、沼气、居民用煤炭制品 ③ 图书、报纸、杂志、音像制品、电子出版物 ④ 饲料、化肥、农药、农机、农膜 ⑤ 国务院规定的其他货物		9%
	购进农产品进项税额扣除率		**扣除率**
一般纳税人	纳税人购进农产品，原适用11%扣除率的		9%
	纳税人购进用于生产销售或委托加工16%税率货物的农产品		10%
	全面推行营改增试点项目		**税率**
一般纳税人	交通运输服务	陆路运输服务、水路运输服务、航空运输服务（含航天运输服务）和管道运输服务、无运输工具承运业务	9%
	邮政服务	邮政普遍服务、邮政特殊服务、其他邮政服务	9%
	电信服务	基础电信服务	9%
		增值电信服务	6%
	建筑服务	工程服务、安装服务、修缮服务、装饰服务和其他建筑服务	9%

续表

<table>
<tr><th></th><th colspan="2">全面推行营改增试点项目</th><th>税率</th></tr>
<tr><td rowspan="25">一般纳税人</td><td>销售不动产</td><td>转让建筑物、构筑物等不动产所有权</td><td>9%</td></tr>
<tr><td>金融服务</td><td>贷款服务(含有形动产、不动产融资性售后回租;以货币资金投资收取的固定利润或者保底利润)、直接收费金融服务、保险服务和金融商品转让
注:资管产品管理人从事资管产品运营业务,暂适用简易计税方法,按照3%的征收率缴纳增值税</td><td>6%</td></tr>
<tr><td rowspan="11">现代服务业</td><td>研发和技术服务(研发服务、合同能源管理服务、工程勘察勘探服务、专业技术服务)</td><td rowspan="8">6%</td></tr>
<tr><td>信息技术服务(软件服务、电路设计及测试服务、信息系统服务、业务流程管理服务和信息系统增值服务)</td></tr>
<tr><td>文化创意服务(设计服务、知识产权服务、广告服务和会议展览服务)</td></tr>
<tr><td>物流辅助服务(航空服务、港口码头服务、货运客运场站服务、打捞救助服务、装卸搬运服务、仓储服务和收派服务)</td></tr>
<tr><td>鉴证咨询服务(认证服务、鉴证服务和咨询服务)</td></tr>
<tr><td>广播影视服务(广播影视节目、作品的制作服务、发行服务和含放映在内的播映服务)</td></tr>
<tr><td>商务辅助服务(企业管理服务、经纪代理服务、人力资源服务、安全保护服务)</td></tr>
<tr><td>有形动产租赁服务</td><td>13%</td></tr>
<tr><td>不动产租赁服务</td><td>9%</td></tr>
<tr><td>其他现代服务(除列举的现代服务业以外的围绕制造业、文化产业、现代物流产业等提供技术性、知识性服务的业务活动)</td><td>6%</td></tr>
<tr><td rowspan="6">生活服务</td><td>文化体育服务(文化服务和体育服务)</td><td rowspan="6">6%</td></tr>
<tr><td>教育医疗服务(教育服务和医疗服务)</td></tr>
<tr><td>旅游娱乐服务(旅游服务和娱乐服务)</td></tr>
<tr><td>餐饮住宿服务(餐饮服务和住宿服务)</td></tr>
<tr><td>居民日常服务(市容市政管理、家政、婚庆、养老、殡葬、照料和护理、救助救济、美容美发、按摩、桑拿、氧吧、足疗、沐浴、洗染、摄影扩印等服务)</td></tr>
<tr><td>其他生活服务(除列举的生活服务之外的其他满足城乡居民日常生活需求提供的服务活动)</td></tr>
<tr><td rowspan="2">销售无形资产</td><td>转让技术、商标、著作权、商誉、自然资源和其他权益性无形资产使用权或所有权</td><td>6%</td></tr>
<tr><td>转让土地使用</td><td>9%</td></tr>
</table>

表 003　出口税率

<table>
<tr><th></th><th>出口货物、服务、无形资产</th><th>税率</th></tr>
<tr><td rowspan="4">纳税人</td><td>纳税人出口货物(国务院另有规定的除外)</td><td>零税率</td></tr>
<tr><td>境内单位和个人跨境销售国务院规定范围内的服务、无形资产</td><td>零税率</td></tr>
<tr><td>销售货物、劳务,提供的跨境应税行为,符合免税条件的</td><td>免税</td></tr>
<tr><td colspan="2">境内的单位和个人销售适用增值税零税率的服务或无形资产的,可以放弃适用增值税零税率,选择免税或按规定缴纳增值税。放弃适用增值税零税率后,36 个月内不得再申请适用增值税零税率</td></tr>
</table>

表 004　出口退税税率

<table>
<tr><th></th><th>出口退税</th><th>税率</th></tr>
<tr><td rowspan="4">一般纳税人</td><td>原适用 17% 税率且出口退税率为 17% 的出口货物</td><td>13%</td></tr>
<tr><td>原适用 11% 税率且出口退税率为 11% 的出口货物、跨境应税行为</td><td>9%</td></tr>
<tr><td colspan="2">其他退税率,按国家税务总局发布的出口货物劳务退税率文库执行</td></tr>
<tr><td colspan="2">外贸企业 2018 年 7 月 31 日前出口的货物、销售的跨境应税行为,购进时已按调整前税率征收增值税的,执行调整前的出口退税率;购进时已按调整后税率征收增值税的,执行调整后的出口退税率。生产企业 2018 年 7 月 31 日前出口的货物、销售的跨境应税行为,执行调整前的出口退税率</td></tr>
</table>